国家出版基金项目
NATIONAL PUBLICATION FOUNDATION

中国社会科学院近代史研究所中华民国史研究室
总编　李　新

中华民国史

第一卷

(1894—1912)

下

李　新　主编

中　华　书　局

第八章　资产阶级立宪运动和清政府统治危机的加深

第一节　立宪团体及其活动

清政府的“新政”，虽然遭到广大人民的抵制和反对，但为了维护其垂危的统治，它还是不断地改变花样，继续推行。经过“新政”时期，资产阶级改良派重新抬头，他们把斗争逐渐明确地集中到争取实行君主立宪制度的目标上来，所以历史上称他们作立宪派。立宪派惧怕革命，反对革命；但认为消弭革命的唯一有效的途径，是实行君主立宪制度。腐败的清朝统治者为了稳定自己岌岌可危的统治地位，集中对付革命势力，决定拉拢立宪派，作出“预备立宪”的姿态，借以欺骗人民。

1906 年七八月间，考察政治大臣相继回国，载泽、端方等多次被召见。他们向西太后力陈实行立宪的种种好处。他们指出，天下人心思变，如果拒不实行任何改革，就不能安定人心；而人心不安，革命党就容易得到群众，革命的“祸乱”就难以避免。他们还献策说，立宪究竟何时实行，怎样实行，可以从容计议；只要先定下立宪的“国是”，就能安抚立宪派，稳定人心。如果因顾忌“实行”的种种困难，而继续犹疑，就会使希望立宪的人们失望，甚至“激成异端邪说，紊乱法纪”①。西太后反复考虑了他们的建议，终于拿定主意，在召集了大臣会议之后，于 1906 年 9 月 1 日宣布“预备立宪”。这篇上谕承认，“各国之所以富强者，实由于实行宪法，取决公论”；而中国“政令积久相仍，日处阽危，受患迫切”；

① 载泽：《奏请宣布立宪密折》，中国史学会主编：《辛亥革命》(四)，第 29 页。

所以"非广求知识,更订法制"不可。宣称要"仿行宪政"。其根本原则是"大权统于朝廷,庶政公诸舆论"①。但对于何时实行立宪,上谕中根本没有提及。

立宪派非常欢迎清政府的这项决定,因为它给立宪运动提供了充分的合法依据,为他们更大规模地开展活动提供了较为有利的条件。正是在这种条件下,资产阶级立宪团体纷纷出现。其中影响较大的主要有上海的预备立宪公会、在东京成立而后回国活动的政闻社、宪政讲习会等。

一 预备立宪公会

预备立宪公会,是国内成立最早,规模最大的一个立宪团体。

该会于1906年12月16日(光绪三十二年十一月一日)在上海正式成立。它是在郑孝胥、张謇等人于9月开始组织的宪政研究公会的基础上扩大而成。该会宣称"敬尊谕旨,以发愤为学,合群进化为宗旨",力谋"使绅民明悉国政,以预备立宪基础"②。其政治态度相当温和。该会从酝酿成立的时候起,就得到两广总督岑春煊的资助,单是开办费,岑就捐出一万元,还表示愿负担常年费每年一千元③。

预备立宪公会的发起者和早期入会的,有许多著名的大绅士和大资本家。如:

会长郑孝胥(1860—1938),字苏戡,福建闽侯人。早年曾入沈葆桢、李鸿章幕。1891年任驻日本使馆的秘书,后升为驻神户、大阪总领事。1894年归国入张之洞幕,曾任江南制造局督办。1903年到广西助岑春煊镇压当地人民反抗,1905年辞归上海。郑家资丰厚,在许多企

① 《光绪朝东华录》第5册,第5563页。

② 《预备立宪公会报》所刊《会员题名录》。

③ 《郑孝胥日记》,丙午年七月二十二日、十月十日。

业有投资，曾创办日辉呢厂；又颇有文名，其诗文称于一时。他在官场、商界、知识界都有很多交往。

副会长张謇是一个有极大影响的绅士和实业家，又是著名的教育家。1903 年，他赴日本考察教育，对日本变法致强产生了深刻的印象。回国后即在朋友中酝酿讨论有关宪政的问题。1904 年受日俄战争的震动，开始从事立宪活动，积极推动张之洞、袁世凯等人敦请朝廷立宪。

张謇是江浙立宪派最主要的领袖，他虽是预备立宪公会的副会长，但实际却是该会的灵魂。该会成立之初，曾有所谓“主急主缓”之争，张謇是主缓派的渠魁。这一派一直在会内占统治地位。张謇十分害怕革命，反对革命。他说：“余以为革命有圣贤、权奸、盗贼之异。圣贤旷世不可得，权奸今亦无其人；盗贼为之，则六朝五代可鉴。而今世犹有外交之关系，与昔不同。不若立宪可以安上全下，国犹可国。”①他把革命派归作盗贼一类，表现出反动的绅贵意识；他希望立宪能安上全下，则反映了有地位有财产的资产阶级上层人物的共同心理。1911 年 2 月，张謇继朱福诜之后被选为预备立宪公会会长。

副会长汤寿潜，则是收回路权运动的著名领袖。

在一般会员中，也有很多有名的大绅士、大资本家。上面提到的朱福诜，字桂卿，浙江海盐人，曾作过侍讲学士。他从 1902 年起就要求实行立宪。一度任预备立宪公会的会长（1910 年 1 月—1911 年 2 月）。此外如：

王清穆（1860—1941）字丹揆，江苏崇明人。曾任直隶按察使、商部右丞等职，在张謇的大生纱厂一、二厂均有投资，并创办富安、大通两纱厂。是预备立宪公会的董事。

周廷弼（1852—1923）字舜卿，江苏无锡人。曾任商部顾问，是无锡裕昌丝厂的主人。该厂在各地有分号六处，总资本五十万元以上。周也是预备立宪公会的董事。

---

① 张謇：《啬翁自订年谱》乙巳年八月条。

许鼎霖(1857—1914)字久香,江苏赣榆人。曾任驻秘鲁领事、浙江洋务局总办等职;经营海州赣州豆油公司、海丰面粉公司,是预备立宪公会的董事。

徐润(1838—1911)字雨之,广东香山人。曾任直隶候补道、招商局总办;创办济和水火险公司、景纶衫袜厂等企业,并经营房地产。

孙多森(1867—1919)字荫庭,安徽寿州人。是大学士、军机大臣孙家鼐的儿子。曾任直隶劝业道、井陉矿局总办;创办上海阜丰面粉厂。

荣铨(1873—1938)、荣德生(1875—1952)兄弟,江苏无锡人。学徒出身,发迹后创办多种企业,如保兴面粉厂、振兴纱厂等。

此外,在预备立宪公会会员中,还有少数现任官吏。如江苏布政使瑞瀓(1863—1915),后升任江苏巡抚,1911 年调任湖广总督。监察御史谢远涵,江西兴国人,离任后回籍任江西谘议局议长。

据 1909 年的《预备立宪公会会员题名录》所列会员共 358 人。据不很准确的统计,在这 358 人之中,有 77 人曾经做过知县以上的职官,约占会员总数 21.5%,反映出这个立宪团体同统治集团有相当的联系。但是,值得注意的是,会员中企业主、公司经理、商会总理,及在各种工商企业中任职的,有 84 人,约占会员总数的 23%①。这些人是直接从事资本主义经济活动的,人数虽不甚多,但他们却是预备立宪公会的主导力量。因为会员中的官绅多半有投资在这些人经营的企业里,这些人能够代表他们的经济利益,所以预备立宪公会基本上是一个资产阶级的政治团体。

在清末各立宪团体中,预备立宪公会是组织得最健全的。它有董事会,每月例会两次,下设职员常会,由正副会长、驻办员、编辑员等组成,执行日常会务。董事会成员最多时有 27 人,一般重要事项均经董

① 实际数字要比统计所表明的大。因当时的社会风气,仍以当官为贵,所以绝大部分亦官亦商的人或先官后商的人都只登记当官的身份,而不登记经商的身份。统计中自然要漏掉一部分。

事会议决，会长、副会长也由董事会选举。该会每年召集全体会员举行年会一次，由会长及有关职员报告工作，选举新的董事会。在该会内部活动中，有着相当完善的民主程序。这在有数千年专制历史的国度里，确是一种进步。

预备立宪公会在政界、实业界、文化教育界均有根基，实力雄厚。所以它的活动是多方面的，在社会上产生的影响很大。

在实际活动中，该会有一批精明强干的少壮人物，比如孟森、孟昭常兄弟，雷奋、杨廷栋、秦瑞玠等。据黄炎培回忆，这些人“都是当时留日学生中负盛名的。开讲习会必请这几位先生为讲师；修订章则，非请这几位先生起草不办”①。

孟昭常，字庸生，江苏武进人，一直任该会驻办员（可说是预备立宪公会的秘书长）。预备立宪公会于1910年开始在北京设事务所，以他为主要负责人。他还兼为编辑员，主管会报、会刊及其他编辑事务，后被推任资政院议员。

孟森，字莼生（后改字心史），是孟昭常的哥哥，毕业于日本东京法政大学，归国后与郑孝胥交厚，曾随郑至广西龙州边防，1908年起任《东方杂志》编辑，大力从事立宪的宣传。

雷奋，字继兴，江苏华亭人，曾留学日本早稻田大学，学法政，与梁启超有交。政闻社成立时，雷为该社交际科干事。但他在1908年加入预备立宪公会后，便成了该会最重要的骨干之一。他主管该会所办讲习所。在国会请愿运动中，成为最活跃的人物之一。后被选入资政院为议员。

杨廷栋是该会联络工作的骨干，秦瑞玠则是主要的编辑员之一，在会报、会刊上发表过许多鼓吹宪政的文章。

预备立宪公会的活动主要有以下几个方面。

---

①　黄炎培：《我所身亲之中国最初及最近期宪政运动》，《宪政》创刊号，1944年1月出版。

1. 宣传:1908 年开始出版《预备立宪公会报》半月刊,至 1910 年 1 月停刊。同年 5 月,在北京出刊《宪志日刊》。这两个刊物所发表的文章多半是讨论国会问题、宪法问题,也有批评时政的言论,还登载谘议局、资政院有关文件,及本会会务进展情况的报道等。

该会设有出版部,陆续编辑出版了多种宪政书籍。据 1910 年 7 月 6 日《宪志日刊》所载,已出版的书籍有《公民必读初编》(孟昭常);《公民必读二编》(孟昭常);《地方自治制纲要》(钱润);《地方行政制度》(张家镇);《日本宪法详解》(邵羲);《选举法要论》(汤一鹗);《谘议局章程讲义》(孟森);《议员要览》(沈其昌);《城镇乡地方自治宣讲书》(孟昭常);《城镇乡自治章程表》(沈尔昌、孟森)等十余种。其中《城镇乡地方自治宣讲书》曾一版再版,广销各省。《公民必读初编》、《二编》,单是广西一省即订购十万部,其销路之广,影响之大,可见一斑。

2. 办讲习所:1908 年 5 月各省掀起国会请愿运动时,该会创办国会问题研究所,由会员自愿加入,定期讨论,编纂草案,提供会员与当道者参考。是年底,接办原由江苏教育会创办的法政讲习所。这是为培养训练司法和地方自治人才而设的轮训班,有一年结业和半年结业的两种。除江、浙两省外,其他外省也有入所学习的。

3. 编纂法律:该会曾聚集人才,从事调查并编辑商法,为清政府提供参考。

4. 国会请愿运动:预备立宪公会政治态度偏于保守,其实际活动,一般是在清廷允许的范围内进行。当 1908 年国会请愿运动开始在各省发动的时候,会中有人提议参加。但在常会和董事会讨论,未能通过。声称"本会向以开通智识,使人人有立宪国民之资格为主义,较之空言请求者尤为切实,似不必居请求之名"①。后来见各省纷纷签名派代表入京,该会才转而对请愿取积极态度,曾以正副会长名义两次致电清政府,请速开国会。1909 年谘议局成立时,当上江苏谘议局议长的

① 《预备立宪公会报》第 5 期。

张謇，出面邀约各省谘议局派代表联合请愿，而雷奋、杨廷栋、孟昭常等且成为请愿运动中的活跃人物。但到1910年11月，当清廷以缩期三年召开国会来搪塞请愿代表时，全国大多数立宪派均不满意，而预备立宪公会的头头们却与清廷妥协。它的保守性、妥协性突出地暴露出来了。

5. 该会头头的社交活动：郑孝胥、张謇等因有较高的社会地位和声望，他们常常以个人的身份与督抚大吏们联络。或为其出谋画策，或代为草拟奏折，这是他们发挥影响的又一个重要方面。他们的这种活动，客观上促进了统治集团内部的矛盾和分化。

预备立宪公会成立最早，活动时间也最长。其他较大的立宪团体如政闻社于1908年8月即被查禁；宪政讲习会，因杨度与熊范舆等1908年后相继入了政界，其组织很快也就涣散了。而预备立宪公会则一直维持到1911年。因此它对整个立宪运动的影响是很大的。

二 政闻社

政闻社是梁启超等人于1907年在日本组织起来的。1906年清廷宣布预备立宪后，流亡在海外的康有为、梁启超都很兴奋，感到时机对他们有利。康有为说“从今切近之急务莫如讲宪政”①。梁启超则说：“从此政治革命问题可告一段落，此后所当研究者，即在此过渡时代之条理何如。”②为了适应新的政治形势，他们急切整顿组织，大力展开活动，以便谋取政治上的好处。是年秋，康有为将保皇会改名为国民宪政会。但康有为在宣布更改会名的“公启”里，没有提出足以号召会众的纲领。对此梁启超很不满意。他写信要求康有为采用帝国宪政会的名

① 康有为：《布告百七十余埠会众丁未新年元旦举大庆典告藏保皇会改为国民宪政会文》，《民报》第13号转载。

② 《梁任公先生年谱长编初稿》上册，第212—213页。

称，并劝他不要仍以个人名义，而应以适合时势的新纲领来号召会众。梁启超预计到保皇会虽改名，仍难在国内展开活动。所以，他以很大的力量筹备另立新的组织。

1906年12月，梁启超同他戊戌变法时代的老朋友熊希龄以及当时在日本的杨度一起，开始筹商建立新的政治团体。他们曾预拟新的组织名为宪政会，主要致力于在国内开展活动；暂时不设会长，待条件成熟时与原有的海外组织（即康有为直接领导的帝国宪政会）合并，共戴康有为为会长；新组织在东京正式成立后，即移总部于上海，拟由杨度任总干事，主持会务。他们曾设想由熊希龄回国运动，拥戴醇亲王载沣出任宪政会总裁，载泽为副总裁；还准备联络袁世凯、端方、赵尔巽等，请其赞助；并想拉张謇、郑孝胥、汤寿潜等名流加入。显然，这是一个野心勃勃的组党计划，然而却只是一厢情愿的幻想。熊希龄不久回国。梁启超又约请蒋智由、徐佛苏等加入筹备。但到1907年春天，杨度与梁启超、蒋智由发生矛盾，最后竟脱离梁启超另立团体去了。对于这件事，梁启超解释说，杨度原来就存心利用康、梁一派的人力、财力图谋个人的发展。实际上，杨度分裂出去有两方面的原因：第一是杨度同梁启超、蒋智由等存在领导权的冲突；第二是政见上也有分歧，当时杨度自居民间势力的代表，认为梁启超有些言论是站到了官方的立场上。

在杨度分离出去以后，梁启超与蒋智由、徐佛苏等又经过再三磋商，终于组织了政闻社。

在政闻社成立前，1907年6月，梁启超曾秘密回上海一次，打算联络岑春煊及预备立宪公会的头头们。当时，岑春煊因发生有名的“丁未政潮”被奕劻、袁世凯等排挤出京。在这种情况下，岑不愿见梁启超。而张謇、郑孝胥等人也不愿与梁启超接近。结果梁启超没有达到预期目的，复返日本。这时组党事已筹商就绪，并开始着手筹备出版《政论》杂志。7月17日，梁启超写信给康有为，报告政闻社已经组成，并略述杨度终于分离出去的原因。但政闻社正式成立是在10月17日。那一天，在东京锦辉馆开成立大会，消息为革命党人所知，张继等率众直捣会场，使梁启超等人感到大杀风景。

政闻社宣布的政纲是：1. 实行国会制度，建设责任政府；2. 厘订法律，巩固司法权的独立；3. 确立地方自治，正中央与地方的权限；4. 慎重外交，保持对等权利。梁启超为争取合法地位，还特别声明："其对于皇室，绝无干犯尊严之心，其对于国家，绝无扰紊治安之举。"①

为避清政府的忌讳，政闻社成立时，康、梁都没有出名。当时宣布的发起人有徐佛苏、蒋智由、黄可权、吴渊民、邓孝可、王广龄、陈高第。徐佛苏(1879—1943)原名公勉，湖南人，曾参加创立华兴会。倒向立宪派以后，仍不时吐露同情革命的情绪。蒋智由(1865—1929)字观云，浙江绍兴人，早年也曾倾向革命，颇有诗名。清政府宣布预备立宪后，他完全转向立宪派。黄可权字与之，湖南人，长期助梁启超办报。吴渊民是戊戌时期维新志士吴铁樵之弟，一直追随康、梁。邓孝可字慕鲁，四川人，家资颇富，当时正在国内谋划创办实业，对立宪运动很热心。梁启超潜返上海，曾与他约见。王广龄、陈高第都是广东人，梁启超认为他们在广东很有影响，所以也列为发起人。

为给康、梁预留地位，政闻社不设正副会(社)长，而设总务员一人，邀马良担任。马良(1840—1939)字相伯，江苏丹徒人，幼受教会教育，通拉丁文，曾任驻日使馆参赞，驻神户领事。1896 年，梁启超在上海办《时务报》期间，曾从他学习拉丁文，因而相结识。马良同情改良运动，对立宪派的活动乐予赞助，所以欣然接受政闻社的举聘，以近七十的高龄东渡日本受任。梁启超想利用马的德望，以扩大政闻社的影响。另外设两个常务员实际负责社务，一个是徐佛苏，一个是麦孟华。麦孟华(1874—1915)字孺博，广东顺德人，早在学海堂时便与梁启超同学，后皆入万木草堂为康门弟子。戊戌政变后他逃到日本，助梁启超编《清议报》与《新民丛报》。在常务员之下设庶务、书记、会计、交际、编纂、调查

① 《政闻社宣言书》，《政论》第 1 号。

等六科，分别由侯延爽、黄可权、徐勤、雷奋、蒋智由、陈介等任干事。在六科之外，设评议员若干人。

政闻社成立时，号称数百人，以后并无多大发展，实际活动分子不过数十人①。

1908 年初，政闻社本部迁上海，马良、徐佛苏、麦孟华、侯延爽、汤觉顿等都回国活动。他们以上海为大本营，其他重要省份也都派人从事活动：在北京有汤觉顿、潘若海；在两湖有侯延爽；在四川有邓孝可；在福建有徐碧泉；在广西有孔希伯等。

然而政闻社开展活动并不顺利，其原因很多。首先是政闻社与革命党之间的矛盾相当尖锐。在清末各立宪团体中，以政闻社与革命党之间的关系最紧张，斗争最激烈。这不仅是因为其政治方向不同，而且还因为两者都以海外为基地，主要依靠华侨资助来开展活动，所以在人力、财力、活动地盘等方面都存在着直接的冲突。梁启超提到当时的形势说："革党现在东京占极大之势力，万余学生从之者过半……彼传播于此间，而蔓延于内地，真腹心之大患。"②政闻社要求得发展，必须同革命党进行争夺，而为了同革命党争夺，它又不得不同清政府作斗争，否则不能争得同情，不能扩充势力。于是就陷入腹背受敌的窘境。梁启超承认，"今日有两大敌夹于前后，成立固甚难"③。他提出"今者，我党与政府死战，犹是第二义，与革党死战，乃是第一义"④。同革命党的争夺，牵制了政闻社很大一部分力量，革命党人极力揭露其政治投机性，大大打击了它的政治声誉。

其次，政闻社还受到其他立宪团体的排斥。比如，杨度的宪政讲习会在两湖和长江一带有很大势力。既然杨度在日本不能与梁合

① 《梁任公先生年谱长编初稿》上册，第 273 页。
② 《梁任公先生年谱长编初稿》上册，第 218 页。
③ 《梁任公先生年谱长编初稿》上册，第 218 页。
④ 《梁任公先生年谱长编初稿》上册，第 218 页。

作，在国内当然更要互相冲突。政闻社曾拟在武汉开一报馆，设一法政学堂，经过再三努力，终无所成，这同宪政讲习会的排斥有很大关系①。

另一个更重要的原因，是清政府对康、梁始终戒备，因而朝野许多人士都不愿公开与他们联系；而作为康、梁宿敌的袁世凯，更竭力阻挠他们重返政治舞台。梁启超原采设想拉拢袁、端（方）、赵（尔巽）的计划均无结果。熊希龄曾拟向大员募捐十五万，竟未得一文。至于想拥戴载沣、载泽出任正副总裁，更如痴人说梦，根本无从谈起。就是在野人士，一般也大都宁愿对康、梁保持一定的距离。比如郑孝胥、张謇、汤寿潜等名流，梁启超曾竭力联络，但毫无结果。预备立宪公会是得到岑春煊的大力支持的。而岑春煊被谴的罪名之一便是暗结康、梁，这一点对郑、张、汤等人不能不发生相当的影响。所以他们对康、梁怀有戒心和采取回避态度是很自然的。

值得注意的是，就连主持《时报》的狄楚青也不愿与梁启超拉得太紧。《时报》创办时，康、梁助以巨款，所以康、梁认为《时报》理应成为他们的喉舌。但实际并不如此。1908 年初，梁启超在写给康有为的信中对狄氏十分不满，说："吾党费十余万金以办此报，今欲扩张党势于内地，而此报至不能为我机关，则要来何用？"②梁启超看透了狄氏的心理是唯恐康、梁的政治背景会"累及《时报》"。这一事实更可以反映出政闻社在国内的窘况。

政闻社在国内的活动首先是参与国会请愿运动。还在 1907 年 11 月间，黄可权、张嘉森（张君劢）便到上海联络发动请愿，酝酿组织国会期成会。1908 年 7 月，在各省签名请愿高潮中，政闻社向宪政编查馆发了请愿电，要求"期以三年召集国会"③。不久，有一个社员叫陈景仁

① 《梁任公先生年谱长编初稿》上册，第 278—279 页。

② 《梁任公先生年谱长编初稿》上册，第 260 页。

③ 《申报》，光绪三十四年六月五日。

(法部主事)的,独自电奏朝廷,要求确定三年召集国会,并要求把主张缓行立宪的赴德国考察宪政大臣于式枚革职。这一行动触怒了西太后等顽固派。7月25日,朝廷下令将陈景仁革职,交地方官严加管束。随后,在袁世凯等人敦促下,8月13日又下令查禁政闻社。在查禁政闻社的上谕发布之前,梁启超曾力谋挽救。他一面准备向路过日本的赴美专使唐绍仪说项,指望他向袁世凯疏通;一面发布公告,说明陈景仁电奏纯属个人行动,与政闻社团体无关。但当查禁的上谕发布后,他只好放弃一切努力,顺从地解散了政闻社。这对康、梁等人无疑是相当沉重的打击。不过,西太后等人的主要目的是借此镇压请愿运动;当政闻社遵旨解散和请愿代表纷纷离京之后,也就没有对政闻社的人员深加追究。所以过了一些时候,原政闻社的一些骨干分子又在国内展开活动了。

政闻社解散后,梁启超及其同党的活动主要集中于两个方面:一是排袁;一是争取开放党禁,即争取清政府明令赦还康、梁。显然,这两者是密切相关的,如不排除袁世凯,康、梁自然无法重返国内政坛。而同样明显的是,这两者都只有得到最高统治集团的认可才能办到。所以历来最富投机性的康、梁党徒,从此便拚命向上层钻营。

袁世凯本来是他们想要争取的对象,结果不但没有争取到,反而成为政闻社的大敌,旧仇新怨,使得康、梁必欲除袁而后快。当西太后死时,康、梁认为这是除袁的极好时机,曾分别上书张之洞,企图借张的力量打击袁世凯。

梁启超联络满族权贵的活动,曾有相当的进展。还在政闻社解散前,便同民政部尚书肃亲王善耆建立了较密切的联系。善耆(1866—1927)戊戌时倾向帝党,对西太后守旧专权不满;对预备立宪较为热心,因而同情立宪派。担任向上层联络的汤觉顿曾面见善耆,事后写信给康有为说:“吾党今日得此人以联络之,天所赐也!”①康、梁等人对他寄

① 《梁任公先生年谱长编初稿》上册,第270页。

予很大希望。指望他在宫廷做好布置，一旦西太后死去，立即保光绪复辟。这是他们又一个不曾实现的美妙计划。梁启超等人还曾极力联络庆亲王奕劻。奕劻是军机首辅，向以贪图贿赂闻名，梁启超打算贿以重金，讨好奕劻。此外，对度支部尚书载泽、陆军部尚书铁良等也都加意联络，但都未取得预期效果。

康、梁这种投机性的钻营活动，已经离开了他们自己原定的政治宗旨，并且在很大程度上脱离了当时大多数的立宪派。比如1910年第三次请愿高潮中，全国舆论都集注于请开国会一事，而梁启超所派的代表，这时却以开放党禁为目标。担当这一任务的汤觉顿，在京频频奔走，到处请安磕头，却无结果。他写信给梁启超说："今通观京河上下，无一人反对此事者。然皆应付国会问题，不暇及此。"他不禁叹道："仆对于此事，只得尽人事而听天命，无如何也。"①

由于脱离了运动的中心目标，脱离了群众，康、梁一派人，对立宪运动便不能发生较大的作用。但梁启超个人在舆论界所发生的影响还是很大的。《新民丛报》于1907年8月停刊后，梁启超又办过《政论》、《国风报》。《政论》出版时间不长。《国风报》发生的影响较大，该报系旬刊，1910年2月出版，至1911年7月停刊，共出五十二期。梁启超发表的直接有关立宪运动的文章有三十余篇。其中既有对清政府的批评甚至抨击，也有向朝廷上的条陈，对立宪派和政府官吏都有一定影响。此外，梁启超还直接为中央和地方大吏草拟过许多奏折和说帖等类文件。又通过徐佛苏同国内立宪派的著名领袖如汤化龙、林长民、籍忠寅、孙洪伊等密切联系。由于这些活动，梁启超同国内立宪派领袖和政府官吏保有相当密切的个人关系，使他在清朝灭亡前直到民国初年的政治舞台上能够发生相当的影响。

① 《汤觉顿致梁启超信》(原件)，国家图书馆藏。

三 宪政讲习会及其他立宪团体

宪政讲习会，又称宪政公会，是杨度与熊范舆等于1907年夏在日本东京创立的。

杨度(1875—1931)字皙子，湖南湘潭人，是王闿运的门生。1902年起曾数次赴日，先后就学于宏文速成师范及早稻田大学法政科，一度担任过中国留学生会馆总干事，1907年秋回国。杨早年也曾倾向革命，后崇拜日相伊藤博文，并结识梁启超，遂转向改良主义。清政府宣布预备立宪后，杨度积极投入立宪运动，1906年冬创办《中国新报》，从事鼓吹。同时又与梁启超拟议合组立宪团体，后因发生矛盾，与熊范舆另立宪政讲习会。熊本是贵州苗族人，得湖南即用知县后，去日游历，热心于立宪运动。宪政讲习会成立，杨度为预留将来与梁合作的地步，未便出任会长，遂推熊为会长。

宪政讲习会《总章》宣称，其"宗旨在于预备宪政进行之方法，以期宪政之实行"①。态度相当平和。但在《宪政讲习会意见书》中却反映了一种相当激进的态度。《意见书》激烈抨击清朝专制政府"冥顽不灵，贪饕无耻"，是"亡我中国"的祸根。并进一步指出，其所以如此，是因为没有民选议院进行监督的缘故。它指出，欲救中国"非改造责任政府不可，欲改造责任政府，则非设立民选议院不可"②。一开始就把民选议院的问题提出来，作为运动的中心目标，这是宪政讲习会的一个突出特点。他们不但这样宣言，而且也这样行动。1907年9月，由熊范舆领衔写呈清朝廷要求开设民选议院的请愿书，实为国会请愿运动的先导。

宪政讲习会很快在国内发展势力。是年冬，首先在湖南展开活动。那时犬养毅曾到中国活动，在湖南应宪政讲习会之邀发表宪政演说。

① 《时报》，光绪三十三年七月三日。

② 《东京宪政讲习会意见书》，《时报》，光绪三十三年七月四日。

至次年春，该会在北京、上海等地都建立了分会，主要从事国会请愿的联络活动。这时，杨度已被召入京，以候补四品京堂在宪政编查馆行走。他利用这一地位，在上层统治集团间广为游说，鼓吹尽速召集国会。但此后他便失去了立宪派领袖的地位，而变成官方赞助立宪的人物了。熊范舆后来被滇督李经羲召入云南，任知府。宪政讲习会从此涣散。

除了预备立宪公会、政闻社、宪政讲习会之外，还有一些较有影响的地方性立宪团体。

如粤商自治会，其活动基本局限于广东一省。

广东地处南陲，是遭受帝国主义侵略最早、人民受害最深重的地区之一。粤商自治会参加反帝爱国运动较为积极，如力争西江捕盗权①，为英国轮船执役人员无故打死中国乘客而积极展开抗议活动等。又如1909年，中国与澳门葡萄牙当局议行勘界，该会曾屡次开会并通电全国，要求政府维护领土完整，抨击两广总督袁树勋交涉不力，误国失权。

粤商自治会积极参加了1908年的国会请愿运动。是年3月，该会议决发函各省及海外华商，建议实行联合请愿。这一行动受到宪政讲习会等团体的赞扬。在1910年三次请愿高潮中，广东省表现相当活跃，这是同粤商自治会的活动分不开的。

但是，粤商自治会受康、梁影响较多，对革命党抱敌视的态度。

湖北的宪政筹备会成立较晚。据《时报》记载，1909年5月20日该会选举职员，正式成立。起初附属于教育会，会长姚晋圻是一个绅士，书记为汤化龙、余德元，编辑员为张国溶。实际上，汤、张两人掌握着该会的全部活动。汤化龙（1874—1918）字跻武，湖北蕲水人，曾肄业黄州经古书院，1904年中进士，授法部主事。后来赴日本留学，习法政，1909年回国。谘议局成立时，初被选为副议长，继被选为议长，成

① 帝国主义为便利经济侵略的需要，在西江地区竟自行武装捕盗，严重损害中国主权，粤商自治会于1907年特发起争回西江捕盗权的运动。

为湖北立宪派的主要领袖。张国溶字海若，湖北蒲圻人，1904 年中进士，授翰林院编修。他参加立宪运动非常积极，是湖北请愿运动的主要发起者和联络人。1910 年湖北请愿国会同志会成立，推张为干事长。宪政筹备会虽成立较晚，但由于汤化龙、张国溶等活动积极，尤其在国会请愿运动中表现突出，所以使立宪派在湖北取得相当有力的地位。

贵州省的宪政预备会成立于 1909 年，也是在教育会的基础上产生的。会长为任可澄(1879—1945)，但会务仍受教育会长唐尔庸的控制。任是安顺人，唐是贵阳人，两人都以举人考中内阁中书，因不满于政治腐败的状况，遂回黔办教育。宪政预备会办有法政学堂，还出版《黔报》与《贵州日报》，鼓吹立宪。该会与比它早两年成立的自治学社存在着尖锐的矛盾。自治学社政治态度激进，其主要骨干多半是革命党；而宪政预备会则多为富绅，与官场联系较多，对自治社采取敌视态度。在办教育方面，两派各树势力，也互有竞争。谘议局成立时，自治学社派占了优势。1910 年的国会请愿运动，两派都曾参加。但在省内的政治舞台上，两派始终进行着激烈的争夺，它们的斗争一直延续到辛亥革命以后。

在立宪运动中还出现了许多规模较小，如一个城市，一府或一县的资产阶级和开明士绅所组织的立宪团体。有的是标榜研究宪政，但更多的是以促进地方自治为宗旨。这类小团体在京、津、沪等地及沿海各省特别多。其中上海的宪政研究会成立最早，还在清政府宣布预备立宪之前就已开始活动，1906 年 12 月创办了《宪政杂志》，宣布它的宗旨是“考查政俗，研究得失，以俟实行立宪后，代表国民赞助政府”①。这个团体的政治倾向颇为保守。参加者全是文化教育界人士。如袁希涛、沈恩孚都是龙门师范学校教员，黄炎培是广明师范学堂教员，狄楚青是《时报》总理，陈冷和雷奋当时都是《时报》主笔，史家修(即史量才)是女子蚕桑学堂教员，等等。其中不少人后来参加了预备立宪公会。

① 《宪政杂志》第 1 卷第 1 期。

还有一些团体是在立宪运动过程中专为推动某一项宪政目标而结成的。如最普遍的国会请愿同志会，国会期成会，几乎各省都有。又如谘议局研究会，谘议局事务调查会、谘议局议案协赞会等，也很普遍。其中以原政闻社骨干徐尔音、吴冠英、张嘉森等在东京成立的谘议局事务调查会，规模和影响较大。它曾得到国内著名立宪派领袖张謇等的赞助，以及清官吏载振、胡惟德等人的捐款。它于1909年9月开始出版《宪政新志》，发表有关宪政的研究和评论文章，汇登各省谘议局重要文件；曾增刊一种《第一次各省谘议局通览》。1910年8月在北京成立的谘议局联合会，集中了各省立宪派的领袖和骨干分子，为后来成立的第一个全国性的资产阶级改良派政党——宪友会奠定了基础。此后在国会请愿运动高潮中，在北京的八旗士民也陆续成立了八旗宪政会、八旗维持宪政会、八旗期成公民会等团体。

据不完全统计，在清末立宪运动中，各地(包括海外华侨、留学生)建立的立宪团体将近八十个①。通过这些团体把各地的资产阶级和开明士绅松散地组织起来，而在席卷全国的国会请愿运动中，各省立宪派又逐渐实现了全国性的联合。这是戊戌以后中国资产阶级改革运动再度高涨的结果，是资产阶级力量获得重要发展的标志，是中国近代政治史上的一个重要现象。

立宪派上层分子在政界拥有很大势力，还有很多人直接在经济界、文化教育界任职，所以具有极广泛的社会联系。立宪派领袖通过持续数年的立宪运动，获得了丰富的政治斗争经验。由于这些条件，使立宪派在清末政治舞台上构成为一支举足轻重的力量。他们反对革命，给革命党的活动造成了很大的困难，甚至使革命遭到失败；同时它又在政治上给腐败的清政府以相当的打击，加速了清朝统治的瓦解；它的历史作用是双重的。

① 参看张玉法：《清季的立宪团体》，第90—143页《清季结社表》。

第二节 立宪派对官制改革的不满和国会请愿的发动

一 立宪派对官制改革的不满和批评

清廷于发布预备立宪诏书的第二天，就下令进行官制改革。表面看来，似乎对改革的态度相当积极。实际上，它是基于加强集权的考虑，才这样做的。

义和团运动和八国联军的侵略给予清朝的统治机器以很大的打击，中央政府的权力被削弱了；相对地，各省督抚的权力却有所增长。当西太后与光绪帝西逃的时候，东南两个最重要的督臣刘坤一与张之洞，还有山东巡抚袁世凯，与帝国主义列强达成所谓“东南互保”，俨然以独立的政治实体与外国人打交道。此后，他们又以源源不绝的供应，维持西安小朝廷的一切费用，这样他们便取得了对内政外交的极大的发言权。“辛丑条约”订立后，巨额赔款全靠各省分担，从而造成了没有各省督抚的支持，朝廷就无所作为的局面。清朝统治者深深感到了这种对它不利的处境，想利用预备立宪的机会，收回它失去的权力，加强中央专制的力量。与此相关的，还有另一个问题，也是清朝统治者焦思苦虑的，即庚子之后，某些汉族官吏的实力增长了。比如袁世凯，他手握兵柄，控制京畿，威慑数省，很遭满人的疑忌。清朝统治者希望借预备立宪之机，削弱汉官权力，加强满人的优势。除此之外，为了保证预备立宪按照“纳民于轨”的路线进行，朝廷需要有自己信得过的得心应手的一套行政机构。在建立这样一套行政机构时，还可以添几个新名目，借以欺饰中外耳目，这是一举数得的事。

本来，官制改革并不能给立宪派带来直接的好处。但因清末吏治实在太腐败了，他们希望通过官制改革，能在一定程度上澄清吏治，以便促进宪政的实行。但这已与清廷改革官制的动机大相径庭了。

1906年9月2日，清廷下诏委派载泽、世续、那桐、铁良等八名满族大臣，及张百熙、袁世凯、徐世昌等六名汉族大臣会同编纂新官制。同时另委奕劻、孙家鼐、瞿鸿禨三个军机大臣担任总司核定之责。又命张之洞、岑春煊等总督，派员来京协助。

9月6日，在朗润园设立新官制编制馆，以杨士琦、孙宝琦为提调，下设起草、评议、考定、审定四课。课员有金邦平、张一麐、曹汝霖、汪荣宝、陆宗舆、钱能训等共十三人，其中大部分是学习法政的留学生。而杨士琦、金邦平、张一麐等都曾是袁世凯的幕僚，所以，在这次官制改革中，袁世凯占据了十分有利的地位。在最初几次编纂大臣会议上，袁世凯是发言最多、提议最多的一个。他主张取消军机处，设立内阁，目的是扩张北洋集团一派的势力，因而引起满族亲贵的极大不满。以排汉著名的铁良①，忍不住当面与袁争执起来。载泽为此上折奏劾铁良有意阻挠。碍于舆论，铁良表面上不得不有所收敛。

但矛盾并没有解决。满族亲贵要夺汉官的权力，汉官不能不有所抵制；赞助立宪的人主张大力裁汰重叠机构和冗员，以省靡费，抵制立宪的人则不愿多所更张。这种斗争不但在参加编纂新官制的大臣中间进行着，而且在从中央到地方的大多数官员中间同样展开着。在公布新官制案之前，一直有人为此上书，其中赞助立宪的，提出自己的改革建议；抵制立宪的，则极力维护旧制，劝诫朝廷不要轻易改变。在内外议论纷纭的情况下，编纂大臣们决定，凡直接涉及皇室利害的问题，均置而不议。

11月6日，公布了西太后最后裁定的新官制案。其内容主要是：

内阁军机处一切规则照旧。令各部尚书均充参予政务大臣，轮班值日，听候召对。

外务部、吏部、学部照旧。

---

① 铁良(1863—1938)，字宝臣，隶镶白旗，监生出身，其排汉思想极为强烈，时人以刚毅相比。从练兵处任职开始，他便与袁世凯互不相容。

将巡警部改为民政部。

将户部改为度支部，以财政处并入。

将兵部改为陆军部，以练兵处、太仆寺并入；预定设立海军部与军咨府，未设以前均归陆军部办理。

礼部以太常寺、光禄寺、鸿胪寺并入。

将刑部改为法部，掌管司法。

将大理寺改为大理院，专掌审判。

将工部并入商部，改为农工商部。

设邮传部，掌管轮船、铁路、电线、邮政。

将理藩院改为理藩部。

都察院改设都御史一员、副都御史一员，六科给事中改为给事中，御史各员缺均照旧。

旧有的宗人府、内阁、翰林院、钦天监、銮仪卫、内务府、太医院、各旗营侍卫处、步军统领衙门、顺天府、仓场衙门等均照旧。

预定要设立的资政院、审计院等只是准备“依次成立”。

从上述内容可以看出，这次官制改革，除了更换几个名目，合并几个次要的衙门，新增一个邮传部以外，整个腐败的统治机器没有任何实质的改革。立宪派所期望的责任内阁，连提都不曾提到。而预定设立的资政院则不知究竟何时才能实现。对于涉及皇室大权及满族亲贵利害的各衙门，则明确声明不予更动。

最值得注意的是，公布新官制案的第二天，重新任命的各部院大臣的名单：

外务部尚书瞿鸿禨（原任）

吏部尚书鹿传霖（原任）

民政部尚书徐世昌（原任巡警部尚书）

度支部尚书溥颋（宗室）

礼部尚书溥良（宗室）

学部尚书荣庆（蒙族）

陆军部尚书铁良(满族)

法部尚书戴鸿慈

农工商部尚书载振(皇族)

邮传部尚书张百熙

理藩部尚书寿耆(宗室)

按清朝旧制,各部均设满汉尚书各一员。现在号称满汉不分,结果在十一个部之中,汉官只有五人,满蒙贵族则有六人。而且其中外务部尚书虽是汉人,但上有管部大臣奕劻和会办大臣那桐,实际上瞿鸿禨不能算该部的主管官员。这样一来十一部之中便是汉四、满六、蒙一,满汉比例是六比四。特别重要的几个部如度支部、陆军部都是掌握在满人手里。铁良担任陆军部尚书,并从袁世凯手里收回了北洋陆军一、三、五、六等四镇的指挥权,同时宣布各省新军统归陆军部管辖。这一切,明显地反映出满人集权的趋向。

不消说,官制改革的结果使立宪派大为失望。还在官制案公布之前,有些立宪派已得知改革的某些内幕情况。如张謇在是年 10 月 23 日(旧历九月六日)日记中写道:“瑞观察来谈时事,义愤见于词色。都中方扰扰也。”瑞观察即是瑞澂,他是同情立宪的,后来加入预备立宪公会。所谓“都中方扰扰”即指在改革官制过程中,统治集团内部的勾心斗角。这段日记明显地反映了张謇的不满情绪。

新官制案和新任各部尚书、侍郎发布后,所有的立宪派都表示极大的不满。上谕发布的第三天,11 月 8 日,《时报》即著文抨击说:“此次之改制,止系添出几个新名目,汰去几个无权力之大员,绝无他影响也。”以后该报又发表社论,更进一步指出,所谓中央官制的改革,“唯汲汲以中央集权为秘计,且各部集权皆可从缓,独兵政与财政两部一若惟恐稍纵即逝者”①。

当时在海外活动的立宪派也纷纷批评这次官制改革的虚伪。徐佛

① 《改革官制愤言》,《时报》,光绪三十二年十二月十三日。

苏在日本的报纸上见到消息后即写信给梁启超说:“政界反动复反动。竭数月之改革,迄今仍是本来面目。……政界之难望,今可决断。公一腔热血空洒云天,诚伤心事也。”①信中还说到他所熟识的革命派领袖黄兴乘机劝导他重新回到革命道路上来,他感到很大的精神压力。徐氏的态度反映出立宪派中一部分有心救国的青年对清政府不满而彷徨苦闷的情绪。梁启超对这次改革自然也不满,但他劝其同党不要因此过于失望。

在杨度等人办的《中国新报》上,对官制改革进行了相当激烈的批评。熊范舆指出,官制改革暴露了清政府想“借此愈使专制运用之灵活”。他并且指出,“编制委员中意见冲突,互相反对者,不过各欲借此为政界角逐竞争之具,因以增殖自己之势力而已”②。熊范舆的剖析是正确的。在朝廷大员中,虽有人赞助立宪,但多半是利用名义提高自己的声望,扩充自己的势力。所以他们之间的矛盾斗争实质是争权夺利。

中央官制的改革已使立宪派大不满意,而外官制的改革则更是虎头蛇尾。在公布中央官制案的同时,朝廷曾指示编纂官制大臣继续拟订各直省官制。直省官制直接涉及督抚权力问题,没有他们的赞助是不行的。编制馆曾拟定两种方案征求各督抚意见。第一种方案主要是建立以督抚为首长的行省衙门,合布政使、按察使两使署于同一衙门内,由督抚直接部划,实行同署办公,而另外设立高等审判厅,专司审理案件。这比较接近立宪国地方官制。第二种方案基本沿袭现制,只是强调分工,以明责任。结果各督抚复电,明确赞同第一种方案的只有岑春煊、赵尔巽两人,其余有六个督抚表示有条件的赞成;而明确反对第一种方案的则有八人,另有四人意见折衷。鄂督张之洞、甘督升允则对两个方案都不以为然,实际是反对改革。张之洞曾两次复电编制馆。其第一电主要强调民情浮嚣,物力匮乏,官制“不宜多有纷更”,只可“就

① 《梁任公先生年谱长编初稿》上册,第214页。
② 熊范舆:《新官制评论》,《中国新报》第1号。

现有各衙门认真考核,从容整理,旧制暂勿多改”①。其第二电专驳司法独立。他说,如果司法独立,督抚不能过问案情,就会有人强行西法,对革命党“曲贷故纵”,结果“不过数年,乱党布满天下,羽翼已成,大局倾危,无从补救”②。这显然是吓唬朝廷,意在维护督抚权力。

由于多数督抚反对和抵制,外官制改革迟迟不能进行。直到1907年7月,才发下一道上谕,规定:改各省按察使为提法使,增设巡警、劝业两道,裁撤分守分巡各道,酌留兵备道,分设审判厅,增易佐治员。如此而已。完全放弃了原拟方案,仅改添几个新名目以为敷衍。但即使这样一个极不足道的改革,还要东三省“先行开办”,直隶、江苏“择地试办”。

官制改革是清政府标榜预备立宪的第一个实际行动,结果弄得内部矛盾加剧,又引起立宪派强烈不满。本来对宣布预备立宪一举,立宪派曾报以热烈欢呼,至官制改革一场闹剧过后,他们开始不信任清政府了。杨度说:“政府宁肯与人民以一尺之空文,不肯与人民一寸之实事;人民与之争者,宜与争实事,而不与争空文。”③对立宪派来说,最重要的利益是参与政权。所谓“争实事”主要就是争参政权。于是,从1907年秋天起,立宪派便开始发动国会请愿运动。

二 1907年—1908年的国会请愿运动

在官制改革中,清朝统治者完全回避了国会与责任内阁的问题,毫无开放政权的意思,这是立宪派最感失望的。他们指出:“国会乃立宪之真精神所在”,“政府靳而不与”,这是无意实行立宪的表示④。某些

① 《鄂督张议复外官改制电》,《时报》,光绪三十二年十二月三日。

② 转引自白衣:《驳鄂督论司法独立之害》,《时报》,光绪三十三年一月十二日。

③ 《中国新报》第4号,《致〈新民丛报〉记者》。

④ 侯延爽:《留别山东同乡会词》,《时报》,光绪三十三年十一月二十七日。

立宪派分子不但懂得开国会是实行立宪的关键，而且认识到任何专制统治者都不会自愿实行立宪，自愿开设国会，给人民以参政权。要实行立宪，只有人民自己起来争取。他们说："立宪之事不可依赖政府，而惟恃吾民自任之。"①"有强迫政府立宪之国民，无自行立宪之政府"。因此，不能"坐待他人之以政权授我"②。从这种认识出发，立宪派发动了国会请愿运动。

最早提出国会请愿问题的是宪政讲习会的领袖杨度。他在1906年冬写的《中国新报叙》里就提出了这个问题。1907年春，在给梁启超的信里他更明确地提出，应把国民的注意力完全集中到请开国会这一个目标上来。当时，梁启超表示赞同他的意见③。杨的这一主张还特别集中地表现在宪政讲习会成立时所发布的《意见书》中。宪政讲习会是国会请愿运动的首倡者。

1907年秋，宪政讲习会会长熊范舆和沈钧儒、雷光宇、恒钧（满人）等人领衔，给清廷上了第一份要求速开国会的请愿书。其中已经把立宪派关于开国会的理由、国会应有的职能等基本主张都明确提出来了。

请愿书宣称，专制制度的最大弊害是政府与人民隔绝，"政府孤立于上，人民漠视于下"④，因而不能有力地抵御侵略。立宪国因有国会把人民同政府联系起来，上下同负责任，使国家独立而强大。请愿书还认为，在专制制度下，由于人民的要求总得不到反映，久而积成怨愤，有一部分人就会铤而走险。革命都是由专制制度本身造成的，所以要防

① 杨度：《中国新报叙》，《中国新报》第1号。

② 《东京中国宪政讲习会意见书》，《时报》，光绪三十三年七月四日。

③ 杨度的信不曾见。但从1907年5月梁启超的回信中可看出杨信的内容。梁在信中说："至专提倡国会一简单直捷之主义，求约束国民心理于一途，以收一针见血之效，诚为良策，弟当遵此行之，并在《时报》上有所鼓吹。"见《梁任公先生年谱长编初稿》，上册，第234—235页。

④ 《湖南即用知县熊范舆等请速设民选议院呈》，《清末筹备立宪档案史料》下，第610页。

止革命“祸乱”，只有开设国会，真正实行立宪；靠镇压和杀戮是无济于事的。请愿书指出，中国正处在“存亡危急之秋”，外部列强环逼，内部革命蠡起，如不赶紧实行立宪，“恐三数年后，燎原莫救”。它要求一两年内就开设国会。

解救“内忧外患”，这是立宪派要求速开国会的最根本的理由。以后历次请愿书都是反复强调这一点。

尤其值得注意的是，熊范舆等在请愿书中，用了最多的篇幅来说明他们关于国会职能的主张。归结起来有如下几点：一、国会是监督政府行政的机关。专制制度下因没有国会监督政府，所以腐败放任；有国会监督，“一人失职，弹劾之书立上，一事失宜，质问之声即起”，可保“官无尸位，责有专归”，使政府对国会负责任。二、国会监督全国的财政。捐税经国会认可，便不致有横征暴敛；财政由国会监督，才不致有贪污中饱。三、国会是立法机关。经国会制定民刑各法，使司法渐次独立，并逐步收回治外法权。立宪派显然是把国会制度理想化了。但却充分地反映了他们参与政权的渴望，这是国会请愿运动的基本精神所在。

这份请愿书在报纸上发表以后，发生了很大影响。不久就有一些海外华侨、留学生等相继上书和致电朝廷，要求速开国会。

熊范舆及宪政讲习会的一些活动分子，首先在湖南、上海等地展开活动①。他们在湖南的活动，很快取得了进展，这个省最早派出请愿代表入京上请愿书。由此带动各省立宪派陆续发起请愿签名运动，于是逐渐形成为全国性的国会请愿运动高潮。

1908 年 3 月，河南省立宪派在省教育会召集许多府县代表集会，讨论请愿速开国会的问题。当时路过河南的熊范舆，应邀在会上发表演说。会后，便在省内掀起请愿签名运动，并很快推出代表赶赴北京呈递请愿书。继河南之后，广东、江苏、安徽、直隶、奉天、吉林、山东、山

① 据郑孝胥日记，宪政讲习会会员方表于 1907 年 11 月便在上海联络发动国会请愿。

西、浙江等省，也陆续有代表入京上请愿书，有的要求二三年内召集国会，有的更提出一年以内即开国会。在请愿书上签名的，一般都有数千人，如河南有四千余人，安徽五千余人；有的更多，如江苏为一万三千人，而山西省据称达两万余人，显示运动带有相当的群众性。有些省未及选派代表入京，但也展开了请愿签名运动，如江西、福建、贵州等省。在请愿运动高潮时，湖南省女界单独上了一道请愿书，一时传为美谈。在上海，成立了国会期成会。这是由宪政讲习会、政闻社和预备立宪公会联合发起组织的，专门从事请愿联络活动。北京八旗士民也有一千五百人签名上书请开国会。郑孝胥、张謇等人，在请愿发动初期，一度表现迟疑。后来，在运动进入高潮时，也领衔发了请愿电。这一情况既反映了郑、张等人的保守，同时也反映出请愿运动所造成的声势，它终于推动这些谨慎、懦怯的上层分子也下决心投入运动。当时的报刊（革命派直接控制的报刊除外）舆论是一片请开国会的呼声，连某些官员也为形势所推动，表示赞助请愿运动。从 1907 年冬到 1908 年夏，先后有黑龙江巡抚程德全、两江总督端方、河南巡抚林绍年等上折奏清速开国会。驻外使臣孙宝琦、胡惟德、李家驹等也电奏请开国会。一时全国上下，以请开国会为时髦，给顽固守旧势力造成很大的舆论压力。宪政编查馆馆员们有一次讨论国会期限问题，有一个福建人叫高种，他主张二十年后开国会。消息传出，人人争骂高种“愚顽”，福建同乡会宣布不认高种为福建人。可见当时舆论的声势。

清廷对这场请愿运动一开始就抱着怀疑态度。运动发展的形势超出他们的预料，感到难于应付。各省代表的请愿书陆续交到都察院，都察院的官员曾多次声言拟于某日某日代奏，结果却总没有代奏，可以反映出统治阶层的彷徨无策。

当时正在德国“考察宪政”的顽固派于式枚，给朝廷上一道奏折，攻击请愿运动是“胥动浮言，几同乱党”，要求朝廷“遇事弹压”①。其实朝

① 《时报》，光绪三十四年六月二日。

廷也正打着同样的主意，只是还没有找到合适的借口。当上海国会期成会成立时，清政府特电江督端方，要他查清该组织的内幕，如稍有可资借口之处，就准备予以取缔，从而达到压抑请愿运动的目的。但端方是一向标榜赞助立宪的，他与立宪派，特别是张謇等人关系很密切，自然不肯说坏话。稍后，便发生了政闻社员陈景仁电奏激怒朝廷的事件。清廷不但下令将陈景仁革职，而且下令查禁了政闻社。这次上谕中说：政闻社"内多悖逆要犯，广敛资财，纠结党类，托名研究时务，阴图煽乱，扰害治安。若不严行查禁，恐将败坏大局。着民政部、各省督抚、步军统领、顺天府严密查访，认真禁止。遇有此项社伙，即行严拿惩办，勿稍疏纵，致酿巨患。"①但奇怪的是，把政闻社的案情说得如此严重，而令下之后，却并没有抓任何一个政闻社员，足见处分政闻社的目的全在于镇慑立宪派，遏止请愿运动。当时《字林西报》有一段议论说得很明白，它说："满洲政府之政策，实欲箝制国民之口舌，使之不言。而严办政闻社员，不过借端而已。"②在查禁政闻社的第三天，又以刊登康有为为海外华侨写的请愿书为罪名，将《江汉日报》(武汉)封禁。这一连串的打击，出乎康、梁及所有立宪派的意料，政闻社遵命解散了，其他请愿代表也偃旗息鼓，各回本省去了。

西太后之流不愿居镇压请愿运动的恶名。当宪政编查馆拟就了"宪法大纲"和"议院选举法纲要"时，她立即召集王公大臣会议，定下九年后开设国会的期限。遂于 8 月 27 日——查禁政闻社后两个星期，将"宪法大纲"和"九年筹备清单"同时公布，算是对请愿运动的一种答复。

这个宪法大纲，根据赴日考察宪政大臣达寿的建议，照搬日本天皇钦定宪法的模式，逐条详列君主大权。其中包括君主对行政、立法、司法有最后裁定的权力；对议院有决定开会、停会、展会以及宣告解散的权力；统帅陆海军的权力；更动宪法的权力；宣战、媾和与实行非常法的

① 《光绪朝东华录》第 5 册，第 5967 页。

② 《申报》，光绪三十四年七月二十九日。

权力以及任免官吏的权力等等。同时明文规定,议院不得干预君主的这些权力。这是一部典型的君权宪法。清廷急于炮制和公布这样一个宪法大纲,不啻是预先警告资产阶级立宪派,不要存分享政权的打算!自然,软弱的立宪派不敢直接攻击钦定的宪法大纲。但他们也不肯放弃自己分享政权的要求。以后更大规模的请愿运动可以证明这一点。只是因为九年筹备清单规定明年各省谘议局就要开会,他们随即把注意力放到谘议局的筹备活动上去了,所以国会请愿运动暂时沉寂下来。

第三节 统治集团内部矛盾的加剧和财政危机的加深

一 统治集团内部矛盾的加剧

清朝统治者假借“预备立宪”的名义,谋求中央集权,以巩固其摇摇欲坠的统治。这种反动方针不但遭到立宪派的反对,而且加剧了统治集团内部的斗争。

在“新政”时期势力大为膨胀的袁世凯,对立宪表现了相当积极的姿态。清廷派遣五大臣出洋考察政治,即是采纳他的建议。他还为此筹集了一大笔款项,予以资助。端方等出国前,曾多次到天津与袁筹商;回国后,在向朝廷复命之前,又先与袁磋商促请朝廷宣布立宪以及筹计推动宪政有关的问题,特别是讨论了设立责任内阁的问题。从这时起,袁世凯便确定以阁揆为目标,谋夺清政府大权。袁世凯的政治野心早就引起过一些人的怀疑,还在1903年,就有人奏劾他有司马昭之心。他对立宪的格外热衷,更引起一些满族亲贵的猜忌。在官制改革的大臣会议上,他与铁良的冲突,是这种矛盾的初次爆发。

袁世凯是西太后一手提拔起来的人。他极谙官场权诈,善观风色,会博取上峰的欢心;昏庸贪鄙的军机首辅奕劻,早被他以大量金钱所买动,对他言听计从。这就使他在上面有了靠山。另一方面,在统治集团中，袁世凯确有出众的能力，无论练兵、敛财、行政、外交，都有比较丰富的经验，并取得相当的成绩。这又使他在军政界博得了很大的声望，于是钻营仕途的人争相投效，官场名流也乐与交往。“预备立宪”以后，他最早在天津创办自治研究所、宪法研究所等新政机构，聚集了相当一批知识分子。在他的心目中，人不分满汉，只求其为我所用。因此有些汉族官吏对袁也深怀不满。这就使统治集团的斗争有时呈现出更为复杂的局面。1907 年春夏间爆发的所谓“丁未政潮”就是一例。

这次政潮是上层统治集团的一次短兵相接的斗争。发难者是军机大臣瞿鸿禨与新任邮传部尚书岑春煊。瞿鸿禨(1846—1918)字子玖，湖南善化人。同治十年进士，授翰林院庶吉士。庚子事变过程中，以处理外交、起草诏旨能称西太后之意，受到拔擢，进入军机处，授第一任外务部尚书兼会办大臣，1906 年授协办大学士，是颇得信任的汉族大臣。他对立宪并无热情，但也不公开反对。对奕劻、袁世凯互相勾结、招权纳贿很不满。由于学问、地位和威望的关系，言官与报界对瞿氏较为礼敬；对奕、袁之流却时常加以攻击。为此，奕、袁对瞿氏已怀疑忌，而瞿氏圆滑的政治手段，更增加了奕劻、袁世凯等人的嫉视。岑春煊(1861—1933)字云阶，广西西林人，原是甘肃布政使，以庚子护驾有功，被西太后一再重用，历任陕西巡抚、山西巡抚、四川总督、署两广总督。在粤督任三年，以奏劾属官太多，有“官屠”之称。1906 年 9 月调云贵总督，1907 年 3 月又调任四川总督，均未赴任，得瞿鸿禨援引，从上海北上入京觐见，5 月 3 日授为邮传部尚书。瞿鸿禨打算与岑春煊等联合，打击奕劻、袁世凯。先是，瞿在西太后面前表示对奕劻不满，而岑刚一上任便参劾邮传部左侍郎朱宝奎，说他“声名狼藉，操守平常”，诏准革职。朱是奕劻、袁世凯所任用的。于是斗争便从此引发。紧接着，5 月 7 日，御史赵启霖奏劾段芝贵夤缘无耻，买天津歌妓杨翠喜献给奕劻之子载振，并曾以十万金为奕劻祝寿，因而得署黑龙江巡抚之职。事情一揭穿，舆论哗然，段芝贵、载振都感到十分狼狈。不数日，宣布撤去段的布政使衔，撤销署理黑抚的任命。载振自请辞去农工商部尚书，亦诏准。这是对奕、袁的一次严重打击,权势和声名都受到相当的损失。他们当然不会默然忍受,当即开始部署反击。他们首先借口两广不宁,建议把岑春煊外放两广总督。岑氏郁郁出京,滞留上海。而当他决定往粤赴任时,又以暗结康、梁的嫌疑将其开缺,被逐出政治舞台。岑春煊出京后,瞿鸿禨已渐孤立,奕劻奏请把与瞿有联结的林绍年罢出军机处。经瞿再三力争得以留任。接着,奕劻与袁世凯直接向瞿鸿禨开刀。他们收买瞿氏家奴,搜得瞿与某报馆的信函,然后便贿买善于摇笔弄舌的恽毓鼎,立上弹章,攻击瞿氏暗通报馆,授意言官,阴结外援,怀私挟诈,请予罢斥。奕劻还密奏瞿图谋推翻戊戌成案,要求“归政”,这是最触西太后忌讳的。西太后不等彻查复勘,便于 6 月 17 日下令将瞿鸿禨开缺。这次政潮既包含了汉族官吏之间的矛盾,也表现了满、汉之间的矛盾和斗争,但显然满汉矛盾起着支配作用。瞿鸿禨、岑春煊两人是汉族官吏中较有能力和影响的人物,去掉他们,保住奕劻,稳定了满族权贵的统治。袁世凯因为紧紧拉住奕劻,所以不曾受到直接的打击。但政潮结束还不到两个月,清廷便把袁世凯和另一个声望素著、做了湖广总督近二十年的张之洞同时调入军机处。对于汉族官吏来说,由拥有实权的重要督臣内调中央,通常是明升暗降的办法,在庚子以后更是如此。在清末,重要的督抚,尤其是直督、江督、鄂督等,不但握有一方军、政、财权,而且办理相当一部分对外交涉,可得外人的奥援,他们对朝廷的政策拥有很大的发言权。而军机大臣的地位,基本上是承旨办事,其影响决策的力量,有时反不如有势力的督臣。

袁世凯离开他经营多年的直隶总督兼北洋大臣的重要职位,当上军机大臣兼外务部尚书,一段时间无所建树。但这个政治野心家是不肯寂寞的,他企图在外交上谋发展,借帝国主义的撑腰加强自己的地位。当时日、美两国在侵略中国的竞争中,矛盾日益尖锐。日本离中国很近,对中国威胁最大,所以不少士大夫有联美对日的想法。美国为其自己的侵略利益打算,自然很愿与中国的权势人物拉关系。袁世凯鉴于这种形势,于 1908 年 7 月,奏派他的心腹唐绍仪,以感谢退还庚子赔款专使的名义赴美商谈，企图联美抵制日本。但是，情报灵通的日本政府，在唐绍仪出发时，已经探悉袁世凯的意图。唐绍仪路经日本时，日本政府热情招待，设法款留，同时却指派其驻美大使高平与美国谈判妥协办法。等唐绍仪抵美时，日美已达成“罗托—高平协定”，双方在侵略中国的问题上暂时妥协。唐绍仪真正成了“感谢专使”，此外别无所事。袁世凯的外交失败，是他政治生涯中一次不寻常的挫折。

正在这时，震动清朝整个政局的大变故发生了。1908 年 11 月 15 日，掌政近五十年的西太后死了，受她压抑、禁锢的光绪帝先她一天死去。这就造成了一时无法填补的权力真空。光绪无子，入承帝位的是醇亲王载沣(1883—1952)的三岁幼子溥仪，而载沣以摄政王的身份执掌朝政。这位年仅二十五岁的亲王，既无经验，又无魄力，但头脑中却牢记一条祖训，即不能重用汉人。而且，他是光绪帝载湉的胞弟，对袁世凯久怀疑忌，一旦大权在握，再也不能容忍袁世凯盘踞要津。但究竟如何处分袁世凯，载沣等人还是颇费踌躇。按他本来的愿望，是要重惩袁世凯及其党羽的。但以袁在北洋经营有年，根株四布，背后又有外国人，处治不当在内政外交方面，都可能引起问题。后经张之洞等人婉说，载沣以大局利害攸关，不得不改为从轻发落，于 1909 年 1 月 2 日，以足疾为借口，令袁世凯开缺“回籍养疴”。随后，他的几个重要党羽如唐绍仪、赵秉钧、陈璧等也相继受到贬斥。

袁世凯被罢斥之后，军机处只剩下张之洞与鹿传霖两个资格较老的汉族大吏。汉族官员的势力被削弱了。鹿传霖年老志衰，无所主张。张之洞面对褊狭、忌刻的载沣等一小撮满洲贵族，也毫无办法。他在用人行政方面曾有所建议，但屡遭拒绝，以致这个对清朝“公忠体国、夙著勤劳”的忠实臣仆，也不禁感到寒心，于 1909 年 10 月以忧病死。其遗诗有“君民末世自乖离”之句，反映出清朝末年统治集团中尖锐的矛盾。张之洞死后，戴鸿慈补入军机处，但仅半年就死了。1910 年 8 月，鹿传霖也病死。袁世凯开缺后军机处是满三汉二，鹿传霖死后变成满三汉一了。这样就更加突出了满汉矛盾在统治集团的内部斗争中所占据的主导地位。当西太后在世时,主要靠她“驾驭群僚”的手段来保持满洲贵族的统治权,但她也还要照顾到满汉官员的一定比例。到载沣当政,他竟想用赤裸裸的皇族集权的办法,来确保满洲贵族的地位,结果只是更孤立了自己。

在排挤和斥逐汉族官吏的同时,载沣特别致力把军权集中到自己的手里。庚子事变后,他曾作为“谢罪专使”前往德国①。德皇威廉在召见时,曾向载沣介绍德国立宪的经验。威廉特别向他强调,最重要的是皇室必须掌握军权。这一点,给他留下了非常深刻的印象。所以,他一上台,立即着手训练一支由他亲自统帅的一万二千人的禁卫军。派他的弟弟载涛和皇族成员毓朗充当训练禁卫军大臣。1909 年 2 月,又着手兴复海军,成立筹办海军事务处,完全由皇族成员主持其事。是年 7 月 15 日,特发上谕,明定皇帝为全国陆海军大元帅,在溥仪亲政前,由摄政王代行大元帅职权。同一天,任命他的弟弟载洵为筹办海军大臣。决定增设军咨处(后改称军咨府)作为赞助大元帅的最高军事参谋机构,以载涛和毓朗为管理军咨处事务大臣。依据章程,该处是“赞助皇上通筹全国陆海军事宜之所,凡关涉国防用兵一切命令、计划”,均由该处“拟案奏请钦裁后,饬下陆海军部钦遵办理”②。而且军咨处还对各镇新军的指挥、参谋、训练人员的任免拥有审定权。可见其权力还在陆军部、海军部之上。通过这一系列步骤,载沣把最高军事权力通通集中到皇室手里。但是,这只不过是在法律手续上把军权集中到皇室手里;在实际上,这个皇室一统军权的计划,遇到了地方督抚的顽强抵抗。

1910 年春,军咨处通咨各省督抚,拟派参谋官到各省督理军务。督抚们明白这是谋夺他们的军权,纷纷表示反对。当时海军处也曾下令,要各兵舰未得海军处命令,不准擅离原驻地。这当然也是针对督抚

① 义和团运动期间,德国驻华公使克林德在北京被杀,“辛丑条约”规定要清政府派专使赴德“谢罪”,并在北京修建克林德纪念碑。

② 金毓黻:《宣统政纪》卷 13。

而发。自甲午战败海军崩溃后，海军系统不复存在，所剩少许小型舰船多在内河，由当地督抚调度、指挥。海军处企图剥夺督抚的这项权力，不能不遇到强烈抗议。两江总督张人骏、湖广总督瑞澂致电质问海军处：督抚不能命令管下的兵舰，何以绥靖地方？当时各地民变蠡起，有名的长沙暴动、莱阳民变都发生在这一年，朝廷和督抚都有日夕不安之感。督抚以绥靖责任相要挟，载洵不敢肆行无忌。但是既然争夺军权的矛盾已经暴露，再想掩盖也掩盖不了。载沣等不会改变皇室集中军权的宗旨，各督抚也不肯放弃固有的军权。所以斗争继续发展。1910年12月，朝廷发谕将相沿已久的督抚所兼陆军部（前兵部）尚书或侍郎衔，均予撤销。1911年1月8日，由东三省总督锡良领衔各督抚联奏，除要求维护督抚固有的用人行政等项权力外，特别提出，在各省警察完备之前，所有各省防营从缓裁撤，明确归督抚调用，以别于陆军。皇族内阁成立后，军咨府再次提出要派员到各省管理督练公所。河南巡抚宝棻致电各省督抚，提议联衔电驳。云贵总督李经羲单衔致电军咨府，声称：如果实行军咨使监视各省军务，不受督抚节制，则督抚可一律裁撤。不然，则李某先不承认，态度十分强硬。接着，两江总督、两广总督、陕甘总督及山东、河南、陕西、安徽、江西、贵州等巡抚联衔电驳，使军咨府的计划又一次被挫败。载沣等人不能不顾忌到，全国人心不稳，倘各督抚对中央消极反抗，则形势必更加危险。所以他指示毓朗等要本着“内外和衷共济”的精神妥议办法，不可操切。实际上，载沣将全部军权集中于皇室的计划，并没有实现。

载沣一意孤行的皇室集权政策，不但激起了督抚的不满，加剧了满汉之间的矛盾，而且使上层满族权贵内部也发生了利害冲突。

载沣虽然既无政治思想，又无政治经验，但由于揽权心切，用人行政往往不与大臣商量，独断独行，致使奕劻颇为不满。他们两人素来关系就不和谐。奕劻秉政多年，声名狼藉，又过于依信袁世凯，西太后在世时对他已有不满。1907年让载沣进入军机处，就有牵制他的意思。西太后死后，载沣把袁世凯罢斥，等于砍掉了奕劻的臂膀。奕劻虽对载沣兄弟不满，但也无力反抗。1910 年 2 月，御史江春霖奏劾奕劻，列举了很多劣迹，并涉及奕劻所援引的许多官吏。载沣一面以“莠言乱政”的罪名，命江春霖回原衙门行走；一面却破例将“乱政”的劾折发抄，使奕劻的劣迹公布于世。对此，奕劻忿忿不已。这样，在清朝统治的最后一段时期，由载沣一家兄弟，再加上一个毓朗，构成最高统治权力的中心，由此形成一个极端反动的所谓“少壮亲贵集团”。载沣之流的集权和独裁，激起多数督抚的反对，和大批满汉官员的不满。在革命危机愈来愈迫近的情况下，有些封疆大吏竟屡次要求辞职；许多朝廷大员也敷衍公事，不肯负责。清朝廷陷于十分孤立的地位。

二　日益加深的财政危机

政治上日益孤立的清政府，又遇到极端严重的财政困难，这就更加深了它的统治危机。

清政府陷入财政困难，一个重要的原因是由于签订《辛丑条约》，担负巨额的赔款。另一个原因则是偿付外债。为了筹集甲午战败所承担的战争赔款和赎还辽东半岛的赎款（两项计银二亿三千万两），以及为筹集军饷和装备等，清政府曾先后向英、法、德等国借款达三亿四千万两，加上利息共六亿两，每年须清偿本息二千四百九十万两，除海关承担一部分外，其余悉数由各省分担。

除了赔款、还债以外，练兵经费也是一项巨大的财政开支。据统计，每年单是饷杂开支即达二千三百余万两。此外向外国采购军火装备及各项军需物资，又需巨额开销。据 1910 年海关的不完全统计，这年进口的各种军火用款即达三百三十六万两，还不包括购买军需物资在内。另外，1909 年决定着手重建海军，海军部尚书载洵奏请筹集海军经费，计开办费二百八十三万五千两，常年经费一百六十八万两，共四百五十一万五千两，由度支部通咨各省分担。同年，为集中军权而增设的军咨处，也奏报需开办费六十万两，常年费一百余万两。

其他各项增加费用，不胜枚举。有人估计，清末每年军费开支可能达到六千万两之多①。

在支出繁巨，财政困窘的情况下，清朝统治者仍极奢靡挥霍。据当时报刊载录，各国皇室经费比较：欧洲各国中以英国的皇室经费最多，为一千五百余万；俄国其次，一千二百余万。但英国皇室经费仅占其总岁入的 0.8%；俄国所占比重最高，也只占 2.4%。可是中国的皇室经费，以光绪三十四年为例，竟达一千八百余万，约占总岁入的 6.6%②。

除以上几项大宗开支外，在预备立宪名义下，举办新政所需的开支，也是非常庞大的。御史赵炳麟在 1909 年夏所上请定行政经费的奏折中，列举了各省举办新政约需的费用：司法一项约费百万，教育一项约费百万，而巡警一项，大省需费三百万，小省需费二百万，单只这三项合计起来，各省每年即平添四五百万的开支③。赵炳麟的奏折使朝廷甚为踌躇，直到次年 5 月才将原折发抄。不久，又有湖北布政使王乃澂上折奏请依据现有财力，变通宪政筹备的次序。载沣决定要各省督抚针对赵、王两折奏复本省情形。直隶总督陈夔龙在复奏中称，预计到宣统八年，顺直全省开设各级审判厅、检察厅，需银七百九十余万两；开办和扩充学堂又需二千二百二十五万两；继续推广巡警又需银一千二百七十余万两。如再加上筹办地方自治等费，平均每年新政经费约需六百万两。陈夔龙哀叹“民生雕敝，深恐难支”④。其他各省督抚的复奏，无不叫苦连天。

载沣等要各省督抚复奏，本意是要他们针对赵、王两折提出的问题

---

① 薛大可：《财政改革与国会》，载《中国新报》第 8 号。这个估计数字反映着 1907 年前的情况。以后军费不断增加，据沈鉴：《辛亥革命前我国之陆军及其经费》一文说，宣统三年的预算，各项军费开支计达一亿零九百五十三万库平两。占当年预算支出的 36%。

② 《宪志日刊》，宣统二年七月二十六日。

③ 《时报》，宣统二年五月初六、初七，初八日。

④ 《直督陈夔龙奏复并案详议赵、王各条陈折》，《时报》，宣统二年八月初三日。

妥拟筹款和节省政费的办法，而结果是一片叫苦声。梁启超为此写了一篇文章《节省政费问题》。其中揭露虚縻政费的情形，他写道："国家设官之原则，以人奉职，而今也则以职豢人。故国家本可以不办此事，因有人欲办以自豢，斯办之矣。办此事本有一机关而已足，因欲豢之人太多，则分之为数机关矣。一机关本以若干员当之而已足，而待豢之人不能遍，则多为其员额矣。犹不能遍，则别立名目以位置之矣。"所以"凡今日财政所支出者，其什之八九则有劳费而无效果者也。所余一二亦以最大之劳费得最小之效果者也"①。梁的揭露是符合事实的。由于机构臃肿，冗员太多，毫无行政效率，造成极大的财政上的浪费。度支部在《试办宣统三年预算并沥陈财政危迫情形折》中也承认"冗事冗费，触处皆是"。它的亏空达七千八百万两的预算案，就是在这种财政困窘而又制度窳败的情形下编制出来的。

财政危机加剧了清朝中央政府与地方督抚之间的矛盾。既然载沣等人要集权于中央和皇室，如果不把财权集中到手，那么行政、军事等方面的集权就没有物质的保障。所以载沣等采取了一系列措施，企图由中央控制全部财政大权。

清朝的户部(后改度支部)按规定有"制天下经费"的权力，是统一全国财政的管理机构。在各省的布政使司或称藩司，代表朝廷管理地方民政和财政事务，与各省督抚虽是隶属关系，却有职权的分工。但自经历咸丰、同治年间的太平天国战争以后，各省督抚的权力扩大了，原来为应付战争饷需而临时征收的厘金，成了地方经常性的重要财政收入，地方上的财权逐渐集中到督抚个人手中。户部原有的通过各省藩司监督地方财政的职能，已越来越小。到了甲午战争和八国联军战争以后，由于赔款、外债、军饷、新政等各项开支急剧增加，户部既不掌握各省财政收支情况，也没有可筹集大宗款项的财源，只能悉数摊派到地方，由各省筹集。于是各省任意增加捐税、滥铸铜元、发行钱票、截留解

① 《国风报》第1年，第20号。

款，各行其是。后来各省向度支部报销的制度也逐渐变成虚应故事。除传统的收支项目，如地丁、常关税、盐课（以上为收入）及俸禄、驿站、廪膳、赏恤、采办、织造、修缮、杂支（以上为支出）等项一般尚能详确报解外，其他如厘金、劝捐、铸钱等项收入，以及善后、筹防、新政、军械、偿债、各关局等开支，往往有冒混隐漏等情弊。这些财务项目，一般都归各省督抚一手包办，由专设的局、所和另派委员经办，中央无法一一督察。举江苏为例，除藩库外，另有粮道库、苏州牙厘总局、淞沪厘捐总局、金陵厘捐总局、善后局、沙洲公所、膏捐局、房捐局、宝苏铜元局、商务局等，这些都是经管银钱的地方。而这些局、所的收入和支出，只凭督抚直接向皇帝奏请的一纸公文，就算报销凭据，各省藩司无法干预，度支部也只能从咨文或皇帝的朱批中知道个大概。

急图集权的载沣上台后，立即着手改变这种状况。首先由度支部尚书载泽上一道奏折，奏请清理各省财政。1909 年 1 月 11 日，诏准公布《清理财政章程》。该章程规定，清理的目的是“截清旧案，编订新章，调查出入确数，为全国预算、决算之预备。”①度支部设清理财政处，各省设清理财政局，另由部派专任财政监理官到各省督同清理。依清理章程的要求，从宣统元年起，各省财政清理局，必须按季详报本省财政收支确数。这样便把各省财政完全置于中央的监督之下，排除了督抚不经部准自行安排收支或隐匿收支项目的机会。显然，这是对督抚权益的极大侵犯，不能不引起他们的强烈不满。于是纷纷上书，婉言抵制。当时报纸曾发表一条消息说：“度支部现在清理财政，各省督抚大员多怀疑惧，而泽贝子（指载泽——引者）百折不回，务期得收成效。昨闻各督抚及司道之条陈财政者已多至百余起，惟其中各怀私见，恐难实行。”②当度支部请旨任命的各省财政监理官赴任后，更是屡起纷争：地方官控告监理官如何骄横；监理官控告地方官如何阻挠。度支部频频

① 《时报》，宣统元年正月十七日。
② 《时报》，宣统元年五月十四日。

接到这种互相攻讦的文电。它只好发电给各省财政监理官称:"外间虽纷纷诋毁,各该员有则速改,无则专心办公,务须以清理财政为要。"①1909 年 9 月,湖南财政正监理官陈惟彦,以牵涉命案被御史严参,旨准"交部议处"。但为了推动清理财政,朝廷又于 12 月将阻挠清理的甘肃布政使毛庆蕃革职。这两起处分事件充分表现了中央与地方矛盾冲突的尖锐性。是年底,朝廷为直接控制大宗税款,又决定设立督办盐政处,派度支部尚书载泽兼任督办大臣,并颁发盐政新章,将原来有盐务各省督抚的权力,大部分收归督办大臣独揽。这引起了有关督抚的严重抗议。盐政一向为官吏敛财的主要门径,一旦全归中央,地方大吏财源被夺,岂肯甘心?所以当时由东三省总督锡良领衔致长电给盐政处,力争用人、用款及奏事等权力。电中且谓"督抚之权皆系中央之权,未有可专制自为者也。若至督抚无权,恐中央亦将无所措手。时方多故,独奈何去其手足而自危头目乎?"②督抚对财政集权如此怨愤,使朝廷的各种如意算盘不能达到预期的效果。

此外,度支部还迭次通咨各省,禁止自铸铜元和印行钱票,以统一币制的名义控制全国金融。为实行统一币制,1911 年清政府向帝国主义国家商订币制借款。但直到清政府垮台,始终未能实行统一币制。

载沣、载泽等向督抚开刀,自然无助于解决严重的财政危机。最后还是不得不与各督抚一起设法向人民群众搜刮,从而使封建统治者和广大人民群众的矛盾进一步激化。

腐败的清政府还企图靠"厚集洋债"的办法来摆脱危机,可是这实际是饮鸩止渴的办法。前已指出,清政府每年赔款还债的负担已经相当沉重。如果再举新债,势必更加重偿付负担。而且清政府所借外债都是担保借款,即每借一笔外债,都要以一定的税赋或其他东西作担保,这就会给清政府的财政造成新的问题,更加深了帝国主义对中国财

① 《时报》,宣统元年七月十七日。

② 《各督抚为盐务致盐政处电》,《国风报》第 1 年,第 11 号。

政权的控制。据不很精确的统计，从1906年宣布预备立宪到武昌起义前夕，清政府历年向英、日、法、德、美等国借款共达二亿四千六百余万(库平两)①，一般最低年息是5%(极个别的为4%)，而最高竟达12%。这些借款多半是以修铁路和赎回铁路权的名义借的，都附有许多特权，所以不但不足以缓解财政危机，而且加剧了帝国主义国家间为侵略中国而展开的角逐。其结果只能是中国的利权遭到进一步的侵夺。比如1909年10月，美国在与中国谈判签订了锦瑷铁路借款草合同之后，紧接着美国国务卿诺克斯又提出所谓"满洲铁路中立化"的计划。其内容是：东北各条铁路由美、英、日、俄等国共同承购股票，共同参加管理，并同享雇员、购料等项利益；再由各国借款给中国以赎回这些铁路的路权。这实质是在"铁路中立化"的名义下逐步使东三省国际化。美国提出这一计划，自然是实行它的所谓"门户开放，机会均等"的政策，以与在攫取东北利权方面抢先一步的日、俄帝国主义展开争夺。但作为既得利益者的日、俄帝国主义，一开始就坚决反对美国的计划，并分别根据自己的侵略需要提出了进一步的要求，使这一计划无法实现。这一事实充分表明了帝国主义在侵略中国、互相角逐的过程中，都是拿中国的利益作为交易的筹码的。清政府"厚集洋债"的政策，不仅没有能使财政危机得到缓和，而且进一步加深了政治危机。

第四节　谘议局与资政院

要实行立宪就必须设议会，昏聩的清朝统治者无法回避这一点。所以早在1906年11月宣布中央官制时，曾预先答应要设资政院"以立议院基础"，但并不准备积极去办。1907年6月，两广总督岑春煊上折奏称"立宪之预备不应托诸空言，而应见诸实事；不必设为理想，而可得

① 徐义生：《中国近代外债史统计资料》第28—52页，《从甲午中日战争至辛亥革命时期清政府所借外债表》。

之模范”。他说，中央设立资政院就是“实事”，各省设谘议局则是“可得之模范”①。岑折发抄后，有不少官员表示附和，立宪派更极表赞赏。这一年夏天在镇压徐锡麟、秋瑾起义之后，清廷为收拾人心，安抚立宪派，曾有一段时间对“预备立宪”颇为“积极”，先后发了数次有关立宪的上谕。9 月 20 日的上谕宣布设立资政院，任命溥伦、孙家鼐为该院总裁，主持筹备。10 月 19 日的上谕则命令各省督抚准备在省会设立谘议局。1908 年 7 月，在各省掀起国会请愿运动时，谕准公布了《谘议局章程》及《议员选举章程》。同时还颁布了《资政院章程》的前两章(总纲与选举两章)。8 月，又颁发“宪法大纲”与“九年筹备立宪清单”，清单规定：各省谘议局应于 1909 年开设，资政院应于 1910 年召开。此后，各省立宪派便完全投入筹建谘议局和竞选议员的活动中去了。

一 谘议局的设立及其与督抚的矛盾

从 1909 年 3 月起，各省陆续开始选举谘议局议员。谘议局的全部筹备及选举活动都在督抚的直接监督下进行。朝廷曾再三下令，严防革命党人进入谘议局。尽管如此，在有些省还是有少数革命党人被选进了谘议局。在贵州省，革命党人及其同情者甚至还在谘议局中占了多数。但其他各省谘议局都是立宪派占据优势。许多著名的立宪派领袖被选为谘议局议长。如张謇为江苏谘议局议长，谭延闿为湖南谘议局议长，汤化龙为湖北谘议局议长②，蒲殿俊为四川谘议局议长，等等。

谘议局章程明确规定了各省议员的名额，其中最多的如顺直，一百四十名；最少的如吉林、黑龙江等省，仅三十名。此外，京旗在顺直设专额十名，各省驻防旗营，分别在各本省设专额一至三名。章程规定，凡

① 《岑制军奏陈预备立宪阶级折》，《时报》，光绪三十三年五月十三日。

② 湖北谘议局议长最初是吴庆焘，是个绅士。第一届会议刚开过即辞职，由汤化龙(原为副议长)接任议长。

是有本省籍贯年满二十五岁的男子，合于下述任何一种条件的，得有选举资格。1. 在本省地方办理学务或其他公益事务满三年著有成绩者；2. 在中外中等以上学堂毕业得有文凭者；3. 举贡生员以上出身者；4. 曾任实缺职官文七品以上武五品以上未被参革者；5. 在本省拥有五千元以上的营业资本或不动产者。据当时报纸记载，各省登记的合格选举人，最多的如直隶、江苏两省，不过十六万余人，各占其本省人口总数的0.62％和0.5％；最少的如黑龙江省，选举人只有四千六百余人，占该省人口总数的0.23％；甘肃省为九千余人，只占其人口总数的0.19％，其比例之低，恐怕是各国选举史上所少见的。选民人数如此之少，不单是因为选举资格的限制，很大程度上还由于风气不开，群众对选举冷淡，而官僚机构又不能认真办理的缘故。这样少的选民，到了选举时还有一些人不曾参加投票。可以想见，所选出的议员与广大人民群众很少相干。

谘议局章程第一条说，谘议局“为各省采取舆论之地，以指陈通省利病，筹计地方治安为宗旨”①。章程中对于谘议局的职任权限虽作了一些规定，但因谘议局要受督抚的监督，督抚不满意谘议局的行动时，可以给予“劝告”，令其停会，直至解散。这样，就使谘议局的职任权限很难得到保障。谘议局不能过问官吏的任免，遇有贪官污吏，只能呈请督抚核办。宪政编查馆在答复考察宪政大臣于式枚的奏折中，明确指出：监督全省一切行政皆在督抚而不在谘议局。凡一切关系君上大权、国家行政及国家政费，谘议局均不得参议。又指出，在国家税、地方税未划分之前，谘议局不得议减现行税率，等等。所以，有不少督抚，实际上把谘议局看作不过是地方大吏的一种咨询机构。

但是，对谘议局的性质，立宪派和顽固派从对立的立场出发，却产生了相同的误解。立宪派根据自己的愿望，把谘议局当成他们参与政权的一步阶梯，以为可以通过谘议局监督地方行政，并实现他们本阶级

---

① 《各省谘议局章程》，《东方杂志》1908年，第7期。

的一些立法要求。所以他们极力宣传“谘议局之设，为直省政治监督之机关，亦为直省立法之机关”①。顽固派从其反对立宪的偏见出发，以为既然在官吏衙署之外，另立民选机构，则必对地方行政有所监督和牵制。于式枚声称：“谘议局立于一省行政唯一监督之地”，表示不能容忍，要求改定谘议局章程。这显然是出于偏见。

立宪派与顽固派对谘议局的性质的这种误解，预示着谘议局开议后，不可避免地要发生矛盾和斗争。

各省谘议局第一届常会于1909年10月14日（旧历九月一日）同时开幕。（唯新疆以“地处偏僻，知识未开”为理由暂缓成立。）根据宪政编查馆的规定，谘议局必须先讨论督抚交议案。由于会期有限，结果许多议员提议案和人民请议案，未及开议就闭会了。如江苏谘议局第一届常会共收到议案184件，其中：

已经议决案：督抚交议案15件，
　　议员提议案72件，
　　人民请议案22件。
议而未决案：议员提议案16件，
　　人民请议案4件。
未及提议案：议员提议案10件，
　　人民请议案3件。
毋庸提议案：人民请议案37件。
未及审查案：人民请议案5件。

这个统计说明了两方面的情况：一方面，作为专制制度下一种改良产物的谘议局，因受到督抚的牵制，不能完全独立议事。但另一方面，议员自动提议案达九十八件之多，说明谘议局也并非完全遵命议事，反映了立宪派议员有一定程度的政治主动性。另外，有来自人民中各阶级各阶层请议案件七十一件，则说明人们对谘议局也并非抱着毫不关

① 《各省之谘议局议案预备会》，《宪政新志》第1号，第155页。

心的态度。也正因此，谘议局在当时社会条件下，能够发生一定的民主的教育作用。

各省督抚对于谘议局的议决案，多半采取不以为然的态度。议案呈报后，往往久延不予公布施行。有的督抚甚至对于本省重大事项根本不交谘议局付议。如四川省扩充军备增加军费二百万两，总督赵尔巽电询宪政编查馆，应否交谘议局付议。该馆复称，此事与谘议局无关，督抚可自行核定。还有某省谘议局，因议案中涉及外交事件，巡抚当即严加驳斥，声称谘议局无权议外交事项。嗣后，特电宪政编查馆，该馆复电，极赞赏该抚的处置。行政当局如此蔑视谘议局，引起立宪派议员的强烈不满。

谘议局与督抚之间的矛盾，本质上反映了立宪派与清朝封建专制统治之间的矛盾。由于立宪派软弱畏葸，不敢进行针锋相对的斗争，所以矛盾冲突的结果，往往以折衷了事。从江苏省的实例，可以看出其矛盾冲突的一般情况及其意义。

江苏是立宪派力量最雄厚的省份，这里有以张謇为代表的一大批很有影响的立宪派活动分子，他们早在清廷发布预备立宪诏书之前，即已开始立宪的鼓吹。诏书颁布后，他们很快发起组织了拥有数百人的预备立宪公会，从事宣传和请愿等活动，对全国颇有影响。然而，从1909年6月接任江督的张人骏，却是一个顽固派。早在1907年，岑春煊奏设谘议局时，他就表示反对。对于速开国会，速设责任内阁，他更一贯持反对态度。他曾与苏抚程德全辩论，声称“国会与责任内阁二者终不解为何事”①。其顽固无知可见一斑。

在江苏谘议局第一届常会期间，张人骏对其议决案多有不满。12月3日（旧历十月二十一日），张札复谘议局所议十一案，其中有两件交令复议，有五件予以驳回。驳回的议案中，有一件是关于学务公所的议长、议绅产生方法问题。议员们鉴于过去由官厅委派的议长、议绅不能

① 《时报》，宣统二年九月七日。

经常到所履行职责，因而决定采取前宁属提学使所定的照额选举的办法，选举议长和议绅，以期推动地方学务的发展。但张人骏竟借口此法不合学部旧有定章，坚持仍由督抚学司遴委。在他札复谘议局的行文中，竟用了“劝告”的字样。于是舆论哗然。按谘议局章程的规定，谘议局有逾越权限情形时，督抚才可予以“劝告”，“劝告”无效，则以停会或解散处分之。当时传出江督行文谘议局有“劝告”字样时，人们都认为张人骏一贯反对立宪，反对谘议局，这次“劝告”之后，将必继之以停会或解散。舆论界对此事极为关注。《时报》曾发表专文加以评论。对江苏谘议局表示声援，抨击张人骏等人“以排斥谘议局为保持禄位之第一妙诀”，骂他们是“肉食者鄙”①。

由于谘议局刚刚成立，虽其权力很小，但毕竟是皇皇谕旨再三明示为预备立宪的一个重要的步骤，即使一贯反对立宪的顽固派，一般也不敢无故加以破坏。当时刚上台不很久的摄政王载沣，为了笼络人心，确立自己的地位，正竭力伪装促进立宪。是年 6 月，他曾将奏阻立宪的陕甘总督升允开缺，一时颇产生一点震动。在这样的背景下，张人骏考虑舆论对他大为不利，迟迟不敢走下一步。而江苏谘议局议长张謇则力求息事宁人，特在《时报》上发表致编者的一封信，尽力上下折衷，但也含蓄地批评了张人骏的颟顸。张人骏见有人为他铺了台阶，遂声言“劝告”字样实是幕僚拟稿疏忽所致。就这样，一场冲突才告了结。

实际上第一届谘议局会议期间，各省立宪派都是小心翼翼，不敢越雷池一步。但即使这样，仍遭到督抚嫉视。清末官吏大多数都很狭陋，根本不知宪政为何物。加以官场积习太深，惯于专横武断。谘议局议案直接干预本省日常行政，督抚嫌其掣肘。所以第一届谘议局闭会后，就有若干督抚声言谘议局权限太大，妨碍行政，要求重新核定局章。

1910 年第二届常会时，正当全国请愿速开国会的高潮，又逢资政院开院；虽然资政院的地位不见得比谘议局来得优越，但立宪派感到能

---

① 《与客谈江苏谘议局》，《时报》，宣统元年十月二十五日。

得到一点上下呼应之妙。所以在这届会期中，他们似乎胆壮了一些，与督抚的冲突更频频发生。

第二届谘议局会议普遍碰到的问题，是各省督抚拒不交议预算案。为此，各省谘议局协同力争，有的提出以停会或辞职相要挟。拖到后来，各省特召集谘议局临时会，来讨论督抚迟迟交出的预算案。这些预算案，都是些临时凑成的，既未划分国家税与地方税，也没有收入支出的细目。但议员们却只得满足于这种不成体统的东西。事后证明，各督抚根本不重视谘议局讨论的结果。他们或者根本不承认议案；或者实际上仍照自己的一套执行。因此发生了江苏谘议局为争预算案而全体辞职的事。

江苏谘议局于 1911 年 3 月开临时会讨论预算案，对原案颇有增减。江督张人骏甚为不满，不予公布施行。谘议局议长张謇以下全体常驻议员辞职抗议。各省谘议局得悉后，纷纷表示声援。军机处根据江督的报告，复电要张人骏劝告谘议局议长、副议长、常驻议员复职；倘不听劝告，再请旨定夺。暗示将以解散相威胁。江苏谘议局议员们闻信，十分愤慨，也纷纷宣告辞职，不数日便有一百多议员宣告辞职。当时江苏绅商还组织了预算维持会，声援谘议局，反对江督的专横，提出“预算案不成立，将不纳捐税”的口号以示抗议。在京的江苏籍官吏纷纷集议，拟上折严劾江督上任以来匿灾殃民、截留京饷、仇视宪政等罪状。舆论对张人骏很不利。那时，湘、川等省铁路风潮已渐兴起。清政府见势不妙，才改变主意，想以安抚办法解决。6 月间，资政院江苏议员提出公呈，要求总裁副总裁转咨内阁：对江苏预算案，如以谘议局为是，则立饬江督公布局议预算案；如以江督为是，请立即解散江苏谘议局。资政院把有关此案文书转咨内阁。内阁大臣有的主张立饬江督公布预算案，有的主张交由江督苏抚会同核办。正当此时，江苏谘议局议长张謇为筹组商界代表团赴美访问事来京请命。内阁总理大臣奕劻接见张謇，并征询他的意见。张答称：预算案不公布，就只好解散谘议局，别无转圜办法。这时，奕劻才拿定主意，电令张人骏公布了预算案。随后，江苏谘议局议员，于9月12日宣布全体复职。

谘议局与地方官吏的冲突，多半属于名分之争，还没有充分显示出立宪派议员为资产阶级的根本利益进行斗争的原则精神。正因如此，尽管督抚如何专横蔑法，只要给谘议局一点面子，事情即可草草收场。从这里也可以看出清政府的预备立宪是如何的虚伪，立宪派又是如何的软弱。然而，谘议局毕竟在某种程度上反映了资产阶级的利益。即以江苏谘议局为例，它虽然几次在与江督冲突时，都做了某种程度的妥协；然而，从它的议案可以看出，它还是力求解决一些关系资产阶级切身利益的问题。比如关于裁厘认捐问题，漕粮改折问题，导淮问题，币制问题，确定地方经费问题等等，在谘议局开会期间都曾做过较深入的讨论。对于裁厘认捐问题，谘议局曾委派议员黄炎培等到各地商会做了一个多月的详细调查，表现了谘议局与历来官场不同的办事精神和作风。所以应该看到，谘议局终究是与清朝固有的专制机构不同的东西。它对专制制度和官吏横暴多少起了一些牵制的作用。而且，由民选议员组织机关集议行政案件，毕竟是数千年专制史上没有前例的事，它在一定意义上总算为社会增添了民主成分。

二 资政院与弹劾军机案

1909年8月，清廷公布了《资政院章程》全案，对前订的选举一章做了很大的修改。原订院章规定钦选议员共一百二十五人，由各省谘议局议员互推的所谓民选议员，其名额为谘议局议员总数的十分之一，当有一百六十人以上。这样，在资政院中民选议员将占多数。修订的院章规定，钦选议员与民选议员各一百人①，但资政院总裁副总裁不由

① 资政院开院时，新疆谘议局仍未成立，所以民选议员有两个缺额。为保持钦选议员与民选议员对等，钦选议员也暂留两个缺额，所以实际上钦选、民选议员各为九十八人。

议员中推选，而由朝廷另行任命，由此便造成钦选议员略占多数的事实。对于钦选议员，按原订院章规定，各部院衙门官(四品以下，七品以上)占一百人，王公世爵、宗室觉罗总共不超过十五人。而修订的院章规定，各部院衙门官只有三十二人，王公世爵、宗室觉罗却增为四十八人。可见，修订院章已经暴露了清廷利用资政院欺骗舆论，力谋巩固其专制统治的用心。

清廷曾多次申明，设资政院是“预立议院基础”。资产阶级立宪派因一时不能争得即开国会，所以对资政院也寄予相当的希望，指望这个机构能够给他们提供在一定程度上参与政权的机会。1907 年冬，资政院总裁溥伦访日，梁启超赶写了长达万余言的《资政院权限说帖》，以政闻社总务员马良的名义呈给溥伦。这个说帖的中心意思是“欲以国会之组织寓诸资政院”。梁对这篇文章“得意已极”，以为“其巧言如簧，易于动听”，会使清廷“堕我玄中”①。其实这只是一厢情愿的幻想。清廷绝不肯使资政院成为立宪派分享政权的地方，它早为资政院的性质、使命做了相反的安排。1906 年奕劻奏进资政院官制草案时就说明，设资政院是为了使全国舆论汇归一处，不经资政院，人民的要求便不得上奏。这样，一则可以化散为整，化嚣为靖；二则限制资政院只有建言之权而无强使政府施行之力，从而使资政院自身当全国舆论之冲，而政府反得安行既定政策。也就是说资政院代政府集矢于自身，掩护政府逃避批评和监督。

从资政院章程所规定的职能可以看出，资政院与一般立宪国家的议院性质是不同的。章程规定：资政院不得参议宪法，只能参议预算、决算、税法、公债、新定法律及其修改事项等。而对其议决案，政府可持异议，提交资政院复议。如仍持原案，则资政院总裁与军机大臣或部院大臣同时分别具奏，请旨裁夺。这样就会使资政院议而不能决，决而不能行，等于政府对资政院拥有相当的否决权。章程还规定，资政院的议

① 《梁任公先生年谱长编初稿》上册，第 257、258 页。

决案必须由总裁会同有关行政大臣具奏请旨，不能单独具奏。这样，资政院就没有一般议院所具有的独立的立法权。事实上，清政府在预备立宪过程中，绝大部分立法，都归军机大臣领导的宪政编查馆担任，甚至在资政院开设后，也仍然如此。所以资政院并不具备立法机关的性质。这一点，立宪派也看到了。资政院章程一公布，就有人批评它“非驴非马”。但为了自己的政治需要，立宪派还是竭力把它当作议会来对待，想从中多得一些好处。他们在资政院的讲坛上，一再宣称资政院是立法机关和监督行政的机关，要求军机大臣上对君主负责，下对资政院负责，要他们接受资政院议员的质问。清廷及其大臣们当然绝不肯受制于资政院。于是资政院开院后，便同政府发生了冲突。

资政院内虽然民选议员与钦选议员各半，但其活动能力却相差很悬殊。钦选议员中，除少数从各部院推选的较年青的官吏，有一定的政治知识和活动能力外，其余的或者是昏庸老朽的贵族，或者是只知持禄保身的官僚。他们对宪政毫无了解，因此无所主张，在议场中不是沉默不语便是随声附和。另有少数顽固派，虽有主张，但自知势孤力单，碍于院内外的舆论，不敢多所表露。而在民选议员方面，情况就大不相同了。他们都是来自各省谘议局的佼佼者，在国会请愿运动中已显露过锋芒。其中不少人学习过法政，颇有些宪政知识，并且能言善辩。比如江苏的雷奋、孟昭常，直隶的刘春霖、于邦华，湖南的易宗夔、罗杰，浙江的邵羲，江西的汪龙光，广西的吴赐龄等，都是早已著名的立宪派骨干分子。由于他们的积极活动，民选议员完全控制了资政院的舆论趋向。这一点颇出乎朝廷的意料。

资政院于 1910 年 10 月 3 日（旧历九月初一）开院。开院后第一件重大的议案是要求速开国会①，另一件重大案件是引起很大轰动的弹劾军机案。

资政院开院不久，湖南谘议局控告巡抚杨文鼎不经谘议局议决即

① 关于国会请愿案的辩论见下节。

在本省发行公债，侵夺谘议局的正当权力，要求资政院核办。资政院经审议，认为根据谘议局章程规定，议决本省公债事项，纯属谘议局职权范围内的事情。杨文鼎不交谘议局议决擅发公债，是违背法律侵夺谘议局权力的严重事件。遂决议据实上奏。但清廷对这一事件却做了极不正当的处置。11月8日发布的上谕只说，杨文鼎未先交谘议局议决，“系属疏漏”，不承认是违法侵权事件。而且还说，公债现已经度支部核准，仍可照发。这样，既不追究杨文鼎违法侵权的责任，也不命令杨文鼎将公债案补交谘议局议决，这是对谘议局和资政院的极大轻蔑。立宪派议员对此极为不满：他们宣称：过去，一个御史弹劾大臣只要罪情属实，也要实行处分。资政院作为代表全国舆论的机关，据实奏劾一个巡抚，朝廷竟以“疏漏”二字轻轻放过，这是蔑视资政院的表现。议员们认为，应当追究副署谕旨的军机大臣的责任。于是纷纷提议要军机大臣，特别指名要领班军机大臣奕劻到院接受质问。奕劻等人当然不肯到院。这时，议员们决定以咨文的形式质问军机大臣，问他们对内外行政是否完全负责？军机大臣复文称：“此种问题须俟内阁成立以后方可解决，现在无从答复。”①紧接着发生的事情，更使议员们愤慨。当时，云贵总督不经谘议局议决，实行盐斤加价；广西巡抚无视谘议局意见，反对巡警学堂限制外籍学生。为此，云南、广西两省谘议局分别呈文请资政院核办。资政院当然支持两省谘议局的立场，遂将两案分别议决上奏。结果，朝廷竟命令将两案分别交盐政处和民政部审议。这等于否定资政院对两案有议决权，并且俨然把盐政处、民政部视为资政院的上级机关。议员们认为这是一种侮辱，他们感到不能容忍。在对拟旨的军机大臣们进行了激烈的抨击之后，决定上折弹劾。这时，奕劻等人见舆论反应强烈，要了个花招，利用上谕的形式声明，云南、广西两案均准如资政院所议。这个上谕一发表，有的议员态度变软，主张取消弹劾案。但多数议员反对。他们强调，两次上谕出尔反尔，互相矛盾，

① 《资政院奏参军机大臣责任不明难资辅弼折》，《国风报》第1年，第32号。

是由拟旨的军机大臣不负责任造成的；而且数年来内政外交危机日益严重，也都是由军机大臣不负责任所造成的。“军机大臣不负责任，就不可不弹劾”①，“若是不弹劾军机大臣，就是资政院不负责任”②。当时，钦选议员陆宗舆发言说，军机大臣是乾隆以来旧制相沿下来的，非责任内阁可比。所以，不应以国会对内阁的关系来比例资政院与军机大臣的关系。他主张“还是不要轻用这个弹劾权的好”③。他的发言遭到民选议员的强烈反驳。最后，仍决议上折弹劾军机大臣。劾折于 12 月 18 日奏上。该折首先批评军机大臣在资政院开院以后始终不到院宣布行政方针；而当询问其对内外行政是否完全负责时，竟回称“无从答复”。这是极不负责任的表示。然后谴责这些大臣“受禄则唯恐其或后，受责则唯恐其独先”，只知“持禄保位，背公营私”；“徒有参予政务之名，毫无辅弼行政之实”。劾折还着重强调，在内外危机日益严重的情况下，军机大臣如此不负责任，是十分危险的事情，要求朝廷“明降谕旨，将军机大臣必应担负责任之处宣示天下”④。最后并提出尽速组织责任内阁的要求。资政院敢于如此严厉地谴责朝廷所信任的大臣，并提出以责任内阁代替军机处的要求，这在当时的最高统治者看来，未免过于放肆！当即降谕训斥资政院，宣称：“设官制禄及黜陟百司之权为朝廷大权……军机大臣负责任与不负责任暨设立责任内阁事宜，朝廷自有权衡，非该院总裁等所得擅预，所请着毋庸议。”⑤这篇上谕的词气与其说是严厉，还不如说是轻薄。它完全不顾体面，把自己放在与资政院互相争权的地位上。而且“非……所得擅预”云云，是把资政院章程明文规定的建言的权力都否定了。这次谕旨破例地没有军机大臣副署，由摄政王一人独署，而摄政王是代表皇帝的，这无异是以皇帝直接

① 陶峻在资政院会议上的发言，见《资政院会议速记录》第 21 号。
② 于邦华在资政院会议上的发言，见《资政院会议速记录》第 21 号。
③ 于邦华在资政院会议上的发言，见《资政院会议速记录》第 21 号。
④ 《资政院奏参军机大臣责任不明难资辅弼折》，《国风报》第 1 年第 32 号。
⑤ 金毓黻：《宣统政纪》卷 29。

与资政院相对待,暴露出清朝统治者在设法维持自己的专制统治方面,已到了没有回旋余地的窘境。同日,军机大臣全体提请辞职,载沣温语慰留。这样就更增加了议员们的愤懑。在第二天的资政院会议上,立宪派强烈地谴责军机大臣,说他们“平日将君主大权四字附会欺哄皇上,遇事便抬出君主大权,使旁人一句话也不能说”①。如此下去只能有两个前途:“一个是积极的专制,甚么资政院、甚么国会、甚么立宪,都可以不要”;另一个就是逼得“人民没有别的法子,只好拿出他的暴动的手段出来”②。立宪派于愤慨之中,看出了清廷假立宪的用心,也感到了革命危机来临的征兆。但是,基于立宪派的软弱天性,尽管感到屈辱、愤懑,却仍不敢超越合法斗争的范围,甚至连多次提出的请旨解散资政院这一提议,也不敢付诸实施。

当资政院行将闭会时,通过两项重要议案:一是宣统三年的预算案,一是新刑律。这两项决议案的命运也很不佳。新刑律,资政院没有来得及全部审议完毕,只议决了总则部分。但清廷根据宪政编查馆奏请,以“不可缓行”为词,降谕将新刑律总则、分则全部予以公布。对于预算案,1911 年 1 月 28 日上谕竟称“若实有窒碍难行之处,准由京外各衙门将实用不敷各款缮呈详细表册,叙明确当理由,径行具奏,候旨办理”③。这样,各种官僚机构,就可以完全无视资政院议决的预算案,而随意自行请旨增加经费。

既然资政院议决的预算案,督抚部臣可以请旨更改;而资政院没有完全议决的刑律又可以径予公布,资政院便成了毫无作用的一件装饰品。梁启超说:“政府之视资政院,固不值一钱”④,这倒是不容置疑的确论。

---

① 吴赐龄在资政院会议上的发言,见《资政院会议速记录》第 27 号。

② 易宗夔在资政院会议上的发言,见《资政院会议速记录》第 27 号。

③ 金毓黻:《宣统政纪》卷 30。

④ 梁启超:《评资政院》,《国风报》第 1 年,第 35 号。

可是，尽管资政院被贬到如此地步，守旧大臣仍视为可憎的障碍物，必欲去之而后快。有的满洲贵族，只是看了民选议员们在会场上那样高谈阔论，就感到不可容忍，说他们跟"拳匪"一样。有人极力鼓吹资政院妨碍行政，必须改定院章。在这种气氛下，资政院闭会不久，权臣即以溥伦、沈家本①不能威慑议员，奏请撤换。改以世续、李家驹为资政院正副总裁。

1911年三四月间，随着国内外紧张情况的出现，立宪派议员提出召开资政院临时会的要求。但世续、李家驹秉承摄政王载沣及奕劻等人的意旨，再三阻拦。后来在一百多议员签名要求之下，不得不代为上奏。清廷于5月17日拒绝了资政院议员召集临时会的要求。清廷不但不允许召集临时会，而且迫不及待地命令资政院正副总裁会同内阁总理大臣，着手修改院章，对本已微小得可怜的资政院权力还要再加削夺。在修改院章过程中，完全不许议员参与，而且仅以七日之期即匆匆改定出奏。从所修订的主要内容可以看出，内阁大臣与各省督抚更加巩固了自己的地位。比如，原院章规定，各省谘议局与督抚异议事件，或此省与彼省谘议局争议事件，均由资政院复议。议决后，由总裁、副总裁具奏，请旨裁夺。修订的院章把这一条改为，上述异议或争议事件，其属于行政问题者，须呈送内阁核办。其他由资政院核办者，议决后，总裁、副总裁必须咨会国务大臣共同具奏，请旨裁夺。显然是大大削弱了资政院的地位和权力，相反地，却加强了内阁的地位和权力。尤其明显的是，原院章还有一条规定：各省督抚如有侵权违法事件，谘议局可呈请资政院核办；资政院可据情奏陈，请旨裁夺。在这次修改中，竟把这一条干脆删掉了。另一个重要修改是关于资政院召集临时会议的规定。原院章规定：在资政院常会闭会时期，"遇有紧要事件，由行政各衙门或总裁副总裁之协议，或议员过半数之陈请，均得奏明恭候特旨

---

① 1907年任命的资政院两总裁之一孙家鼐于1909年11月死，1910年9月，任命沈家本为副总裁。

召集"①临时会。经修改把这一条中的"或议员过半数之陈请"一句删掉，这就取消了议员自行要求召集临时会的权力。

清廷一再压抑资政院，并通过修改院章进一步削夺其本来已极有限的权力，终于使立宪派看到，他们想通过资政院分享统治权的愿望是完全落空了。但是，立宪派议员利用资政院的讲坛尖锐地批评了朝廷失政，并且弹劾了军机大臣，甚至还公然发泄了对朝廷谕旨的不满，这在相当程度上打击了清朝专制政府的威信。资政院会议也进一步暴露了清政府的欺骗性和立宪派的软弱性，对革命派和各阶层人民起了很大的教育作用。

第五节　国会请愿运动的高潮及其失败

一　1910 年的三次请愿运动

1909 年 10 月，各省谘议局同时开幕(新疆除外)。立宪派的活动分子差不多都成了谘议局议员，他们觉得具备了不同以往的发言资格。那时，执掌朝政的摄政王载沣，为稳固自己的地位，正极力标榜开明，多次重申坚持立宪的宗旨。立宪派认为这是个很有利的时机。于是，沉寂了一年多之后，再度发起了国会请愿运动。

这一次是江苏谘议局带头发起。当选谘议局议长的张謇同江苏巡抚瑞澂商议：由张謇出面联络各省谘议局，由瑞澂出面联络各省督抚，分别请朝廷速开国会和速设责任内阁。张謇派出孟昭常、方还、杨廷栋三人分途到各省与谘议局联络，邀请他们派出代表到上海共商请愿进行办法。这时，张謇还发表了《请速开国会建设责任内阁以图补救意见书》，以为鼓吹。12 月间，奉天、吉林、直隶、陕西、山西、山东、河南、湖南、湖北、江西、安徽、浙江、福建、广东、广西等省代表陆续抵沪。加上

① 金毓黻：《宣统政纪》卷 13。

江苏省共十六省五十多名代表，经过多次会议，组成了请愿代表团，公推直隶的孙洪伊为领衔代表。此后三次请愿高潮中，孙都是请愿团的主持者。孙洪伊（1870—1936）字伯兰，直隶天津人，家豪富，八国联军入侵时，家业大部分被毁。他很有爱国思想，曾大力捐资兴办教育，颇受地方人士推重。1906 年参与创办自治研究所，从此积极进行立宪活动。1909 年被选为谘议局议员。请愿代表团北上前夕，代表们情绪十分热烈，有人声言“不请则已，请必要其成……不得请，当负斧锧死阙下”①。张謇对此很不以为然，他发表欢送演说，提出“秩然秉礼，输诚而请”的方针。并说：“得请则国家之福，设不得请，至于三，至于四，至于无尽。诚不已，则请亦不已。”②这是张謇的保守的政治态度的明显反映。

请愿代表团于 1910 年 1 月到北京，16 日向都察院递交了请愿书。这次请愿书是由福建谘议局书记长林长民属稿，经张謇修改定稿的。书中主要强调内外危机严重，要求朝廷定“一年以内即开国会”。代表团推孙洪伊、刘崇佑（福建谘议局副议长）、方还等分头拜访王公大臣，呈交请愿书副本，请求他们予以赞助。那些老于世故的官僚，对这些议员先生颇为客气。但当朝廷召集大臣会议，研究如何应付请愿运动时，却大都沉默不语。其中多数是不赞成开国会，但不愿明白说出，怕招致舆论的攻击；还有一部分只知持禄保身，更不愿明确表态；极少数较有政治头脑的人，出于维系清朝的统治命运，倾向于赞同立宪派的主张。但明知朝廷及权臣反对，也不敢力争。1 月 30 日，清廷发布上谕，对议员代表们说了一些慰勉的话之后宣称：“筹备既未完全，国民知识程度又未画一，如一时遽开议院，恐反致纷扰不安，适足为宪政前程之累。”③拒绝提前召开国会，请愿失败了。

---

① 张謇：《送十六省议员诣阙上书序》，《张季子九录·文录》卷 10。

② 张謇：《送十六省议员诣阙上书序》，《张季子九录·文录》卷 10。

③ 金毓黻：《宣统政纪》卷 18。

代表们对这次请愿失败有思想准备，他们遵循张謇的“诚不已，则请亦不已”的方针，决定继续进行请愿。

孙洪伊等依上海会议期间的成议，着手组织国会请愿同志会，决定设总部于北京，在各省设立分会。该会所定的《简章》，明确以“请求政府即开国会为目的”。并宣称，该会“非到国会成立之日，不得解散”①。这时，在北京还成立了一个国会期成会，声援请愿运动。其发起人黎宗岳曾先后主办《国报》和《中国报》，思想较为激进。为发动第二次请愿，江苏、直隶、广东三省谘议局分别派人到邻近各省和海外华侨聚居地进行联络，力图扩大请愿的规模。随着各省成立国会请愿同志会分会和国会期成会分会，第二次请愿便开始发动。直隶于4月15日在天津召开大会，选出第二次赴京请愿的代表。山东谘议局于5月中电北京请愿代表团，声称全省签名请愿的已有六万人。与此同时，广东电称：国会请愿同志会分会成立之日，“到者数万人，座满途塞，收捐款一万四千余元”②。这些说法很可能有夸张，但终究可以反映出资产阶级立宪派和他们影响下的群众的热烈情绪。

各省请愿代表于5月间开始陆续赴京。这次请愿代表多半在省内经各界大会推举，突破了谘议局议员的限制，具有更广泛的代表性。同时南洋华侨派出了请愿代表陆乃翔专程回国参加请愿。（陆回国后，接受澳洲华侨委托兼充澳洲华侨请愿代表。）

孙洪伊等人同各省代表商定，由各省捐款，在北京创办《国民公报》，为速开国会大造舆论，公推徐佛苏为主编。经过紧张的筹备，该报于6月间出版。当时，预备立宪公会的机关报《宪志日刊》也在北京出版。由徐佛苏主稿的《国会请愿同志会意见书》先后在立宪派各大报刊登出。这篇一万多字的洋洋大文，系统地论述了立宪派关于国会问题的主张。梁启超这时也在《国风报》上发表了《论请愿国会当与请愿政

① 《请愿即开国会同志会简章》，《时报》，宣统二年正月十四日。

② 《时报》，宣统二年四月九日。

府并行》(所谓请愿政府是指请设责任政府)等文,为请愿运动提供思想和理论的指导。请愿代表团还将收到全国各地寄来的血书印刷传布,以增加鼓动的力量。

这一次请愿运动无论从参加人数、活动规模,还是组织方式上,都比前一次大进一步。入京的请愿代表共一百五十余人,各省签名参加请愿的达三十万。6 月 16 日,请愿代表八十余人前往都察院,按不同的社会团体,共递上十份请愿书①。另外还向摄政王载沣上了一道请愿书。这次请愿书的词气明显地比上次来得激切。如孙洪伊领衔的以各省谘议局名义上的请愿书,就明白指斥政府对于预备立宪"真诚之意少,敷衍之意多"②。在上载沣的请愿书中更痛切陈词说:"今日时势,主少国疑,民穷财尽,外患鸱张,饥馑四告,革命党又前仆后起,如燎方扬。民情隔阂而不通,政治敷衍而无实;弭乱救亡之策非开国会果有他术乎?"书中斥责阻挠国会的大臣"阳为老诚持重之言,而阴以遂其阻挠国会之私者,皆自全躯命保禄位之臣,惮于改革而惧不利于身家者也"③。运动的声势和请愿书词气的变化,

① 这十份请愿书及其领衔人分别为:
直省谘议局议员代表孙洪伊等;
直省商会代表沈懋昭等;
直省教育会代表雷奋等;
直省政治团体代表余德元等;
直省绅民及旗籍绅民代表李长生、文耀等;
东三省绅民代表乔占九等;
苏州及上海商会代表杭祖良等;
江苏教育总会代表姚文枏等;
南洋雪兰莪二十六埠中华商会代表陆乃翔;
澳洲华侨代表陆乃翔。
见《时报》,宣统二年五月十二日。

② 《直省谘议局代表上第二次请愿国会书》,《时报》,宣统二年五月二十四日。

③ 《国会请愿代表上摄政王书》,《时报》,宣统二年六月十五日。

使载沣及其左右权臣颇生疑惧。据当时报纸透露，有人提出对请愿要“严旨震吓”。但另有一些人生怕这样反会“酿生意外枝节”①。载沣折衷众论，乃于 6 月 27 日发布了一道词旨较上次更为严厉的上谕，称：由于“财政艰难”，“地方偏灾”，“匪徒滋扰”等原因，无法提前召开国会。严令以后“毋得再行渎请”②，企图堵塞进一步请愿的途径。但这时朝廷的一纸空文已吓不倒立宪派。在上谕发表的第二天，各省即有电到京，要求代表团不可泄气，继续再请。孙洪伊等当即复电：“请愿无效，决为三次准备，誓死不懈。”③

清政府不准“再行渎请”的诏令使立宪派感到愤懑。梁启超说：“国民所以哀号迫切再三吁诉者，徒以现今之政治组织循而不改，不及五年，国必大乱以至于亡；而宣统八年召集国会，为将来历史上所必无之事也。”④反映出立宪派共同的恐栗与忧愤交加的心情。

第三次请愿运动以更大的规模开展起来。驻京请愿代表团为适应新的形势，做了适当的改组。因为原有的代表团是在第一次请愿前各省谘议局代表在上海会议时成立的，代表团成员只限于谘议局议员。经改组，吸收了各省各团体的代表加入，规模扩大了。他们选出孙洪伊、方还、吴赐龄、邓孝可等十人为干事员；推雷奋、孟昭常、徐佛苏、汪龙光等为编辑员。此外由各省代表中推一人充当评议员。这些代表团的职员，同时即为国会请愿同志会的职员。这时，国会请愿同志会已正式报请民政部立案，作为请愿运动的合法机构。

各地请愿运动比以往历次都来得更加活跃。7 月 12 日，湖北省谘议局、国会请愿同志会及绅商学界各团体数百人集会，提出了“不开国会，人民不承认新捐税”的口号。这本来是资产阶级进行斗争的一种很

---

① 《帝京新闻》，宣统二年五月十二日。

② 金毓黻：《宣统政纪》卷 23。

③ 《帝京新闻》，宣统二年五月二十六日。

④ 梁启超：《论政府阻挠国会之非》，《国风报》第 1 年，第 17 号。

有力的口号。然而中国的资产阶级立宪派在行动上远比他们的宣传来得软弱，这一口号在实践上并未发生多大作用。有的省还提出，如果清政府仍迁延不开国会，各省谘议局便宣告同时解散。这个口号固然可以反映出当时人们的激动情绪，但实际上并没有实行。

四川、山东、陕西等省较快地派出第三次请愿代表入京活动。海外华侨纷纷致电北京请愿团，表示热烈赞助。美洲华侨和日本华侨这一次也分别派有代表参加请愿。美洲代表伍宪子（庄），属于康有为控制下的帝国宪政会，日本代表汤觉顿（叡）则是梁启超的心腹。当时在北京参加考试的举贡生员及留学生数百人也参加了请愿活动。然而，对请愿代表团说来，更大的支持力量是各省谘议局联合会。该会于8月9日在北京开第一次会议，许多省的谘议局议长或副议长到京参加了会议，如直隶议长阎凤阁，副议长王振尧，浙江副议长沈钧儒，福建副议长刘崇佑，四川议长蒲殿俊，湖北议长汤化龙、副议长张国溶，奉天副议长张百斛，黑龙江副议长战殿臣等。参加会议的还有：江苏的孟昭常、雷奋、杨廷栋、方还；江西的汪龙光；广西的吴赐龄；湖南的罗杰；山东的周树标；等等，都是各该省谘议局中有影响的活动分子。会议选举汤化龙为会长，蒲殿俊为副会长；推选孙洪伊、杨廷栋、刘崇佑、雷奋、周树标、汪龙光、孟森、吴赐龄、王法勤等为审查员。会议讨论了各省谘议局共同关心的议案，其中最重要的是速开国会案。

一向比较保守的张謇，这时估量了形势，打算亲自出马，组织并率领一个“议长请愿团”赴京，“开第三次请愿之新面目”①。但他的建议并没有得到积极响应。山西议长梁善济致函批评说，组织所谓“议长请愿团”仍是少数人的活动。他认为“请愿之举，当以少数而扩充至于多数，未便由多数而归纳至于少数”。他主张“联络资政院互选议员，并联合各省谘议局，此案（指请速开国会）如仍无效，互选议

① 《时报》，宣统二年八月二十八日。

员全体辞职，各省谘议局同时解散，揭开立宪之假面具，使政府无所遁饰……”①。显然，梁善济的态度要比张謇积极得多。张謇的打算没有实现。

请愿代表团利用资政院开院的机会发动第三次请愿高潮。资政院于10月3日开院。10月7日，请愿团的孙洪伊等六人加上刚刚从天津赶来的直隶代表李长生、温世霖等十七人，前往摄政王府上请愿书。在半路上遇到东三省旅京学生赵振清、牛广生等，正在迎候代表团。赵、牛两青年当场分别割臂割股写血书，表示强烈要求国会的决心。但代表们到王府时，载沣外出，孙洪伊等决定留下六人准备日夜守候，必面交请愿书并转达东三省青年的热诚。王府的警卫劝令六人散归，六代表坚持不去。警卫电告民政部尚书善耆。善耆带随员亲到现场劝慰，说摄政王数日内不能回邸，他本人保证将代表们的上书当日呈交。这时代表们才将请愿书交与善耆后退去。10月9日，请愿代表团前往资政院递交请愿书。以后又遍访王公大臣，希望得到他们的赞助。

第三次请愿运动最显著的特点是各省出现了异常热烈的群众运动的场面。如直隶各界于10月5日在天津举行请愿大会，参加者二千数百人，大会举定入京请愿代表后，列队前往督署，要求直隶总督陈夔龙向朝廷代奏直隶人民的国会请愿书。陈夔龙迫于压力，接见了请愿代表，辩论多时才答应代奏。10月16日，河南开封各界绅民三千余人会集游梁祠，开请愿大会。会后游行到抚院，巡抚宝棻接见了代表，答应代奏请愿书。然后队伍又游行至谘议局，提出“此次请愿如仍不得请，学则停课，商则罢市，工则休作，谘议局亦不许开会”②。民气高昂可见一斑。在前两次请愿中表现不甚突出的四川省，这时也出现了群众性请愿高潮。10月29日，在省城成都，由国

① 《国民公报》，宣统二年九月二十五日。
② 《国民公报》，宣统二年九月十九日。

会请愿同志会召集三千人的大会，通过请愿书后，也列队游行至督署，请总督赵尔巽代奏。奉天省各城绅商士民等互相联络，拟每城派出一万人，齐集省城要求总督代奏请愿书。谘议局得知消息，忙加劝阻，害怕规模过大，会发生意外。但表示一定说服总督代奏，如不得结果，再考虑齐集省城请愿。10 月 30 日，福建省九府二州各界代表三四千人在省城开会，呼吁一年以内即开国会，会后也举行了游行请愿，迫使总督松寿答应代奏请愿书。

群众性的请愿运动推动了立宪派的上层分子，各省谘议局频频致电北京请愿代表团，其中许多省表示了激进的态度。他们主张如果政府“始终坚持不开(国会)主义，资政院民选议员宜全体辞职，各省谘议局可同时解散，以揭开立宪之假面具”。但孙洪伊等人受了奕劻等王公大臣表面“同情”态度的迷惑，对统治集团心存幻想，以为这次请愿有成功的可能，所以回电劝慰各省“宜暂静候勿躁”①。在一定程度上，限制了群众运动的发展。

在这次请愿运动中，资政院的活动也颇引人注意。开院之初，依照事先定好的议事日表，每次会议讨论的都是政府交议案。孙洪伊等的请愿书，谘议局联合会请速开国会的提案，于 10 月 9 日便递交资政院，却一直未予讨论，甚至也没有列入议事日表。对此，立宪派议员极为不满。10 月 17 日，正当讨论理藩部交议的提案时，湖南议员易宗夔突然起立发言说：资政院开院已有半月，但所讨论的都是些枝叶问题，不是根本上的问题，“根本上的问题就是速开国会”②。他要求议长改定议事日表，立即开始讨论速开国会的问题。他的发言赢得了一片掌声。但当时主持会议的副总裁沈家本，坚持按既定日表进行，结果一直延迟到 10 月 22 日，才把请速开国会案正式列入日表。那一天日表上共有四项议程，而国会问题列在最后。议员们对前三项议案毫无兴趣，发言

① 《国民公报》，宣统二年九月十五日。

② 《资政院会议速记录》第 7 号。

者寥寥无几。当开始讨论国会问题时，会场立即活跃起来。立宪派议员争先发言，而且个个慷慨激昂。湖南议员罗杰发言说："现在国民之断指、割臂、挖股者相继，皆表示国民以死请愿之决心。……不速开国会，互选资政院议员不能承诺新租税。"他要求：1. 本院议员应全体赞成通过速开国会案；2. 议长应从速上奏；3. 摄政王应即允速开①。发言者全部赞成奏请朝廷速开国会。当此案付表决时，担任副议长的沈家本坚持用投票表决；而立宪派议员则坚决主张用起立表决法，意在对守旧的钦选议员施加压力，争取全院一致通过。双方僵持不下。这时广西议员吴赐龄大声说道：议长不赞成起立表决法，是先存袒护反对者的意思，则议长本人是第一个反对速开国会者。逼得沈家本无法招架，只好同意起立表决。当全体与会者一致起立通过这一议案时，立宪派议员们高兴得跳起来，欢呼"大清帝国立宪政体万岁！"把议场上的胜利当成了事实上的胜利。10 月 26 日，资政院通过了请速开国会的奏稿。这是由立宪派议员和钦选议员联合起草的，主要执笔者是标榜积极赞助立宪而实际忠心为朝廷效劳的钦选议员汪荣宝。奏稿的词气相当温和，而且没有提出提前召开国会的具体期限。28 日，资政院总裁溥伦把奏稿连同三个附件(即各省谘议局联合会的提案，孙洪伊等所上请愿书，汤觉顿代表海外华侨所上请愿书)，一并上奏朝廷。当时曾有议员提议，如果奏案不得允准，资政院应停议或议员辞职。但江、浙议员雷奋等人不赞成这一激进的主张，仍遵信张謇的那一套"诚不已，则请亦不已"的方针。

第三次请愿运动还得到了许多督抚大吏的赞助。这些地方官员一方面受了立宪派的游说和群众运动的推动，另一方面也是从他们自身的利益出发。他们指望开国会，设责任内阁，可使中央集权受到限制，

① 《资政院会议速记录》第 9 号。

从而维护他们在地方上的军、政、财权。10 月 25 日，十七省督抚将军①联衔入奏，要求“立即组织内阁”，“定期明年开设国会”②。这一举动对最高统治集团造成了很大的压力。载沣等人对于掌握地方实权的督抚大吏是不能等闲视之的。这时，直隶总督陈夔龙揣摩朝廷意旨，上了一道奏折，主张先设内阁，缓开国会，酌量缩短期限。他的意见遭到参与联奏的一些督抚的批驳。但昏聩的满清朝廷最后还是大体采纳了陈夔龙等人的意见。

以载沣为首的掌握国家最高权力的满洲贵族，越来越清楚地意识到国会请愿运动威胁着他们的统治权。所以就连原来赞助立宪、赢得立宪派赞誉的度支部尚书载泽，这时也公开表示否定的态度。孙洪伊等曾特访载泽，询问其对国会问题的意向，说：“泽公昔为立宪政体首倡者，今据外间传说，于国会问题颇有反对意见，岂非自相矛盾？”③载泽在为自己辩解之后，仍然声明，对于国会请愿，朝廷不能“遽然轻许”。他的态度突出地反映了满族权贵对于失去统治权的忧惧。但是载沣等人又不能无视立宪派和督抚们的动向，害怕他们因失望而离心。所以在经过了紧张的筹画之后，作出了先设内阁，和提前三年召集国会的决定，企图缓和一下形势。

10 月 28 日，载沣决定将请愿折稿交王大臣阅看。11 月 3 日，召见王大臣会商。次日即发上谕，决定“缩改于宣统五年实行开设议院……预即组织内阁”。但同时宣称：“此次缩定期限……即作为确定年限，一经宣布，万不能再议更张……此后倘有无知愚氓藉词煽惑，或希图破

① 这些督抚将军由东三省总督锡良领衔，以下有：湖广总督瑞澂，两广总督袁树勋，云贵总督李经羲，伊犁将军广福，察哈尔都统溥良，吉林巡抚陈昭常，黑龙江巡抚周树模，江苏巡抚程德全，安徽巡抚朱家宝，山东巡抚孙宝琦，山西巡抚丁宝铨，河南巡抚宝棻，新疆巡抚联魁，浙江巡抚增韫，江西巡抚冯汝骙，湖南巡抚杨文鼎，广西巡抚张鸣岐，贵州巡抚庞鸿书。

② 《各省督抚合词请设内阁国会奏稿》，《国风报》第 1 年第 26 号。

③ 《时报》，宣统二年九月二十九日。

坏，或逾越范围，均足扰害治安，必即按法惩办。"①同日另发谕旨，要"所有各省代表人等，着民政部及各省督抚剀切晓谕，令其即日散归，各安职业"②。这一谕旨表明了朝廷将不惜以镇压手段对付请愿运动。

二　清政府对请愿运动的分化和镇压

清朝统治者估计到轰轰烈烈的请愿运动，很难靠一纸上谕平息下去。它一面确定对以后的请愿实行镇压，一面立即着手对立宪派实行分化瓦解。

当时在民政部任左参议的资政院钦选议员汪荣宝，是个既受朝臣信任又与立宪派有联系的人③。在上谕发表的前一天，资政院总裁溥伦即以朝廷意旨告诉他，要他在民选议员中做分化工作。汪当即找到几个比较有影响的议员，如雷奋、罗杰、易宗夔、籍忠寅等密谈，雷奋等答应与之合作。他们在资政院民选议员及常驻北京的请愿团中展开活动，动摇了他们继续请愿的决心，使资政院在得旨后，未能作出任何有力的反应。请愿代表团也遵旨解散了。只有已正式立案的国会请愿同志会仍然存在。

统治者为了欺骗中外舆论，强令北京商民悬灯"欢祝"国会缩期召开；乐于为清廷捧场的外国使馆也悬旗"致贺"。

江、浙立宪派的领袖张謇，于 11 月 6 日在上海得知京中消息。第二天，江、浙两省谘议局便发电给资政院，祝贺国会缩期召开。这一叛卖性的举动使全国联合的请愿运动陷于瓦解。

以张謇为代表的江、浙资产阶级上层分子，是立宪派中保守的一

① 金毓黻：《宣统政纪》卷 28。

② 金毓黻：《宣统政纪》卷 28。

③ 汪是江苏元和人，曾留学日本，习法政，归国后即在民政部任职，屡得迁升。民政部尚书善耆、资政院总裁溥伦对他都很倚重，许多重要文件都请他起草。

翼，与上层统治集团有较多的联系。他们认为，既然朝廷已经作出提前三年召集国会的让步，请愿运动就算有了具体结果。如不顾谕旨，继续请愿，就可能弄到与朝廷决裂的地步。而这是他们要竭力避免的。所以在关键时刻，他们首先妥协了。

与张謇等人相反，其他各省立宪派的绝大多数都对清廷上谕表示不满。直隶、奉天、吉林、江西、河南、福建、湖北、陕西、山西、四川、湖南、黑龙江等省的立宪派都坚持明年即开国会的主张。他们有的致电资政院，有的致电请愿团或请愿同志会，有的分电各省，有的更组织大规模集会，继续进行请愿活动。江西省城南昌，在上谕发表后，曾举行万人集会，提出建立新的请愿联络机构，继续请愿。稍后，湖北省谘议局等联合三十九个团体的代表共二千余人举行大会，要求总督瑞澂代奏，再请朝廷提前开设国会。四川省城成都，有六千人集会，也要求总督赵尔巽代奏。特别值得注意的是，奉天省发动了第四次请愿运动，显示出相当悲壮的气氛。奉天省人民深受日、俄等帝国主义侵略之苦，对于救亡图存格外具有紧迫感。他们历次所上的请愿书都以救亡为唯一的理由。当第三次请愿未能达到目的时，奉天的立宪派特别是青年学生异常忧愤，必欲拼死力争。谘议局连次致电资政院和各省谘议局，要求进行第四次请愿，但未获具体结果。12 月 2 日，省城有一群学生到谘议局面见副议长袁金铠、张百斛，要求速派第四次请愿代表进京。袁、张略有难色，当即有两个学生割指刺股写血书，以表继续请愿的决心。12 月 4 日，有三千余学生聚集督署请愿，又有人割指血书。12 月 6 日，谘议局出面组织省城八个团体及四十六州县的代表，聚众万余人，列队再往督署请愿。《商务日报》编辑张进治断其左食指，用血书写游行的大旗。当时报纸载称，请愿群众情绪异常悲愤，齐声痛哭，锡良不得不答应代奏。这一天群众集会请愿的场面，引起了帝国主义的注意。第二天，锡良代奏折上，其中扼要摘引人民请愿书的内容说："大意则以东省大势……已岌岌不可终日。诚俟至宣统五年，而此土尚为我有与否已不可知。……其情词迫切，出于至诚。万余人伏地悲泣，至有搏颡流血、声嘶力竭不能自已者。"要求朝廷"俯允所请，再降谕旨，定于明年召集国会"。并说："如以臣言为欺饰，请先褫臣职，另简贤能大员，以纾边祸。"①清廷一方面申斥他"不应再奏"，一方面又不得不挽留他"力任其难，毋许藉词诿卸"②。

12月11日，奉天终于派出第四次请愿代表启程赴京，各界群众集会送行，又有许多人写血书激励代表。同时有许多学生组织起来，分头下乡做国会请愿的宣传。

当董之威（一作董之盛）等代表路过天津时，天津学生积极响应第四次请愿，出现了"帝国学生同志会"、"全国学界请愿同志会"等组织。他们分电各省谘议局、商会、教育会等，倡议学生罢课请愿。有些外省籍学生自动回省活动。12月20日，天津学界联合谘议局、商会、县董会，聚集三千余人开大会，决请直督再次代奏请愿书。当群众队伍往督署行进途中，遇督署调查局总办的马车直冲队伍。学生一时激愤，将其马车打毁。至督署，陈夔龙一再推托不得，只好召见代表，勉强答应代奏。奏上，得旨要该督"剀切宣示，不准再行联名要求渎奏"③。陈夔龙立即派人到处张贴告示，禁止请愿活动。同时密电各省，称直隶学生要联络外省学生罢课请愿，请各省严加防范。有名的顽固派、两江总督张人骏得电后，严加布置，在明孝陵、鸡鸣寺、北极阁、扫叶楼等处加派军警专伺侦探，严防军、学界聚众开会。

天津学生不顾朝廷禁令，继续进行请愿活动。12月22日，各校学生联合行动，决定停课请愿，并要求各学堂监督予以赞助。各监督惧"祸"，纷纷要求辞职。陈夔龙得知大怒，立即召集会议，派总兵张怀芝率队以武力驱散学生。有些绅士害怕发生流血事件，抢先跑到现场将

① 《东三省总督锡良奏奉省绅民呈请明年即开国会折》，《清末筹备立宪档案史料》下，第648—649页。

② 金毓黻：《宣统政纪》卷29。

③ 金毓黻：《宣统政纪》卷29。

学生劝散。次日，清廷又谕令陈夔龙"严饬各员"，对请愿运动"开导弹压，如有不服劝谕，纠众违抗……查拏严办"①。清朝统治者看到再三严令，仍无效果，产生了极大的危机感。24日，悍然下令将东三省请愿代表押送回籍。那天，代表正在前往军机大臣徐世昌(曾任过东三省总督)官邸，准备请徐赞助请愿。中途被军警阻止，将他们带到警厅，宣布当日刚刚发下的上谕，迫令代表们立即回寓收拾行李，准备出京。有几名代表坐到地下不动，他们不饮不食，僵持到第二天清晨，军警把他们像罪犯一样强押上车，解送回籍。押解东三省代表离京的消息传出后，极大地刺激了立宪派。这时，清朝统治者在政治上已十分孤立，明知人心怨愤，却仍一意孤行。在把东三省请愿代表押送回籍之后，又召见学部尚书唐景崇、民政部尚书善耆，要他们立即部署严密防范和镇压学生请愿运动。唐景崇遂即下令各地学堂监督、管理员等，要他们负责剀切晓谕："如有教员从中煽惑，或有不逞之学生抗拒不服，应即分别开除斥退。"②步军统领衙门则在京城加派军警巡逻街市，分赴各学堂侦察，"如有不稳之学生，即请校长指名交出，带归衙门"③。1911年1月2日，清廷发布镇压学生请愿的命令，其中说到各地学生"轻发传单，纷纷停课，聚众要求"。要各省督抚"再行剀切晓谕，随时弹压……倘再有前项情事，立即从严惩办，并将办学人员一并重处"。而且宣称：如再有学生"滋生事端，定惟该督抚是问"④。

陈夔龙是清末紧紧追随朝廷意旨的少数几个顽固督臣之一。他在镇压天津学生请愿运动的同时，还派兵包围过保定师范学堂，禁止学生出入，搜查来往信件，造成了相当紧张而又恐怖的气氛。得到1月2日的谕旨后，他更进一步策划镇压行动，决定严办请愿活动的组织者。天津

---

① 金毓黻：《宣统政纪》卷29。

② 见《时报》，宣统二年十二月八日。

③ 见《时报》，宣统二年十二月八日。

④ 金毓黻：《宣统政纪》卷30。

学界领袖普育女学堂校长温世霖，在历次请愿运动中都很积极，在第三次请愿失败后，更不避风险，组织学生罢课请愿。陈夔龙等官僚极端嫉视。1月2日谕旨发布后，天津即出现匿名揭帖，影射攻击温世霖。不数日，陈夔龙即将温世霖逮捕，捏造了所谓“结会敛钱”、“妄图煽动”等罪名，上奏朝廷要求将其发戍新疆①。清廷迅即准其所请，于1月9日明谕发布全国。陈夔龙的卑鄙和清廷的乖张，引起全国舆论的愤怒。《时报》指出，这是“揭出假立宪面具之一铁证”②。至此，请愿运动完全失败了。

请愿运动的失败固然与清朝反动政府的分化瓦解和严厉镇压分不开，但更重要的原因是立宪派本身的怯懦。以张謇为代表的一部分保守的立宪派，一开始就抱定“秩然秉礼，输诚而请”的方针，不肯对反动统治集团作更有力的斗争。所以，当清廷将开国会的期限稍为提前，而同时准备对请愿实行镇压的时候，他们就先自妥协了，造成了立宪派的分裂和削弱。其他各省较为激进的立宪派，虽然对清政府的反动性有一定的认识，对其反动政策表示相当的愤慨，也曾比较尖锐地揭露和抨击清政府假立宪真专制的本质，提出过一些较激进的斗争口号，但他们在本质上也是脆弱的。一当需要把他们的斗争口号付诸实行的时候，他们瞻顾徘徊，畏首畏尾，表现非常怯懦。他们在某种程度上意识到了自己的软弱，然而却不愿也不敢充分发动群众来增强自己的力量。他们对群众运动总有些提心吊胆，生怕发生激烈行动，演成不可收拾的局面。正因如此，他们只能在各省发动群众性的请愿活动，而在“辇毂之下”的北京，却始终未能发动一次群众性的游行请愿。

国会请愿运动是由资产阶级立宪派独立发动的一场政治运动，显示出立宪派有一定程度的政治主动性。但是这种主动性最终还是被其软弱性所窒息了。他们本来知道“有强迫政府立宪之国民，无自行立宪之政府”，所以才发动请愿运动。但多次请愿失败之后，他们还是不敢

① 《直督拿办温世霖原电》，《时报》，宣统三年正月初四日。

② 《论降旨发遣温世霖事》，《时报》，宣统二年十二月十二日。

去强迫政府，而最后终于在政府强迫的暴力面前退却了。这是改良主义路线必然导致的可悲结局。

请愿运动虽然失败了，但它的社会影响是不容忽视的。

立宪派发动国会请愿运动的根本目的是为资产阶级争取参政权，带有争民主的性质。立宪派对腐朽的清朝专制制度的揭露和攻击，从政治上打击了统治集团，使其更加陷于孤立。国会请愿运动是在御侮救亡的口号下开展起来的。以开国会为救亡手段，诚然是幻想。但许多立宪派分子特别是受他们影响的群众，确是抱着救国的真诚愿望参加运动的。正是这种爱国性，吸引了广大的群众参加到运动中来。

国会请愿运动也是立宪派上层分子用来抵制革命的手段。他们极力宣传，只要开国会就能救亡图强，散布对统治者的幻想，并且诋毁革命，麻痹人民群众的革命意识。这样，国会请愿运动吸引的群众越多，对革命活动所造成的困难也就越大。因此它本身不是革命的运动。但清朝统治者最后以暴力镇压请愿运动，从反面教育了人民群众，提高了他们的觉悟，而且把一部分立宪派也逼上了赞助革命的道路。

三 立宪派对清政府态度的改变

清政府搞预备立宪的直接目的是要安抚和笼络立宪派，借以稳定国内的政治形势，以便集中力量镇压和防范革命党。所以立宪派的态度如何对清政府至关重要。而立宪派对清政府原本抱有很大的希望。当预备立宪诏书发布的时候，立宪派表现了极大的热情。他们说，这是“本朝二百余年未有之盛举”，甚至是“我国历史以来五千余年未有之盛举”①。他们好像在沙漠中长途跋涉之后，突然看到绿洲的幻景一样，一下子振奋起来，以为发展资本主义的乐土就在眼前了。1906年这一

① 《七月十三日上谕与日本明治元年、明治十四年两次诏敕之比较》，《时报》，光绪三十二年八月二十三日。

年，中国近代资本主义企业的投资额达到二千二百九十万元，创造了历史最高纪录，比1900年到1905年这六年的累计投资总和还多五十余万元，这是资产阶级和一部分开明士绅对立宪前途充满希望的最生动的表示。但是，好景不长。官制改革暴露了清政府无意真正实行立宪，于是立宪派的希望逐渐暗淡下来，以后再也不曾恢复起这种投资的热情。

可是，立宪派还没有绝望。他们以为，既然清政府被迫走出了第一步——做出准备实行立宪的表示，那么，只要继续施加压力，或许会迫使它接着走第二步、第三步……一步一步地终于走上立宪的轨道。以后一次又一次地发动国会请愿运动，就是为了这个目的。

清政府对立宪派的力量并没有足够的估计。它以为可以像对付小孩子一样，哄一哄就会安静下来。结果并非如此。自宣布预备立宪后，立宪派逐步形成为一个有一致的目标，有相当的组织，与政府相对立的全国性的政治力量。而这个政治力量的主要意图是要削夺朝廷的大权。对此，清政府又恐惧，又嫉恨。专制统治者当然不肯把权力让给立宪派；但又怕立宪派叛离自己，使预备立宪无法进行，造成国内政治混乱。经过苦心筹谋，才弄出一套应付立宪派的策略。第一是拖延。即尽力推迟开国会、定宪法、实行宪政的时间。起初，清政府根本不提何时开国会、实行宪政；到 1908 年为了平息国会请愿运动，不得已预定下九年筹备的期限。但立宪派仍不满足。最后在出现了大规模群众请愿高潮的情况下，清廷又被迫将召开国会的期限提前三年。其实，这仍是应付手段，并非真的打算在宣统五年就把大权赋予国会。它只不过是拚命争取时间，以便采取步骤来确立和巩固皇室集权。第二是敷衍。为了欺骗舆论，清政府不能不多少做一点“预备立宪”的表示。成立谘议局，开设资政院，都是应付和安抚立宪派的手段。清政府想以这种手段，象征性地给立宪派一点“参政权”，使他们有所满足。然而，立宪派却利用谘议局、资政院同统治者展开了斗争。第三是限制，即限制立宪派的活动。1908 年 3 月，清政府公布的“集会结社律”规定，“宗旨不正，违犯规则，滋生事端，防害风俗”者，均在取缔之例。按照这一笼统的条文，政府可以随心所欲地取缔一切自己所不喜欢的结社和集会，同时炮制的“报律”，更为专横。规定报纸出版前夕要将内容全部送审，企图把舆论完全控制起来。在整个“预备立宪”期间，清政府和某些地方督抚，曾多次封禁报馆。1910 年天津的《北方日报》创办伊始，只因其先期所发广告有“监督政府，向导国民”的字样，即被禁止出版①。此外，清廷还多次特发谕旨，禁止士庶学生干政。如 1907 年 12 月接连发布两次上谕，严禁绅商士庶借口立宪，干预朝政，严禁学生干预政事。立宪派对这些反动政策和措施，非常不满。他们指责道：“言论、出版、集会，非立宪国所谓三自由乎！各国之立宪也，付三自由于民者也，今中国之立宪，乃先收此三自由于民！”②

通过实践，立宪派越来越看清了清政府是“假立宪之名，行专制之实”。到 1910 年第三次国会请愿运动高潮之后，清政府竟以赤裸裸的暴力来对付他们，从此立宪派中许多人开始产生绝望情绪。《时报》发表社论说：靠和平请愿的办法，再也得不到什么了；“苟犹有以为不足者，势非另易一办法不为功。然今日国民之实力，恐亦未易语此也”③。想要另外寻求一条道路，但又感到没有力量。北京的请愿代表团在奉命宣布解散时，曾向各省立宪派发出一份《通告书》，也表现了这种情绪。书中说：“朝命即下，度非复挟一公呈、一请愿书可以力争也；又非复少数人奔走呼吁可以终得请求也；惟诸父老实图利之。”④向全国的立宪派表明，请愿已毫无希望，以后如何行动，由大家自行抉择。谘议局联合会也发出了与这个意思相同的《宣告全国书》⑤。

在绝望和愤慨之下，一些较激进的立宪派骨干表现出赞助革命的

---

① 《东方杂志》1910 年，第 5 期。
② 《时报》，光绪三十三年十一月二十二日。
③ 《读初三日上谕感言》，《时报》，宣统二年十月七日。
④ 《国会请愿代表团通问各省同志书》，《时报》，宣统二年十月十三日。
⑤ 见《国风报》第 2 年，第 14 号。

倾向①。这种倾向无疑地加强了立宪派与清政府间在政治上的对抗，并影响到他们在武昌起义后所采取的政治态度。

在镇压了国会请愿运动之后，清廷于1911年5月建立起皇族内阁。这几乎使所有的立宪派都愤怒了。宪政编查馆与会议政务处在会奏内阁官制及办事暂行章程的奏折中，强调“国务大臣责任所负，自当用对于君上主义，任免进退皆在朝廷”；“议院有弹劾之权，而不得干黜陟之柄”②。立宪派在请愿国会时，明确主张，设立责任内阁必须接受议院的监督，对议院负责任。而清廷所任命的内阁，只对君主负责任，则议院便无从监督内阁，所谓“弹劾之权”，便同旧日御史的弹劾权没有多大区别了。尤其使立宪派愤慨的是朝廷所任命的内阁名单。总理大臣是曾经一再被弹劾的、除招权纳贿之外一无本事的庆亲王奕劻，以下有两个协理大臣那桐（满）、徐世昌；其余各部大臣是：外务部梁敦彦，民政部善耆（皇族），度支部载泽（皇族），学部唐景崇，陆军部荫昌（满），海军部载洵（皇族），法部绍昌（满），农工商部溥伦（皇族），邮传部盛宣怀，理藩部寿耆（宗室）。在十三个内阁成员中，汉族大臣只有四人，满族大臣则有九人，占绝对优势。而且这九人之中皇族竟占了五个，所以一开始人们就叫它“皇族内阁”。立宪派舌敝唇焦，奔走呼号，要求开国会，设责任内阁，到头来，国会被拒绝，却弄出一个皇族内阁来。这对立宪派的宪政理想简直是极大的污辱。当时在北京参加谘议局联合会的各

---

①　当时参加请愿代表团并在京主办《国民公报》的徐佛苏曾回忆说，在清廷发布解散请愿代表的上谕时，“各代表闻此乱命，亦极愤怒。即夕约集报馆中秘议：‘同人各返本省，向谘议局报告清廷政治绝望，吾辈公决秘谋革命，并即以谘议局中之同志为革命之干部人员，若日后遇有可以发难之问题，则各省同志应即竭力响应援助，起义独立’云云”（见《梁任公逸事》，《梁任公先生年谱长编初稿》上册，第314—315页）。徐氏当时写给梁启超的信可以证明他的回忆，是大体不错的（参见《梁任公先生年谱长编初稿》上册，第333—334页）。另外参加第三次请愿的美洲华侨代表伍宪子，后来在他所著《中国民主宪政党党史》中也说到这种情况。他说：“请愿代表被勒令出都之日，曾经秘密会议，将以各省独立要求宪政。……其一触即发，并非偶然。”

②　《清末筹备立宪档案史料》上册，第559页。

省立宪派领袖和骨干分子，连续两次上折，抨击皇族内阁不合立宪国的通例，宣称“皇族内阁与君主立宪政体者，有不能相容之性质”①。并指出皇族内阁的出现，表明“朝廷于立宪之宗旨有根本取消之意”②。所以强烈要求另简贤员，组织责任内阁。但是，皇族集权是载沣等人的既定政策，在这个涉及统治大权的问题上，一小撮满洲贵族是绝不肯让步的。7月5日发布的谕旨，严厉训斥各省谘议局议员，声称：“黜陟百司系君上大权，载在先朝钦定宪法大纲，并注明议员不得干预。值兹预备立宪之时，凡我君民上下，何得稍出乎大纲范围之外！乃该议员等一再陈请，议论渐近嚣张，若不亟为伸明，日久恐滋流弊。朝廷用人，审时度势，一秉大公，尔臣民等均当懔遵钦定宪法大纲，不得率行干请。”③载沣等人已不顾朝廷体面，与议员互相指责。议员们指责朝廷违背立宪公例，朝廷则指责议员们违背钦定宪法大纲；议员们指责朝廷有根本取消立宪之意，朝廷指责议员们“一再陈请，议论渐近嚣张”。这表明，朝廷与立宪派已经离心离德，清廷笼络立宪派的政策已经破产，预备立宪的骗局已经揭穿了。这时，连思想一贯保守的张謇也批评朝廷，“均任亲贵，非祖制也；复不更事，举措乖张，全国为之解体”④。

张謇对皇族内阁既已不抱希望，所以他在那年赴京⑤，特地绕道从武汉北上，到彰德下车去拜访谪居中的袁世凯于洹上村。他与袁谈话之后，认为袁的意度“远在录录（碌碌）诸公之上”⑥。在日本的梁启超

---

① 《谘议局联合会呈都察院代奏皇族不宜充内阁总理大臣折》，《时报》，宣统三年五月十六日。

② 《谘议局联合会第二次呈请代奏皇族不宜总理内阁折》，《时报》，宣统三年六月三日。

③ 金毓黻：《宣统政纪》卷36。

④ 张謇：《啬翁自订年谱》。

⑤ 1911年6月，张謇为组织商界赴美访问团而到京请训。实际上张謇去京目的是为了窥测动静。但为了避嫌疑，他故意不参加在京举行的谘议局联合会，而以赴美报聘为名，入京活动。

⑥ 《张謇日记》，辛亥年五月十一日。

也认为“国势杌陧不可终日，中智以下咸忧崩离”，已到了“阳九否极之运”①。所以他暗中加紧活动，联络个别亲贵，联络军人②，准备伺机发动政变。而在京参加谘议局联合会第二次常会的各省立宪派头头，如汤化龙、谭延闿、孙洪伊、蒲殿俊等，这时则积极着手组织全国性的政党，这也是一个很值得注意的动向。

立宪派组党的意向是早就存在的，而且可以说，预备立宪公会、政闻社等都多少具备了政党的雏形，只是规模相当小，受到地域的限制。国会请愿运动为立宪派造成了全国性的联合，给组建全国性的政党准备了客观条件。当清政府下令驱散请愿代表，接着以暴力镇压请愿运动时，立宪派看到，他们已没有进行政治斗争的适当的组织形式，组党的需要就显得更迫切了。于是从 1911 年春起，立宪派便加紧进行组党活动。3 月间，孙洪伊以谘议局联合会的名义邀请各省谘议局负责人进京会议。公开说的是筹商国是，实际则以组党为最主要的动机。他们预定会议的目标为：“一、破政府轻视国民之习见；二、动外人尊重我国民之观念；三、充吾民最后自立之方针。”③明显地透露出立宪派努力确立其独立政治地位的企图。各省谘议局的议长或副议长大部分应邀到京参加了会议，使会议显出很大的重要性。组党会议是紧接着谘议

---

① 《梁任公先生年谱长编初稿》上册，第 345 页。

② 联络亲贵主要指载涛。载涛掌握相当一部分军权，特别是直接掌握禁卫军。梁启超拉拢他，一是为开党禁，二是为发动宫廷政变。武昌起义后，梁启超致徐勤一封信曾追述到这方面的筹画：其中说“两年以来，朝贵中与吾党共事者惟涛、洵两人而已，而洵实无用，可用者惟有一涛。……去年解禁之议，涛、洵争之不下十次……涛问计于安仁，安仁劝其以全力抚循禁卫军，使成为心腹，然后一举彼辈而廓清之。故数月来惟务多布吾党入禁卫军……”联络军人，主要是指吴禄贞。武昌起义前，8月17日梁启超致信吴禄贞，极力与他联结，其中说“今后之中国，其所以起其衰而措诸安者，舍瑰玮绝特之军人莫属也。由此以谈，则天下苍生所望于公者，岂有量哉！”梁将此书交给在国内政界特别有活动能力的潘若海去面递吴禄贞，并委潘与吴面详一切（以上引文分别见《梁任公先生年谱长编初稿》上册，第339—340页，第 345—346 页）。

③ 《申报》，宣统三年二月二十八日。

局联合会会议之后进行的。经过充分的讨论协商，确定党名为宪友会，于6月4日宣告正式成立。会议选举雷奋、徐佛苏、孙洪伊为常务干事；决定设总部于北京，在各省设支会，并推定了各省支会发起人。宪友会的基本政纲是“以发展民权，完成宪政为目的”。具体政纲有六条：1. 尊重君主立宪政体；2. 督促联责内阁；3. 厘理行省政务；4. 开发社会经济；5. 讲求国民外交；6. 提倡尚武教育①。这个政纲只不过更为明确地表明了立宪派的主张，其中列入“国民外交”，“尚武教育”，则与外交形势有关，其他并无特别之处。但当时报刊披露，在组党过程中，立宪派对于谘议局、资政院的议案并不注意，他们“对于时势有一种紧急自卫之意”②。《时报》并且说：“反复推寻，然后知该党所发表之政纲，不过表面上之揭橥，至其中之所难言者，则留待明眼人善为体会之而已。”③这种隐晦的说法反映出这样一个事实，即立宪派过去是立足于要求朝廷俯顺舆情，实行立宪，表现了对朝廷的依赖和眷恋；组织宪友会时的立宪派是立足于扩大自己的实力，对朝廷已没有多少倚赖和眷恋之意。其中有些人甚至已准备遇有机会就要叛离清廷。武昌起义给他们提供了这种机会。这固然表明了立宪派的投机性，但也正是他们对清廷改变态度的结果。

---

① 《时报》，宣统三年五月十四日。

② 《中国政党小史》，《时报》，宣统三年四月十六日。

③ 《与宪友会论进行之方法》，《时报》，宣统三年五月十六日。

第九章　同盟会革命活动的挫折和国内中部地区革命组织的发展

第一节　同盟会上层的分歧和分裂，共进会和后期光复会的建立

如前述，以孙中山为代表的资产阶级革命派在对改良派的论战中取得了决定性的胜利。但是，它却无力克服自身所存在的严重思想分歧。

并不是所有加入同盟会的人都同意孙中山的三民主义。有的人热衷排满，认为在推翻清朝政府之后，"无论专制、立宪，均可甘心"①。他们自号为"逐魃"、"扑清"、"吞虏氏"、"灭胡第一人"、"纯粹汉种"、"复汉"、"朱复明"、"单纯复仇主义者"等等，是所谓"一民主义者"。有的人激烈地反对封建专制制度，醉心于资产阶级共和国的理想，对"平均地权"不感兴趣，是所谓"二民主义者"。1906 年，在章炳麟出狱到达东京后，中国留学生中成立了国学讲习会、国学振起社、复古社一类组织，鼓吹"抒怀旧之蓄念，发思古之幽情，光祖宗之玄灵，振大汉之天声"，是所谓国粹主义者。与此同时，巴黎张静江、李石曾、吴稚晖等通过《新世纪》，东京刘师培、何震等通过《天义报》，鼓吹反对种界、国界、政府、军备、法律、强权、战争、秩序、财产、金钱、宗教、家族、婚姻，是所谓无政府主义者。

---

①　鹤卷町某君来函，转引自《论种族革命与无政府革命之得失》，《天义报》第 6 期。

也并不是所有加入同盟会的人都同意以武装起义为主的方针，特别是当起义连遭挫折之际，孤注一掷的暗杀主义之风就会抬头。

在革命的策略上，有的主张到清王朝的腹心北京去发动，即所谓“中央革命”；有的主张在沿海、边疆发动，即所谓“边地革命”；有的主张在长江流域发动，即所谓“中部革命”。

自 1907 年夏起，同盟会上层发生分裂。张继、章炳麟、陶成章等两次掀起反对孙中山的风潮。孙中山愤而弃东京本部于不顾，酝酿改组同盟会为中华革命党。1907 年 8 月，张百祥、焦达峰、邓文辉、刘公等创立共进会。1910 年 2 月，陶成章、章炳麟在东京重建光复会。1911 年 7 月，谭人凤、宋教仁等在上海成立同盟会中部总会。

同盟会的分歧和分裂使改良派欣喜若狂。1907 年 7 月，梁启超向康有为报告说：“革命党之势力，在东京既已销声匿迹，《民报》社各人互相噬啮，团体全散，至于并报而不能出”，“吾党全收肃清克复之功，自今以往，决不复能为患也”①。梁启超的这段话有着明显的夸张，但是，事情确是严重的。

一　同盟会上层的分歧和分裂

1907 年 2 月，孙中山和黄兴因国旗图式问题发生争执。孙中山主张沿用兴中会的青天白日旗，理由是该旗为烈士陆皓东设计，无数先烈曾为此流血。黄兴主张用井字旗，以示平均地权之意。他认为青天白日旗以日为表，是效法日本，必须毁弃。黄兴这一意见使孙中山极为激动，他厉声说：“仆在南洋，托命于是旗者数万人，欲毁之，先摈仆可也。”②黄兴的激动也不下于孙中山，他发誓要脱离同盟会。

在这一争执中，宋教仁同情黄兴。他认为孙中山待人做事，“不能

---

① 《梁任公先生年谱长编初稿》上册，第 245 页。

② 《太炎先生自定年谱》，《近代史资料》，1957 年第 1 期，第 121 页。

开诚布公，虚心坦怀"，"近于专制跋扈"；同盟会成立以来，会员又多离心离德，将来不一定会有所作为，"不如另外早自为计，以免烧炭党人之讥"①。3 月 1 日，他向孙中山要求，辞去代理庶务干事一职。

国旗图案的分歧不是什么原则问题，黄兴很快就冷静下来，接受了孙中山的方案，虽然还不无勉强。

促使同盟会分裂的导火线是孙中山离日问题。萍、浏、醴起义后，清政府即通过公使杨枢和日本政府交涉，要求逮捕并引渡孙中山②。日本政府经过研究，采取了既适当满足清政府要求而又能讨好中国革命党人的方针：一面向清政府表示，同意驱逐孙中山出境；一面通过内田良平、宫崎寅藏和孙中山商量，劝其自动离日。日本政府并赠孙路费五千元，同时，东京股票商人铃木久五郎也赠送一万元。孙中山当时正需要一笔军事活动的经费，便接受了这批款子。2 月 25 日，内田良平在东京赤坂区红叶馆设宴为孙中山送行。赴宴者有黄兴、章炳麟、胡汉民、汪精卫、刘师培、宋教仁、田桐、张继、汪东以及宫崎寅藏、清藤幸七郎、和田三郎等。3 月 4 日，孙中山携胡汉民、汪精卫、萱野长知、池亨吉等离日赴港，转往南洋，同盟会会务交由黄兴主持。

3 月 23 日，宋教仁偕白逾桓、日人古川清离开东京赴辽东运动"马贼"，企图在东北起事。4 月，黄兴应孙中山召，赴香港，准备潜入广东肇庆，运动清军郭人漳部反正，同盟会庶务一职交刘揆一代理。

由于民报社经费困难，孙中山离日前从铃木久五郎赠送的一万元中提出两千元来存放于民报社，章炳麟嫌少，认为一万元应全部留下。孙中山离日后，接受日本政府赠款一事传出。参加同盟会的平山周、北一辉、和田三郎等首先和中介人宫崎寅藏等吵了起来。章炳麟、张继、谭人凤、田桐等也议论纷纷，张继说："说走就走，要他钱干什么！"③章

① 《宋教仁日记》，湖南人民出版社 1980 年版，第 343 页。

② 《时报》，光绪三十三年一月二十七日。

③ 樊光：《章太炎、陶成章合传补充》，上海政协文史资料未刊稿。

炳麟把挂在民报社的孙中山照片撕下来，批上“卖《民报》之孙文应即撤去”等字，寄到香港。他认为孙中山临行前应该向日本政府示威，而不应该像“丧家犬”一般灰溜溜地离去①。刚到日本不久的刘师培叫得最厉害，说是孙中山“受贿”了。一时满城风雨，不可开交。宫崎寅藏虽曾进行调解，但效果不大。

就在这个时候，传来了黄冈起义、七女湖起义先后失败的消息。同盟会的内部矛盾犹如火上加油，反对孙中山的人日益增多。张继大闹民报社，扬言“革命之前，必先革革命党之命”②。章炳麟等催逼刘揆一召集大会，革去孙中山的总理职务，改推黄兴。刘师培自己想掌权，并企图援引北一辉、和田三郎为同盟会干事。刘揆一抵制了章炳麟等人的要求。他认为孙中山接受赠款是为了供应起义军需，出于不得已；当时又在筹备钦、廉起义，革除总理将会使起义军陷入极大困境；因此，力排众议，并和张继扭打起来。

6 月 17 日，孙中山派萱野长知回日和宫崎寅藏、三上丰夷等秘密购买枪械并租船运输。经过和厂商洽谈，购得村田式快枪二千支，每支带弹六百发。村田式在当时的日本已经落后，但在中国，还不失为先进武器。事为平山周、和田三郎、北一辉等得知，转告章炳麟和被张继从辽东叫回来的宋教仁，立即又激起了一场风波。章炳麟吵吵嚷嚷地说：“孙某所购军火是村田式，这种式子在日本老早不用了，用到中国去不是使同志白白丢了性命吗？可见得孙某实在不是道理，我们要破坏他！”③于是章炳麟便用明码电告香港《中国日报》，说是械劣难用，请停止另购。由于用的是明码，孙中山等认为泄露了军事机密，非常恼火，便由胡汉民写信至本部谴责，声言要执行纪律。不久，又派林文返回东

① 《革命党觉醒之时期》，北一辉：《支那革命外史》。

② 《革命党觉醒之时期》，北一辉：《支那革命外史》。

③ 胡汉民：《南洋与中国革命》。

京，禁止章炳麟、宋教仁，不让他们再干预军事问题①。9 月 13 日，孙中山致函宫崎寅藏，表示自此不再信任平山周、北一辉、和田等，关于运动日本方面的工作，要宫崎一人"力任其难"，同盟会本部、民报社中人，均不必与之商议②。

在东京同盟会严重混乱的情况下，刘揆一写信告知黄兴，又写信给冯自由、胡汉民，引用万方有罪、罪在一人的譬语，要求冯、胡劝孙中山向东京同盟会本部引咎谢罪。孙中山复函谓："党内纠纷，惟事实足以解决，无引咎之理由可言。"③他表示，可以辞去总理一职，但必须在同盟会本部及章炳麟承认不是之时④。黄兴复函则谓："革命为党员生死问题，而非个人名位问题。孙总理德高望重，诸君如求革命得有成功，乞勿误会而倾心拥护，且免陷兴于不义"⑤，表现了维护团结的正确态度。

经过这次风潮之后，孙中山就不大愿意过问同盟会本部的工作了。

同盟会的内部矛盾虽然爆发在几个具体问题上，却反映了深刻的思想分歧，有着特定的历史背景。

当时，在俄国 1905 年革命影响下，日本社会主义运动正处于活跃阶段。1906 年，社会民主党以社会党的名义重新建立。1907 年，罢工斗争进入高潮。同年 2 月，日本社会党分裂为两派。片山潜、田添铁二提出议会政策论，主张通过争取普通选举权和议会斗争来实现革命，成立社会主义研究会。无政府主义者幸德秋水、堺利彦、山川均、大杉荣等则提出直接行动论，完全反对议会斗争，主张以总同盟罢工和暗杀来实行革命，成立金曜（星期五）讲演会。

① 《胡汉民自传》，《革命文献》第 3 辑，总 399 页。

② 《为防城起义望筹画接济饷械致宫崎寅藏》，黄季陆编：《总理全集・函札》，第 91 页。

③ 刘揆一：《黄兴传记》，中国史学会编：《辛亥革命》（四），第 289 页。

④ 《复张继函》，孙中山佚稿，中国历史博物馆藏原件照片。

⑤ 刘揆一：《黄兴传记》，中国史学会编：《辛亥革命》（四），第 289 页。

在孙中山离日风潮中闹得最欢的章炳麟、张继、刘师培等接受了幸德秋水等一派的影响。他们反对帝国主义、资本主义，激烈地批判议会制度，醉心于无政府主义或佛教虚无主义，逐渐表现出和孙中山等不同的政治倾向。

1907年4月，幸德秋水在《平民新闻》上发表文章，提倡中国的革命家应与日本的社会运动家携手，东洋各国的社会党应当联合起来。张继、刘师培赞同幸德秋水的意见，联络流亡在日本的印度革命党人，共同发起组织亚洲和亲会，推章炳麟起草宣言书①。宣言书用中英两种文字印成，中文定名为《亚洲和亲会约章》，其主要内容为：

宗旨：在反抗帝国主义，期使亚洲已失主权之民族，各得独立。

会员：凡亚洲人，除主张侵略主义者，无论民族主义、共和主义、社会主义、无政府主义，皆得入会。

义务：1. 亚洲诸国，或为外人侵食之鱼肉，或为异族支配之佣奴，其陵夷悲惨已甚，故本会义务，当以互相扶助，使各得独立自由为旨。2. 亚洲诸国，如一国有革命事，余国同会者应互相协助，不论直接间接，总以功能所及为限。

《约章》规定会员每月聚会一次。由于受了无政府主义的影响，“和亲会”不设会长、干事一类职务，声明“各会员皆有平均利权”，“各宜以亲睦平权之精神，尽相等之能力”②。

1907年7月，亚洲和亲会正式成立，参加者有中国、日本、印度、菲律宾、安南诸国的革命者。中国方面入会者有章炳麟、张继、刘师培、何震、苏曼殊、陈独秀、吕复、樊光、陶铸（冶公）等数十人；日本方面入会者有幸德秋水、山川均、大杉荣、堺利彦、竹内善朔等人。

正是在这样的情况下，章炳麟反对孙中山争取帝国主义国家援助

---

① 竹内善朔：《明治末期中日革命运动的交流》，日本评论社《中国研究》（五），1948年9月。

② 《亚洲和亲会约章》，陶铸（冶公）藏。

的行为，斥之为“藉援强国，冀以自全，在品格则为下劣，在事实则无秋毫之效”①。对《民报》六大主义中的“要求世界列国赞成中国之革新事业”一条，章炳麟表示：“此本含混言之，要之列国政府必不赞成。”②

在成立亚洲和亲会的同时，张继和刘师培又发起组织“社会主义讲习会”。《民报》第15号刊出的广告称：“近世以来，社会主义盛于西欧，蔓延于日本，而中国学者则鲜闻其说。虽有志之士间倡民族主义，然仅辨民族之异同，不复计民生之休戚，即使光复之说果见实行，亦恐以暴易暴，不知其非。”他们表示要“搜集东西前哲诸学术，参互考验，发挥光大，以饷我国民”③。8月31日，社会主义讲习会成立，幸德秋水等到会并演说。

张继和刘师培标榜研究社会主义，实为提倡无政府主义。刘师培声称于颠覆满洲之后就要实行无政府，决不让欧美、日本之伪文明推行于中国。

“社会主义讲习会”每星期集会一次。除幸德秋水外，宫崎寅藏以及日本无政府主义者堺利彦、山川均、大杉荣等都参加了活动。

讲习会的机关刊物是《天义报》。该刊发表过《共产党宣言》的序言和第一章以及恩格斯的《家庭、私有制和国家起源》的片断。它称赞马克思的阶级斗争学说“最有裨于历史”④，是“不易”之说⑤，但又从根本上攻击马克思主义的国家学说和无产阶级专政理论，要求建立一个“完全平等”的人类社会。刘师培等不仅不要政府，而且不要团体，不要任何“在上之人”，不要社会生产的组织者和管理者。他在《戒学政法歌》中甚至破口大骂：“侈说合群真放屁。”⑥

---

① 《答祐民》，《民报》第22号，第130—131页。

② 《答祐民》，《民报》第22号，第130—131页。

③ 《社会主义讲习会广告》，《民报》第15号。

④ 《恩格斯〈共产党宣言〉序中译案语》，《天义报》第15期。

⑤ 刘师培：《〈共产党宣言〉中译本序》，《天义报》第16—19期合刊。

⑥ 《天义报》第8—10期合刊。

对孙中山的三大主义，刘师培等完全否认其在当时历史条件下的进步性。民族主义，被斥为“不合公理之最甚者”①；共和政体，被斥为“不共不和”②；平均地权，被斥为和王莽改制一样的愚民政策③。

“社会主义讲习会”附设农民疾苦调查会。刘师培等斥责田主为“大盗”，主张通过完全自发的无组织、无领导的“农人革命”以没收豪富的土地，使每个人都拥有一定的份额④。但是，刘师培等又认为中国封建社会和无政府主义的理想最相近，因此，“若于政府尚存之日，则维新不如守旧，立宪不如专制”⑤。一个筋斗，刘师培从“左”的极端翻到了右的极端。

章炳麟和张继、刘师培关系密切，积极参预了社会主义讲习会的活动。他曾在会上“痛斥国家学说之荒谬”，认为“无论君主立宪、民主立宪均一无可采”⑥，“国家之事业，是最鄙贱者”⑦；又曾大力批判资本主义文明，认为“愈文明之人愈恶”，“愈野蛮，其恶愈减”，主张倒退回去学猴子，“拟猿可也”⑧。

章炳麟受过深刻的佛学影响。他将无政府主义和佛教虚无主义结合起来，提出了“无政府、无聚落、无人类、无众生、无世界”的“五无论”，以之作为圆满的最高理想。

章炳麟认为，这个最高理想不可以“飞跃”而至，“还以随顺有边为初阶”，开始时，必须设立共和政府。为了减轻政府的祸害，同时制订四项办法：一、均配土田，使耕者不为佃奴；二、官立工场，使佣人得分赢

① 志达：《保满与排满》，《天义报》第 3 期。

② 汪公权：《法国女杰露伊斯传》，《天义报》第 2 期。

③ 刘师培：《西汉社会主义学发达考》，《天义报》第 5 期。

④ 刘师培：《悲佃篇》，《民报》第 15 期。

⑤ 《论新政为病民之根》，《天义报》第 8—10 期。

⑥ 《社会主义讲习会第三次开会记》，《天义报》第 8—10 期合刊。

⑦ 《国家论》，《民报》第 17 号，第 1 页。

⑧ 《朱希祖日记》(稿本)，1908 年 3 月 20 日。

利；三、限制相续，使富厚不传子孙；四、解散议员，使政党不敢纳贿。章炳麟表示，如果没有这四项，君主立宪、民主立宪都不如实行专制①。他有时觉得，中国的专制制度也还不坏，"盛唐专制之政，非不可以致理"②；甚至说："今之专制，直刑罚不中为害，佗犹少病"③，"所恶于满洲政府者，非在制度不良，在所好与所令异"④。

二十世纪初年，世界资本主义已经发展到帝国主义阶段，孙中山企图以他的"主观社会主义"来免除资本主义的经济祸害，这固然虚妄；但是，他仍然坚持资产阶级民主共和国的理想，满怀信心地为之奋斗。章炳麟、刘师培等则对这一理想也持怀疑或否定态度，由醉心于无政府主义或"五无"转而歌颂封建专制主义。这样，他们自然就格格不入了。

由于和孙中山的矛盾日益加深，佛教虚无主义的影响也日益加重，章炳麟对中国革命一度感到失望，想到印度去做和尚。为了解决路费等问题，他曾通过张之洞的女婿、清政府驻长崎领事卞绰昌和张之洞联系⑤。1907 年底至 1908 年初，又先后给短期回国的刘师培夫妇写过若干封信，托他们通过佛教居士杨仁山向端方运动⑥。章炳麟没有想到，刘师培夫妇这时已决计叛变革命。刘到上海后，即向端方写信自首，自称"大恨往日革命之非"，愿献"弭乱"之策，保证设法使《民报》停刊，在三年之内鮀杀孙中山、黄兴⑦。1908 年 2 月，刘师培夫妇回到东京，一面作暗探，经常向端方密报党人情况，同时通过北一辉等策动同盟会员程家柽，"欲以十万金而鬻孙文之首"⑧；一面以更为"左"倾的姿

① 《五无论》，《民报》第 16 号，第 1—22 页。

② 《政闻社员大会破坏状》，同上第 17 号，该文第 5 页。

③ 《与马良书》，同上第 19 号，第 110 页。

④ 《满洲总督侵吞赈款状》，《民报》第 22 号，第 38 页。

⑤ 《章太炎电复统一党》，《越铎日报》，1912 年 6 月 6 日。

⑥ 《党人》，《新世纪》第 117 号，第 6—9 页。关于这一问题，可参阅《章太炎与端方关系考析》，《南开大学学报》，1978 年第 6 期。

⑦ 天津《大公报》，1934 年 11 月 2 日。

⑧ 《程家柽革命大事略》。

态创办《衡报》，提出纲领四条：颠覆人治，实行共产；提倡非军备主义及总同盟罢工；记录民生疾苦；联络世界劳动团体及直接行动派之民党①。同年4月，章炳麟、刘师培之间也吵翻了。11月，《衡报》被日本政府封禁，刘师培夫妇回到上海，一面继续以革命党人的面目招摇撞骗，一面将章炳麟六封信的“真迹照片”寄给黄兴等人，以在革命党内部制造猜疑和纠纷。同盟会的内部矛盾因而更加复杂化了。

二 共进会

共进会是为联络会党而建立的组织。同盟会成立时，没有建立专门的联络会党的机构。1906年，孙毓筠任庶务，对同盟会本部进行过一次改组，于执行部内特设调查科，“多设调查员，以结纳豪杰”②，由谢奉琦任书记。1907年4月，黄兴离日，刘揆一继任庶务，约集各省同志谈话，计议对同盟会本部再一次进行改组。特设联络部，专门联络各省会党。以吕志伊为部长，张百祥为副部长，焦达峰为调查部(科)长。约定五天后开会。及期，吕志伊不到，会议因而流产。散会途中，张百祥与邓文辉、彭汉遗等商量，决定另行结合。他们认为，会党脑筋简单，必须在同盟会之外另设小团体，委用熟悉会党情形的人，否则不易收效。

这以后，由于内部矛盾加剧，东京同盟会本部日益涣散。四川同盟会员吴永珊等邀集各省在东京的部分同盟会负责人员，无形中形成了一个联席会议。其时，国内许多会党分子逃亡来日，吴永珊、焦达峰等研究，建议趁各省会党都有人在日本，把全国会党通通联合起来。焦达峰(1886—1911)，字鞠荪，号大鹏，湖南浏阳人。少年时即精于技击，后入浏阳高等小学堂读书，毕业后回乡，由姜守旦介绍，加入哥老会。1904年入长沙高等普通学堂游学预备科。1905年留学日本，肄业于东

① 《衡报》第1号，1908年4月28日。

② 《谢奉琦之惨死》，《民立报》，1912年10月10日。

亚铁道学校。1906 年回国，萍、浏、醴起义时在李金奇部下当联络参谋。1907 年再次留学日本，入东斌步兵学校学习军事。当时，他和同学张百祥等都对孙中山一意在南方边境地区发动起义、放松会党工作不满，因此，便和吴永珊等发起联合会党的工作。

经过焦达峰、张百祥、邓文辉、刘公、吴永珊等两个多月的奔走，各地哥老会、孝友会、三合会、三点会在日本的首领及部分同盟会员于 1907 年 8 月在东京集议，成立共进会。到会近百人，推张百祥为总理。张百祥(1879—1914)，四川广安人，喜拳棒，好结客任侠，打抱不平，是川陕一带会党组织孝义会的头目，被称为双刀子张邕。1905 年东渡日本，次年入东斌学校。他在下川东一带拥有相当多的会党群众，资格最高，各地码头最熟，因此受到大家的推举。共进会下设内政、外交、交通、军务、参谋、财政、党务、文牍各部。会址初设于居正、罗杰寓所，后设于青山麻布区，署名华群舍。

最初，共进会的活动不多，和同盟会分道扬镳的趋势也并不明显。1908 年 5 月，同盟会在云南河口起义，共进会的居正、孙武都曾赶去参加；起义失败之后，分道扬镳的趋势就明朗化了。这一年夏天，黄兴、谭人凤自安南回到东京。黄兴曾问焦达峰："何故立异？"焦回答："同盟会举止舒缓，以是赴急，非敢异也。"黄兴又问："如是，革命有二统，二统将谁为正？"焦达峰笑着回答说："兵未起，何急也？异日公功盛，我则附公；我功盛，公亦当附我。"①谭人凤则以为共进会模仿会党，"反文明而野蛮"，尤力持不可。但焦等意志坚决，"卒印刷章程条例，奋励进行"②。

共进会草拟过两份宣言，一文言，一白话。文言宣言偏重于宣扬反对满清贵族的民族主义思想，号召"四万万黄帝子孙"奋起为祖宗雪仇。它说："共进者，合各党派共进于革命之途，以推翻满清政权，光复旧物

---

① 张难先：《湖北革命知之录》，第 232 页。

② 谭人凤：《石叟牌词序录》，《近代史资料》，1956 年第 3 期，第 39 页。

为目的。”“今日之事，无论男女老少，不问士农工商，以迄江湖卖技之流，军旅荷戈之士，皆宜负弩前驱，灭此朝食。”①白话宣言专为针对会党宣传需要而作，除上述思想外，还阐述了挽救危亡的爱国主义思想。它尖锐地指斥清政府投降洋人：“况且他到如今，朝纲紊乱，只有奉承洋人，作洋人的奴隶，拿我们给洋人做三层奴隶，又把我们的土地，今天割一块来送这个，明天割一块来送那个。老百姓和洋人闹起事来，他不但不替百姓讲一句公道话，倒要替洋人杀些百姓出气，动不动又讲要赔款多少，铁路也送给洋人，矿山也送给洋人，税关也送给洋人。你看近来各项东西，都越过越贵，过活又一天难似一天，不是一些财产都被洋人搬穷了吗？这满人他只顾请洋人来保住他做皇帝，那管得汉人的死活！”

宣言表示，“若不早点把满人打开”，“满人”就会把我们的中国和盘托给洋人。它号召人们，“拚命去杀那满鞑子”，至于洋人的事，待下一步再办。宣言认为，只要中国整顿好了，洋人也就不敢欺凌我们了②。

鸦片战争以后，资本主义列强入侵，资本——帝国主义和中国各民族的矛盾成为近代中国社会的主要矛盾，但是，当满族统治者执行媚外卖国政策时，情况就发生变化了，宣言所表现的思想正反映了这一点。

同盟会的纲领是三民主义。在这两个宣言里，恰恰既没有民权主义，又没有民生主义。不仅如此，共进会还把同盟会誓约里的“平均地权”改为“平均人权”。这一改动的倡议者主要是孙武。

孙武(1879—1939)，原名葆仁，字尧卿，湖北夏口人。祖父曾任清军提督，父亲曾任清水师营管带。1897年，孙武肄业于湖北武备学堂。自立军起事时，被举为岳州司令。1904年加入科学补习所，后又加入日知会。日知会被破坏后逃亡东北，继又转赴东京，参加共进会，任军

---

① 邓文辉：《共进会的原起及其若干制度》，《近代史资料》，1956年第3期，第13页。

② 《共进会宣言书》，《近代史资料》，1957年第2期，第96—98页。

务部长。他在辛亥革命后曾自述:“同盟会是平均地权,兄弟恐吾国人民智识程度太低,一时做不到,特改为平均人权,共进一切。”①除孙武之外,其他人也曾有过解释。一种说法是,满人压迫汉人,人权不平均,所以要“平均人权”②;另一种说法是,中国人除视官僚为上品外,士农工商都有地位,独视会党为下品,主张革命成功后,各界一律平等相待③。人权是欧洲资产阶级革命时期为反对封建专制而提出的口号,共进会领导人在使用这一口号时所赋予的内容仅仅是反对满族压迫和提高会党的社会地位,这显然是过于狭隘也过于肤浅了。

共进会的发起人不少出身于大地主阶级。孙武自称“家富巨万”④。刘公家号称刘百万⑤,是襄阳三大富室之一。这种变动,显然也反映了阶级的局限。关于这个问题,田桐曾说:“盖当时社会主义,会员中有怀疑者。”⑥田桐所说的“社会主义”,就是孙中山的民生主义。

模仿会党开堂、烧香、结盟、入伙的办法,共进会订立“中华山”、“兴汉水”、“光复堂”、“报国香”等名目,每字各系一诗。其中,共进会的单纯种族主义思想又有所发展。如《光复堂诗》:“堂上家家气象新,敬宗养老勉为人,维新守旧原无二,要把恩仇认得真。”⑦就是说,只要你反清,管你维新也好,守旧也好,都可以不加区分。

共进会突出反满问题,它企图建立最广泛的统一战线,团结了中国南方的不少会党,有利于革命运动的高涨。但是,它抛弃“平均地权”的纲领,导致了革命水平的降低;忽视“维新”、“守旧”的区别,则隐伏着后

---

① 《孙武演说》,《亚细亚报》,1913 年 2 月 27 日。

② 《辛亥首义回忆录》第 1 辑,第 2 页。

③ 杨玉如:《辛亥革命先著记》,第 37—38 页。

④ 《孙武宣言书》,《民立报》,1912 年 3 月 13 日。

⑤ 《辛亥首义回忆录》第 1 辑,第 2 页。

⑥ 《革命闲话》,《党史史料丛刊》第 4 期,第 33 页。

⑦ 邓文辉:《共进会的原起及其若干制度》,《近代史资料》,1956 年第 3 期,第 17 页。

来和守旧派合流的危机。

共进会第一任总理张百祥任职不久,就匆匆回国。继任者为邓文辉。在此期间,孙武等制订三等九级军制,确定了旗式:红底黑心,轮角,外加十八黄星,表示黄帝子孙、十八省人民铁血主义的精神。同时共同推定各省都督:广东为聂荆,广西为刘玉山,江西为邓文辉,湖南为焦达峰,湖北为刘公,四川为何其义,安徽为孙竹丹,江苏为傅亦僧,河南为罗杰。同年11月,光绪帝和西太后相继死去。共进会在东京开会讨论,决定加强运动会党和军队的工作。会后,孙武、焦达峰等陆续回国,共进会的活动舞台逐渐移向国内。

三 后期光复会

同盟会的内部矛盾因陶成章去南洋募捐而进一步加剧。

1908年秋,孙中山在新加坡设立同盟会南洋支部,宣称"欲使南洋各处团体互相联络,以成统一"①,委胡汉民为支部长,下辖南洋各分会。南洋支部实际上成为与东京本部并峙的中心。

这一时期,革命党人在经济上遭遇到极大困难。在南洋,因参加河口起义被逐出的人员达六七百,要安排他们的生计。南洋革命党人为此焦头烂额,孙中山自己也常常陷入衣食不周的窘境。在东京,《民报》经费支绌,章炳麟穷得并日而食,有时就靠啃几块麦饼过日子。

为了维持《民报》出版和筹措在江、浙等五省活动的经费,同年9月,陶成章改名唐继高,带着章炳麟所印《民报》股票数百张赴南洋筹款。到达新加坡后,住在《中兴日报》馆,撰文参加和《南洋总汇新报》的论战。同时向孙中山要求拨款三千元作为《民报》印刷费,并要求增加股款及维持费。孙中山和章炳麟不和,对章把《民报》办成"佛报"不感兴趣;陶成章支持章炳麟,孙中山对他南来活动也有戒心。因而,没有

① 《在星架波成立南洋支部之通告》,胡汉民编《总理全集》第3集,第173页。

积极支持。最初，孙中山曾将自己的手表等物交陶成章变卖，其后，陶成章要求为他筹款五万元，孙中山即“推以近日南洋经济恐慌，自顾不暇，断难办到”①。陶要求孙中山写信介绍他到各地筹款，孙中山应允了。

在光复会并入同盟会的过程中，陶成章的行动本来就是迟缓的。直到1907年1月4日，他才成为同盟会员。这时，更对孙中山产生了疑忌，便决计“独自经营”。他和在槟港当教员的原华兴会会员李燮和计议，印刷光复会盟书，准备在南洋大量发展会员。11月，陶成章至缅甸仰光，在《光华日报》发表记述秋瑾、徐锡麟起义的《浙案纪略》，以为宣传，同时，以江、浙、皖、赣、闽五省革命军布置决行团为名筹饷。发票正面加盖的是“浙江同盟分会”印；背面，陶成章声明：“光复会由来已久”，内地“更改为难”②，为重新打出光复会旗号埋下了伏笔。

12月6日，陶成章带着孙中山的介绍函到槟榔屿筹款，不很顺利，该地华侨仅认捐三百元；到坝罗，亦仅认捐三百数十元。陶成章怀疑孙中山在暗中捣鬼，开始攻击孙中山。其后，陶成章准备向各地收款，再次向孙中山索取介绍函，孙中山没有给。因此，陶成章便去到爪哇泗水，在浙人王文庆等的支持下，成立光复会，和同盟会南洋支部对立。

泗水光复会成立后，各地分会陆续成立。新加坡参加者有许雪湫，文岛有李燮和及侨商曾连庆等。由于许雪湫等在黄冈起义失败后群居南洋，对孙中山及其左右采取的善后措施颇多非议，便大力支持陶成章，因此，南洋光复会中以潮州、嘉应人为多。

1909年5月，陶成章在文岛等地散布流言，声称孙中山将各处同志捐款攫为己有，家中发了大财，河口起义所用不过千余元等等。9月，陶成章去到槟港，纠合李燮和等五六人，以川、广、湘、鄂、江、浙、闽七省同志的名义起草了一份《孙文罪状》，指责孙中山“谎骗营私”，有

① 《致王子匡函》，《国父全书》，第417页。

② 徐市隐：《缅甸中国同盟会开国革命史》，第三节。

“残贼同志”、“蒙蔽同志”、“败坏全体名誉”等“罪状”三种十二项，并提出善后办法九条，要求“开除孙文总理之名，发表罪状，遍告海内外”。同时要求废除南洋支部章程，另订新章，使南洋各同盟会分会直属东京总会。《民报》已于1908年10月被日本政府封禁，《罪状》要求重开《民报》机关，附设旬报，凡《中兴报》发行的地方，该报都要“踪寻之而往”。《罪状》并诬蔑孙中山在香港、上海汇丰银行贮款二十万，孙眉在九龙起造屋宇，孙中山汇款助建云云。陶成章还带着这份罪状赶赴东京，找到黄兴，要求同盟会本部开会讨论。

《孙文罪状》纯系不实之词。它得到了章炳麟和江、浙少数人的支持，但却遭到了黄兴等的坚决拒绝。黄兴、谭人凤、刘揆一联名发表长达千余言的致李燮和等公函，逐条为孙中山辩解。因此，黄兴也遭到陶成章的攻击。随后，在爪哇的陈威涛将《孙文罪状》印刷百余份，邮寄中外各报，将对孙中山的攻击公之于世。

当时，黄兴、汪精卫正在东京筹备续出《民报》。陶成章认为它只能为孙中山“虚张声势”①，非先革除孙中山的总理职务不能办报。这一要求也遭到了黄兴的拒绝。陶成章便运动章炳麟刊印传单《伪〈民报〉检举状》，分送南洋、美洲各地，攻击孙中山“怀挟巨资，而用之公务者十不及一”。传单说：“昔之《民报》为革命党所集成，今之《民报》为孙文、汪精卫所私有，岂欲伸明大义，振起顽聋，实以掩从前之诈伪，便数子之私图。诸君若为孙氏一家计，助以余资，增其富厚可也；若为中国计者，何苦掷劳苦之余财，以盈饕餮穷奇之欲！”11月6日，保皇派的《南洋总汇新报》发表了这份传单。11日、27日、29日，又分三天连载了《孙文罪状》，借机攻击说：“自革命邪说流毒南洋以来，一般之劳动社会，几于尽为所惑，诚足为风俗人心之大害。兹特将此传单录出，欲使华侨知革党之内容如是如是，则已入迷途者宜急早回头，将入而未入者更宜视之

① 《为陶成章诬谤事致孙中山函》，《黄克强先生全集》，台北版，第116页。

若浼。大之为国家培无限之正气，小之为华侨惜有限之资财。”①与陶成章、章炳麟相呼应，在法国的张继则要求孙中山“退隐深山”，或“布告天下，辞退同盟会总理”②。

当陶成章、章炳麟大肆攻击之际，孙中山正在伦敦。10月22日，他致函在布鲁塞尔的同盟会员王子匡，指出这是革命前途的大不幸，对于联络华侨“大有阻碍”③。同时，又致函主办《新世纪》的吴稚晖，要求吴为长文一篇，为公道之评判。

陶、章对孙中山的无理攻击激起了革命党人的义愤。东京方面，黄兴等决定不和章炳麟计较，只在即将续刊的《民报》上登一启事，宣布章为“神经症”之人。他要孙中山“海量涵之”，表示“陶等虽悍，弟当以身力拒”④。为了给孙中山赴美活动扫除障碍，黄兴又发函美洲，指出有人从东京发函攻击孙中山，“用心险毒，殊为可愤”，要求美洲同志乘孙中山到美机会，同心协力，共谋团体进步⑤。安南方面，中国革命党人发表《河内公函》，详述发动云南、广西起义的情况，针对陶成章的诽谤，一一予以驳斥。南洋方面，革命党人焚毁了陶、章散发的印刷品，并派人调查，发现孙中山在九龙的家除几间旧房外，别无所有；孙眉自己盖了草房子在那里种地。于是，将调查实情公布，真相大白。

由于双方日益对立，加上刘师培通敌叛变所造成的复杂情况，东京的革命党人未经冷静分析即公布了章炳麟致刘师培、何震六函，指责章炳麟为端方的侦探。11月下旬，《中国日报》发表《章炳麟与刘光汉之关系历史》及《为章炳麟叛党事答复投书诸君》二文，指责章炳麟为“两截人物”，是“中国革命党之罪人”，“东京《民报》之罪人”。12月，孙中山得悉保皇派报纸发表了章炳麟的《伪〈民报〉检举状》，认为章炳麟“破

---

① 《南洋总汇新报》，1909年11月27日。

② 转引自《致张继函》，孙中山佚稿。

③ 《国父全书》，第417页。

④ 《为陶成章诬谤事致孙中山函》，《黄克强先生全集》，第117页。

⑤ 《为孙中山受谤致各同志望同心协助函》，《黄克强先生全集》，第116页。

坏党事，已不留余地”，要求吴稚晖将刘师培“发露太炎同谋通奸之笔迹照片”寄给他①。同月21日，吴稚晖在信中向孙中山表示，要将章炳麟的“行为心术，详为发覆”②。在此前后，新加坡《中兴日报》、香港《公益报》、巴黎《新世纪》、美国《少年中国晨报》先后发表了章炳麟致刘师培、何震的几封信和其他答辩文章。这样，关系就无可挽回地恶化了。

陶成章初到东京时就对章炳麟说：“逸仙难与图事。吾辈主张光复，本在江上，事亦在同盟会先，曷分设光复会？”③章炳麟表示同意。1910年2月，光复会总部成立于东京。章炳麟任会长，陶成章任副会长；在南洋设行总部，代行东京本部职权，李燮和、沈钧业、魏兰为办事人员。3月10日，章炳麟、陶成章在东京发刊《教育今语杂志》，宣称以“保存国故，振兴学艺，提倡平民教育为宗旨”④。

后期光复会反对孙中山的武装起义路线，讥为“东放一把火，西散一盘沙”，说是“丧民费财，祸莫大焉，一有不慎，必引外国人之干涉，后事益难着手矣”⑤。它提倡经商以积聚款项，又提倡教育和暗杀，声称“专主个人运动，以教育为根本”⑥，“实事求是，以图渐进”⑦。陶成章甚至想入非非，计划在北京开设妓院，以美人诱惑满清贵族，席间下毒，一网打尽。这一时期，他虽然还怀着“排满”的总目的，但在进行方针上，却已经和改良派相差无几了。

1911年初，陶成章因感到在东京“实在难以过日”⑧，写信给李燮和，表示愿到南洋找一个寺院寄居，多著几部历史、地理教科书。4月，

① 黄季陆编：《总理全集·函札》，第111页。

② 黄季陆编：《总理全集·函札》，第112页。

③ 《太炎先生自定年谱》，《近代史资料》，1957年第1期，第122页。

④ 《教育今语杂志》第1册。

⑤ 《致石哥函》，《陶成章信札》，湖南人民出版社1980年1月版，第53—55页。

⑥ 《致石哥函》，《陶成章信札》，湖南人民出版社1980年1月版，第53—55页。

⑦ 《致柱哥》，《致石哥函》，《陶成章信札》，湖南人民出版社1980年1月版，第71页。

⑧ 《致石哥函》，《陶成章信札》，湖南人民出版社1980年1月版，第53—55页。

陶成章重到爪哇泗水。

与陶成章等重建光复会的同时，孙中山也在着手改组同盟会。1909 年冬，他在到达美国后复函张继，声称："所云重新组织团体，弟在南洋已自行之，是以南洋之组织与东京同盟会不为同物。"又说："（东京）同盟会及太炎至今未自认过，则弟已不承为彼等之总理者久矣。前去两年，两广、云南之起兵，皆奉革命党本部之名义，并未一用同盟会名义也。"①1910 年 2 月，他在旧金山建立同盟会分会，改十六字纲领为"废灭鞑虏清朝，创立中华民国，实行民生主义"，盟书中的"中国同盟会会员"也改为"中华革命党党员"。同年秋，孙中山抵达槟榔屿，通知南洋各地同盟会分会一律照改②。1911 年春，美洲《少年中国晨报》发表《中华革命党三民主义》一文，将这一变动公之于世，声称："中华革命党总机关虽设在外洋，而党事之发达尤以内地各省为最盛。"③但是，同盟会已在群众中留下了深刻的影响，"中华革命党"的名称始终没有传播开来。

光复、同盟两会之间的矛盾纠缠最久，一直延续到辛亥革命以后。它严重地损害了革命党人的威信，分散和瓦解了革命的力量。

第二节　革命党人在安徽、广东、四川再次发动的起义

一　安庆熊成基之役

浙江各会党在秋瑾、徐锡麟之役后受到严重的破坏，其中，尤以张恭的龙华会为甚。

---

① 孙中山佚稿。

② 冯自由：《华侨革命开国史》，第 66—67 页。

③ 槟榔屿《光华日报》，1911 年 3 月 8 日。

1907年冬，陶成章、张恭等企图重新组织龙华会①，将“各教务会”联合起来。次年春、夏间，陶成章、张恭、沈英等倡议，在杭州集会，将浙江、福建、江西、安徽、江苏五省会党打成一团，定名为革命协会。

拟就的革命协会章程保留了传统的会党色彩。山，定名为一统龙华山；堂，定名为汉族同登普渡堂。它以“岳爷爷”为崇拜的偶像，宣称要收回“大明江山”，所有新设官职均“取法于大明大唐”。但是，在若干方面，它又表现了社会主义和无政府主义思想的影响。在政治上，它不仅指斥清政府“借着宪法二字，用出种种的苛法来压制我们”，而且从根本上反对一切立宪。章程说：“况且立宪实在是有弊病，无论什么君主立宪、共和立宪，总不免少数人的私意，平民依旧吃苦。”陶成章、张恭等设想，革命成功之后，“暂时设一总统，由大家公举，或五年一任，或八年一任”，“或者竟定为无政府，不设总统”。在经济上，它要求“土地公有”，“把田地改作大家公有财产，也不准富豪霸占，使得我们四万万同胞，并四万万同胞的子孙，不生出贫富的阶级”②。

在革命协会筹备过程中，清政府调集沿江各省新军于安徽太湖县境举行秋操，江苏、安徽的革命党人即准备乘机起义。11月14、15(十月二十一、二十二日)两日，光绪帝和西太后相继死去。张恭邀约安徽熊成基、浙江陈其美，褚辅成等协同大举③。

首先发难的是熊成基。

---

① 平山周：《支那革命党及秘密结社》，明治四十四年11月版，第51页。

② 平山周：《支那革命党及秘密结社》，第67—70页。原名《龙华会章程》，据山口升《清国形势与秘密结社》，此章程应即为《革命协会章程》，见《日本外务省档案》缩微胶卷MT109。《章程》指斥清朝统治者“近来又想出新鲜法子，要想夺我们的各省田地”，“那狗屁的上谕，反说是满汉平等，时价估买”。这里所说的“狗屁的上谕”指清朝政府于光绪三十三年八月二十日(1907年9月27日)颁布的《旗丁改筹生计谕》，见《德宗实录》卷578。据此，《章程》的拟订应在1907年冬或1908年初，原署“甲辰(1904)正月朔日”云云，是有意倒填。

③ 陈去病：《张恭传》，《革命人物志》第4集；《尹家双女豪事略》，《民立报》，1913年5月3日。

熊成基(1887—1910)字味根,江苏扬州人,光复会员。青年时期即仰慕岳飞、史可法的为人。1904年考入安徽武备学堂练军班当学兵,结识倪映典、范传甲、柏文蔚等,参加岳王会。次年,去南京入新军某营为副目,后入江南炮兵速成学堂,毕业后任第九镇炮兵排长。1907年调回安庆,先在马营,后在炮营左队任队官。同年,倪映典策划于夏历除夕起义,被端方发觉,潜逃南下,熊成基被继推为岳王会的主持人。

熊成基提倡"政治革命",他曾在士兵中鼓吹过"彰人道、均贫富"的所谓"社会主义"思想,得到欢迎,"故乐从者多"①。

11月19日(十月二十六日),熊成基、范传甲、薛哲等聚会于杨氏试馆,决定以熊成基掌握的炮营、马营攻城,而以驻扎城内的薛哲的步营和范传甲的辎重队为内应,于当晚十时发动。熊成基被推为总司令。预定于破城之后,"再行推举总统"②,要求各国承认。然后赶赴太湖,控制秋操清军,攻夺南京,以为根据地,进军北京。

届时,炮队按计划发动,管带陈昌镛出面阻拦,被砍毙;马营亦于发动时砍伤管带李玉春。两营同时举火为号。会合后,驰赴菱湖嘴子弹库,范传甲胞弟范传国开门迎接。起义军取得了弹药后,即合力攻城。

安徽巡抚朱家宝本已前往太湖,听到安庆不稳的消息后,于19日午匆匆驰归。当晚,协统余大鸿拿获陆兵两名,获悉起义计划。朱家宝一面发电向端方乞援,一面调兵防城。这样,在城内准备响应的薛哲、范传甲的处境就困难了。

薛哲的任务是打开北门,迎接义军。当他率领百余人向北门冲突时,发现有巡防营防守,临事畏惧,不敢发动。范传甲则因被官长监视,所部辎重队有枪无弹,无法冲出。

城内接应失败,城外起义军围攻一日夜,不能得手。原已表示归附的江上兵舰又受朱家宝胁迫,炮击起义军。起义军不得已,于20日下

① 《熊成基被逮始末记》,《神州日报》,1910年2月13日。
② 《薛哲供词》,《神州日报》,1908年12月11日。

午四时向集贤关方向退却。

同日下午，范传甲听说城外战死七十余人，大哭不止，不愿独生。当即谋刺清军协统余大鸿，不幸被捕。虽受到酷刑，仍痛骂不屈。21日午临刑前，且走且呼："我是汉族无用的人，致此次革命未得成功。愿我同胞共同杀贼，勿因我之未成而气馁也！"直到刀砍到脖颈的时候，呼声才停，而身子还挺直地站着。

此后，薛哲亦遇害。各标牺牲者三百人以上。

熊成基撤离安庆后，率军经集贤关、桐城，向庐州进军，拟联络皖北凤阳、颍州一带会党，进窥中原。途中，曾力战击溃清军追兵。抵达庐州时，所剩已不满百人，只得宣告解散。

安庆之役失败后，张恭等继续进行。当时，浙江各地会党代表竺绍康、王金发等均已齐集上海开会，拟在衢州、嘉兴等地发动。光复会会员尹锐志、尹维峻姐妹并变卖家产以充军费。但不料内奸刘师培这时自东京回到上海，探得了起义计划，密报端方。12月17日，张恭被捕①。浙江起义计划因之流产，原拟组织的革命协会也因之未能成立。

1909年初，熊成基潜赴日本，加入同盟会。同年9月，化名张建勋，回到东北长春，寄住臧冠三家，企图将所获日本秘密图籍售与俄国，以充革命经费。后移居哈尔滨。1910年1月，清廷考察海军大臣载洵和萨镇冰过哈，臧冠三贪利告密，诬指熊成基谋炸载洵。同月30日，熊成基被捕。次日，解赴长春。狱中，熊自书供词，声言："我今日早死一日，我们自由之树早得一日鲜血；早得血一日，则早茂盛一日，花方早放一日。"②2月27日，慷慨就义。临刑前，发表演说称："今生已矣。我死，愿中国之富强日进一日，庶几瞑矣。"③

① 《是否革命党》,《神州日报》,1908年12月18日。

② 《熊烈士供词》,中国史学会主编:《辛亥革命》(三),第241页。

③ 《熊成基临刑记闻》,《申报》,1910年3月12日。

二　广州保亚会之役

光绪帝和西太后之死也使南方的革命党人感到振奋，赵声、朱执信、邹鲁等在广州计议乘机起义。因赵声已受粤督张人骏怀疑，标统职务被解除，无法发动新军；朱执信所联络的农村会党又一时难以集合；议定以邹鲁所掌握的巡防营为主举事。

当时，在巡防营中，有谭馥组织的保亚会。

谭馥，字文炳，湖南湘乡人，会党分子，曾参加萍、浏、醴起义，失败后逃粤，入巡防营。营中士兵多哥老会员，谭馥仿照唐才常富有票办法，散发保亚会票以资联络。规定散票五十张作为排长，月薪四十两；散票一百五十张，作为队官，月薪八十两；散票五百张，作为管带，月薪五百两以上。1908 年 12 月 7 日，先锋卫队伙伕严国丰所持保亚票遗失一张，被李准亲兵所获。严讯后知为谭馥所发，连夜派兵捕拿。结果，同志葛谦被捕，谭馥由后门逃出，立即至清源巷总机关报告，邹鲁因之脱险。

葛谦被捕后，始终拒绝透露起义部署。清吏再三刑讯，只说："我的同党，我断不供。我已拼一死，愿快死为乐。"李准见他年轻，想诱引他，问道："生汝何以自处?"葛谦答道："革命!"1909 年 1 月 4 日，葛谦就义。谭馥逃至湖南郴州，次年被捕解粤，被刑讯数十次，不供一人一事，在 1910 年新军起义前夕被害。

三　四川广安、嘉定、黔江之役

通过隆昌会议，四川革命党人总结了经验教训。会后，佘英、熊克武启程赴日，向同盟会本部报告四川起义经过和购械计划，总部派吴永珊、李肇甫等负责经办，通过宫崎寅藏买到大小手枪三十余枝，子弹两千余发。

枪械到手，四川革命党人考虑到川北广安一带同志多，孝义会势力大，决定于1909年3月12日在该地发动。一路由佘英召集会党四百人，先期在东门外河街集合；另派数十人潜伏城内，合攻保安营，夺取枪弹；另一路由熊克武指挥，攻打知州衙门。

革命党人重视利用会党力量，但对他们缺乏教育。届时，会党多人围住佘英，索要每天应发的四百文饷钱，引起警察注意，未能行动。熊克武率队直扑州署，无人，转攻保安营，也无人。正在此时，清吏击鼓传集救兵，熊克武因人少力薄，冲杀出城，经南充转往成都。

1910年，再次在川南发动嘉定之役。2月2日，税钟麟、秦炳、程德藩等数百人分路夺取嘉定童家场等处团练局枪弹，在新场集合起义。次日，因嘉定清兵已有戒备，改赴屏山，企图进攻叙府。进至嘉定宋家村时，为清兵追及，双方展开激战。起义军英勇厮杀，但因腹背受敌，乃向屏山撤退。中途又和清军发生战斗，至天黑时突围四散。此役是四川历次起义中最壮烈的一次，起义军死难二百余人，程德藩、佘英等被俘，并被分别解送犍为、宜宾等地杀害。

临刑前，程德藩演说救国大义和革命道理，并朗吟诗句："满腔热血归黄土，化作啼鹃唤国魂"，从容就义。

佘英在受审时，指着同时被捕的战友刘慎终说，"他是我家装水烟的雇工，抓他来干什么？"刘则抗辩说："佘大爷，我是跟你搞革命的，怎么说是装水烟的？我活着和你在一起，死也要和你在一起！"①为了救出佘英，同盟会员廖宗纶等曾率众在黑夜中攻入刑场，抢到"佘英"，疾负出城，但所救出的并非真是佘英。清兵随即追到，廖宗纶亦被擒杀。佘英刻苦耐劳，忠于革命，和劳动群众拥有广泛联系。他的牺牲，是四川革命党人的重大损失。

其后，又有黔江之役。

---

① 熊克武：《辛亥前我参加的四川几次武装起义》，《辛亥革命回忆录》(三)，第24页。

黔江地处川东,与湖北接壤。同盟会员程昌祺曾在该县八面山组织铁血英雄会,邀集温朝钟等参加,邻邑彭水、咸丰等地入会者万余人。1910 年 12 月,温朝钟等二百人于彭水凤凰山割辫起义。次年初,准备进攻黔江,清县令弃城请援。1911 年 1 月 7 日,起义军入城。不久,酉阳知州杨兆霖率兵来攻,起义军战败,转入湖北咸丰县境。清政府派四川、湖北,湖南、贵州四省军队围剿。当时,起义军仅余三十人。温朝钟登阜向清军演说,中弹牺牲。清军争功,肢解了温朝钟的遗体。

革命党人在其他省份的起义大多局限于个别地区,而四川革命党人的起义则辗转于川中、川北、川南、川东各地,它显示了四川会党反清势力的深厚,预示四川人民的斗争将以更大的规模展开。

四　广州新军之役

保亚会之役失败后,倪映典、朱执信等人继续在新军中做艰苦的发动工作。

倪映典(1885—1910)字炳章,安徽合肥人,岳王会会员。与熊成基先后同学于安徽武备学堂和江南炮兵速成学堂,后任新军第九镇炮兵队官。1908 年在安徽任炮兵管带,曾与熊成基计划在安庆运动军队起义,旋因避端方购捕,南下广州,任新军炮兵排长。当时,广州新军中有一种演说历史故事的集会,名为“讲古仔”。倪映典就利用这一形式讲述岳飞、韩世忠、满清入关、扬州十日等史事。倪刻苦耐劳而又长于鼓动,“言至愤际,拍案几烂”①。同时,朱执信也常只身潜入新军串连。他背后拖着一条大辫子,穿着父亲遗留下来的服装,宽袍大袖,招摇过市,无人怀疑其为革命党。他便以此为掩护,通过张醁村、姚雨平等在广东陆军中学、小学、讲武堂等处发展了不少同盟会员。

1909 年 5 月,孙中山离开南洋赴欧洲,将南洋党务委托给胡汉民,

① 《黄洪昆供》,广州《砭群丛报》第 6 册。

将军事策划委托给黄兴。其后，胡汉民赴港，嘱邹鲁等在广州军界中策动起事。同年夏，倪映典、朱执信等在白云山集会，举定干事，分头运动，并于天官里寄园五号设立机关。经过几个月的工作，广州新军加盟人数已达三千余人。

10月，同盟会南方支部在香港成立，以胡汉民为支部长，倪映典为运动新军总主任。同时派姚雨平、张醁村运动广州附近的巡防营，朱执信、胡毅生运动番禺、南海、顺德一带的会党。1909年1月，倪映典到香港向南方支部报告，新军起义条件已经成熟，要求订于夏历正月十五元宵节前后发难。南方支部电告远在美国的孙中山，要求筹汇二万元应急，同时电邀黄兴、谭人凤、赵声等来港主持。不久，孙中山复电，表示款可筹足，并嘱进行勿馁。黄兴、赵声等亦相继抵港。当时，孙武亦来港。孙表示，湖北已有共进会，如广东起义，湖北一定响应。此后，同盟会员、香港商人李海云捐献存款二万元，经费问题顺利解决。

正在弦满待发之际，一标三营队官罗嗣广查获士兵参加同盟会的证书，粤督袁树勋下令于2月8日将协司令部及各标、营子弹十五万发暗运入城。次日，又发生了意外事件。

2月9日为夏历除夕。下午五时，二标士兵吴英元等因取订刻名戳，与城隍庙绣文斋书店发生争执。警察出面干涉，士兵不服。于是发生互殴。警察逮捕士兵一人，另一人逃回报讯。新军百数十人持械入城，包围巡警一局，索回被捕士兵。当日夜，倪映典急至香港报告。黄兴、赵声、胡汉民等计议终宵，决定提前至2月15日(正月初六)起义。

次日元旦，二标士兵数百人又执械入城，遇警兵即打，捣毁警局数处。袁树勋闻变，下令弹压。同日，协统张哲培等率宪兵到二标。一面召集士兵训话；一面命令队官卸去枪机，连同子弹一起运入城内。并传令各标，初二不准放假，初三阅操。同日夜，倪映典赶回广州，见到一发而不可收的局面，决定起事。11日(初二)晨，一标士兵得悉不准放假，全体大哗，夺门而出。后又传言宪兵攻营，纷纷闯入军械房，取械出防。下午，新军学兵营管带黄士龙在入城时被守城旗兵射伤，新军更为愤激。倪映典、谭瀛、黄洪昆等乘机鼓动士兵争往协司令部、讲武堂及各营夺取枪械子弹①。倪映典并表示："此等机会，虽有钱亦买不来"，"只管放心放手做事，香港即时就有接济"②。12日（初三）晨，倪映典进入炮、工、辎营，全军欢呼。八时，管带齐汝汉演说，要士兵勿受诱惑。倪映典连击三枪，齐倒地。另一队长也被倪击毙。其他两个队长惊惧自杀。于是，倪映典宣布起义，被推为司令，率军进至沙河，共约千余人。

同日晨，李准、吴宗禹率防营二千余人向起义军进攻，在牛王庙一带布防。倪映典身穿蓝袍，手持红旗，驰骤往来。进至横枝冈，被吴部管带李景濂以磋商反正条件为名诱入营中。李为同盟会员，倪映典不疑有他，在出营时被乱枪击毙③。倪映典牺牲后，起义军勇猛前进，激战一时许，牺牲百余人。因子弹年前即已被缴，起义时每人只分得七粒，迅速打光，不得已向燕塘退却。当夜，一标步营起火。起义军以声东击西之法向吴军直扑，但被击败。

13日（初四），新军退守白云山一带，清军四出搜剿，起义军被俘百余人。另百余人在乡民掩护下，逃亡香港。

当新军起事时，城内宜安里等机关曾纵火响应，旋被扑灭。附城大塘、乐从各乡会党原拟同时发动，因事起仓卒，新军已败，不得不暂停进行。此后，广州新军即处于清吏的严密监视和不断摧残中。

五　广州"三二九"之役

广州新军起义失败时，孙中山正在美国。1910年2月，他在旧金山发表演说，认为满清政府已成"破屋漏舟"，号召人们克服畏难心理，

① 《江运春供》，广州《砭群丛报》第6册。
② 《黄洪昆供》，广州《砭群丛报》第6册。
③ 陈景吕：《庚戌之役倪映典遇害真相》，《辛亥革命回忆录》（二），第300页。

“速立志以实行革命”①。同年3月，为了解决财政困难，孙中山于洛杉矶长堤城和美国人荷马李（Homer Lea）、布斯（C. B. Boothe）进行会谈，委托布斯为海外财务代办，企图通过他向美东财团接洽，拟借款三百五十万美元。与此同时，他连续函电黄兴，提议在广东再次筹备起义。5月13日，黄兴复函孙中山，主张“俟大款得手，先刺杀李准一人”，然后发动军队，占领广州②。

同月末，孙中山离开檀香山，准备东返，就近领导国内起义。6月10日，行经日本时，曾秘密潜往东京，会见黄兴、赵声和各省在东京的部分革命党人，告以和荷马李、布斯商谈的结果。孙中山认为时机未熟，建议暂缓举行全面起义，推迟到本年冬天。孙中山此次到日本，一上岸就被警察发现，随后，清政府驻日公使又提出交涉，日本政府只允许孙中山作短暂停留。24日，孙中山离开东京经香港前往南洋。

抵达南洋后，孙中山多次致函荷马李和布斯，声言在广州的革命力量比以往更为壮大，决定首先攻取该地。他要求布斯先垫付五万美元，并说：“我们全部的希望均集中于美国计划。”但是，布斯迟迟没有回音。于是孙中山不得不致函南洋各地党人，说明“机局大有可为”，“不可不乘时图大举”③。他要求各地党人募集十万元作为经费。

11月13日，孙中山在槟榔屿（庇能）召开秘密会议，黄兴、赵声、胡汉民以及槟榔屿、怡保、芙蓉和国内东南各省代表出席。会前，黄兴主动致电光复会的李燮和、王文庆、陈方度等人，建议“捐除意见，同任艰巨”④，伸出了合作之手。在槟港的光复会员们也逐渐感到了分裂的危害，因此，接受邀请，推李燮和参加会议。长期矛盾的两会关系出现了转机。

---

① 新加坡《星洲晨报》，1910年4月18、19日。

② 《黄克强先生上孙总理述革命计划书真迹》。

③ 《中国国民党二十年史迹》，第76—77页。

④ 冯自由：《光复军司令李燮和》，《革命逸史》第二集。

由于多次起义的失败，革命党人中弥漫着一种悲观的气氛。槟榔屿会议还没有正式召开的时候，孙中山即以自己的经历鼓舞他们，说明失败不足馁，国内革命风潮已盛，“华侨之思想已开，从今而后，只虑吾人之无计划、无勇气耳”！他并且表示，“如果众志不衰，则财用一层，吾当力任设法”①。会上，孙中山又继续为大家鼓劲，必须“为破釜沉舟之谋”，“举全力以经营”②。会议决定在广州起义，以新军为主干，同时联络防营和会党。先定款项十万元，即席捐得八千元。由于广州新军当时有械无弹，会议又决定选择青年革命志士五百人为选锋(后增加至八百人)，先于城内发难，然后打开城门迎接新军。会议设想占领广州后，以黄兴统一军出湖南，趋湖北；赵声统一军出江西，趋南京；会师长江。

会后，孙中山派赵声往香港联络广州新军；派黄兴、胡汉民、邓泽如等分赴南洋各埠募款。由于孙中山被各地殖民当局禁止入境，他自己只能在槟榔屿活动。12月，南洋英殖民当局又以“恐于地方治安有碍”为名限令他出境，孙中山便于当月6日离开槟榔屿。1月19日，孙中山抵达美国。在他的影响下，各地华侨积极认捐，维多利、都朗度、满地可各致公堂甚至将楼房向银行抵押，借款相助。

按槟榔屿会议计划，南洋英属、荷属殖民地各募捐五万元，暹罗、安南三万元。但英属殖民地方面，进展缓慢，华侨巨商大都表现吝啬。经过黄兴、邓泽如等多方奔走，首先得到了华侨工人、店伙、小商人的积极支持，随即出现了踊跃认捐的局面。郑螺生并向黄兴保证，旧历年前一定如数汇到香港，决不愆期。

其后，南洋荷属殖民地捐得三万二千五百五十元，英属殖民地捐得四万七千六百六十三元，美洲捐得七万七千余元。以美洲成绩最好。

1911年1月18日，黄兴抵达香港。月底，成立统筹部，统揽一切计划，黄兴被举为部长，赵声为副，下设：

---

① 黄编:《总理全集·自传》。

② 《广州三月二十九日之役》，曹亚伯:《武昌革命真史》正编，第258、259页。

调度处，运动新旧军界，以姚雨平为长。

储备课，购买和运送枪械，以胡毅生为长。

交通课，联络江、浙、皖、鄂、湘、桂、闽、滇各省，以赵声为长。

秘书课，掌管文件，以胡汉民为长。

编辑课，草定制度，以陈炯明为长。

出纳课，掌管财政收支，以李海云为长。

总务课，司理一切杂务，以洪承点为长。

调查课，调查敌方情形，以罗织扬为长。

统筹部设于跑马地三十五号，另于百花街设实行部，专门制造起义时所用炸弹，并准备暗杀用具，由方声洞等负责。

2月4日，谭人凤应黄兴邀至香港。他认为两湖地处中枢，得之可以震动全国，控制清廷，提醒黄兴注意两湖。次日，谭人凤带着黄兴拨付的两千元乘轮北行，由上海而武昌，而长沙，一路联系宋教仁、郑赞丞、居正、孙武等，要求各地届时响应。黄兴又通过方君瑛等联络了在广西的同盟会员方声涛等人。李燮和、陈方度、胡国梁、柳聘农等光复会员也陆续到港，向统筹部报到。

总机关成立后，各课分别派人进入广州，设立秘密据点三十八处。4月3日，省城内外及各省革命力量大体联络就绪，统筹部开发难会议于总机关部。议决以4月13日为期，分十路进攻，赵声为总司令，黄兴为副。选锋之外，加设放火委员，入旗界要地，预备临时放火，扰乱清军军心。

同日，发生温生才刺杀孚琦事件；吴镜自香港运炸弹至广州时，又不幸被捕。清吏因之加强了警戒，侦探四出，防范严密。同时，在日本启运的一批枪械，又被周来苏惊惶失措地丢在海里。因此，不得不改变起义计划。

这以后，广州街头有时出现一些喜庆花轿和搬运嫁妆、礼品的人们；有时又出现一些抬着沉重头发包和颜料罐头的“苦力”行列；革命党人的枪械就密藏在里边，以各种巧妙的办法从香港运到广州，又分散到各个机关。

23日，黄兴离港赴广州。行前，分别写信给邓泽如和李源水，向捐款的爱国侨胞们报告："本日驰赴阵地，誓身先士卒，努力杀贼。书此以当绝笔。"两书均盖用"铲除世界一切障碍之使者"及"灭此朝食"二印①，表现了坚强的决心。

到广州后，黄兴住小东营五号机关部。其时，广州同志原已决定于26日（三月二十八日）举义。因日本、安南方面的枪械稍迟方能运到，而准备响应起义的新军第二标又有5月3日（四月初五）即将退伍的消息，这就使起义陷于既不能速发，又不能拖延的困难境地。黄兴等公议延缓一日，订于4月27日（三月二十九日）起义。

由于在南洋筹款时早已走漏了风声，清政府电令粤吏严防。25日，张鸣岐、李准调巡防营二营入城，以其中三哨驻守观音山高地。这一突然发生的情况使胡毅生、陈炯明产生疑惧，提议改期。赵声在广州的代表宋玉琳也赞同他们的意见。姚雨平反对改期，但要求发枪五百枝以上。黄兴见各部如此，非常痛心，认为改期无异解散，决心个人去死拼李准，以此答谢海外捐款侨胞。他命令各部迅速解散退港，以避搜捕；同时保存已到枪支，以便后来举事。喻培伦、林文反对黄兴这些应变主张，他们认为清方巡警局的命令已下，即将按户搜索，不但不能缓期，而且必须速发，方可自救。喻培伦尤为激烈，主张非干不可，即使一个人也干。他曾因试制炸药损伤一臂，激愤地说："你们四体俱全，难道还不如我这残废人吗？"②在喻、林二人激励下，黄兴决定集合三四十人冒险攻击督署。

临战的日子近了，不少革命党人怀着必死的决心写下了遗书。林觉民在到广州前曾回家一行，本拟将有关情况告诉妻子，但因妻子已有身孕，怕她悲伤，终于没有启口。他在写给妻子的绝笔书中说："吾至爱

---

① 《革命文献丛刊》第5期，第2页。

② 《喻培伦传》，邹鲁：《广州三月二十九革命史》，第117页。

汝，即此爱汝一念，使吾勇于就死也。吾自遇汝以来，常愿天下有情人都成眷属。然遍地腥云，满街狼犬，称心快意，几家能够！司马春衫，吾不能学太上之忘情也。语云：‘仁者老吾老以及人之老，幼吾幼以及人之幼。’吾充吾爱汝之心，助天下人爱其所爱，所以敢先汝而死，不顾汝也。汝体吾此心于啼泣之余，亦以天下人为念，当亦乐牺牲吾身与汝身之福利，为天下人谋永福也。汝其勿悲！”①方声洞是个极其热情的革命者，他和他的哥哥方声涛以及一姊两嫂都是同盟会员，又亲自介绍妻子入会。到广州前，他在日本预先写好十几封家信，嘱咐妻子在他走后陆续填上日期，寄发回家，以免双亲悬念。25 日，他写了给父亲的绝笔书。书中说：“此为儿最后亲笔之禀，此禀果到家，则儿已不在人世者久矣。”“但望大人以国事为心，勿伤儿之死，则幸甚矣”！他在信中阐述了自己的爱国思想：“夫男儿在世，不能建功立业，以强祖国，使同胞享幸福，虽奋斗而死，亦大乐也；且为祖国而死，亦义所应尔也。儿刻已念有六岁矣，对于家庭，本有应尽之责任，只以国家不能保，则身家亦不能保，即为身家计，亦不能不于死中求生也。儿今日极力驱满，尽国家之责任者，亦即所以保卫身家也。他日革命成功，我家之人，皆为中华新国民，而子孙万世，亦可以长保无虞，则儿虽死，亦瞑目于地下矣！”②这些信件，对亲属、家人娓娓而谈，发自肺腑，从至情中表现了革命党人为祖国、为民族、为人民而勇于捐躯的崇高精神，不仅流传一时，也将流传后世，成为中华民族的珍贵精神财富。

4 月 26 日，李准自顺德调心腹吴宗禹所统巡防营三营进城。但其中有哨官温带雄等热心革命。陈炯明因而又改变了主意，他和姚雨平一起向黄兴陈述：李准新调三营内多革命同志，起义有成功把握。随后，黄兴等于小东营集议。林文称：“余辈求杀敌耳，革命党之血，可以

① 《林觉民传》，邹鲁：《广州三月二十九革命史》，第 198 页。
② 《方声洞传》，邹鲁：《广州三月二十九革命史》，第 189—190 页。

灌溉于无穷，事之成败无足深计。”①黄兴也表示：“展期则须避出，重入险地，乃至不易，谋之期年，全党属望，迁延退却，实无以对天下人。”②他觉得既有这三营反正，外有新军，内有巡警教练所学生二百余人，起义可以成功。于是，决定按期进行。下午，黄兴电告赵声：“母病稍痊，须购通草来”，要香港同志赶来起义。

当夜，研究了进行方法。由于情况变化，黄兴将原订七路进攻的计划改为四路：黄兴率部由小东营进攻督署；姚雨平率部攻小北门，占飞来庙，接应巡防营和新军入城；陈炯明率八十人攻巡警教练所；胡毅生以二十余人守大南门。预订 27 日下午五时半同时发动。

夜十时，香港方面接获黄兴密电。因三百余人不能于早班船同时赶到，发电要求推迟一天。陈炯明据此通知胡毅生，声称已经改期，但黄兴因部署已定，决定不再更改。

次日，小东营五号布置得好像办喜事的样子，广西、广东、湖南、四川以及华侨各部分同志打扮成贺喜的客人，陆续到来③。下午四时，黄兴聚众演说。大意谓：鸦片战争以来，满洲政府对外丧权辱国，对内欺压老百姓，弄得中国暗无天日。如果不将这个腐败的政府推翻，亡国之祸即在目前。他认为，革命一定会成功，革命一成功，就要建立民国，平均地权，人人有田种，就不再受外国人欺负和满清政府的压迫，大家都可自由幸福地生活了④。在黄兴演说的激励下，群情鼓舞。当即发放枪械。正发放间，朱执信赶到，立即剪掉长衫下截加入。随后，谭人凤也自香港赶到，传达香港党人的意见，要求延缓一日。黄兴急得顿脚道：“老先生，毋乱我军心，我不拿人，人将拿我矣！”谭人凤要求加入作

---

① 《胡汉民自传》，《革命文献》第 3 辑，总第 410 页。

② 《胡汉民自传》，《革命文献》第 3 辑，总第 410 页。

③ 施正甫口述：《“三二九”广州起义的回忆》，《辛亥革命在广西》（上），第 17 页。

④ 韦能宝口述：《“三二九”广州起义亲历记》，《辛亥革命在广西》（上），第 23 页。

战,因他年已半百,华发满头,被黄兴所阻。

五时三十分,黄兴等乘坐肩舆,余人打扮成侍从①,臂缠白巾为记,直扑督署。见到卫队,就说:"我辈为中国人吐气,汝等亦中国人,若赞成,请举手!"卫队不应,于是枪弹大发,黄兴手持两枪,连续射击。司号者吹起螺号。在螺号声中,数十人大噪而进。当即击毙卫队管带金振邦,冲入二门,和卫队互相对射。南洋机器工人杜凤书、黄鹤鸣等六人牺牲。不久,卫队弃枪请降。黄兴等冲入内进,分头搜索。与此同时,喻培伦等也从督署后门炸墙而入。

当黄兴等发起攻击之际,张鸣岐正在署中与司、道各员计议。听到警报后,匆忙穿后壁,转入李准的水师行台。黄兴等找不到张鸣岐,便放火出署。迎头碰上李准的亲兵大队。林文听说李部内有同志,便突前高呼:"我等皆汉人,当同心戮力,共除异族,恢复汉疆。不用打! 不用打!"话未讲完,一弹中脑,立刻倒地牺牲。刘元栋、林尹民等五人也相继中弹。黄兴被打断右手中食二指第一节,便以断指继续射击。随后,黄兴将所部分为三路:川、闽及南洋党人往攻督练公所;徐维扬率花县党人四十人攻小北门;黄兴自率方声洞、朱执信等出大南门,接应防营。

攻督练公所的一路途遇防勇,绕路攻龙王庙。喻培伦胸前挂着满满的一筐炸弹,奋勇当先,所向披靡,一直战到弹尽被捕。

往小北门的一路也很快就遭遇清军。徐维扬急将所部分为两队迎敌。一队由徐满凌率领,且战且走,和攻督署退下的李德山等相遇。最后退入源盛米店,以米袋作垒,顽强作战一日夜,击毙清军多名。张鸣岐无法,下令放火烧街。一时熊熊大火升起,徐满凌等跳墙突围。李德山以枪刀连杀数敌,不幸胸部中弹。他负伤力战,后与徐满凌等一起被捕。其他人由于被火网封住,大部牺牲。另一队徐维扬自率,在司后街与清军奋战。敌退保水师行台,徐维扬等绕路环攻。眼看即将胜利,敌

① 《民立报》,1911 年 5 月 6 日。

部援军开到,不得已突围退却。其后,与李文甫等相遇。计划会攻飞来庙,夺取弹库,没有成功。徐维扬越山至三元里,后在高唐火车站被捕。

黄兴所率一路行至双门底后,与温带雄所率计划进攻水师行台的巡防营相遇。为入城行动方便,温部当时没有缠白巾做记号。方声洞见无记号,又举械相向,便首发一枪,温带雄应声倒下。对方立即发枪丛射,方声洞牺牲。黄兴且战且前,用肩撞开一家洋货店的门板,从门隙内出双枪,左右射击,中七八人,防营退去。在混乱中,黄兴周围的人也都冲散。靠了店中伙计的帮助,黄兴易服改装,走出大南门,进入女同志徐宗汉所在的河南机关。第二天早晨,指血不断,派人出去购买止血药,路上遇到赵声,急忙引到徐处。黄、赵二人相见,抱头大哭,黄兴要渡河去与清吏拼命,被赵、徐等力劝而止。当夜,赵声发病,由人护送返港。4 月 30 日,黄兴也在徐宗汉陪伴下易服返港。

起义前夕,曾通知惠州及附省各路会党于 4 月 28 日响应。届期,顺德会党数百人竖旗起事,夺占乐从团练分局。4 月 30 日,攻入佛山。次日,李准率军进逼,会党不敌,退散。

这次起义,除黄兴一部及顺德会党按计划发难外,其他各部均未行动。新军子弹被收,没有作战能力;胡毅生、陈炯明事前逃出了广州城;姚雨平因胡毅生刁难,未能及时领到枪械,起义爆发后藏匿未出;赵声、宋教仁、胡汉民、吴永珊等乘轮赶到广州时,起义已经失败。

起义失败后,清吏大肆搜索。李准并照会各国领事,以所部水师巡警搜检港澳各轮。同时,下令捉拿无辫者。沿江一带,行人有穿西装或无辫者,即遭逮捕。在审讯和被害过程中,革命党人大义凛然,表现了“惊天地、泣鬼神”的英雄气概。

林觉民:被捕后,张鸣岐、李准亲自审讯。林坐地侃侃而谈,纵论世界大势,劝清吏洗心革面,献身为国。为了套取口供,张、李命人去掉他的镣铐,延坐堂上,送上笔墨。林提笔就写。写毕,又在堂上捶胸顿足地演说。在被囚系的数日中,一勺水也不喝。就义时,举动自如,神色不变。

陈可钧：审讯时，清吏问他，你是白面书生，何苦为逆自残？陈愤然叱责说："尔以此举为壮士辱耶！事之不成，天也。然以唤醒同胞，继志而起，愿足矣。尔等利禄薰心，血液已冷，乌能知此！"

李雁南：就义时，自赴营内空地，对警兵说："请弹从口下！"张口饮弹而死。

喻培伦：审讯时，自称为王光明。四川话的意思是"无是公"。他对问官说："学术是杀不了的，革命尤其杀不了！"

陈更新：清吏对他说："子年尚少，何故倡乱，自贻伊戚！"陈厉声说："同胞梦梦，起义所以醒之也，奚谓倡乱！杀身成仁，古有明训，尔曹鼠耳，奚知大义！"

程良：审讯时，李准诱他招供。程骂道："余与满奴，无可言者。"问他事情不答。问他姓氏里居，也不答。

总计此次起义，被捕后就义者二十九人。其他战死者无法知道确数。检收遗骸，得七十二具，由党人潘达微营葬于白云山麓。因其地原名红花岗，潘为之易名黄花岗，所以后来人们把这次起义称为黄花岗之役。又因为起义那天是夏历三月二十九日，所以也叫"三二九"之役。民国建立后，孙中山为七十二烈士墓亲题"浩气长存"四字，镌于石上。黄兴也写了一副挽联道："七十二健儿酣战春云湛碧血；四百兆国子愁看秋雨湿黄花"，对烈士们表示无限的敬仰和深切的怀念。

七十二烈士是：喻培伦、林文、宋玉琳、方声洞、饶国樑、林觉民、李文甫、林尹民、陈文褒、李德山、陈与燊、罗仲霍、庞雄、陈可钧、饶辅廷、陈更新、冯超骧、李雁南、刘元栋、刘六符、李炳辉、李文楷、李晚、郭继枚、余东雄、黄鹤鸣、杜凤书、徐培添、徐进炲、徐广滔、徐临端、徐礼明、曾日全、江继复、徐熠成、徐日培、徐容九、徐满凌、徐茂燎、徐佩旒、徐廉辉、徐松根、徐保生、徐昭良、徐应安、韦统铃，韦统淮、韦树模、韦荣初、林盛初、秦炳、周华、陈春、马侣、劳培、游寿、石德宽、程良、林修明、周增、罗坤、陈潮、黄忠炳、王灿登、卓秋元、胡应升、魏金龙、陈清畴、陈发炎、罗乃琳、林西惠、张学龄。

其后，经陆续调查，发现牺牲于此役的尚有：徐国泰、华金元、阮德三、陈甫仁、严确廷、韦云卿、罗进、罗干、罗联、罗遇坤、张潮、陈才、陈福、李祖恩等十四人。

赵声回港后，感愤丛集，病势日益加重，经常狂歌大呼。一日，胡汉民招饮。食后，忽然腹中剧痛。赵怀疑中毒，延医诊治后知为盲肠炎，但他急于远行，不愿割治。拖延了一段时候，炎症加剧。再开刀时，流血过多，在同志的痛哭声中张目说："吾负死难诸友矣，雪耻唯君等。"于5月18日逝世。

赵声先参加光复会，后又在南京参加同盟会，是在两会群众中都有威望的革命家。赵死后，陶成章仍疑为毒毙，加深了对同盟会的猜忌。本已出现转机的两会关系，又笼罩上重重的阴云。

自1895年兴中会的广州起义起，孙中山和他的同志们已经进行了十七年的武装斗争。他们屡仆屡起，历经多次失败而志不衰，屡受攻击、责难而信心不摇，一直坚持以武装起义推翻清政府的正确道路，这是中国资产阶级革命民主派的一个突出的优点。但是，这些起义也一次比一次更清楚地暴露了它的弱点，这就是脱离群众的单纯军事观点和冒险主义。

还在从事武装起义活动的初期，孙中山就曾说过："盖起点之地，不拘形势，总求急于聚人，利于接济，快于进取而已。"他并正确地指出："万端仍以聚人为第一着。"①但是，在实际上，他把筹饷、筹械放到了第一位。认为有了钱，有了枪，就可以稳操胜算。而且，他长期居留国外，钱，依靠向华侨募捐；枪，依靠向帝国主义国家购买。这样，起义地点只能选择在边境或近海一带。广州地区的起义虽屡遭失败而仍然不肯作战略改变，其原因即在此。

二十世纪初年，各地人民群众的自发斗争继续发展，其中资产阶级的收回利权运动更是方兴未艾。但是，很可惜，这些斗争大都未能引起

---

① 《笔谈残稿》，《宫崎滔天全集》，第5卷，第172页。

孙中山等革命党人的充分注意。他们一心一意地抓起义,不懂得军事斗争要和政治斗争特别是群众斗争结合的道理;更不懂得要去发动资产阶级民主革命的主力军农民。他们从依靠会党转而依靠新军,又从依靠新军转而依靠少数“选锋”,脱离群众的倾向不是克服了,而是发展了。这样,他们虽然勇敢地到处点起了革命之火,却不能和广大群众的斗争之火连成一片燎原的烈焰。

“三二九”之役对同盟会说来是一个巨大的打击,如孙中山所说:“吾党菁华,付之一炬。”但它激发了各地革命党人和人民群众的革命精神,“全国久蛰之人心,乃大兴奋,怨愤所积,如怒涛排壑,不可遏抑,不半载而武昌之大革命以成”①。清政府虽然还能镇压局部起义,但在全国性的革命高潮面前,它就技穷力绌了。

第三节 暗杀活动

中国历史上本来就不乏关于刺客的美谈,二十世纪初年,随着西方无政府主义思想的传入,革命党人的暗杀活动逐渐趋于活跃。

无政府主义者的主要斗争手段是暗杀。在世界资本主义发展为帝国主义之后,小资产阶级所受到的排挤和压迫加强,各国无政府主义者以单独斗争相号召,在许多国家内多次进行暗杀。其中,尤以俄国民粹党人为最著,对中国革命党人的影响也最大。

同盟会成立后,沿袭军国民教育会的做法,建立了专门的暗杀团体,聘流亡在日本的俄国“虚无党”人为教授,黄兴、秋瑾、黄树中、汪精卫等均曾加入学习。1907 年 4 月,《民报》在《天讨》增刊中全文发表了吴樾的《暗杀时代》。同年,东京出现《天义报》,巴黎出现《新世纪》,二者均为中国无政府主义者的刊物,同时鼓吹“以暗杀为首务”②。这以

① 《黄花岗烈士事略序》,黄编:《总理全集·杂文》,第 10 页。

② 公权:《社会主义讲习会第一次开会记事》,《天义报》第 6 期。

后，革命党人的暗杀活动频繁起来了。

暗杀活动是小资产阶级思想的反映。他们热心革命，但轻视群众力量，缺乏韧性，不愿意长期做艰苦、细致的工作，总想找个“最快最捷”的“速成法子”①，企图以炸弹吓倒敌人。此外，在革命遭遇挫折时，由于丧失信心，他们也常常倾向于实行暗杀，一拼了事。

1. 刘思复炸李准

刘思复(1884—1915)，广东香山(今中山)人。1904 年留学日本，次年 8 月加入同盟会，1906 年至香港主编《东方报》。当时，广东水师提督李准“日以拿捕党人为能事”，革命党人视之为大敌，决议除去。刘思复在日本时曾向俄国无政府主义者学习制造炸药，便以炸李事自荐，得到冯自由、汪精卫的赞同。同盟会香港机关部并派朱执信、胡毅生等人协助。

1907 年 6 月初，李准镇压黄冈、七女湖起义后班师回广州，冯自由、胡汉民等计议乘机诛杀立威。同月，刘思复赶赴广州，准备于李准赴总督衙门参谒时截击。11 日晨，刘思复装配好炸弹，不料出门时发生爆炸②，面部受伤，左手五指全废。岗警闻声赶来，发现铁弹。审讯时，刘思复自称为李德山，因试验化学受伤。清吏虽怀疑为革命党，但得不到确切证据，判令解回香山原籍监禁。1909 年经陈景华营救出狱。

2. 汪精卫等炸载沣

资产阶级、小资产阶级知识分子常常经不住失败的考验。镇南关、河口诸役失败后，在东京的部分同盟会员中滋长了沮丧情绪，日渐消

---

①　白话道人(林獬)：《国民意见书》，《辛亥革命前十年间时论选集》第 1 卷下册，第 912 页。

②　关于爆炸细节，各书记载不一，此据刘思复自述，见《驳江亢虎》，《师复文存》第 225 页。

沉。为了振作精神，黄树中、汪精卫等企图“藉炸弹之力，以为激动之方”①。

1909年8月，端方由两江总督调任直隶，拟经汉口由京汉铁路北上。黄树中、喻培伦等即赶赴汉口，密谋暗杀。因端方改由海道赴津，便将炸药留给了孙武。

其后，同盟会内部矛盾加剧，汪精卫极为灰心。他不听孙中山等人的劝阻，邀约黄树中、喻培伦、黎仲实、陈璧君等前往北京从事暗杀。

10月，黄树中首途入京建立机关。11月，汪精卫写信给胡汉民及南洋革命党人，表示其孤注一掷的拼命主义决心，说：“此行无论事之成否，皆必无生还之望。”“弟虽流血于菜市街头，犹张目以望革命军之入都门也”②。1910年1月，汪精卫、喻培伦等先后抵京，在琉璃厂开设守真影相馆以为掩护，并在东北园租赁一屋，作为集合同志的场地。

最初，拟炸庆王奕劻，因戒备很严未行；准备改炸从欧洲考察海陆军归国的贝勒载洵、载涛，也未得手。最后，决定炸摄政王载沣。为了加大炸力，在骡马市大街鸿太永铁铺铸造了一个可盛四五十磅炸药的“铁西瓜”。

自3月21日夜起，黄树中、喻培伦即在什刹海附近的银锭桥下埋设炸弹。23日夜被人发觉，黄树中等匆匆返回。经连夜集议，推喻培伦重购炸药，黎仲实、陈璧君往南洋筹款，再谋进行。

清政府得报后，以“铁西瓜”为线索追查。4月5日，北京警厅逮捕黄树中和汪精卫。审讯中，汪精卫写了长达数千言的供词，声称“立宪不可望”，“欲达民主之目的，舍与政府死战之外，实无他法”③。

载沣本拟处死汪、黄，因同盟会员程家柽正在肃王善耆府中任家庭

---

① 《黄但喻陈诸同志谋炸端方之经过》，《中华民国开国五十年文献》第1编第13册，台北版，第649页。

② 《留别南洋同志书》，《汪精卫文存》第372—373页。

③ 《汪精卫供词》，冯自由：《中华民国开国前革命史》，中编，第243页。

教师,他对善耆说:“国家如杀汪、黄,则此后党祸日夕相寻,非朝廷之福。”善耆也因为清政府正在标榜立宪,为收买人心,以从轻处治为有利。便劝说载沣将汪、黄交法部永远监禁。

狱中,汪精卫写过几首诗,表现很慷慨,有杀身成仁的样子。实际上,他享受着较一般犯人远为优厚的待遇,肃王善耆、贝子溥伦都曾到狱中去探视他。随后,汪精卫就逐渐被软化了。

3. 邝佐治刺载洵

1910年11月,满族亲王载洵赴美,考察军政,经三藩市(旧金山)登陆,华侨厨工邝佐治怀枪行刺,被美国政府逮捕。

邝佐治,广东新宁(今台山)人。1879年生,原名霖,抵美后,因仰慕华盛顿,改名佐治。劳动余暇,喜阅新学书报。1909年在旧金山加入李是男等组织的少年学社。次年加入同盟会。当载洵乘车抵达屋伦站时,邝佐治混身人丛中,正拟从裤袋取枪,被侦探逮捕。

按美国法律,怀枪无罪。邝佐治并未拔出手枪,如本人否认,罪案可以不成。当时,旅美同盟会员也已聘请了律师,准备为邝辩护。但邝直认谋刺不讳,声言:“此次满洲皇族载洵来游美国,并非为中国谋公益,实欲兴建海军,以压制革命党,使汉人受满酋束缚。我闻其来,早已密购手枪,立意杀之,以除国家大害。”并称:“我既决心为国牺牲,虽坐电椅而死,亦毫无悔意。我料我死后必有无数之我继续进行。”①结果,被判徒刑十四年。入狱之际,数千人送行,甚至有人高呼佐治万岁。1912年被释放出狱。

4. 温生才刺孚琦

温生才,字练生,广东嘉应人。1870年生。自幼家贫,长期投身行伍当兵,后卖身往南洋霹雳埠作工。因阅读《扬州十日记》等书,反清思想勃发,参加同盟会。后来又听到孙中山演说三民主义,非常信服,立

---

① 《邝佐治事略》,冯自由:《革命逸史》第二集。

意为排满献出生命。1909年,参加南洋华侨所组织的暗杀团①。

1910年广州新军起义前,温生才曾立意谋刺广州将军增祺,因无炸药作罢。1911年3月底,由香港再次到广州,谋刺广州将军孚琦。在给怡保同盟会李孝章、李源水、郑螺生等人的信中,他说:"看满贱种太无人道,恨火焚心,时刻不能耐。自从徐、汪二君事失败后,继起无人。弟思欲步二君后尘,因手无寸铁,亦无鬼炮,莫奈何,暂忍。能得手有鬼炮时,一定有好戏看。弟心已决,死之日即生之年,从此永别矣!"②

4月8日,华侨飞行家冯如在广州燕塘表演飞机,广州将军孚琦等以下官吏都前往观看。温生才在东门外一茶馆伺候至傍晚,见有卫队前后护拥,呵道而来,知是孚琦到,便突然冲出,排开卫队,左手攀轿,右手出枪。卫队、轿夫惊逃四散。温生才连击四枪,于孚琦毙命后缓步向东校场走去。途中,被尾随的巡警等人所捕。

审讯中,温生才谈笑自若。清吏要他招供,温云:"晚饭未吃,懒得说话。"清吏送来饭菜,温随吃随谈:"与孚琦并无仇怨。不过近来苛细杂捐,抽剥已极,民不聊生,皆由满人专制,害我同胞。故欲先杀满官,后杀满族,为四万万国民申气。"清吏讯以同党,答云:"此系一人所作之事,并无同党。"清吏吓以刑法厉害,温轻蔑地答道:"何不将来试呀?"4月11日,李准提讯,问至行刺情形,温眉飞色舞,双手拍腿,声言放第一枪见各卫队走散,心甚畅快,后连放三枪,见均中要害,更为欣慰。李准问及同党及主谋姓名,不供;施以严刑,仍不供。

4月15日在赴刑场途中,温生才大声说:"今日我代同胞报仇,各同胞务须振奋做人方好!"随即被害。

5. 林冠慈、陈敬岳再炸李准

1909年冬,刘思复自香山狱中获释,来到香港。次年,汪精卫、黄

---

① 《李佐汉传》,《革命人物志》第1集。

② 《温生才传》,邹鲁:《中国国民党史稿》。

树中谋刺载沣被捕，刘思复大愤，与朱述堂、谢英伯、高剑父等组织支那暗杀团。该团初次宣誓时，厅堂四周围以黑布，中间置一圆桌，围以白幔，上放一骷髅头，旁边燃着一支白蜡烛，宣誓者须在烛影摇红中独对骷髅三分钟，由主盟者宣读暗杀团宗旨和方略①。团员分执行员、辅助员两种，入团者最少须经一个月以上的考察。陈炯明、李熙斌、李应生、徐宗汉、林冠慈等陆续加入。

林冠慈，原名冠戎，广东归善人。农民出身。少年时在田间目睹催租官吏欺压乡民，非常气愤，便买了一把快刀，准备为老乡报仇。后来听人谈起俄国虚无党人用炸弹暗杀官僚贵族的情况，非常羡慕。这以后又听说孙中山创立了革命党，便只身走香港，多方寻访，加入支那暗杀团。

“三二九”之役失败，暗杀团决议先除去粤督张鸣岐和水师提督李准，林冠慈自动申请任执行员。临行前，同志们为他饯行，他慷慨陈词说：“我以身许国，早视死如归。此行无所系念，老母在家，不及一面为憾耳！”1911 年 7 月末，抵达广州，为纪念母亲，易名冠慈。

当时，除林之外，陈敬岳和商人出身的同盟会员潘赋西等也担负着暗杀张、李的任务。8 月 13 日午后，侦悉李准由城外水师公所入城，三人便分头出发。林冠慈将炸弹藏在茶箩里，在双门底一货摊旁假装购物，当李准乘轿经过时，林连掷两弹，李准被炸倒，折断两根肋骨，未死。不幸，林冠慈本人却牺牲了。

在李准由公所入城时，陈敬岳自天字码头尾随至大南门。林冠慈掷出炸弹后，陈乘人群纷乱之际行至育贤坊，岗警见他西装剪发，手持沉重的吕宋烟箱，发生怀疑，上前盘问。陈正拟抛掷炸弹，巡警纷纷赶到，陈被捕，至 11 月 7 日被杀。

6. 李沛基炸凤山

“三二九”之役后，拚命主义情绪也感染了黄兴。他在港多次表示：

① 郑佩刚：《关于刘思复之暗杀活动》，《广州文史资料》第 5 辑，第 29 页。

“革命与暗杀二者相辅而行，其收效至丰且速。”①“此时党人惟有行个人暗杀之事，否则无以对诸烈士。”②他闭门谢客，专事准备，拟一死拚李准。消息为同志得知。孙中山、冯自由、美洲致公堂、《少年中国晨报》等纷纷函电劝阻，并有人愿代行暗杀之职。

其后，黄兴得到孙中山资助，组织东方暗杀团，派李应生、李沛基、周之贞、黄悲汉等至广州，于李准必经之地南关仓前街开设成记洋货店，贮弹以备。但李准自被炸后，深居简出，一时无从下手。适逢清新任广州将军凤山南来，黄兴决定改以凤山为对象。为万无一失，改用重型炸弹，其中并配置毒药。因配药时李应生晕倒，由其弟李沛基代。又因炸弹过重，特制一斜板将炸弹置于屋檐下，系以长绳。布置就绪，“洋货店”择日开张。10月25日，黄兴电告：“凤山即日到省。”店中人陆续离去，仅留李沛基。当凤山乘肩舆经过店前时，李沛基割绳，炸弹下落。轰然一声，凤山立即毙命。李沛基也被震仆，见事成，从灰砾中爬出来，从容离开。

暗杀活动是十分危险的事业。二十世纪初年的爆炸技术还处在很幼稚的阶段，暗杀者从制药起就必须把个人生死完全置之度外。在上述事例中不少人确实表现了视死如归的无畏精神，但是，革命是阶级之间的斗争，这种基于个人恐怖的斗争方式不可能推翻反动政权，更不可能摧毁反动的社会基础。1911年春，美洲《少年中国晨报》发表社论说：“革命党者，必当以大起国民军，组织军队为唯一之方针。”“吾党之所求者，在废灭鞑虏清朝，创立中华民国，事业伟大，断非区区暗杀一二元凶大恶所能有济者。”③这一段比较正确的言论显然是有针对性的。

① 《致美洲同志书》，《黄克强先生全集》，第179页。

② 《胡汉民自传》，《革命文献》第3辑，总第412页。

③ 《光华日报》，1911年3月8日。

第四节　中部地区革命组织的发展

一　从湖北军队同盟会到文学社

只要引起革命的社会因素存在，革命总是扑灭不了的。日知会被破坏后，清政府加强了对革命党人的侦刺，武汉地区一时寒流滚滚。但是，革命力量吸取了教训，大喊大叫的公开活动转变为深入隐蔽的串联，更加坚实地成长起来了。

自1907年起，武汉地区先后出现一批革命小团体。计有：

同兴俱乐部：孙武等。

集贤学社：陆军特别小学堂学生方孝纯等。

湖北军队同盟会：四十一标士兵任重远等。

种族研究会：三十二标士兵黄申芗等。

中华铁血军：在狱革命党人刘静庵等。

群治学社：四十一标士兵杨王鹏等。

自治团：陆军特别小学堂学生贺公侠等。

军队同盟：二十九标排长蔡济民等。

将校研究团：蔡济民及三十标士兵吴醒汉等。

武德自治社：士兵董天人等。

湖北共进会：孙武等。

兰友社：四十二标士兵胡祖舜等。

钟祥学社（内附安郡公益社）：彭临久、赵鹏飞等。

忠汉团：炮八标士兵陈国桢等。

辅仁会：三十标士兵陈佐黄等。

蕲春学社：查光佛等。

振武学社：四十一标士兵杨王鹏等。

德育会：谢石钦等。

文学社:四十一标士兵蒋翊武等。

数学研究会:两湖总师范学生李作栋等。

群英会:三十二标士兵向海潜等。

黄汉光复党:陆军第三中学堂学生易正柏等。

竞存社:陆军第三中学堂学生孙毅等。

神州学社:武汉商业学堂学生邓汉鼎等。

义谱社:四十一标士兵张融等。

振武尊心社:军商各界聂豫、龚霞初等。

柳营诗社:二十九标士兵谢超武等。

益智社:四十二标士兵邱文彬等。

文学研究社:贺公侠等。

自新文学研究会:曾省三等。

在上述革命小团体中,以湖北军队同盟会、群治学社、振武学社、文学社、湖北共进会等为重要。

1. 湖北军队同盟会

1908 年 3 月,原日知会联络员任重远自四川归来,经李长龄介绍,投入新军四十一标三营前队当兵。当时,黄兴正在广东钦州、廉州一带发动起义。任、李二人认为:钦、廉僻远,不能击中清廷要害;武昌地处腹心,在这里发动才能振奋人心,有所作为。二人经常密谈,计议召集日知会旧日同志,另组新社。经任重远与新军士兵黄申芗、杨王鹏、钟琦、章裕昆、秦炳钧、郭抚宸等多人商量,并征得在狱的李亚东、梁钟汉的同意,决定成立湖北军队同盟会。任重远等分头联络,两月之间,征集到同志四百余人。

7 月 26 日,在大雷雨中于武昌洪山罗公祠召开成立大会,以秦炳钧为主席。对会议宗旨,与会者一致赞同;但对军队同盟会这一革命色彩浓重的名称,则意见不一。为了长期隐蔽活动的需要,会议决定不制定章程。会后,李亚东在狱中通过陈少武创办《通俗白话报》,以上逸为笔名,积极撰文鼓吹革命。

尽管军队同盟会小心翼翼，但是，李亚东的活动仍然引起了清吏的注意。由于经常有新军士兵到狱中探望李亚东，清吏严令禁止他见客。不久，《通俗白话报》停刊。任重远也因梁耀汉和四川革命党人的联系有进展，再度赴蜀。会务无人负责，军队同盟会的活动因而停顿。

在日知会之后，“武汉军学界绝口不谈革命，寂焉无响者殆年有余”①。军队同盟会第一个冲破了这种沉闷窒息的局面。它虽然只存在了五个多月，但湖北新军中革命党人的活动却因之再度活跃起来。

2. 群治学社

1908 年 11 月，湖北新军第八镇与南洋第九镇在安徽太湖会操。正待举行阅兵典礼之际，光绪帝和西太后相继死去。不久，又传来了熊成基起义的消息。杨王鹏、钟琦、章裕昆等即于猫儿岭宿营地左近的荒冢间秘密会商。杨王鹏认为这是革命的好机会，但可惜没有组织，不能动作。他建议从当时起，全力进行②。杨王鹏（1878—1916），字子鬯，湖南湘乡人。原为湖南新军第五十标士兵，因在军中宣传革命，被开除；改投武昌新军四十一标，和任重远同营。回到湖北的当晚，杨王鹏即邀集唐牺支、郭抚宸、邹毓霖、钟琦、章裕昆等十余人讨论。决定成立群治学社，专门联络军中士兵。推钟琦为起草员，以杨王鹏、钟琦等十人为发起人。

12 月 13 日，在武昌小东门外沙子岭金台茶馆召开成立大会，选举钟琦为庶务。会议通过的宣言突出了爱国救亡这一最能激动人心的主题，声称中国已经到了“积弱无能，任人欺侮”的地步，“我同胞若非凉血动物，能不痛心？倘不急起直追，则危亡悬于眉睫！同人等有见及此，故发起组织群治学社，研究学识，讲求自治，促睡狮之猛醒，挽既倒之狂澜”③。《简章》规定了既积极又慎重的发展方针：社员每人每月须介绍

① 李长龄：《民元致日知会调查纪录所书》，张难先：《鄂党史料杂抄》，稿本。

② 《杨王鹏传》，张难先：《湖北革命知之录》，第 156 页。

③ 章裕昆：《文学社武昌首义纪实》，1955 年 4 月第二次印刷本，第 6 页。

新同志二人入社，但入社者须经社员三人以上介绍，并须派员考查。鉴于日知会时代以发展军官为主，一旦发生变故，大多不能坚持到底，因此，会议决定不得介绍官佐入社。《简章》还规定，社员须以所得薪金十分之一交充本社经费。

成立会后，群治学社社务稳步开展。1909 年 7 月，杨王鹏应下士团考试，取列第一，拔升四十一标一营左队司书生，结识队官潘康时，发现潘热心革命，破格发展其为社员。在潘的掩护下，该队成为学社的大本营。其后，因各省扩充新军，从湖北选调军官和士兵去当骨干。群治学社即利用这一机会，派钟琦等分赴苏、皖、奉天、上海等地，在新军中开展工作。庶务一职，改推新近入队当兵的李六如继任。李继任后，利用乡谊关系在炮队第八标、步兵三十二标及陆军特别学堂等单位活动。逐渐，湖北新军各标几乎都有了群治学社的社员。

这一年，湖北天门等县大水，饥民麕集。为了防止暴动，清政府于 11 月派四十一标驻防各灾区。1910 年 2 月，同盟会员刘复基偕蒋翊武到鄂，协助詹大悲、何海鸣创办《商务报》。刘复基（1884—1911）字尧澂，湖南常德人，武陵县立高等小学学生。曾参加华兴会在湖南组织的起义，失败后逃亡日本。1905 年 12 月加入同盟会。1906 年归国。蒋翊武（1885—1913），湖南醴州人，常德师范学生。1906 年肄业于上海中国公学，经刘复基介绍，加入同盟会。詹大悲（1889—1928），湖北蕲春人，黄州府中学堂学生。曾与同学宛思演创立证人学会。后宛出资创办《商务报》，詹大悲被聘为总主笔。他们三人听说新军中有群治学社这一组织，便一起以报馆访员名义前往四十一标防地探访。在这一过程中，结识社员蔡大辅，获悉学社情况。蒋翊武兴奋地报名投军，在该标三营左队当兵。詹、刘二人回到武汉，持蔡大辅函去见李六如，备述《商务报》宗旨。当时，报社经费支绌，李六如即以社中积款资助。自此，《商务报》成为群治学社的喉舌。随后，刘复基也报名当了兵。

1910 年 4 月，杨度路过汉口。在川、粤、汉铁路风潮中，他赞同清政府主张，力主借外债筑路，激动两湖人民公愤。11 日，刘复基、李六如邀集数百人集会，推举代表八人去请杨度，想骗他到会场上来痛揍一顿。杨度觉察，拒绝出席。刘复基、李六如便拖着杨的辫子，拉出大门。行至英租界时，刘、李二人被巡捕房拘押①。《商务报》因登载有关消息，于15日被封。群治学社的名称也被侦悉。

同月，湖南发生抢米风潮，饥民数千人纵火焚烧巡抚衙门。焦达峰在浏阳准备乘机举事，打电报约湖北方面响应。于是，李六如、杨王鹏与共进会的黄申芗、查光佛等密议。决定于24日夜十二时发动，先夺子药库，继则各标响应，攻占楚望台。同时，约京山刘英拆毁武胜关铁道，扼守要隘。又派人至田家镇，运动夺取炮台。这是武汉地区革命党人的第一个起义计划。准备过程中，长沙饥民暴动已被镇压。黄申芗的行动也被清吏侦知，派宪警逮捕，黄翻墙逃脱。其他人也纷纷逃离。风声所播，鄂督瑞澂下令在军中严密搜查。由于李六如已将文件、册据密藏，未被搜获，学社的实力得以保全，但活动已极感困难，不得不筹划改组。

经过军队同盟会的恢复，又经过群治学社的发展，湖北地区的革命力量进入全盛时期。

3. 振武学社

群治学社的败露使有些人泄气，但大多数人仍坚持再干。杨王鹏表示："失败为成功之母，请毋自馁！"②

1910年8月，四十一标调回武昌防地，李六如随即于该标一营召开会议，报告反对铁路借债和准备响应长沙抢米风潮经过，以及社务停顿的原因。与会者一致认为不能再沿用群治学社的名义，经杨王鹏、李六如、章裕昆、黄驾白、单道康、廖湘芸、祝制六、李慕尧、孙昌福、李鑫等议决，改名振武学社。会后，杨王鹏起草简章，声言"专为联络军界同

① 《杨度狼狈之近状》，《神州日报》，1910年4月20日。

② 《杨王鹏传》，张难先：《湖北革命知之录》，第156页。

胞，讲求武学起见，故定名为振武学社"①。群治学社简章中爱国救亡的主题不见了，武汉地区的革命党人又变得谨慎起来。

9月18日为夏历中秋节，振武学社于武昌黄土坡召开成立大会，推举杨王鹏任社长，李六如任庶务兼文书。会议制订了较群治学社更为严密的制度：各标、营、队分别设立代表；凡干部会议非标代表不得参加；各营接受代表的命令行动，不得互知彼此的情况。10月11日为夏历重九，振武学社于黄鹤楼边的风渡楼召开代表大会，到会三十一标、三十二标、炮队八标、四十一标、四十二标代表及杨王鹏、李六如、章裕昆等。据会上各标代表报告，社员已发展至二百四十余人。会议要求社员每月每人必须介绍社员一人，但不得滥收。

杨王鹏的活动逐渐为黎元洪察觉。黎元洪(1864—1928)，字宋卿，湖北黄陂人。1883年进入天津水师学堂学习。1888年毕业，派赴北洋水师见习。1891年供职于广甲舰。中日甲午战争中，广甲舰中弹，他飘流海上，死里逃生。战后，投效署理两江总督张之洞，被委派修建江宁、江阴炮台，得到赏识。1896年1月，随张之洞到湖北，任管带，协助德国教练训练新军。曾三次被派赴日考察，从护军马队长、前锋统带一直升到二十一混成协协统。他得悉情况后，将队官潘康时传到协司令部，严厉地责问："你队有人组织会党，为何置而不问?"②即将潘撤职，遗缺由施化龙接任。施到职后，伪作谦和，实则暗中布置密探。不久，查知有振武学社这一组织，就密告黎元洪。黎当时正与第八镇统制张彪争宠，不愿扩大事态，便表示："此事万不可声张，恐大帅闻之，更难处理。"③即将杨王鹏及四十一标二营司书郑士杰撤差，同时将李六如及一营营代表钟倬宾打了一百军棍，开除军职。

杨王鹏撤差后，将社务交蒋翊武主持。当时，振武学社社员已近千

---

① 章裕昆：《文学社武昌起义纪实》，第14页。

② 张难先：《湖北革命知之录》，第153—154页。

③ 张难先：《湖北革命知之录》，第153—154页。

人。老成持重的蒋翊武决心静观一段时期。他安抚各标、营代表说："此时风声仍紧，望各同志忍耐，不可轻躁！"①

4. 文学社

蒋翊武的静观策略只维持了两个多月。1911 年 1 月下旬，在各标营革命党人催促下，蒋翊武约集詹大悲、刘复基、章裕昆等于阅马场集贤酒馆集会。多数人主张仍称振武学社，詹大悲却建议取一个不易惹人注意的名字。詹的意见得到了大家赞同，遂决议改名文学社。《简章》称："联合同志，研究文学，故名文学社。"②

1 月 30 日为夏历元旦，文学社以新军团拜为名于黄鹤楼畔的风渡楼召开成立大会，三十一标、三十二标，炮队八标、四十一标、四十二标代表及蒋翊武、詹大悲、刘复基、孙昌福、章裕昆、邹毓霖等十余人出席，推蒋翊武为正社长，詹大悲为文书部长，刘复基为评议部长、蔡大辅、王守愚为文书员，邹毓霖为会计兼庶务。会议认为必须扩大组织，要求尽力介绍新同志入社。

在新方针指导下，文学社发展迅速。成立仅月余，除马队八标外，湖北全军都有了社员；在士兵中，社员并占多数。这种局面，反映了革命日渐成为人们的普遍要求。

3 月 15 日，文学社召集代表会议于黄土坡招鹤酒楼，增选新近合并入社的将校团负责人、三十标正目王宪章为副社长。会议决定取消关于社员月捐和入社捐的规定；派章裕昆赴马队八标发展会员；同时提议社员采访的新闻及言论交《大江报》登载，各营队送报一份。《大江报》创刊于 1910 年 1 月 1 日，由詹大悲主办。该报标榜"增进人群道德，提倡社会真理，灌输国民常识"，它以对不法军官的无情抨击获得了新军士兵的热烈拥护。

根据代表会议决议，章裕昆往马队第八标当兵。十天之内，发展

① 章裕昆：《文学社武昌首义纪实》，第 16 页。
② 章裕昆：《文学社武昌首义纪实》，第 18 页。

社员四十余人。不久，四十二标胡玉珍、丘文彬等组织的益智社，武汉商业学堂学生邓汉鼎、汉口商团刘少舫等组织的神州学社也全体加入。这样，文学社的势力就伸展到了学界和商界。不过，由于军队同盟会以来革命党人主要在新军中活动，它在这两方面的影响还是很小的。

"三二九"起义期间，蒋翊武准备炸毙湖广总督瑞澂，举事响应，因广州方面失败中止①。这以后，清吏加强了对新军的管制，文学社的活动感到困难。为了保持各标营革命党人之间的联系，刘复基勇于任事，请假出营，居住在阅马场文昌阁，逐日轮流往各标问讯。

5月10日，文学社在黄土坡同兴酒楼再次召开代表会，决定在小朝街八十五号设立机关；推刘复基、王守愚、蔡大辅住社办公；增设总务部，以张廷辅为部长。6月1日(端午节)，文学社召开第三次代表会议。胡玉珍提议：四十二标分驻阳夏两镇及河南信阳，相距数百里，建议成立阳夏支部。会议肯定了胡的建议，决定以胡为支部长，以郑兆兰任交通，在汉口郑寓设立交通处。至此，文学社在湖北各军中的组织均已臻于健全。

从湖北军队同盟会到文学社，中间发生过不少波折，但湖北革命党人矢志不移，奋斗不懈。这一年2月，谭人凤受黄兴委托，到武汉联络革命力量。他从詹大悲处得知有文学社这一组织，便邀同蒋翊武、李长龄、王守愚等在武昌府狱胡瑛处聚会。见面时，谭人凤发现蒋、王二人像乡下佬，李像冬烘先生，心里不大满意。胡瑛悄悄地对他说："你别搞错了，湖北党人自成风气，大都埋头苦干，不靠外观相夸耀。"②胡瑛的评价是正确的。正是靠了这种埋头苦干的精神，湖北革命党人才能在艰难的条件下默默地组织和积聚力量，为武昌起义做好了准备。

---

① 《蒋翊武事略》，张难先：《湖北革命知之录》，第167页。

② 《胡瑛传》，张难先：《湖北革命知之录》，第63页。

二　湖北共进会

湖北共进会是武汉地区的又一重要革命团体。

1908年末，孙武从日本回到汉口。在日知会被破坏，胡瑛等下狱之后，湖北地区的革命党人就隔绝了和海外的关系。因此，孙武的归来受到了热烈的欢迎。邓玉麟、查光佛、黄申芗、李白贞等群来问讯。黄申芗，大冶人。先世为明朝武官，以抗清战死。他年轻时即具有排满思想。1906年投三十二标当兵，曾与林兆栋等发起种族研究会。孙武回汉时，传言为孙文之弟。他和郭抚宸往访。孙武出示共进会章程，并大谈孙文、黄兴的才识和同盟会的情形。黄申芗非常高兴，愿将种族研究会并入。次年初，焦达峰抵汉，和孙武协商在两湖地区活动的办法。决定在湖北成立共进会组织，以“中华山”的名目统一长江各地纷繁的会党。随后，在武汉、岳州、长沙、宜昌等地设立了秘密机关①。

当时，黄申芗与兴国、大冶一带会党关系密切，刘英、宋镇华在安陆、德安，彭汉一在黄州，袁菊山在襄樊一带活动，另有刘玉堂在汉口开设新大方栈，他在长江一带会党中很有势力，被人称为“刘大爷”。孙武因将上述五部会党编为五镇军队，以刘公为大都督，刘英为副都督，黄申芗等分任统制。6月中旬，焦达峰的同乡周海珊、刘贤构等到汉经商，自愿将全部布款捐献，解决了共进会的经费需要。7月，潘鼎新所属焦逸仙部在湖南暴动，被清吏消灭擒杀。不一月，刘英所属龚世英、刘伯奇部在襄河流域暴动，也被清吏消灭擒杀。不久，黄申芗所属红灯会首领柯玉山部又暴动失败。连续发生的事件使清吏提高了警觉，汉口巡警道派警探多人密布罗网，伺机捕捉孙武等人。于是，孙武下令五镇军队停止活动，同时遣散部分骨干，湖北共进会的发展出现了一次大挫折。

---

① 《孙武传》，武汉《强国报》，武汉市图书馆藏剪报。

9月15日，孙武应共进会广东都督聂荆之召赴粤。10月初，自广东转往广西，参加共进会广西都督刘玉山等计划发动的起义。行抵南宁时起义事泄，孙武逃往香港，与冯自由、赵声、胡汉民等相见。11月，加入同盟会。

自孙武离鄂后，湖北方面的活动重点从会党转向新军。黄申芗是知识分子出身的士兵，能诗善文，富于组织能力，因此，被选入陆军小学当学兵。他在新军中积极发展会员，调查同志人数，共得八百十五人，编为指挥团，共进会的会务又逐渐发展起来。1910年4月，响应长沙抢米风潮事败，黄申芗赴沪，共进会的会务再次受到挫折。

1910年6月，孙武自广东潮州归汉。同年7月，共进会第三任总理刘公毕业于明治大学，带着十八星旗、革命文告等与杨时杰由东京返国。刘因病回襄阳原籍。杨时杰与原《雄风报》编辑杨玉如等密议，要在湖北"做点事业给孙、黄看看"①。当时，共进会会务已停滞多时，杨时杰鼓励孙武重整旗鼓。1911年2月，在武昌胭脂巷二十四号设立秘密机关。同月，黄兴为筹备广州起义，托人致书同盟会员居正，要他联络武昌新军响应。居正(1876—1951)，号觉生，别号梅川居士，湖北广济人。1905年留学日本。担任过共进会的内政部长。后在新加坡、仰光等地任《中兴日报》、《光华日报》主笔。1910年在东京参加同盟会中部总会的筹议，旋回乡。他接到黄兴密信后到武昌，访问了孙武、杨时杰等人。23日，谭人凤也受黄兴委派，携款八百元到汉，和孙武、居正密谋。

湖北共进会一直独立活动。居正、谭人凤的到来架起了它和同盟会之间联系的桥梁。为了响应广州起义，孙武决定加强对新军的工作。3月31日，由邓玉麟出面，在武昌黄土坡开设同兴酒楼，专门联络士兵。由于误传孙武为孙文之弟，加入共进会的人逐日增多。一个月之后，风声渐紧，资金也已用光，邓玉麟便将伺兴酒楼迁到山后巡道岭九

---

① 杨玉如:《辛亥革命先著记》，第25页。

号，改名同兴学社。4 月，杨玉如等于武昌胭脂巷十一号设立分机关，由离营士兵、原属兰友社的胡祖舜主持。其时，刘公已自襄阳到武昌，赁居雄楚楼街十号杨玉如家中，任共进会入会主盟人。

广州方面的失败促使孙武等决心在湖北挑起首义的担子。5 月 3 日，居正、刘公、孙武、焦达峰、杨时杰等在胭脂巷二十四号机关召开紧急会议。孙武称："现在广东既无望了，自应由我们两湖首先起义，号召各省响应。我们先是被动的，今日我们要做主动了。"①与会者一致同意孙武的意见。会议决定，如湖北首先起义，湖南即日响应，反之亦同。

武汉位居中国心腹要冲，被称为九省通衢。从自立军起事之后，这里就是资产阶级革命运动发展得比较充分的地区，革命党人在新军中做了长期的坚实的工作。这里又是全国仅次于上海的近代工业中心，拥有较为雄厚的经济力量。清政府在这里存有大量饷银，汉阳有全国首屈一指的钢铁和军火工厂。因此，在湖北地区首义是一个正确的决定。

决策是作出了，但是经费却毫无着落。湖北地区的革命党人和海外华侨没有联系，不可能采用募捐的办法解决问题。在一筹莫展的情况下，焦达峰等去蕲州达成庙盗取金佛，没有得手；邹永成暗暗地在酒中放进闷药，企图麻倒伯母，偷出钱财，也没有成功。直到刘公拿出了他父亲要他报捐道台的五千元钱，革命党人才有了一笔款子，得以从事必要的起事准备。

除湖北外，湖南、江西也先后建立了共进会组织。

1909 年 8 月，焦达峰回到故乡浏阳，在普迹市以"中华山"、"光复堂"的名义召集会党头目，开山立堂，到浏阳、长沙、湘阴、醴陵、平江以及江西萍乡、万载等县的"龙头大哥"三十多人，全体加入共进会。不久，在长沙设立机关部。1909 年 10 月，邓文辉回到江西，在南昌建立共进会江西分会。

---

① 杨玉如：《辛亥革命先著记》，第 35 页。

长期以来,同盟会放松了长江流域的工作。湖北等省共进会的成立,这一带就多了一支活跃的革命力量。

三 同盟会中部总会

孙中山一意在南方三省发动起义,引起了同盟会内部相当普遍的不满,说是"只注意广东,对于长江各省一点也不注重。华侨所捐的钱也只用到广东方面去,别处的活动一个钱都不肯给"①。1910 年 2 月,广州新军起义失败,谭人凤回到东京。这时,东京同盟会员不少已灰心失望,无人过问会事。宋教仁自 1907 年辽东归来后,经常郁郁不乐,喝醉了酒就卧地长歌,后来更准备遁迹隐居。6 月 10 日,孙中山自檀香山秘密前来日本。不久,赵声、黄兴继至。谭人凤要求孙中山改良会务,孙中山表示同意。其后,宋教仁往谈,孙中山因对宋一度支持章炳麟、陶成章不满,愤愤地说:"同盟会已取消矣,有力者尽可独树一帜。"宋问故,孙说:"党员攻击总理,无总理安有同盟会?经费由我筹集,党员无过问之权,何得执以抨击?"②次日,宋、谭同往,谭人凤反驳孙中山说:"同盟会由全国志士结合组织,何得一人言取消?总理无处罚党员之规条,陶成章所持理由,东京亦无人附和,何得怪党人?款项即系直接运动,然用公家名义筹来,有所开销,应使全体与知,何云不得过问?"孙中山表示,可容日约各分会长再议③。因日本政府只允许孙中山作短暂停留,24 日,孙中山匆匆离去,没有通知谭人凤等。由是,谭人凤也对孙中山不满,便和赵声等商量改组,主张以长江流域为进行地点。赵声非常赞同,便约集张懋隆、林文、李肇甫、陈勤宣、周瑟铿、邹永成、刘承烈、张斗枢等会议。

① 《邹永成回忆录》,《近代史资料》,1956 年第 3 期,第 93 页。
② 谭人凤:《石叟牌词叙录》,《近代史资料》,1956 年第 3 期,第 42 页。
③ 谭人凤:《石叟牌词叙录》,《近代史资料》,1956 年第 3 期,第 42 页。

会上，宋教仁提出上、中、下三策，他说："在边地进行为下策，在长江流域进行为中策，在首都和北方进行为上策。"经公议，认为"下策太不济事，上策太不容易，我们还是以取中策为好。"①于是，决议组织中部同盟会。

方针既定，但缺乏经费。宋教仁采纳邹代藩的建议，准备把新化的锑矿专卖权出售给日本，公推张斗枢、邹永成回国在汉口俄租界宝善里组织广惠矿务公司。同时，谭人凤南下香港和黄兴等协商。黄兴别无意见，只说须有款项方可。胡汉民则表示反对。谭人凤怒极，几乎要给胡一拳，愤然说："本部在东京，总理西南无定踪，从未过问。总于何有？理于何有？东京经费纯仗同志摊派维持，并未向各处招摇撞骗。汝等以同盟会名义，掣骗华侨巨款，设一事务所，住几个闲散人，办一机关报，吹几句牛皮，遂算本事冲天，而敢藐视一切耶？"②其时，赵声已先期返港，劝谭说："各行其是，理他何为？"次日，谭人凤邀请赵声、胡汉民共饮，以一杯敬赵声说："愿为国自爱，毋过激过郁。"以一杯敬胡汉民说："劝君放开眼界，天下事断非珠江流域所能成。余往返香港三四次矣，请从此别！"③当夜谭人凤即离港返日。

一个革命组织必须既有充分的民主，又有正确的集中，才能有战斗力。同盟会内部在起义地区上的分歧本是正常的，但是，由于既缺乏民主，又缺乏集中，不能有效地统一意见，因此，分歧愈来愈大。

谭人凤返日后，日夜奔走，经费仍无着落，改组事因而搁浅，仅每周组织谈话会一次。同年冬，宋教仁回到上海，参加《民立报》编辑工作。

"三二九"之役失败后，在港的同盟会机关很不景气。赵声病死，黄兴专意准备暗杀，闭门谢客，没有人出面处理善后，引导大家前进。谭人凤目睹这些情况，心灰意冷，决志归家。6 月初，路过汉口，焦达峰、

① 《邹永成回忆录》，《近代史资料》，1956 年第 3 期，第 93 页。

② 谭人凤：《石叟牌词叙录》，《近代史资料》，1956 年第 3 期，第 43 页。

③ 谭人凤：《石叟牌词叙录》，《近代史资料》，1956 年第 3 期，第 43 页。

孙武等正在会商，拟乘湖南铁路风潮暴动。焦达峰劝谭说："事在人为，何可抛弃前功？"谭接受了焦的意见。次日，孙武邀蔡济民、邓玉麟等共进会干部和谭人凤见面。谭劝孙武等和文学社和衷共济，相辅而行。过了几天，谭人凤东下上海，与宋教仁、陈其美计议组织同盟会中部总会。

7月31日，宋教仁、陈其美、范光启、姚志强、吕志伊、谭人凤、章梓、陈勒生等于上海北四川路湖北小学召开成立会。到会二十九人。计湖南籍七人，浙江籍七人，四川籍四人，福建籍五人，江苏籍三人，安徽籍二人，云南籍一人。会议选举陈其美掌庶务，潘祖彝掌财务，宋教仁掌文事，谭人凤掌交通，杨谱生掌会计。会议还通过了由宋教仁、谭人凤分别起草的《中国同盟会中部总会章程》和《宣言》。《章程》表现了对原同盟会进行改组和改造的倾向。声称："本会由中国同盟会会员之表同意者组织而成"，"凡中国同盟会会员依本会法律入会者，皆为本会会员"。它和共进会一样抛弃了"平均地权"的纲领，声称"以推覆清政府，建设民主的立宪政体为主义"。此外，它并特别规定："会员皆一律平等。"①《宣言》试图对同盟会以往的失败作出总结，认为其原因在于"有共同之宗旨，无共同之计划；有切实之人才，无切实之组织"。它声称"奉东京本部为主体，认南部分会为友邦"，总机关设于上海，各省设分部，总理一职，则虚位待贤。同时它也看出了同盟会组织的某些弊病，表示要在机关内部实行"合议"制，防止"专制"独断，要求加强团结，消除"省界"观念。在起义策略上，它批评同盟会以往的做法是"惟挟金钱主义，临时召慕乌合之众，搀杂党中，冀侥幸以成事"，表示要"培元气，养实力"，不轻于发难②。8月2日，开第二次会，推谭人凤为总务会议长。不久，各省分会相继成立。南京由郑赞丞、章梓主持，安徽由范光启主持，湖北由居正主持，湖南由曾杰、焦达峰主持。

① 《中国同盟会中部总会章程》，《辛亥革命在上海史料选辑》，第9页。

② 《中国同盟会中部总会章程》，《辛亥革命在上海史料选辑》，第8页。

为了使各地革命党人不致急躁从事，中部总会定“宣统五年”(1913)为大举时期。

在东京同盟会总部长期涣散的情况下，中部总会的成立，客观上适合了革命形势的需要。当时，长江流域的革命形势正在高涨，中部总会确定在这一地区发动是完全正确的，虽然它并没有看到革命大风暴已经近在眼前。

第十章　保路风潮

第一节　川汉铁路公司的成立和帝国主义对川汉路权的争夺

一　川汉铁路公司的成立

四川在收回利权运动的前期，从前面的记述中可以看出，比江、浙、山西等省并不突出。但是当运动发展为反对清政府卖国的铁路国有政策时，四川人民掀起了一场轰轰烈烈的保路斗争，进而发展为全民性的武装起义，辛亥革命实际上是从这里开始的。

早在1903年7月（光绪二十九年闰五月），新任四川总督锡良，受全国各省自办铁路呼声的影响，在从北京往成都履新的途中，上了一个奏折，请求"自设川汉铁路公司，以辟利源而保主权"①。四川这个天府之国，物产殷富，且高踞长江上游，形势险要，帝国主义各国，一直企图揽办该省铁路。锡良到任后，法、英、德、美各国使臣"均以借款造路为请"②。锡良面临着列强争夺川路的漩涡，害怕"因此稍起争端，转多饶舌"③，不利于自己的前程，所以提出"非速筹自办铁路不可"的主张④。

这个奏折经外务部复议，原则上同意自办，但当时商部尚未成立，

---

① 《四川总督部堂锡奏请自设川汉铁路公司折稿》，《川路月报》第一期。

② 《外务部具奏议复四川总督锡奏自设川汉铁路公司折稿》，《川路月报》第一期。

③ 《四川总督部堂锡奏请自设川汉铁路公司折稿》，《川路月报》第一期。

④ 《四川总督部堂锡奏请自设川汉铁路公司折稿》，《川路月报》第一期。

须等商部成立后，由商部大臣妥订章程，招商办理。

锡良认为四川这个地方的“民情骚动，士习浮嚣”，义和团运动刚刚过去，“伏莽滋多，动辄借端思逞”，使他深怀戒心，如果路权让外人抢去，可能激起人民反对，导致外事争端①。因此他加速筹议自办铁路公司。当年9月商部衙门成立，发布了《铁路简明章程》，于是，锡良在1904年1月依照商部《章程》集股设立川汉铁路公司，委任布政使冯煦为督办。公司一切事情皆秉承川督命令办理。

计划中的川汉铁路，从四川省会成都起，经重庆、万县，到达湖北省的宜昌，再由宜昌经当阳、荆门、襄阳，在应山县的广水与京汉铁路相衔接，全程四千多华里。但当时宜渝轮航未通，如从成都开始筑起，器械、材料运输困难，故考虑川属路段由湖北宜昌向西修筑。从宜昌到成都三千多里的铁路，估计需银五千万两。按当时四川全省岁入不过一千六七百万两②，又值灾荒之年，如何筹措这笔筑路资金，确是煞费踌躇。为此，锡良就与川省在京、在籍诸绅熟商集股办法。起初，他拟增加田赋，但加赋为“祖制”所不许，不仅将遭到言官参劾，更恐惹起民间反抗。末后决定仿照历届办理积谷办法，按租抽谷，百分取三，凡实收租谷在十石以上者，约按所收谷数提出三成，照市价折银，名曰“租股”。估计每年全省约可收得二百数十万两。另外，又拟订了“认购之股”（私人投资）、“官本之股”（国库拨款）和“公利之股”（用公司股款开办事业的盈余），并规定以库平银五十两为一股，无论官股、民股“均按周年四厘行息”③。这个集股办法于1905年1月上奏，获准施行。以后又在鸦片商中征收“土药股”和在盐茶商中征收“盐茶股”。

---

① 《四川总督锡奏设立川汉铁路公司折》，《四川官报》1904年第三册。

② 吴晋航：《四川辛亥革命见闻录》，《辛亥革命回忆录》（三）。

③ 《奏设川汉铁路集股章程》，戴执礼编：《四川保路运动史料》，科学出版社1959年版，第33页。

按抽收租股与茶盐股的规定，是对广大农民强制实行的，是一种原始积累的资本形式，而川路资本实际上是以“租股为大宗”。到1906年初，所谓“认购之股”，“殆寥寥焉”；“官本之股”，除“由藩库拨归公司之宝川局鼓铸存本银二十八万两”之外，“更未拨入分厘”；“公利之股”非但分文未入，为了开办铜元局反而“挪移路款至三数百万”①。据1908年全年集股情况统计，“租股”占78%强，“认购之股”占3%强，“官本之股”还不到2%②。

既然路款“十九取贷民财”③，而铁路公司一切大权却由官方把持，这显然是个矛盾。官办公司，无不是弊端百出的，故而“民疑滋深”④。因此士绅阶层的人们就提出了“路属民办，则事应绅管”的要求。绅士们是亦官亦民的，但却自认为是“民”的代表，与官府争权。锡良为缓和这种矛盾，改采“官绅均权合议”的办法。他于1905年7月撤去原派委的公司督办，奏用成绵龙戍兵备道孙秉堃为官总办，前刑部郎中乔树枏为绅总办。不久又改任乔树枏为驻京总理，绅总办则由在籍翰林院编修胡峻继任。

这号称“官绅均权合议”的川汉铁路公司，是换汤不换药，依然是一座官僚衙门；与纯粹之官局相比，不过“于官之下而附丽以绅”⑤。是豺狼官吏，再加上牛马缙绅的混合体。当时有人揭露与挖苦公司的情况说：“以衙门公案，作店中柜台，而以拷打之鞭笞，作应酬之烟茶具……大柜二柜，制台道台，徒子徒孙，翰林进士，奇奇怪怪，千古未有……”⑥

---

① 四川留日学生：《改良川汉铁路公司议》，戴执礼编：《四川保路运动史料》，第45—47页。

② 宓汝成编：《中国近代铁路史资料》第三册，第1096页。

③ 李稷勋：《四川商办川汉铁路宜昌工场志痛之碑》，詹文琮等编：《川汉铁路过去及将来》。

④ 李稷勋：《四川商办川汉铁路宜昌工场志痛之碑》，詹文琮等编：《川汉铁路过去及将来》。

⑤ 四川留日学生：《改良川汉铁路公司议》。

⑥ 《建设〈川汉铁道商办公司〉劝告书》，《四川保路运动史料》，第55页。

在这座和官办差不多一样的衙门里，官绅混杂，权限不清，有功相争，有过相诿。他们相互勾结，贪污浪费，滥用资金。如1906年5月中资金已集至五百余万两，而5月底结账，存款仅一百四十三万两。约近四百万两的资金，除由铜元局及兵费挪用大部分外，余皆由公司中的官绅中饱和浪费了(开局请客一次，酒席费竟在三千两以上)。

自咸丰、同治之后，四川人民受各种封建剥削和苛捐杂税的压榨，日益加重，后来又在“兴学”、“练兵”、“办警察”、“筹赔款”等名义下，负担着种种派款。更由于帝国主义的经济侵略，洋货充斥市场，以致“工徒失业，农商亦因此受亏”。所以当时社会上是“疮痍满道，乞丐成群”①。现在又加上“租股”的负担，使得小农下户“倾家破产者不知凡几”②。公司官绅们借着“抽谷”修路之名，倚恃官威，恣其盘剥，按户勒股，任意苛罚，闹得鸡犬不宁。

但老百姓还能忍饥耐饿，承担“租股”，是希望能够修起一条铁路，既抵抗外来侵略，也对自己有些好处。然而在这伙官绅把持下的川汉路公司，成立数年，“寸线未经勘定，一事未有端倪”③。锡良吹嘘了半天的“辟利源”、“保主权”还是一个画饼。于是“道路非议”，要求“商办”的呼声越来越高了。

1906年，四川留日学生四十多人在东京发表了《改良川汉铁路公司议》。他们以清政府颁布的《商律》、《公司律》和川督原奏案为根据，首先辩明川汉铁路公司应为“商办之公司”④。他们要求订定完全之公司章程，章程中应明确规定股东权利、禁止官吏兼任公司办事人员……

---

①　四川留日学生:《改良川汉铁路公司议》。

②　《都察院代奏度支部主事杜德舆川汉铁路呈折》，见《川汉铁路改进会第六期报告》。

③　《都察院代奏度支部主事杜德舆川汉铁路呈折》，见《川汉铁路改进会第六期报告》。

④　四川留日学生:《改良川汉铁路公司议》，戴执礼编:《四川保路运动史料》，第49—52页。

要求酌改征收租股之法，预定租股总额、以收租五十石者为征收起点，等等。与此同时，还出现了署名“四川人”的《建设川汉铁道商办公司劝告书》。《劝告书》中强烈地提出了“破坏野蛮官立旧公司，建设文明商办之新公司”的口号，要求全川人民“同心协力以实行不买股票、不纳租捐之策”，以为抵制，认为只要这样，“则野蛮官立之公司自倒；而文明商办之公司，可因以徐兴也”①。这里充分表达了四川人民痛恨官办、渴望商办的共同心情。这时正是各地路潮迭起的时候，锡良深恐波及四川，乃不得不在 1907 年 3 月奏请川汉铁路公司改名为“商办川省川汉铁路有限公司”，撤销官总办，“以顺舆情”。商办川路公司以乔树枏为总理，胡峻为副理，续订《商办川省川汉铁路有限公司章程》五十九条。但是这个“商办”公司仍不过是“以商办之形式，杂官办之作用”②。当时就有人对这份《章程》加以逐条驳斥。如在公司权限上，《章程》中规定：“至重大事件仍禀承总督办理”；在选任公司总、副理问题上，《章程》中规定仍由四川总督奏派。事实上它仍是“树商办之名，而无商办之实”③。

因为川路公司的行政、工程、财务、采购等事分布在成都、重庆、宜昌、汉口、北京、上海等六大城市，相距遥远。为便于联系，不久便仿效湖南铁路公司成例，设立三个总理，又改胡峻为驻成都总理，丁忧在籍河南候补道费道纯为驻宜昌总理，乔树枏调为驻北京总理。总公司设于成都，用三总理名义刊发股票，详定租股章程，并在省内各府县筹设股东分会。

1908 年，费道纯、胡峻相继病故，于是由钦廉道王秉恩继费道纯驻宜昌；学部郎中曾培继胡峻驻成都。1909 年，又以丁忧在籍邮传

---

① 《建设川汉铁路商办公司劝告书》，戴执礼编：《四川保路运动史料》，第 54—56 页。

② 《川汉铁路公司续订草章驳议》，《川汉铁路改进会第五、六期报告》。

③ 《整理川汉铁路公司》，见《四川谘议局第一次议事录》。

部左参议李稷勋代王秉恩任驻宜昌总理。先是，锡良已离川，继任总督是赵尔巽。赵到川后，于1908年11月奏任詹天佑为川省川汉铁路宜万段总工程师。詹天佑于1909年赴工段勘定路线，同年12月10日举行开工典礼，先修宜昌至秭归一段，计三百里。难产的川汉铁路，自官办公司成立到这时才破土兴工，时间已经过去六年了。随着公司由官办向名义上的商办过渡，四川的立宪派分子开始了夺取公司领导权的活动。立宪派大多是些向资产阶级转化的地主阶级分子，是民族资产阶级右翼的代表。他们把实行立宪政治当做救国图存的灵丹，他们一边争夺铁路商办，一边要求实行立宪。他们幻想只要清廷把政权交给内阁，有了国会的监督，在铁路问题上是“商办”还是“国营”，就不必争了。以争路而获得声誉的浙江汤寿潜、江苏张謇等就是这样的人物。四川立宪派首领蒲殿俊、萧湘、罗纶等人也是这样的人物。蒲、萧是日本留学生，他们很早就参与东京四川学生呼吁自办川汉铁路的活动。他们发表过《上川督锡制军书》和《敬告全蜀父老书》，提出过“官商合办”的建议①。1906年四川留日学生刊发《改良川汉铁路公司议》时，蒲、萧等人亦署名其上。他们还在东京发起成立过川汉铁路改进会，要求先修成渝段，反对先修宜夔段；揭露过“租股”扰民之害和官办公司的弊端。1909年10月14日，四川谘议局成立，蒲殿俊当选为议长，萧湘和另一个立宪派分子罗纶当选为副议长。他们既有了政治活动的机构，也想在经济方面抓个地盘，因此积极图谋把川汉铁路公司揽到手。

11月15日谘议局第一次会议，议定整理川汉铁路公司办法，呈请川督要求修改公司章程、清查账项、整理财务、增辟股源。其目的是要通过清查整理，把原由官方奏派的驻京总理乔树枬、驻宜总理李稷勋挤掉，另换上接近他们的人物。其实乔树枬等，也是具有立宪派色彩的绅

---

① 《留学东京四川学生为川汉铁路上川督锡制军书》，《新民丛报》第3年第9号。

士，不过与蒲殿俊、罗纶不是同一个小集团罢了。

谘议局第一次会议闭幕后，紧接着在 11 月 26 日召开川省川汉铁路第一次股东会，出席股东六百余人，推罗纶、郭策勋、吴天成任股东会正副会长，主持会议。在组织董事局选举董事时，十三名董事中，属于谘议局的有萧湘、江树、汪世荣、沈敏政四人，再加与谘议局接近的铁道学堂监督刘紫骥为“主席董事”。这样，川省川汉铁路公司便在以罗纶为首的立宪派人物的控制下，组成了董事局。

1910 年 11 月举行第二次股东会，董事局改选，彭芬、都永和当选为正副“主席董事”，谘议局议员被选为董事的有沈敏政、王大侯、冉崇根、范涛、杨用楫五人。这一些仍然都是立宪派的人马。自此以后，川省商办川汉铁路有限公司的领导权便落在这一派人物的手中。

在这伙立宪派人物把持下的商办川汉路公司，其腐败情形，并不稍减。到 1911 年 6 月止，股本实收总计 1,670 万两，其中租股仍占 71％，对扰害小民的租股，并无多大改变。在股本总额中用于筑路的只占百分之四十，其余有的挪用，有的倒账或亏损。工程进度迟缓，经詹天佑勘定的宜昌到秭归段工程三百里，到清廷“收归国有”令前，仅完成三十余里。

二 帝国主义对川汉路权的争夺

川汉路是西南的大干线，英、法、美三个帝国主义强国窥伺这条路，要求承办，不是一天了。四川人民都希望以商办来杜绝帝国主义的掠夺，但川汉铁路公司上层的腐败与筑路工程的迟缓，却给帝国主义与清政府以勾结、插手和掠夺川汉路的机会。

最早企图掠夺四川川汉铁路路权的是 19 世纪末年一家美国公司，随后是一家英国公司请求承筑，清政府都未同意。到 1903 年春，英国驻华署理公使汤雷（Townley）又数度请求，仍遭到拒绝。同年，美国驻华公使康格（E. H. Conger）向清庆亲王奕劻再谈此事，表示美国愿提供借款，奕劻当时予以含混的允诺①。英国得知这个消息后，汤雷即于8月9日会见奕劻时提出：川省英国商务较盛，造路如用外国股本，应以多用英人者为宜。奕劻又表示：俟中国办理此事时，可以考虑多用英人股本②。

当新任四川总督锡良奏请兴办川汉铁路的消息传出后，法帝国主义又一马当先，指使华利公司出面，向清政府外务部要求议订招股勘路代办合同。法国驻重庆领事于9月20日照会川督，提出法人办理勘路工程的要求。锡良没敢应允，法领事就出面吵闹，声势汹汹，后来闹得锡良装病逃避。当法领事正在纠缠不休时，1904年秋，德国公使穆默又致函清政府外务部：川汉路借外款，不应专向英、美、德国亦应"一律同沾利益"③。

如前所述，1908年督办粤汉铁路大臣兼督办鄂境川汉铁路大臣张之洞，曾主张借款修路，向英、德、法三国商人谈判湘、鄂境内粤汉铁路和鄂境川汉铁路借款的事。到1909年6月6日，他同德商德华银行、英商汇丰银行、法商东方汇理银行议订借款草合同，借款总数达五百五十万英镑，其中二百五十万英镑作为建造湘、鄂境内粤汉路资本，二百五十万镑作为建造鄂境川汉路资本；另外五十万英镑则作为赎回前美国合兴公司代清政府所发售、而未赎回之修筑粤汉铁路金元债票之用。谈判的过程中，美帝国主义抓住当年(1903)与奕劻交涉中的片言只语，以当年清政府已经答应过中国修筑川汉铁路"如资金不足时"，"当向英、美两国公司商借"作根据，先后照会英国政府和清朝政府，要求遵守"诺言"，允许美国资本家参加此项即将成立的借款。同时美国国务卿诺克斯向美国驻英、德、法大使发出指令，要他们向各驻在国政府提出

① 《外务部致康格复照》(1903年8月15日)，《美国外交文件》，1909年，第155—156页。

② 《英署使汤雷致外务部函》(1903年8月14日)，《清外务部档案》。

③ 宓汝成编：《中国近代铁路史资料》第三册，第1072页。

组成一强有力的美、英、法、德四国银行团,共同对华投资,以“保持中国的门户开放与完整”。四川境内的川汉路段也包含在借款合同之中①。由于美帝国主义的积极插手,于是引起了四国间的互相角逐,经过一段外交上的纵横捭阖,到6月下旬,美国派遣银团代表到伦敦与英、德、法三国银团代表进行会商,要求分借两路借款总数的四分之一,而三国银团仅允把湖北境内川汉铁路借款总数四分之一与之②。这次会商未能达成协议。当时张之洞的态度,比较倾向维护英国利益,主张鄂境的川汉路段可借部分美款,粤汉路不应让美国插手。为此,美国总统塔虎脱(Wm. H. Taft)便亲自于7月15日直接致电摄政王载沣,对于张之洞等人“出于成见的反对”,表示“深为不安”③。同一天,美国国务卿诺克斯又训令驻华代办费莱齐(H. P. Fletcher)严肃警告清政府,“若美国政府的合理要求被摒弃,则中国政府应负完全责任”④。在美帝国主义的压力下,清政府屈服了。7月18日,载沣复电塔虎脱说:“关于借款问题,为答谢盛意,已命外务部与贵国驻京代办会商,期能获致适当决定。”⑤于是外务大臣梁敦彦即与费莱齐进行谈判。梁敦彦提出可把张之洞与三国拟订五百五十万英镑借款增加到六百万英镑,其中三百万英镑供粤汉铁路用,三百万英镑供川汉铁路用,美国可占川汉路借款额之半数,即一百五十万英镑。但美国仍不同意,坚持须与四国平分借款,并在人员与材料上享有与英、法、德三国完全同等的权益。后来,由于英国有意削弱德国在长江流域的权利,转而决定与美国合作,同意了

① 《美国驻华代办费莱齐致外务部照会》(1909年6月5日),《美国外交文件》,1909年,第55页。

② 《宣统元年五月张之洞致外务部电》,《张文襄公全集》卷221,第8—10页。

③ 《美国总统塔虎脱致摄政醇亲王载沣电》(1909年7月15日),《美国外交文件》,1909年,第178页。

④ 《美国国务卿致费莱齐电》(1909年7月15日),《美国外交文件》,1909年,第179页。

⑤ 《载沣致塔虎脱电》(1909年7月18日),《美国外交文件》,1909年,第180页。

美国的"原则"。但就在这时，张之洞病死(1909年10月)，影响到交涉的进行。到1910年5月，四国银团代表聚集巴黎，达成四国向清政府均分借款正式协定。这个协定，是照美国的主张，投资于川汉路的部分，不限于鄂境路段，也包含从宜昌以上至成都的一千六百公里的川汉线。协定还规定了由美、英、法三国分派工程师，分段主持修筑川境路线①。

到此，这个由四个帝国主义国家所达成的分赃《协定》，只等待清政府的承诺了。

当四国银行团达成分赃协定的时候，正是湖北入京拒款代表张伯烈等回到湖北，两湖人民正积极筹设商办粤汉路的时候，也正是清政府冷眼旁观，寻找借口，准备随时扼杀商办铁路的时候。四国《协定》的签订，促使清政府下了撤销"商办"的决心。

第二节　清政府宣布干路"收归国有"和湘、鄂、粤三省人民的抗争

一　清政府宣布干路"收归国有"

干路"收归国有"，清政府是蓄谋已久的。1908年清廷谕令邮传部查验商办各路工程，又令张之洞督办粤汉、川汉路，都是官夺商路的准备。当时张之洞直言不讳地承认："各省商办铁路……将来皆须由官收回。"②

国际财团的财阀们是清政府扼杀商办铁路的幕后指挥者，他们煽风点火，制造舆论，批评清政府说："国家将建筑并设立铁路之权归于各

① 《美、英、法、德四国银行的铁路协定》，马慕瑞：《中外条约汇编》卷1，第886—887页。

② 詹文琮等编：《川汉铁路过去及将来》第47页。

省自办，真政府之一大错误。”又说川汉铁路“非得外国之专门家与财政之资助，决难望其成就”①。从1910年2月起，英、德、法三国公使（后来又加上美公使），几次三番地催促清政府从速签订包括四川境内川汉路段前议的湖广路借款合同。由于中外反动派早已勾结一致，于是，清政府于1911年1月补授邮传部右侍郎盛宣怀为邮传部尚书，让这个滥借外债和出卖路权的老手与英、美、德、法四国公使就借款合同的细节，进行最后一轮的磋商。同年四月底，合同细节“皆已妥协议定”②，清政府和盛宣怀宿谋取消商路的条件完全成熟，一出商办铁路变“国有”的双簧戏，便上演了。先是：盛宣怀嗾使给事中石长信于5月5日上了一道《铁路亟宜明定干路支路办法折》，抓住商办铁路的弱点加以攻击，而后提出“明定干路为国有”的办法。清政府当天就下谕：“著邮传部照所奏各节妥筹议奏”③。紧接着，邮传部递上《复陈铁路明定干路、支路办法折》，认为“原奏各节，皆属详尽。而其要尤在干路收归国有”。因此请求“明降谕旨，晓示天下”④。就在这一阵紧锣密鼓中，5月9日清朝政府抛出了“国有”政策的“上谕”。

“上谕”首先肯定石长信“所筹办法，尚属妥协”，接着强调了国家必得掌握诸大干路的重要性，然后从指责商办铁路的缺点开始，转向一举夺取全国商办铁路干线的正题。上谕说：

> ……从前规划未善，并无一定办法，以致全国路政，错乱分歧。不分支干，不量民力，一纸呈请，辄行批准商办。乃数年以来，粤则收股及半，造路无多；川则倒账甚巨，参进无着；湘、鄂则开局多年，徒资尘耗。……恐旷时愈久，民累愈深，上下交受其害，贻误何堪

---

① 《四川川汉铁路驻宜公司总理李稷勋致〈字林西报〉，论川路各事辨（三）书》，《四川商办铁路驻宜公司第二期报告册》上编。

② 《外部咨邮部四国公使照催湖广铁路借款事请速核复文》，《清宣统朝外交史料》卷20。

③ 见盛宣怀：《复陈铁路明定干路、支路办法折》，《愚斋存稿》卷17。

④ 见盛宣怀：《复陈铁路明定干路、支路办法折》，《愚斋存稿》卷17。

设想！用特明白晓谕，昭示天下，干路均归国有，定为政策。所有宣统三年以前各省分设公司集股商办之干路，延误已久，应即由国家收回，赶紧兴筑，除支路仍准商民量力酌行外，其从前批准干路各案，一律取消。……如有不顾大局，故意扰乱路政，煽惑抵抗，即照违制论①。

这一道皇皇谕旨，是卖路的清政府向全国商办铁路的宣战书。表面上它好像很关心国家的路政，也好像很看出了某些商办铁路公司的弊害，但是堂皇"理由"不过是掩盖出卖路权秘密的文字游戏，是骗不了人的。就在5月9日这天，邮传部《奏请取消商办铁路前案片》上讲得明白："英、德、法、美四国驻使，以张之洞系国家代表，草约已画，即成定议，催定正约者，前后咨文，不下十余次。……若不将前案（指商办）先行取消，则借款合同，似难签定。"②"干路国有"，不过是为借款合同签字扫清道路而已。

"国有"政策宣布后，清政府采取了一系列具体的措施。

首先是5月10日由邮传、度支两部致电与粤汉、川汉两路有关的湘、鄂、粤、川督抚，传达5月9日"上谕"，并要他们"遴派大员"查明各省商办铁路公司账目，"迅速电复"，"以凭请旨办理"③。

第二是5月18日起用端方为督办粤汉、川汉铁路大臣，并令他"迅速前往会同湖广、两广、四川各总督，湖南巡抚恪遵前旨，妥筹办理"④。

第三是5月22日下令"所有川、湘两省租股，一律停止"，并"著该督抚迅即刊刻誊黄，遍行晓谕"⑤。

这一些都是为接收商路，实现"国有"服务的。查账，是为接收摸

① 《宣统政纪》卷52。

② 《清宣统朝外交史料》卷2。

③ 《寄武昌瑞莘儒制军澂、广州张坚伯制军鸣岐、成都王采臣护督人文、长沙杨俊卿抚军文鼎》，《愚斋存稿》卷77。

④ 《宣统政纪》卷53。

⑤ 《宣统政纪》卷53。

底；任命督办，是确立接收大员，表示令出必行；停收租股，则既是釜底抽薪，制川、湘两公司于死命，又是借“稍纾民困”之名，收买人心。

就在逐步采取上述措施的过程中，5 月 20 日，清政府代表盛宣怀与英德法美四国银行代表就《湖北、湖南两省境内粤汉铁路、湖北省境内川汉铁路借款合同》在北京正式签字①。但是，当四国财团和清政府正庆幸他们勾结阴谋成功的时候，立即召来了湘、鄂、粤、川四省人民的反对，爆发了清末保路运动的最后一战。

二 湘、鄂、粤三省人民的抗争

首先起来反对“干路国有”的是湖南。5 月 9 日的“上谕”发表之前，湖南旅京资政院议员罗杰等人已探听到一些消息，电告长沙方面说“四国借款即日签押，势甚危迫，请速力阻”。湖南商办铁路公司闻讯后致电军机处、外务部、度支部、邮传部，表示“湘路修有成路，力能完全自办，毋庸另借外债”，并电湘籍京官“设法直接挽救”②。

5 月 10 日邮传、度支两部给四省督抚的电报传到湖南后，湖南谘议局当天致电有关省份谘议局，要求共同力争取消“国有”政策③。此后长沙各界群众连日集会，反对“盛宣怀滥借外债，欺君贼民”④。12 日，到贾公祠开会的有数千人。次日到教育总会开会的又是数千人⑤。各团体署名刊发传单，说明“湘省粤汉干路为全省命脉所关，将来借债

① 这个《合同》规定：借款总额为六百万英镑，以两湖厘金盐税收入作担保，四国银行团享有两湖境内粤汉铁路、湖北境内川汉铁路的修筑权，以及该路在延展时继续贷款修筑的优先权。

② 《湘路近事片片》，《民立报》，1911 年 5 月 10 日。

③ 邓孝可：《川路今后处分议》，彭芬：《辛亥逊清政变发源记》。

④ 邓孝可：《卖国邮传部！卖国奴盛宣怀！》，《蜀报》第 12 期，宣统三年五月十五日出版。

⑤ 邓孝可：《卖国邮传部！卖国奴盛宣怀！》，《蜀报》第 12 期，宣统三年五月十五日出版。

修筑，湘人财产生命均操外人之手，若不极力收回，后果何堪设想”①。有一张“四字经”式的传单，说得很透彻：

瓜分中国　今已实行　烟酒新税　钱粮厘金　一概典押
权操外人　硬将铁路　卖与强邻　粤汉川汉　国之命根
收回自办　几历艰辛　煌煌谕旨　远近共闻　邮部盛贼
买卖交情　利归己有　扣头坐分　假传圣旨　恐吓愚民
实利归外　国有虚名　国债借入　千兆万金　我辈担荷
真是不轻　永为牛马　子子孙孙　用告各界　兵商农工
田房抽股　又抽俸薪　募款凑集　血泪纵横　近年赶筑
着着进行　今遭盛贼　拍卖无存　股本丧失　何问红成
嗟嗟此贼　揖盗开门　从此乡土　鸡犬不宁　妻离子散
强掘祖坟　为今之计　万众一心　誓死不二　斩此奸臣
先请大宪　电奏九重　如果不理　动以血忱　大家拚命
与贼力争　保全商办　分段兴工　大家入股　克日告成
以保桑梓　以答圣明

全湘人民公白②

5月14日，到教育总会来开会的达数万人，群情激愤。有的演说，有的痛哭，有的断指，表示与盛宣怀不共戴天。会上除决定于16日由各团体代表到巡抚衙门请愿外，还通过决议：商办湘路实力进行；召集正式股东会，分段开工；租股、房股、薪股照旧收集；对来湘强事修筑的督办或外国人，概行抵制；政府如不同意商办则实行闭市、停课、抗租等十五条办法。有一张题为《铁路苦状告我同胞》③的白话文传单明白表示：

我们的抵制他法子，一面人人多拿几个钱出来，分途开工，赶

① 见《国风报》第2年第9号，第94—95页。
② 中国第二历史档案馆编：《中华民国史档案资料汇编》第一辑，第161页。
③ 中国第二历史档案馆编：《中华民国史档案资料汇编》第一辑，第163页。

紧办路,修一尺是一尺,修一丈是一丈。一面请抚台出奏,要外务部即日把湖南借款的事情一笔勾销。在下的想那班卖路的奸贼,一块肉落在口中,要他吐出来,是难得望的。我们只好拿定一个主意:我们办我们的路,他借他洋人的钱,我不去管他,也不许他来管我。万一我们修路的时节,有谁来用强迫手段压制我们,那时我们做百姓的人,横直是一条死路,大家把这条性命与他拼一场,在学堂的人大家散学,做生意的人大家闭市,湖南全省的粮饷大家是不肯完的,看他把我们湖南的百姓怎样办法呢!

在5月16日长沙各团体代表往巡抚衙门请愿的同时,铁路公司长(沙)株(洲)段工人一万多人也停工进城举行请愿游行。他们表示:"如抚台不允上奏挽回,商须罢市,学须罢课,一般人民须抗租税。"①巡抚杨文鼎在群众的压力面前考虑对策,他一方面答应代奏,另一方面密电瑞澂让清帝对自己下旨申饬,"若辈见抚臣已受申饬,无可藉口,久则势散气涣,不难就范"②。他们按照这条"苦肉计"进行部署。6月3日清帝果然对杨文鼎"严旨"申饬一番,但是效果不大,除了在一部分胆小的绅士中间,稍起了些"震慑"作用之外,大多数群众却因此"愈益愤激"。谘议局议员纷纷辞职,各学堂学生相率停课。到6月16日以后,形势越加严重,杨文鼎不得不揭去伪装,出动巡防队、警察队"沿街穿巷,四处巡逻","手擎枪械,如防匪寇"③。同时出示禁止开会,取缔印刷店,检查信邮,特别注意学生和军队的信件。在反动统治者的高压和分化政策下,湖南人民反对铁路"国有"斗争的第一个高潮暂时被压下去了。但到9月中旬,长沙各学堂学生听到四川保路风潮扩大,再次奋起斗争,实行罢市停课,抗粮拒税,并且出现了"铁路协赞会"等几个组织,密

---

① 邓孝可:《卖国邮传部!卖国奴盛宣怀!》,《蜀报》第12期,宣统三年五月十五日出版。

② 宣统三年四月十九日瑞澂致盛宣怀电,《愚斋存稿》卷77,第11页。

③ 《湘省争路再志》,《国风报》第2年,第12号。

谋革命。新任巡抚余诚格“深虑激动风潮，妨碍大局”，下令不准民间开会结社，并电告湖广总督瑞澂：“请调常备军两营，驻扎岳州，以备不虞。”①反动统治者为了镇压人民斗争，制造恐怖气氛，使得长沙“居民一夕数惊，大有草木皆兵之象”②。这时距武昌起义的发生已经不远了。

湖北的京官哈汉章等多人，也较早地探听到盛宣怀主持铁路借款并奏请取消鄂路商办的消息，曾联名上书抗争，指劾盛宣怀罪状多端。5 月 9 日清帝发布“干路国有”的当天，湖北谘议局刚好在四官殿铁路公司召集军、商、学界会议讨论借款问题。这天到会者一千多人，会上人们纷纷演说路权损失之利害关系，谴责盛宣怀的卖国罪行，表示非认真对付不可。随后武汉商民团体联合会又在小关帝庙集会，反对借款，力争商办。这时汉口《大江报》主笔、革命党人詹大悲，发表了一篇激动人心的“时评”，以《大乱者，救中国之药石也》为题，揭露清政府卖国媚外的罪行，号召人民采取革命行动。

反动统治者对于群众的爱国行动采取了镇压与分化的两手。湖广总督瑞澂对倡议争路者扬言要“格杀勿论”，对保路积极分子进行侦察审查，下令查封了《大江报》，逮捕了詹大悲，判处监禁一年。受命为督办的端方，则以另一种姿态出现，他设宴招待鄂省京官，积极联合湘鄂两省人士，“哀求”他们“相助”③。

由于湖北商办铁路公司集资不多，股款未齐，而且邮传部拟具的收回办法中，承认用国家铁路股票赎买商股，因此“国有”与否对那些上层绅商利害关系并不大。在端方、瑞澂软硬兼施之下，他们“首先软化”④。连过去曾经慷慨一时表示过“路亡与亡”的谘议局议长、立宪派

① 《满清野史·铁路国有案》，第 18、19 页。
② 《满清野史·铁路国有案》，第 18、19 页。
③ 《老四仓皇酒一杯——端方哀求鄂京官》，《民立报》，1911 年 6 月 6 日。
④ 《武汉通信·鄂路争路烂污史》，《民立报》，1911 年 6 月 9 日。

分子汤化龙也“甘心路亡，而不置议”了①！还有少数无耻之徒，为了讨好官方，要求武汉各团体列队车站，欢迎端方的到来，与端方有过一定关系的绅士们，更想“乘此时机运动差缺”②。湖北人民的爱国斗争被立宪派分子和反动绅商们叛卖了。

广东在京京官得知路归“国有”的消息后，非常激愤。他们联名参奏盛宣怀“朦蔽圣聪，侵权违法”，质问总协理大臣“此事是否应负连带之责任”③。在广州方面，也同样激起反对。6 月 6 日，广东粤汉铁路公司举行股东大会，讨论对策，参加会议的股东一千多人。当董事和大股东们提出几种“转圜”办法，如领回资本，别营其他实业，或更换国家铁路股票时，皆无人同意；当有人提出“仍援原案，坚请商办”的议案时，“众皆起立，哄然嗥应，声震会场”④。会上通过了“万众一心力争商办”；“政府如有甘愿违背先朝谕旨，破坏商办之局，派人来粤强占，我股东力筹对待”；“设立机关部一所”“办理一切事务，以保全商办目的”等决议⑤。大会致电邮传部要求“撤销国有令，以昭大信”；致电湘、鄂、川三省，表示“唇齿相依，希予支持”；致电省内外股东，希望他们“向政府致电力争”⑥。

这时的广东刚经过夏历“三二九”的广州起义，总督张鸣岐特别警觉，股东大会开会时，派数百名士兵到场弹压。会后，他向清廷谎报，各股东所争者“只归还股东之办法耳”，而所通过的“反对国有，力争商办”案，是由于“公司议事，惯为少数股东所劫制，多数股东不敢发

---

① 《武汉通信·呜呼民心鄂路亡矣！》，《民立报》，1911 年 6 月 7 日。

② 《武汉通信·鄂路争路烂污史》，《民立报》，1911 年 6 月 9 日。

③ 《四面楚歌之老盛·粤人与盛宣怀》，《民立报》，1911 年 5 月 22 日。

④ 《广东粤汉铁路公司股东大会记》，《满清野史·铁路国有案》第 3 页。

⑤ 《粤路股东大会记》，《民立报》，1911 年 6 月 12 日。

⑥ 《日本驻广东总领事濑川致外务大臣小村报告》(1911 年 6 月 10 日)，《经济研究所藏日文档案》。

言”①。因此他出示把会议决议案取消，勒令另定期召集会议，重行讨论。

但是，这种横蛮干预，引起来的是人民更大的愤慨。在反动统治的高压下，有人想出了另一种抵抗方式，办法是不用官发纸币，持票挤兑白银。在这一号召下，群众纷纷持票领银，一日达数十万，以致市场危险，不可终日②。这一行动逼得张鸣岐赶紧向度支、邮传两部呼吁挽救。清廷除令两部先拨借三百万两外，再准张鸣岐向日、英、法、德四国银行贷款五百万两，周转市场，渡过难关。同时令张鸣岐对于挤兑的人，“认真弹压”，倘有不法行动“立予拿办”，准其“格杀勿论”③。

由于反动统治者进一步采取高压手段，公司股东们及许多保路团体领导人被迫逃到香港，于 9 月 3 日在港成立广东保路会。这天适值狂风大雨，赴会的群众不下万人。大会规定保路会“以破债约，保路权，维持完全商办，联合川、湘、鄂三省，一致进行为宗旨”。会上通过章程二十八条。并通过派代表进京请愿，遣人赴南洋联络华侨，设立分会和将大会情形，宣告中外等决议④。

广东反对铁路“国有”的斗争得到同盟会的支持和海外侨胞的支援。尽管这一运动(包括湘、鄂)，基本上还约束在合法斗争的方式之内，但它已造成“山雨欲来”的形势，成为革命运动的前奏。当时有旅越侨胞来信，主张“有劫夺商路者”，也应“格杀勿论”⑤。又一封海外侨胞来信，“声言现在侨商决意资助党人，另图反对政府”⑥。这些都说明了

---

① 宣统三年五月十四日张鸣岐折，《交通史路政编》第 14 册，第 129—130 页。

② 宣统三年八月张鸣岐详陈广东息借洋款情形折，宓汝成编:《中国近代铁路史资料》第 3 册，第 1265 页。

③ 《宣统政纪》卷 54，第 23—24 页。

④ 《满清野史·铁路国有案》，第 13—14 页。

⑤ 《海防华商会馆致粤路公司函》(宣统三年五月)，《满清野史·铁路国有集》，第 3 页。

⑥ 《粤人争路之暗潮》，《民立报》，1911 年 9 月 5 日。

人民对于清政府的倒行逆施,已到了忍无可忍、渐近于短兵相接的地步。

第三节　四川立宪派的“文明争路”和保路同志会的成立

一　四川立宪派和清政府矛盾的加深

“干路国有”的消息,同样激怒了四川人民。

粤汉、川汉路股的来源,四省并不一致。如粤省是以商款为主,而川、湘都是以租股、捐股为主。特别是四川,“款靠租捐,专虐农民,且小户零亩,非数十年不能凑成一股”;“路款系由川民按亩加捐,敲筋击髓而来,竭小民之脂膏汗血”①。因此,“干路国有”受到了劳动人民,特别是占有少量土地的农民群众的普遍反对。当时有一首歌谣②曾这样写道:

自从光绪二十八年把路办,银子凑了万万千;
也有官的商的款,也有土药烟灯捐;
最可怜的庄稼汉,一两粮也出这项钱。
要办路因为哪一件?怕的是外国占路权。

这首歌谣,把保路运动的群众性和目的性都表达清楚了。

“干路国有”也侵犯了四川地主阶级的利益,因为这个阶级中的绝大多数人也就是四川川汉铁路公司的股东。郭沫若曾经回忆说:“我记得好像是百元一大股,十元一小股,由各州县的知事按着地租的多少摊派到各地方的乡绅。在这儿可以说是地主阶级的资本主义化,四川的

① 《甘大璋等奏折及清帝谕》,《辛亥革命前后》(盛宣怀档案资料选辑之一),上海人民出版社1979年版,第80、81页。

② 《来日大难歌》,《四川文史资料选辑》第1辑,第195页。

大小地主都成为了铁路公司的股东了。"①所谓立宪派，主要就是这种资本主义化的地主阶级的政治代表。因为，资产阶级上层也大多是由这种地主阶级中的人转化而来的，在四川尤其是如此。

四川立宪派人士对"干路国有"虽然表示不满，但开始他们还幻想有弥补的办法，不愿把事态扩大。

5 月 11 日，护理四川总督王人文接到有关干线"国有"的"上谕"后，邀请四川川汉铁路公司主席董事彭芬、副主席董事都永和和总理曾培来督署商议办法，一时未得结果。彭芬等复往省谘议局同议长蒲殿俊、副议长罗纶商讨。蒲殿俊认为：谘议局的职能解决不了铁路股权所有问题，要解决这个问题非得铁路公司另行开会不可。因此他们决定：先号召在成都的各州县人士集众研究，然后再举行临时股东会具体讨论。这时另一立宪派分子、在京任法部主事的邓孝可丁父忧在成都，他向铁路公司建议，由铁路公司出资创办通俗的报刊，从政治、法律的角度，先对问题作些分析。这是要作"法律解决"的张本。结果由他和朱云石主办《蜀风杂志》，池汝谦等主办《西顾报》，江三乘等主办《白话报》②。这些报刊在以后的斗争中成为立宪派的喉舌。

5 月 16 日，四川川汉铁路公司董事局发出第一封致邮传部的电报，乞求"俯顺民情"，维持商办成案。但是，清政府不予理睬，两天后任命端方为督办粤汉、川汉铁路大臣随后又下令川、湘两省停收租股。5 月下旬，公司董事局渐渐听到一些湖南、湖北、广东三省以及各方面反对"国有"政策的情况：如湘"拚死力争"，"泣恳收回成命"；"鄂相持最烈；粤亦不肯退让"；各省"会举代表晋京"，"台谏又严劾盛宣怀罪状"等等③。于是，四川立宪派腰杆子开始硬朗了些，他们决定于 8 月 4 日召集特别股东大会，后又提前于 5 月 28 日先举行临时股东总会准备商讨

① 《反正前后》，郭沫若：《少年时代》，人民文学出版社 1979 年版，第 189 页。

② 彭芬：《辛亥逊清政变发源记》。

③ 《上海分局来电》，《川路收回国有往来要电》，第 5 页。

对策。同时，又分别用四川谘议局和川汉铁路公司名义呈请川督代奏，要求收回成命，暂缓接收，仍准商办。

四川的立宪派中，邓孝可是开始并不一定反对"国有"的人物。他发表的《川路今后处分议》，可看作是篇有代表性的文章。他对"四国借款"和"国有"政策不主张"根本上之反对"，而主张"有条件之要求"。理由是：借款如能通过资政院，不以铁路作抵；借款又有确实的用途，偿还时不波及川路，就不必作"根本"的反对①。政府收回铁路如能"剋期速成"、又能扩建为川藏铁路，同时建路时，"用川人、购川材"，就不必争论"国有"、"商有"。他还幻想这样可以免除"租股"的扰累，又可用清政府退还的路款来办几件"至要至善之事"："以百万金，力扩川航事业"；"以五百万金，充地方殖业银行资本"：以二百万为川省教育基金"；"下存余者办四川矿工各实业"②。但是邓孝可幻想的美梦，不久后被事实粉碎了。

5月28日上午，临时股东会准备会在成都川汉铁路公司举行。到会者有谘议局常驻议员、各法团代表及铁路公司在成都的股东等共七百二十二人。署劝业道周善培奉护理四川总督王人文之命也出席了会议。会上主要有两种意见：一是以龙鸣剑为代表的同盟会会员，他们主张根本反对"国有"，认为湘、鄂各省，既已力争，四川不能拱手退让。希望今后凡有交涉，由董事会报告各处，集群策群力以为后盾。一是以邓孝可、龚焕辰等为代表的立宪派，他们希望政府退还路款，保住股本，就只作有条件的要求，"无事根本上之反对"③。这是同盟会会员和立宪派人士围绕是否承认铁路"国有"问题进行的第一次公开的思想交锋。

---

① 按：由张之洞议订之草合同，经盛宣怀正式签押，其条款中是以两湖财政收入之款作保证，而无以路权作抵押之明文；邓孝可草此文时，合同尚未公布，只是悬揣，后合同公布，经罗纶等细绎其内容，实质是以铁路作抵押的。

② 彭芬：《辛亥逊清政变发源记》。

③ 《川路公司准备会会议速记》，戴执礼编：《四川保路运动史料》，第152—153页。

临时股东会准备会议以后，川汉铁路公司董事局和四川驻省各法团请川督代奏清政府，要求政府暂勿派员收路和缓刊停租股的誊黄，俟按照“公司律”开过股东大会后，再行决定。川督王人文有某种程度的开明倾向，同时也由于他们的要求有限，果然据情代奏了。但5月31日代奏电发出，6月2日就遭到传旨申斥。清廷的谕旨中，不但斥责王人文，而且责骂谘议局难保“不受劣绅之请托，希图蒙混”，川路公司“定有不可告人之处”，所具缘由，都是“强词夺理”，甚至是“殃民误国”①。这道严谕，有点刺痛了立宪派人士。但他们不知道在这道严谕的背后，还有使他们更感到痛楚的歌电。

所谓“歌电”，是在清廷申斥王人文的前一天，即6月1日，邮传部尚书盛宣怀和督办大臣端方联名致王人文的两封电文，告以度支部决定的川汉铁路股款处理办法。办法的大意是：除公司在上海倒折之款，不予承认外，对公司已用之款和公司现存之款，由政府一律换发给国家铁路股票，概不还现款。如川人定要筹还现款，则必借洋债，并将以川省财政收入作抵。同时拒绝川人希望提用路款自办支路和矿务的要求。按川省股东要求保本退款，而清政府则只允换发铁路股票，这一争论与湖南省相同；但川省股东，至少希望把现存之款退还；同时川省公司还有一笔在上海各钱庄倒亏之款，合计三百余万两。这笔倒亏之款是上海管款员施典章企图营私渔利而造成的，由于上海道蔡乃煌处理违法，尽管施典章已被监禁，但倒亏款全无着落。现在歌电处理办法不包认亏耗之款，使川路公司上层绅董无法交账，同时不论已用未用，一律不还，这不但是收路，而且还要夺款了。立宪派原认为“路”可以不争，“款”不能不要；邓孝可原认为“政府接收路，并非接收款”②，而事实恰恰相反，到此，他们原有的“希望”完全幻灭。这情况是湘省所无，四川所独有的。

---

① 《宣统政纪》，卷54。

② 《川路公司准备会议速记》，戴执礼编：《四川保路运动史料》，第154页。

王人文6月2日收到电报，料知此电一经宣布，川人必更愤激，所以他在3日复电盛、端，力言对已用之款，可照部议换给铁路股票，对现余之款则万不可提。“若提换现款，则希望两绝，恐非笔舌所能譬解”，并说明“近日谣言甚多”，“歌电”“未敢宣泄”①。但是6月7日盛、端径电川汉铁路公司驻宜昌总理李稷勋，问他是否见到“歌电”；李于6月9日致电成都总公司索阅，总公司又转询督署。王人文知道已无法掩盖了，便在6月11日抄示公司，并说明这不过是部议商榷的意见，嘱不可误解。然而电文一公开，报纸争相刊登，“舆论因以益愤”②。

6月12日，铁路公司致电各州县租股办事处，告以“歌电”内容，不料各处电局先已奉有邮传部“元”日电令，不准收发关于铁路问题的电报。“邮部以官厅命令，束尽人民自由”的野蛮专制手段③，使四川绅民更加激动。他们散发传单予以揭露。与此同时，端方、盛宣怀等又迭催川督王人文根据“歌电”的要求，派员清查铁路公司各地帐目，摸清底细，以便接收。但在众情激怒之下，查帐员遭到公司各处办事人员的拒绝。各地办事人员表示：在股东大会未召开之前，不能接受查帐。

这一系列的事件，既深刻地激怒了四川人民，也加深了立宪派与清廷之间的矛盾。因为清政府收路兼夺款的做法，使立宪派已无回旋的余地。6月13日，四国借款合同寄到成都，他们看到借款合同的全部内容，于是就抓住合同中丧权卖国的条款，由罗纶起草，逐条予以批驳，并联合二千四百余人请求王人文代奏朝廷。到这时，邓孝可也勃然大怒，他以《卖国邮传部！卖国奴盛宣怀！》为题著文，痛诋“盛大臣卖国奴”。这伙原来赞成“国有”的绅士们，如今被迫转到“保路”的立场上来了。

---

① 《成都王护院来电》，《愚斋存稿》，卷77。

② 《王人文呈内阁并致度支部报清查川汉路帐款困难情形电》，戴执礼编：《四川保路运动史料》，第171页。

③ 《川汉铁路公司呈川督转电邮传部暂缓查帐并准收发路政电报文》，戴执礼编：《四川保路运动史料》，第176—177页。

二　保路同志会的成立

6月16日，铁路公司召集在省股东和谘议局常驻议员举行了一次紧急会议，认为形势日迫，需要马上组织保路同志会，不能等待特别股东会①。于是连夜缮发通知，分道联络，同志会第二天就要成立起来。当夜蒲殿俊、罗纶等二十余人又仔细商量，为了要以群众声势向清政府施加压力，除先把成都各街道的分会组织健全外，还必须在各县成立分会。同时为了留有转圜的余地，谘议局议长暂不露面，留作幕后的主持者。同志会内另设一个对外不公开的参事会，作为决策的核心，谘议局常驻议员皆作参事，由蒲任会长，罗任副会长。这是内幕机构，对外不宣布。

6月17日，成都岳府街上的铁路公司，人群熙攘，里里外外挤得水泄不通。除了应邀与会的在省股东、谘议局议员和各团体代表外，更多的是闻讯自动赶来的爱国群众，如青年学生郭沫若便是这样的群众之一。

大会开始后，罗纶、邓孝可、刘声元、程莹度等许多人相继发表了激昂慷慨、声泪俱下的演说。他们讲述川汉铁路收归“国有”的经过，揭露四国借款合同的内容，批评政府的违法乱命。

关于这次大会的群众情绪，无论是官方文书，或者是私人著述，都有着十分生动的记载。例如：

6月17日，即开会当日，王人文在致内阁的电文中说：

> 本日未前，各团体集公司开会，到者约二千余人，演说合同与国家存亡之关系，哭声动地，有伏案私泣。最后议决，设立保路同志会，由会选人赴都面谒钧部，请示办法，俟商定后，再请查帐。幸

① 特别股东大会也就是前面提到过的临时股东会。

无骚动情形，惟哀痛迫切之状，实异寻常①。

6月19日，王人文又在奏折中陈述17日开会情形说：

本月二十一日(即阳历17日)，成都各团体集铁路公司大会，到者一千余人，讨论合同及于国家铁路存亡之关系，一时哭声震天，坐次在后者多伏案私泣，臣饬巡警道派兵弹压，巡兵听者亦相顾挥泪。日来关于铁路合同攻难之文字、演说纷纷四出，禁不胜禁，防不胜防②。

青年学生郭沫若，是当日亲临会议的目击者，他在后来的著述《反正前后》③中，也有一段十分详尽而生动的记载：

股东代表大概有二三百人，会场是设在一个天井里面的，上面搭着棚厂。铁路公司是设在从前打大小金川封了公爵的岳锺琪的公馆里面。全部是旧式的建筑，没有那样宽敞的可容几百人开会的会场。做讲坛的是一座戏台，前面摆着一张方桌，靠壁和两侧放着一排太师椅。坛上坛下的人都坐定了。铁路公司的总理——姓甚名谁我已不记忆了④——起来摇铃宣布开会。

劈头讨论的便是铁路国有问题。关于这个政策的情形，好像是邓孝可起来报告的。他的报告很平淡。他本来是赞成国有政策的人，后来随着潮流的进展却成为了保路同志的急先锋。在他报告完了之后接着是罗纶登坛。

罗纶是一位白皙的胖子，人并不很高。他一登坛，向满场的人作了一揖，开口便是：

——"各位股东!"很宏朗的声音，"我们四川的父老伯叔！我们四川人的生命财产——拿给盛宣怀给我们出卖了，卖给外国人

① 《辛亥革命前后》(盛宣怀档案资料选辑之一)，第102页。

② 《护督王奏铁路借款合同丧失国权请治签字大臣误国之罪并提出修改折》，《四川保路同志会文电要录》。

③ 郭沫若：《少年时代》，第224—226页。

④ 按：当天开会做主席的是颜楷，一位年轻翰林；公司总理是曾培。

去了！川汉铁路完了！四川也完了，中国也完了！”

接着就号啕大哭起来，满场也都号啕大哭起来——真真是在号啕，满场的老年人、中年人、少年人都放出了声音，在汪汪汪汪地痛哭。

——“是可忍孰不可忍呀！汪汪汪……”

——“我们要反对，我们誓死反对！汪汪汪……”

——“反对卖国奴盛宣怀！反对卖国机关邮传部！”

连哭带叫的声音把满场都哄动了。罗纶在坛上哭，一切的股东在坛下哭，连在场的警察、公司里跑动着的杂役都在哭。不消说我们在旁边参观的人也在哭。已经不是演说，不是开会的事了，会场怕足足动摇了二三十分钟。

接着还是罗纶，以他那很宏大的声音叫出，在他看见会场稍稍在镇定的时候：

——“我们的父老伯叔！我们，我们，我们，要誓死反对！”

——“我们要誓死反对！”砰的一声在桌上一拳。坛下也同声的反响了一声，大家也在自己的席上砰的一拳。

——“我们要组织一个临时的机关，一方面我们要联络本省的人，另一方面我们要联络外省的、全国的同胞，我们要一致反抗。反抗到底！达不到目的，我们四川人要商人罢市！工人罢工！学生罢课！农人抗纳租税！”

——“赞成！”

两三百人同声叫出的这“赞成”的一声，要用古式的修辞来形容，是有点“声震屋瓦”。

就这样，铁路总公司的第七次股东大会摇身一变就变成了川汉铁路的“保路同志会”。公司总理的主席的位置，无形之间便被罗纶诸人夺去了。保路同志会顿时便成立起来，会长举的是蒲殿俊，这是罗纶当场推荐的，副会长就是罗纶。下面分四股办事，有总务股、文书股、交际股、游说股。各股的干事都是当场的人自告奋勇来担负的,大体上都是罗、蒲一派的人。

同志会成立后,大会临时动议,与会人员全体到总督衙门向王人文请愿要求代奏。

王人文,字采臣,云南太和人。光绪十二年进士。原由陕西左迁四川藩台,新简川滇边务大臣,未赴任,被命临时护理总督。前任川督是赵尔巽,调东三省。赵调任前,未践诺保王为川督,而是密荐其弟赵尔丰署四川总督,以王代赵尔丰的川滇边务大臣缺。有人说:王对保路运动比较放任,是有意制造难题留给赵尔丰;但从王在这个阶段的前后言行看,他承担着颇大的风险。如上述,为了给谘议局代奏,他已经受到朝廷的一次申饬,对盛宣怀等拟定的提用路款办法,他也不完全同意。现在这么多的请愿群众涌到他的衙署里来了,他居然破格地走到群众中来,并讲了话。对大家的要求,不但表示同情,而且表示支持:“只要于国计民生有关休戚的事,他在职责上,无论怎样要据理力争。”①王人文说话算数,在接见群众讲话后的第三天——6 月 19 日,即上疏严参盛宣怀签字借款合同,丧失路权、国权,要求治以欺君误国之罪,并请将自己治以“同等之罪”,“以谢盛宣怀”。6 月 27 日,他又把罗纶等二千四百余人签注批驳川汉、粤汉铁路借款合同的原件及公呈人全体姓名上奏,并附片自请处分。王人文作为清政府的一员封疆大吏,对保路能采取积极支持的态度,其胆识确是难能可贵的。结果,王自然遭到清廷又一次的严厉申饬,最后终于受到革职处分。如果不是辛亥革命发生,他是会被逮入京办罪的。

三 “文明争路”及其破产

自 17 日保路同志会宣布成立,要求入会的爱国群众,就像打开了闸门的洪流,仅仅四天成都一地就已超过十万人。到 7 月初的半个月

① 郭沫若:《反正前后》,《少年时代》,第 228 页。

中，成都保路会开会十余次，到会群众“激昂悲壮，热血渍涌”，但又能“整而有理，秩而有序”①。成都各街道的保路同志分会也迅速地组织起来。紧接着，各行各业各阶层的保路同志协会也相继成立，如女子保路同志会、学界保路同志会、商界保路同志会、小学生保路同志会等等。后来在罢市斗争中，还出现了机器工匠同志会、印刷工人同志协会。

成都以外的地区，保路同志协会也陆续成立。如6月28日，重庆成立保路同志协会，到会者一万数千人。7月21日彭山县成立保路同志协会，声明为“破约保路”，情愿“毁家效命”。据不完全统计，自6月17日至9月7日成立保路协会的共有六十四县。

立宪派虽然组织和领导保路同志会的活动，但他们内心充满了矛盾。为了迫使清廷让步，不得不发动群众，壮大自己的声势；但又怕群众的行动超越了他们许可的范围。他们总希望留有余地，以便在达到所悬想的愿望后，与清政府妥协。当时，他们派出大批讲演员分赴各府、厅、州、县进行宣传和组织工作，因怕“好事之徒，藉此煽惑人民，生出意外变端”②，所以小心谨慎地把问题的症结，归结为“罪在盛宣怀一人，与我皇上无干，与四川及他省官吏无干，与洋人无干”③。并规定“不可以此罢市、罢课”，“不得以此牵涉外人”，“不要有野蛮抗官府、打教堂的无理的暴动”④。他们在《演讲及组织同志会协会办法》中还规定：演讲及成立协会“必先商之地方官，届时必请临场，又必派警兵数人以资弹压”，“指名招请团总、学董、乡约、保正、客长等”参加会议。开会时“宜推监场一人，以便宣布会规及一切防维之法”⑤。这就是立宪派所宣扬的“文明争路”。

但是群众一经发动，就不会听命于立宪派的意志。保路同志会成

① 《四川保路同志会招集全体大会广告》，《四川保路同志会报告》第6号。

② 《致各府厅州县有司启》，《四川保路同志会报告》第6号。

③ 《保路同志会白话告白》，《四川保路同志会报告》第6号。

④ 《讲演要旨》，《四川保路同志会报告》第3号。

⑤ 《演讲及组织同志协会办法》，《四川保路同志会报告》第16号。

立后，秘密的哥老会会员得到公开活动的机会，同盟会会员的革命主张也陆续渗透到群众中来，影响着群众的行动。随着斗争的深入，爱国群众对立宪派“文明争路”那一套办法日益不满，因此，“每当演说时，愤激不顾前后，则听众欢迎，若果瞻顾前后，研究办法，则众极不满”①。但是，立宪派的绅士们仍然照“据法力争”的老路办事。8 月 1 日，他们派遣刘声元为代表入京，会同已在北京的谘议局副议长萧湘等人叩阍请愿，准备“效秦廷七日之哭”来打动“天听”。刘声元启程北上的那天，冒雨送行的三万余人。刘声元告别演说，“一字一泪”，表示：此去“若力争不能破约，誓不生还！”②但结果呢，不但不曾敲开皇宫的大门，而刘声元反被“槛车就道”，“递解回籍”。与刘声元入京的同时，他们还派了陈育、白坚、龚焕辰与江潘、周代本、吴炳臣等分道前往湘、粤、鄂等省联络，筹议办法，也都遭到当地警道的防范干涉。

从 5 月间就开始筹备的特别股东大会，到 8 月初旬各地股东代表到齐，准备开会。开会前，向以凶悍著闻的赵尔丰已赶到成都履总督任。

赵尔丰，字季和，武弁出身。先前来川任过永宁道道台，又简藩台，代理过四川总督。1908 年调任川滇边务大臣，驻节巴塘。以滥杀著称，四川人叫他“赵屠户”。其兄赵尔巽调离四川前为他活动，他辇金三十万入京行贿，所以清廷于 1911 年 4 月命他署四川总督。自路潮扩大，王人文被申饬，清廷迭催他赴成都履新。但由于种种事故，到 7 月下旬方能成行。待至雅州，遇到河水大泛，又停顿了几天③。一路上他接连收到端方、盛宣怀的电报，催他“兼程前进”，务于 8 月 4 日以前抵

① 彭芬：《辛亥逊清政变发源记》。

② 《一妍一丑之流血记》，《官民两面之风云》，《民立报》，1911 年 7 月 25 日、30 日。

③ 《成都特别通信·蜀政界之五光十色》，《民立报》，1911 年 9 月 8 日。

省①,指示他“从严干涉,力拒非理要求”②。8月2日,赵尔丰赶到成都,第二天早晨就接印视事。这时特别股东会即将举行了。

特别股东会于8月5日开幕,会场设在铁路公司。到会代表共五百余人。赵尔丰率领各司道官员亲临会场监督。会上讨论和通过了股东准备会提出的《遵先朝谕旨,四川川汉路仍归商办意见书》。《意见书》提出:(一)质问邮传部,(二)吁恳代奏,(三)提回存款三条争路办法。当会上有人讲“破约保路”时,赵尔丰插话制止,但遭到南充股东代表张澜的当场驳斥。张说明要保路,必先破约,他针对赵尔丰的干涉,更加大声呼喊“保路呀!破约呀!”③会场气氛顿时紧张起来。在这气壮声扬的场面上,貌似强悍的赵尔丰反而“势衰气沮”,不再吭声了④。这天会议上,颜楷当选为特别股东会会长,张澜为副会长。会长的人选是事先精心安排的:颜楷素性平和,其父与赵尔丰同寅,便于联络;张澜有胆识,与蒲、罗交好,这样一软一硬,可以更好地对付赵尔丰。

此后,会议逢一休会,其余时间逐日开会。但是到了8月中旬骤然发生了邮传部札派李稷勋仍总理宜归工程,实际是强收宜归段路权的问题。由此掀起了席卷全川的罢市、罢课斗争。

第四节　席卷全川的罢市斗争和成都血案

一　席卷全川的罢市斗争

在特别股东大会开幕不久,破约保路问题尚无结果的时候,发生了邮传部札委李稷勋仍总理宜归工程的问题。这是盛宣怀与端方密谋策

① 宣统三年闰六月六日上谕,《宣统政纪》卷57。

② 《端大臣来电》(宣统三年闰六月八日),《愚斋存稿》卷79。

③ 《股东大会志略》(一),《四川保路同志会报告》第13号。

④ 《成都特别通信·蜀政界之五光十色》。

划强收川汉路权的一个阴险步骤。

端方号午桥,曾历任巡抚、总督等职,深得慈禧信任。1909年被载沣革职。久蛰思启,以行贿数十万,得到起用为督办粤汉、川汉铁路大臣。他奉谕之后,与盛宣怀密议对付争路人民的办法,一是用收买,二是用惩办。在湘鄂路事中,他们收买了不少两湖绅士及报馆主笔①。保路同志会成立以后,四川斗争后来居上。盛、端之流就在川人中物色收买对象,他们看中了川汉路宜昌分公司经理李稷勋。同时还把四川京官甘大璋等多人拉过来,让他们代表川绅上奏,响应"国有"政策和强收路股的办法。

李稷勋,原系邮传部左参议,因丁忧返籍,1909年8月间由前四川总督奏派为川路驻宜昌总理。四川保路同志会蠭起后,6月底,盛宣怀命他进京述职,借机收买他来劫夺川路。盛宣怀、端方内定在"国有"前提下,让李继续总理宜归段工程;李稷勋表示愿以现存租股七百余万两办宜归工程,同时他还答应由彼自行设法运动川路公司。秘密商定之后,他于7月7日先唆使川路宜昌分公司董事局致电川路公司股东会,要求将川路股票换成国家铁路股票;将现有存款交给政府专修宜归一段。继于7月15日用自己名义从北京致电川汉铁路总公司,暗示只应注意争款,不可别生枝节,说:"国家政策""恐难转圜"②,意图诱使成都方面放弃废约保路。与此同时,他竟无视总公司迭次通知他"坚持破约"、"拒绝交待"的指示,于7月16日以个人名义擅自呈文邮传部,同意接受邮传部派往宜昌查勘大员马汝骥清厘款目,以旧历五月初一为界限,在此以前的支出各款妥订归结办法;在此以后的去留事项,统候邮传部裁夺。这是李稷勋自己做主把大家正在争取川汉路的一段,让邮传部劫夺过去了。邮传部根据这一"呈请",就以铁道工程"最贵迅

① 《端盛之两大政策》,《武汉通信·端方心中人物表》,《民立报》,1911年5月29、31日。

② 《北京来电》,《川路收回国有往来要电》,第18页。

速”为理由，着李稷勋继续任宜归段总理，主持进行，“勿庸停工”，“所需工项，仍由川款支应”。盛、端用这种移花接木的办法，一转手间，就把宜归段工程和路款改变了性质。就在此时，由于宜昌筑路工人的问题，在武昌的端方、瑞澂急电李稷勋返宜。李离京南返路过武昌时，又与端方密谋。端方为他在原薪五百两之外“提加给夫马五百两”，并嘱咐他“将宜归一段一手办成”①。

李稷勋回到宜昌后不久，成都举行的特别股东会开幕了。特别股东会于8月5日开始，8月6日四川总督赵尔丰收到邮传部宜昌工程由李稷勋用川款续办的咨文。这一消息于8月8日在特别股东会上一经宣布，“会众异常愤激”，当天由总公司董事局致电宜昌董事局，请董事们共同质问李稷勋，令其自电阁部，并电会众辞去其总理职务②。8月10日特别股东会又请赵尔丰代奏纠劾盛宣怀与李稷勋“私相授受”，“违旨盗权”之罪③。到了8月13日，特别股东会又电告李稷勋，表示“全体股东不认部咨”，限其“十日内”妥结辞职④。盛宣怀知此情况后，急与端方和瑞澂密谋，让端方、瑞澂赶紧会衔上一道奏派李稷勋留管宜昌路局的电文，准备以谕旨压服川人。他们还诬蔑股东会说：“此次川省集会倡议之人，类皆少年喜事，并非公正绅董”，又信口造谣说：“闻自东内渡者，均纷纷回川，恐有受人煽惑情事，尤恐名为争执路事，实则别有隐谋。”⑤清廷得奏，于8月19日下旨：钦派李稷勋仍总宜工，并饬川

① 《端大臣来电》(宣统三年闰六月一日)，《愚斋存稿》，卷78。

② 《川汉铁路总公司董事局致宜昌董事局请促李稷勋自电否认部派总理电》，宣统三年闰六月十四日，戴执礼编：《四川保路运动史料》，第225页。

③ 《股东会呈请赵署督电奏分别纠劾盛宣怀李稷勋文》，戴执礼编：《四川保路运动史料》，第255—257页。

④ 《电宜昌李总理》(宣统三年闰六月十九日)，戴执礼编：《四川保路运动史料》，第259页。

⑤ 《武昌端大臣、瑞制军来电》(宣统三年闰六月二十四日)，《愚斋存稿》，卷79。

督将所有川款查明,实力奉行①。这个谕旨终于把四川人民逼反了。

赵尔丰接到“上谕”后,只告诉给几个立宪派首领,他们都认为此事不能发表,否则“众必大愤”。但是,宜昌方面已得此消息,成都方面也终于无法掩盖了。消息一经传开,群众异常激愤。特别股东会放弃了原定的休息日,8月24日当天上午召开紧急会议。会场上一片哭、喊、叫、骂、捶胸、跌足之声,秩序大乱。也有人提出一些对付办法,但由于主持会议者的犹豫,无结果而散。这天下午,保路同志会又举行大会,几万群众涌进了会场,要求罢市、罢课、罢捐,并要到总督衙门去请愿。当罗纶、邓孝可等犹豫不决,会议还在进行时,街上已在关门罢市了。同时,街头上出现了传单,号召“自明日起全川一律罢市罢课,一切厘税杂捐概行不纳”②。

这天晚上,学界保路同志协会决定,各校当即开始罢课。

成都沸腾了。赵尔丰急忙命令营务处总办田征葵调遣巡防军进城,分驻平安桥、四圣祠、丁公祠、子龙塘、通顺桥、双凤桥等处,严加戒备。另一方面,他又召集颜楷、张澜、罗纶、邓孝可、曾培、彭芬等商谈疏导办法。立宪派的头面人物心情惶惑,一边感到群众起来了,“骑虎难下,欲罢不能”,但又怕由此而激起群众的暴动;因此,他们与赵尔丰想恢复秩序的要求,有共同的地方。根据赵尔丰的意图,当晚,股东会领导人与各街协会代表共商开市和保守秩序的办法:他们通过提法使周善培、巡警道徐樾,派出巡警监视各街道爱国群众,同时用同志会名义刊发《公启》,规定“勿在街市群聚”,“不得打教堂”,“不得侮辱官府”等等戒条。另外他们还想出一条办法,用黄纸刊印光绪皇帝的神位,左右两边写着“庶政公诸舆论,川路准归商办”的对联,分发给各街各户张贴门首,让每家居民每日早晚焚香礼拜。立宪派的首领们想用这办法作

---

① 《川人哭路大风潮》,《民立报》,1911年8月29日。盛宣怀《寄瑞制军》(宣统三年闰六月二十五日),《愚斋存稿》,卷79。

② 《成都特别通信二》,《民立报》,1911年9月15日。

护符，证明自己不是“犯上作乱”的；但它却起了让人们无须乎害怕“造反”获罪，把更多的群众动员起来的作用。于是各街道中心随即都扎起了“皇位台”，台上都供起了光绪帝的牌位，牌位上几行大字十分令人注目，其形式如下：

庶政公诸舆论 光绪德宗景皇帝之神位 川路准归商办

在这个“皇位台”的两侧，还树起了一副对联，上联是“文官下轿”，下联是，武官下马”。

这种供奉光绪皇帝牌位的形式，立宪派原想借以防止群众的行动越轨；结果却起了保护群众的作用，因为这种形式，使保路斗争完全合理合法，剥夺了反动统治官员们一切诬蔑和反对的借口。

8 月 25 日，即成都罢市开始的第一天，赵尔丰派府县官员亲到街上召集商民劝谕开市，但是商民们都“一哄而散”①。川督赵尔丰虽以凶悍著名，但当时省城兵力单薄，而且他还顾虑到警察、新军都是本省人，难免有“眷怀桑梓之念”，“欲其捍卫尽力，实难凭信”②。在这样群众运动的威力面前，他不敢轻举妄动，只得一面向清廷报告求援，一面封锁消息。

成都一罢市，各县留省人员即“雇快马捷足走告本埠”③。温江、华阳、灌县、郫县、简州、汉州、双流、新繁、新津、新都、崇宁、崇庆、金堂、什邡等处，凡是先得到消息的地方都一齐罢了市；接着潼川府、嘉定府、叙州府、资州、重庆府等处也纷纷响应。江上各船户也“俱相率罢工”，使

① 《成都特别通信二》。

② 《四川总督赵尔丰陈川人主张路归商办并请将借款修路交资政院决议电》，《文献丛编》第 23 辑。

③ 《成都特别通信二》。

水上交通瘫痪①。到 9 月 7 日南至邛雅，西迄绵州，北近顺庆，东抵荣隆，“千里内外，府县乡境，一律闭户”②。风潮开展得如此迅速和猛烈，是清政府的反动官僚们预料不到的，也是温和的立宪派绅士们所不敢设想的。

各市县罢市开始后，新繁、崇庆、彭县等地发生捣毁巡警署、经征局的事件，四川人民逐渐挣脱了立宪派的精神桎梏，直接行动起来了。

四川人民的斗争，反映到清政府中，引起内阁意见分歧。度支部大臣载泽、邮传部大臣盛宣怀以及端方、瑞澂等人是力主“严拿首要，格杀勿论”的。例如，盛宣怀在 8 月 26 日（七月初三）致赵尔丰的电中便说：“要胁罢市、罢课即是乱党。湘粤初亦如此，经告示严禁，有‘格杀勿论’字样，乃能相安无事。……闰六月初六日电旨：‘倘敢抗违，即将倡首数人严拿惩办，以销患于未萌’等因，钦此。罢市、罢课倡首数人，一经严拿惩办，自可息事宁人。”③

但是，统治阶级内部有矛盾。内阁奕劻，认为载泽有觊觎自己地位的野心，所以对度支部事事加以掣肘，而铁路借款问题，度支部和邮传部是紧密联在一起的。站在两派争夺权力之间的摄政王载沣，又中心无主。因此，清政府在对付川人罢市问题上，一段时间内，举棋不定。

成都的赵尔丰，面对全省罢市怒潮，焦灼不安而又束手无策。成都将军玉昆原是奕劻的亲信，是附和奕劻，反对载泽、盛宣怀的。他对赵尔丰的行动起着牵制作用。赵尔丰从玉昆身上看出内阁中意见分歧，再看到立宪派掌握下的股东绅士们还能和他合作，并无滋扰情形，罢市罢课的人民，也还没有大举暴动，所以他虽感到局势的危岌，但总不敢立即采取卤莽的镇压行动。反之在罢市开始以后，他还屡次代奏申述

---

① 《川路风潮片片》，《民立报》，1911 年 9 月 11 日。

② 《民立报》，1911 年 9 月 17 日。

③ 《盛宣怀致赵尔丰电》，见《辛亥革命前后》（盛宣怀档案资料选辑之一），第 130、131 页。

股东会及川人意见，要求转圜的办法。8 月 28 日，他又与成都将军玉昆及各司道会衔代奏，请朝廷将川路“准予暂归商办”，“将借款修路一事，俟资政院开会时提交决议”①。因此这期间立宪派对他仍充满着依赖的心理。

罢市后的第五天，即 8 月 29 日晚上，赵尔丰派遣官员与蒲殿俊磋商补救办法，蒲殿俊认为省城不会有危险，“所恐者惟外邑耳!”由此，可看出到这时以蒲殿俊为代表的一派绅士们的态度，仍然是在防止暴动，走合法争路的道路。即他们自称的“文明争路”。

8 月 31 日，罢市后的第七天，蒲殿俊、罗纶等人按照赵尔丰的要求，发起成立了以防止暴动为目的的“官绅商学界联合维持会”。罗纶说：“维持者，系维持罢市时间无生他变”，希望官绅之间“化除意见，如同舟共济”。但是维持会刚成立，成都街上出现了“招贴”：“对于维持会不无怀疑”，谴责立宪派“讨好官场”②。

从 8 月 30 日到 9 月 5 日这几天中，以盛宣怀、端方、瑞瀓为代表的极端反动势力与为破约保路而起来的四川人民群众之间的斗争，越来越接近短兵相接的阶段。川督赵尔丰和骑虎难下的立宪派首领们在这股激流中间，时起时落地翻腾着，两者之间的关系时近时远地变化着。端方、盛宣怀等痛恨赵尔丰“庸懦无能”，不能“严行镇压”；他们已计划着派重臣入川查办，“并治赵尔丰以应得处分”。8 月 28 日，端方严参了赵尔丰的“抚驭无术”。瑞瀓也跟着参劾了赵尔丰的应付失策。8 月 30 日，赵尔丰受到“倘或办理不善，以致别滋事端，定惟该督是问”的申饬③。同日，赵尔丰收到载泽、盛宣怀把持下的内阁两封电报，表示查款、收路的政策，决不改变，并决不交资政院与谘议局去讨论。四川人民得知这些消息后，异常激愤，包括立宪派人士在内，也感到幻想的破

---

① 赵尔丰：《致内阁》(宣统三年七月五日)，《赵公季和电稿》卷 4。

② 《成都特别通信十一》，《民立报》，1911 年 9 月 20 日。

③ 《宣统政纪》卷 58。

灭。在人民群众的推动下，他们的态度也强硬起来。9 月 1 日上午举行的股东会，通过了不纳正粮，不纳捐输，不买卖田房，不认外债分厘。上项决定除由谘议局呈资政院外，并通告全国。这个决定对清政府无疑是一个严重的威胁。因为四川的岁入，除供本省政费外，还协济滇、黔、新、甘、藏等省区，四川动摇，西南半壁都要受其影响。在这样危局面前，赵尔丰联合将军玉昆及各司道于 9 月 1 日反过来参劾盛宣怀争路酿变，要求罢斥盛宣怀，勿任邮传部操纵路政，以弭祸乱。赵尔丰敢于参劾盛宣怀是由各种因素造成的。抗粮抗捐的群众声威，玉昆的支持，都是重要的原因，除此而外，还有一个原因，就是这时英驻成都领事，也以四川人民的"民气固结为虑"，致函赵尔丰愿"代筹转圜之法"①，赵尔丰于 8 月 30 日专门上了一道奏折报告此事。但是当时的清政府把借债卖路作为"续命汤"，结果还是盛宣怀、端方的主张占了优势，赵尔丰与玉昆的参奏，再一次受到"倘听其借端滋事"，"定治该署督之罪"的严厉申饬②。

二 成都血案

立宪派为主导的股东会，虽然作出"抗粮抗捐"的决议，但他们对赵尔丰并无太大恶感，并且还计划着在取得某种条件后，相机取消罢市。然而，赵尔丰已接连受到申饬，感到自己地位的危险，他已不想再"为民请命"，而准备采取镇压手段了。再加他周围僚属都与谘议局的议员早有矛盾，拚命地怂恿鼓动，向他输送假情报。赵尔丰相信了"近省有匪勾结同志会，定于十六(阳历 9 月 8 日)起事"的捏造消息，遂下了"拿办首要"的决心③。

---

① 赵尔丰等:《致内阁》(宣统三年七月九日)，《赵公季和电稿》，卷 4。

② 《宣统政纪》卷 58。

③ 《川路特别股东总会代表张知竞上查办大臣冤状》。

清廷派端方带兵入川查办的消息传来，立宪派于9月6日举行股东大会，商讨应付办法。有人在会场上散发一种题作《川人自保商榷书》的小册子，被赵尔丰抓住作为口实。其实《商榷书》是以“竭尽赤诚，协助政府”，“共挽时局之危，厝皇基于万世之安”作为出发点的，虽然也有刺痛清政府的话，但它要求以练成的地方武装保护官长，镇压“乱民”；要求斟酌时势，一律开市开课开工，以恢复秩序；要求振兴实业、发展教育、扩充军备等等，不过是一种“地方自治”的主张。于是，赵尔丰遂把“隐含独立”的罪名，扣在立宪派人头上。7日上午，他诈请那些头面人物来督署议事。罗纶、邓孝可、江三乘、王铭新、叶秉诚、张澜先到，彭芬续至，再后来的是蒲殿俊、颜楷。这些人一入督署就被捆绑起来，刀枪环立，大有立即“正法”之势。但赵尔丰临时想到须征询成都将军玉昆意见或请其作证，分担责任。而玉昆的态度是以庆亲王奕劻为转移的。奕劻因铁路借款回扣的分配上，对盛宣怀不满，兼因与载泽的矛盾，对处置川汉路问题，阴持消极态度。因此，玉昆对处决“诸绅”表示异议。赵的僚属亦多不同意。赵不得已暂将蒲、罗等人软禁于督署中。但后来又续捕了二人，分别羁押于督练公所与警务公所。有一个高等学堂学生阎一士（川汉铁路公司股东代表），用电话告诉赵尔丰，自认是《商榷书》的作者与散发者，不久即为华阳县所捕。省谘议局副议长萧湘出京回川，9月9日也在武汉被捕。此外，赵尔丰还派出军警包围股东会会场，查封了铁路公司、铁道学堂，以及鼓吹保路的报刊。

蒲、罗等被捕后，尽管赵尔丰马上贴出“只拿首要，不问平民”，“聚众入署，格杀勿论”的告示，但是全城的人民由此更加激动起来。“人心大愤，鬼哭神号。各街坊传告各铺家坐户，勿论老幼男女，各出一人”①，前去请愿。于是，成千的人立即奔向总督衙门，要求释放蒲、罗。请愿群众把自家门口的光绪牌位揭下来捧在手里或顶在头上，有的还

---

① 《成都绅民代表冤单》，《辛亥革命前后》（盛宣怀档案资料选辑之一），第139页。

手举着一炷香，表示是和平请愿。走在前面的人群像潮水的浪头一样先涌入督署的辕门，最后的人们，还停留在街心。但是赵尔丰早已准备好了。当人们在呼喊着提出质问和要求的时候，忽然枪声四起，子弹向群众扫射过来。附近街上的卫兵，也开起枪来。顿时辕门内外，秩序大乱。可怜一些手无寸铁的人民，倒在血泊中。满街都是丢下的光绪牌位，断碎的线香和挣脱的鞋子。督署的马队来回驰逐，正纷乱着的人们又被踏伤了一些。当场被打死的，经查明登记的有三十二人，伤者无法统计。但有些家属因怕连累虽死而不敢登记的还有很多人。死难者中有机匠、摊贩、裁缝、学徒、医生、店员、手工业者，等等。当屠杀进行时，赵尔丰下令关闭城门，又指使警务公所提调路广锺在靠近督署的联升巷放火，意在制造诬陷群众暴动的口实，以掩盖其杀人暴行。但是赵尔丰的几阵枪声并没有吓倒成都群众，入夜各街保路协会又复鸣锣集众，更多的人群冒雨拥入督署。到9月8日凌晨，证实了被捕诸人未死，才陆续散去。

就在当日，赵尔丰又下令搜查一些被捕者家中的信件；封闭省城外各印刷处所；继续逮捕学生；拆毁街道中心的“皇位台”；强逼商家开市；四门紧闭，城内各街加兵防守。这一天，大雨如注，督署门前昨日被屠杀的群众尸首尚未收去，因此造成一片不忍目睹的惨状。据当时记载：“昨日奔赴南院求情之街正、商民被枪击毙者众尸累累，横卧地上，犹紧抱先皇牌位在手不放。赵帅下令三日内不准收尸，众尸被大雨冲后腹胀如鼓。先皇牌位本系纸写，经雨冲坏，各尸首内犹执神牌本座，其幼尸仅十三岁云。”①

9月8日这天，赵尔丰还纵兵制造了滥杀近郊民团的事件。先是兵备处总办王棪为邀功造假情报，声称侦悉9月7日、8日乱民将在成都举事。赵尔丰所谓“先发制人”，逮捕蒲、罗，就是相信了这一“情报”。但王

① 《成都绅民代表冤单》，《辛亥革命前后》(盛宣怀档案资料选辑之一)，第140—141页。

棪还把这一假情报预先在近郊民团中散播，并与团绅约定，届时城内有变，即请民团迅速入城协剿。9 月 7 日近郊民团突闻城内枪声大作，城门关闭，以为果然发生“匪”情，于是团队数千人驰往协剿。但苦于不得入内，便分散在附近等候确实消息。谁知天亮以后，大队巡防军突然出城迎击，对准来“援”的民团开枪，先后打散了几支民团队伍，惨杀了许多团丁，然后谎报为“匪党攻城，已被击退”。就这样，王棪的假情报得到“坐实”；蒲、罗等人的“图谋不轨”，也就可以被赵尔丰引此为“佐证”了。然而，也就在这一天，真正要找赵尔丰讨还血债的各路民军直奔成都而来，围城之战开始了。

除上述滥杀近郊民团的事件外，还有一种记载，说明赵尔丰如何更加凶残地造成了成都城外的大血案。即：9 月 7 日督署门前的大血案发生后第二天，“城外附近居民闻此凶耗，人人首裹白布示哀，多且七十以上者，徒手冒雨奔赴城下。问其来意，谓如罗、蒲等已死，即来吊香，未死即同来求情。赵帅又命官兵开枪，击毙者约数十人，众情乃大愤噪，而城外妇女居民遭难投河者尤无数。”①

成都血案发生后，赵尔丰一面向清廷捏报蒲、罗“逆谋”与镇压经过，要求派兵来川，一面逼令商民开市。但各街铺家坚持不屈，闭门如故。事后赵尔丰还出了一份“拿办首要”的告示，说拿办蒲、罗诸绅，不是为他们争路的事；争路是“迫于一片爱国热诚”，“是极正当的事”，连他自己也“极赞成的”。而蒲、罗等人被拿办是因为他们“借争路的名目阴图不轨”。但是，除了从所谓《商榷书》上罗织几句话外，举不出真凭实据，而《商榷书》是漏洞百出的，不易坐实他们的死罪。因此他又指使尹良、路广锺等伪造了“豫州海柳氏”寄给罗纶的一封信，内有“倡举大义，资助快炮一千支，子弹三万发，劲党二千人”等语；还捏造了“血书”、“盟单”、木质“伪印”、龙袍、玉带等物。准备以此为佐证，置蒲、罗等人

① 《成都绅民代表冤单》，《辛亥革命前后》（盛宣怀档案资料选辑之一），第 141 页。

于死地。

尽管赵尔丰这样的反动统治者千方百计地要把立宪派的首领们置于死地，但立宪派分子的思想体系却证明自己是“大清的忠臣孝子”①。他们“不惟无作乱之事，抑且无作乱之心”②。在成都被民军包围期间，他们的一些追随者，散布了一首《哭先皇歌词》，集中地反映了这一派人物任人宰割的绵羊性格，证明他们与革命党人的思想是有显著区别的。歌词写道：

> 如今呼天天无路，只有抱着先皇的灵位哭，哭得转就是先皇暗中保护，哭不转我们的命就该呜呼。③

清朝统治者对这样驯服的忠臣孝子也和对人民群众一样举刀相向，他们还能得到什么人的支持呢？立宪派在反动统治者的屠刀下那样的软弱，人民群众当然要抛弃他们而选择革命的道路。历史正是按照它自己的规律向前发展的。

第五节 轰轰烈烈的四川人民武装反清斗争

一 同盟会、哥老会的起义准备

四川人民的武装起义，是从成都围城之战开始的。

9月8日赶到成都近郊来的武装有两种，一种是为王棪所勾引而上当受骗的地主民团(如前节所讲)，另一种就是称为保路同志军的人民起义武装。

保路同志军，是由同盟会和哥老会经过长期酝酿准备，而以成都血案为导火线发动起来的。

---

① 《川人争路大冤狱》(十五)，《民立报》，1911年11月3日。

② 《静观斋日记》，第27号。

③ 《成都特别通讯十七》，《民立报》，1911年9月24日。

哥老会在四川是一个拥有广大群众的社会力量。由日本回川的同盟会员不断地做联络哥老会的工作，也发动过一些起义，但都失败了。保路运动发生之初，四川同盟会组织涣散，处于无人主持的状态，故而运动的领导权为立宪派所控制。有些同盟会员像刘声元、程莹度、江潘等划不清和立宪派之间的界限，附和了立宪派的主张。但是也有一些同盟会员，如荣县龙鸣剑、王天杰，井研陈孔白等能够清醒地认识到立宪派分子的本质和他们争路的"必无结果"①，采取加入保路同志会，"外以同志会之名，内行革命之实"的策略②。又如重庆同盟会负责人杨庶堪等也看清了立宪派搞的一套，认为："非根本革命，无以拯救人民"；"保路云云，要皆枝叶耳"③。他们都在运用保路的形式，暗地积极聚集力量，准备武装起义。1911 年 7 月底重庆同盟会员朱之洪被推选为重庆股东代表去成都参加特别股东大会。重庆机关部派他借机与成都同盟会员密议起义的准备工作。朱到成都后，与同盟会员龙鸣剑、曹笃、方潮珍、萧参、张颐、刘经文、杨伯谦、刘咏闿、曾昭鲁、刘永年等及凤凰山新军中党人多次开会商量办法。大家认为成都防范严密，发动较难，不如在外州县发起，较易成功。于是决定分头出发，进行活动：刘经文取道川南，东下威远、富顺；曹笃、方潮珍、龙鸣剑和王天杰分返自流井、井研、荣县；张颐到青神、井研，各自进行工作。

这时，各地哥老会首领在同盟会的策动下，也积极进行起义的准备工作。

川西著名哥老会首领、郫县张达三和灌县张捷先都是同盟会会员，借保路会的名义，筹划起兵，派灌县"舵把子"姚宝珊去汶川、理番联系藏族五屯土司。他们成立了川西五路同志军和一个学生军，等待着举

① 吴玉章：《论辛亥革命》，《玉章在六十庆祝大会上之自述》。

② 唐宗尧、胡恭先：《资州罗泉井会议与组织同志军》，《辛亥革命回忆录》(三)，第 143 页。

③ 向楚：《重庆蜀军政府成立亲历记》，《辛亥革命回忆录》(三)，第 76 页。

义的时机。

7 月上旬,川西南著名哥老会首领、新津侯宝斋以庆寿为名,邀九府哥老会代表来新津聚会。应召而来的百余人,在侯宅前的王爷庙密商起义计划。与会的华阳哥老会首领秦载赓,积极主张武装暴动,当即决定:各首领返回原地,做好准备,一致进行。如兵力不足,不能一鼓攻下成都,就先占据川东南富庶地区,然后再谋进取。会上推举秦载赓、侯宝斋分别主持东路和南路的起义。

不久,龙鸣剑又与秦载赓等商定,以秦的名义用鸡毛文书传达各地哥老会首领,定于 8 月 4 日在资中罗泉井开“攒堂大会”。罗泉井会议是四川由保路同志会发展为同志军武装斗争的一个转折点,是同盟会把合法的保路运动转变为武装推翻清朝统治的一个重要步骤。这次会议,革命党人龙鸣剑、王天杰、陈孔伯和各路哥老会首领秦载赓、罗子舟、胡潭、胡朗和、孙泽沛、张达三、侯治国等人都参加了。会上研究了敌情和起义方略,以及枪弹、粮饷和军纪等问题。决定组织同志军,并再次明确秦载赓、侯宝斋主持东路、南路的起义;川西、川北由张达三、侯治国负责主持。

在湖北宜昌的铁路工地上,同盟会员黎怀瑾以“承揽工头事务”的公开身份组织铁路工人的斗争。黎暗地里“以兵法部署厥众”,打算“一旦有势可乘”,就夺取驻防旗军武器举行起义①。

地下的烈火正在运行,革命的潮流日趋高涨,成都血案成了地火的喷射口。

二 各路同志军猛扑成都

9 月 7 日,当赵尔丰的大屠杀开始后,同盟会员龙鸣剑、朱国琛、曹笃等人,跑到成都南门外的农事试验场内,用木板数百片,写上“赵尔丰

① 邹绍阳:《黎怀瑾事略》,《蜀中先烈备征录》卷 2。

先捕蒲、罗，后剿四川，各地同志速起自救自保”的字样；然后把木片涂上桐油，包上油纸，投入江中。木片顺流而下，人称“水电报”。下游的人迅速知道了省城出事，纷纷揭竿而起。

秦载赓首先闻警，立率所部同志军千余人，于9月8日上午，冒雨赶到了成都东门外，与清军接仗。秦部攻城，清军闭关抵拒，相持不下。侯宝斋率所部也在当天扑向成都与清军战于红牌楼。9日再与清军搏击于南关外，连获胜利。翌日，四方同志军响应而来者万余人，在秦载赓指挥下，与清军大战于东山庙、琉璃厂一带。

张达三、张捷先等统率的西路同志军听到消息后，由郫县出发，学生军五百余人为先锋，行至犀浦附近和巡防军发生遭遇战，短兵相接，血战数小时，督队官、队长及战士八十余人战死。

龙鸣剑、王天杰所部荣县民军五千余人，也急速向成都进军，行至仁寿附近为清军所阻，发生激战。

武装起义的形势发展得很快。七八天中间逼近成都附近的起义军，西面来自温江、郫县、崇庆、灌县等地，南面来自华阳、双流、新津及邛州、蒲江、大邑等地，共十余州县，“每县数起，每起或至万人”。约一二十万之众，从四面八方向成都汇集。这些起义力量，不管是有计划的或者是自发的，当时均利用保路名义，统称为“保路同志军”或“民军”。这些围城的起义军队，截断交通，扼守要道，不断与奉命出击的清军交锋。逼得赵尔丰防内攻外，顾此失彼，心情焦灼，通电求援。

警电传至北京，把摄政王载沣为首的一帮贪狠官僚吓得六神无主，以至“主剿主抚不一其说”。罪魁祸首盛宣怀更是“忧惧万状，几废寝食”，一会儿要挂冠请辞，一会儿又要强硬对付①。阁议的结果是饬派湘、滇、鄂、粤、黔、陕六省援军赴川，并廷寄端方“催令迅速起程”西上②。另外又起用开缺两广总督岑春煊前往四川会同办理剿抚事宜。

---

①　《蜀鹃啼血中之北京》，《民立报》，1911年9月24日、25日。

②　《端午桥入蜀记》，《民立报》，1911年9月11日。

四川的燎原之火，也把邻近各省的清廷大吏吓得惴惴不安。湘、黔、陕、滇等省，都调拨军警，严防川乱蔓延，禁止路事演说。

英、法、德、日、美等帝国主义政府为对付四川人民，电令各该国在长江上的军舰升火西上。英国还打算派印度兵经藏入川。清政府害怕外人卷入，引起更大麻烦，急忙照会各国公使，劝阻各国军舰停泊在重庆。

不管反动派采取什么措施，都阻挡不住清朝灭亡的趋势。到了保路同志军在四川全省兴起的时候，连清朝的军队也已不稳了。例如：9月8日新军统制朱庆澜召集凤凰山的新军训话，“以保路同志军为正当者，立左；否则立右。……右竟无一人焉”①。

三 荣县独立和东路军战况

秦载赓所部在成都东关激战数日之后，扼守东路要冲龙泉驿山顶，仍然威胁省垣。赵尔丰为了给成都打开通道，派兵乘夜猛扑上山，占领山顶。秦部苦战一昼夜后，于9月12日退至简阳休整。

龙鸣剑、王天杰领导的荣县同志军自从在仁寿附近受阻后，与清陆军六十八标苦战十五日，终于占领了仁寿县城。不久即与转到仁寿来的秦载赓部会师。为了共同对敌，决定设立东路民军总部。当时各属同志军来投者二十多万。其中包括从井研来的陈孔伯部，从威远来的胡良辅部和荣县组成的范夔、范模兄弟率领的各部。10月4日各属民军举行代表大会，公推秦载赓为东路军统领，王天杰为副统领，龙鸣剑为参谋长。东路军经过整顿后，与清军转战于中兴场、中和场、苏码头、铁庄堰、煎茶溪、秦皇寺等处，为时十余日，经历大小战斗二十余次。虽因装备较差，未能向成都推进，并迭有受挫之时，但士气始终旺盛，有许多首领为革命慷慨捐躯。

---

① 《四川文史资料选辑》第1辑，第109页。

当初,龙鸣剑、王天杰率队离荣县往攻成都时,正好同盟会派回四川工作的吴永珊(玉章)回到荣县。龙鸣剑嘱请他留荣县筹划一切大计。吴在荣县与各方人士议定用按租捐款的办法解决部队的粮饷问题,并训练各乡民团,开办军事训练班,支援前线。其后,龙鸣剑、王天杰攻成都不下,乃改道进攻嘉定,又进兵叙府。龙鸣剑因积劳成疾,离部队休养(后于 11 月 27 日在宜宾乡下病故)。王天杰经过转战之后,率部回到荣县。王与吴永珊共同策划,于 9 月 25 日宣布荣县独立,推举同盟会员、广安人蒲洵主持县政。荣县的首先独立(早于武昌起义半月)是全川独立的先导,为东路民军提供了一个可以依托的根据地。由于它一直保持下来,当时成为成都东南反清武装斗争的中心。

东路民军从成都撤围后,决定先分兵攻打外属州县,凡所收复之地都建立革命政权,并推行了一些新的政治和经济政策。两月之间,接连攻克仁寿、资阳、简州、井研、江安、宜宾、犍为、威远、富顺、自贡十余州县。其间,虽然也旋得旋失,时有挫折,但各地起义军风起云涌,革命风声,弥漫全川,是剿不尽、杀不绝的了。不过,也有些反动奸绅与清军勾结,从中破坏,而起义军有些领导人,对他们的面目认识不清,缺乏警惕,以致遭其毒手。11 月 9 日秦载赓轻骑出井研遭奸绅伏兵击杀。11 月 11 日,胡良辅在威远被奸绅郭藩、袁葆初所害。陈孔伯则因援救贡井民军,于 11 月 14 日兵败被执,落入清军与奸绅之手,被用煤油烧死。这些值得引为教训的事例,都已发生在武昌起义之后。当时四川民军对武昌发生的事,还不十分了解。

四　南路军、西路军战况

包围成都南关的侯宝斋所部民军于 9 月 16 日前后陆续撤离省垣,回师新津途中在双流与清军反正的周鸿勋部会合。周鸿勋,郫县人,同盟会员,原为邛州巡防营书记。9 月初周鸿勋杀该营管带,率二百余人起义后,由邛州出动向新津方面活动,在双流县彭家场等处遭遇清军,发生激战。至是,与侯宝斋相遇,侯、周两部于9月下旬合力攻占新津县城,拘囚了县知事彭锡圭,镇压了顽抗的清吏。从此,新津成为南路的重心,各方面向新津汇集的民军号称十万以上,统称南路军,公推侯宝斋为统领,周鸿勋为副统领。

赵尔丰派陆军统制官朱庆澜和提督田振邦分率防军六营、新军一协,进攻南路军。10月1日这两支反革命军队从双流向新津进犯,次日他们在花桥场会合,发动攻势。这时周鸿勋正在邛州镇压反叛,闻讯赶回新津部署抵抗。新津是成都西南的门户,三面环水。南路民军采取了凭江扼守的防御战术,将部队分为三线防守:第一线战士持刀矛,潜伏河边草地;第二线是精锐部队,持快枪,散布于新津城外之保资山;第三线则在山顶安设土炮多座。他们还沿河筑垒,随处设伏。新津河流水势本急,这时又值涨水季节,故水势益猛。清军几次设法过河进攻,都不得逞,而民军则不时出兵袭击,使敌人颇受困扰。相持到10月11日,清军终于夺船过河,逼近新津城边,民军英勇抵抗,昼夜苦战,但城墙被敌炮轰毁,无险可守,次日侯部挟辎重出走洪雅。接着周鸿勋也带队去邛州。18日侯宝斋在撤退途中被叛徒杨虎臣(军需长)刺杀,周鸿勋先则转战于川南一带,至11月间在贡井为滇军杀害。

10月13日新津沦陷,受到了清军的洗劫,被害群众"多至数万"①。

南路民军暂时失败,但他们的英勇奋斗,牵制和消灭了大量清军,有助于其他各县民军斗争的开展,而且就在南路地区,反抗的火焰,也并未完全熄灭。

西路民军的学生军9月初的犀浦之战,因系初次上阵,受到了很大的损失,其后西路军作了较充分的准备,推举张达三为总指挥,统一指挥战斗。他们根据情报,得知新军一标和巡防军三营分两路来攻崇宁,

① 《宣统三年九月十九日资政院总裁李家驹等奏折》,故宫档案馆《四川铁路案档案》。

张达三就将主力潜伏在崇宁北部天枢桥蒋家大林一带，并令前哨诈败以诱敌。等到巡防军进至设伏区时，引发地雷，十六门土大炮轮番猛轰，敢死队四面突击，短兵相接，取得一举毙伤巡防军二百余人的重大胜利。

西路军又联合温江民军吴庆熙部与崇庆民军孙泽沛部配合南路民军作战，砍断了官方电报线，拦缴了清军武器，破坏了桥梁交通，有力地支援了新津保卫战。他们还联合藏族人民共同进行反清斗争，一起转战于郫县、崇宁、灌县等地，屡予敌人以重创。

另一支从川南崛起的部队，是罗子舟领导的。罗子舟是同盟会员、雅安哥老会首领。当成都发生罢市时，他在雅安成立保路同志协会，集众千余人，进驻曹家坝建立民军大本营，杀了清军侦察员祭旗起义。成都围城之后，赵尔丰曾急调护理川滇边务大臣傅华封节制统率的边防军、新军等各部一万余人来援成都。傅部集结在清溪县，准备长驱直入省城。为了阻止傅部东进，9 月 19 日罗子舟便率民军数百人往攻荥经。群众纷纷加入，一举占领了荥经。原驻荥经之清防军全部投降。罗子舟既得降卒，兵力加强；同时来附者日众，遂号称川南同志会水陆全军都督，并派兵扼住了通向成都的要道大相岭上的大关。9 月 20 日起，傅华封出动部队数千，企图夺取大关。屡次仰攻冲锋，均不得逞。自是民军凭高抵御，与清军相持四十日，使清军不能越过大关一步。

在大关相持的同时，罗子舟又会合各县民军于 10 月 6 日围攻雅安城。清军闭城困守，不敢出战。有新降民军的哨官私率所部前往大关，扬言协防，实则叛变。到达大关后，纵火焚关，攻杀民军，10 月 29 日大关陷落。

围攻雅安的各部民军，闻大关失守，于 10 月 30 日解围，分路撤退。罗子舟率军一部转到洪雅，后经嘉定、叙府进至马边一带与犍为胡潭等部会合，仍然牵制着应援成都的部分边防军。

胡潭（原名胡重义）是犍为一带著名的哥老会首领。在成都惨案发生后，他拉起了一支民军，在犍为嘉定地区进行斗争。进入 10 月以后，川南一带成了民军与清军战斗的主要战场。东路民军王天杰、龙鸣剑、范燮,南路民军周鸿勋,从雅安南下的罗子舟各部都曾先后转战到了川南地区。这是7月上旬新津会议上"进攻川东南,占领富庶地区"战略决策的具体实行。端方对各路民军这一行动,是有些认识的。他认为"匪徒若以少数牵制城内官军,而以多数沿江下窜,则全川将为震动"①。因此,急速调集叙府巡防营朱登五部、江安巡防营徐甫陈部以及援川黔军新军一营、巡防两营来加强嘉定、眉州、青神等地区的反革命军事力量。

10月2日,朱登五部刚到犍为就受到一支四千余人的民军部队的打击。朱部惊魂未定,第二天嘉定就被胡潭的民军五千人攻占了。胡部武器装备很差,大多数战士用的还是土抬炮、鸟枪、刀矛之类,很少后膛枪。但他们勇敢善战,采用了"军多即避,军过则起,军弱则接仗"②的比较灵活的战术,因此屡获胜利。胡潭占领嘉定后,积极配合兄弟部队进攻在犍为待援之官军,并号召铜(梁)、雅(州)三边民军牵制朱军。这时端方采用"力争上游,即以固下游门户"的办法,命令"朱军由犍(为)规嘉(定),黔军由叙(府)规犍(为),徐军复由泸(州)顾叙(府)"③,但到了10月22日,朱登五部反被围困在犍为,叙府也被民军占领。

除上述东、南、西各路的情况外,北路也不平静,那里的革命人民也沸腾起来了。如:共进会员吴从周、张雅南等于10月27日率领起义军数百人攻下垫江县城,至11月21日占领广安县城。

总之,四川各地民军的武装起义,汇成了巨大的革命洪流,它以排山倒海之势,震撼和摧毁着清政权的腐朽统治。无论是川东、川南、川西、川北以及成都平原,各路著名的民军不下于三四十路。"散而复合,

---

① 《夔州端大臣来电》(宣统三年八月九日),《愚斋存稿》卷85。

② 《万县端大臣寄内阁电》(宣统三年八月十七日),《愚斋存稿》卷86。

③ 《重庆端大臣来电》(宣统三年八月二十二日),《愚斋存稿》卷87。

前去后来，竟成燎原之势”①。无论是奉命“查办”的端方也好，还是坐镇省垣的赵尔丰也好，都陷入了四川人民的包围之中。到后来，11 月 22 日重庆蜀军政府成立，地方官吏俯首投降；25 日，端方在资州被杀；次日，吴永珊又策动了内江起义。这时，赵尔丰在革命势力打击下，不得不收拾残兵败将，龟缩在成都一处，坐困愁城，苟延残喘了。

四川人民从保路斗争发展起来的武装起义，为武昌起义点燃了导火线，掀起了辛亥革命的高潮，它在中国历史上留下了不可磨灭的光辉业绩。

① 赵尔丰 9 月 19 日请内阁代奏电，《四川文史资料选辑》第 1 辑，第 118 页。

第十一章　武昌起义和各省响应

第一节　起义的筹备与发动

一　共进会、文学社的合作

随着革命形势的迅速发展，共进会、文学社的合作日益成为迫切的需要。

文学社一直以新军士兵为发展对象；共进会初期发展重点在会党，后来也转向新军。初时，两个团体分头进行，各无妨碍，但在发展成员过程中，终于发生摩擦。双方都逐渐感到，这种分门别户，各自为政的现象不能再继续下去了。

5 月 3 日，共进会干部在武昌胭脂巷二十四号机关集会，决定派杨时杰、查光佛、杨玉如和文学社联络①。随后，双方在武昌孙武宅集会。文学社出席者为蒋翊武、刘复基；共进会出席者为孙武、邓玉麟、高尚志、杨玉如等。初次的谈判并不融洽，蒋翊武认为应以文学社为主体；孙武则主张共进会应居于领导地位；会谈无结果而罢②。在小生产占优势的社会里，小团体主义常常是一种顽症，不是轻易可以克服的。对于合作问题，学历不高的蒋翊武心存疑虑，认为“穿长褂的文人难以共事”，“出了洋的人不好惹”③。刘复基则持积极态

---

① 杨玉如：《辛亥革命先著记》，第 37 页。

② 李春萱：《辛亥首义纪事本末》，《辛亥首义回忆录》第 2 辑，第 125 页。

③ 《辛亥首义回忆录》第 1 辑，第 12、71 页。

度。5 月 10 日，文学社开代表大会，刘复基提出，应与共进会联合，得到会议赞同。次日，双方代表再次集会于武昌长湖西街龚霞初宅。文学社出席者为刘复基、王守愚、蔡大辅；共进会出席者为邓玉麟、杨时杰、杨玉如、李春萱。会上基本达成协议，决定通知两团体在各标、营的代表，不要互争社员。共进会方面表示："我们两团体向系殊途同归，现在正是同归不必殊途的时候了。"文学社方面也表示："两团体的宗旨都是一致的，合则两美，离则两伤，譬如风雨同舟，大家只期共济，到达彼岸就得了。"①共同的斗争目标使双方吐出了一致的语言，小团体的畛域开始消除了。

共进会、文学社达成合作协议之后不久，保路风潮掀起，武汉地区人情沸腾。7 月 17 日，《大江报》发表时评——《亡中国者和平》。26 日，又发表时评——《大乱者，救中国之妙药》。该文末节声称："和平已无可望，国危如此，男儿死耳，好自为之!"二文实际上是革命派发动武装起义的公开号召。清政府为此封闭《大江报》，逮捕了该报主笔詹大悲、何海鸣。清政府的这一措施激起了人们更大的愤慨。

为了镇压四川人民的保路斗争，清政府于 9 月初命端方率兵前往"查办"。端方指调湖北新军第三十一标及三十二标一营。随后，端方又下令将四十一标调赴宜昌、沙市、岳州、襄阳等地。12 日，文学社在小朝街机关开会，决定如武昌起事，调防各处同志应即时响应。

新军的陆续外调加强了武汉地区革命党人的紧迫感。9 月 14 日，共进会和文学社的代表第三次集会于雄楚楼十号刘公宅。首由孙武发言，认为已经到了时候，要向敌人进攻了，希望切实讨论，计策万全。刘复基接着建议：文学社、共进会的名义一律暂时搁置不用，大家都以武昌革命党人的身份和满清拚个死活。刘公、蒋翊武、王宪章纷纷表示，愿意取消原来的湖北大都督、文学社社长、副社长等名义。这样，两个团体的合作又进了一步。在推举起义领导人时，出现了互相谦让的现

① 杨玉如：《辛亥革命先著记》，第 40 页。

象。于是，居正建议，派人赴上海邀黄兴和同盟会中部总会的宋教仁、谭人凤到汉主持。这一建议得到了孙武、刘公等人的赞同，当即推居正、杨玉如为代表①。同月 16 日，二人乘舟东下。

武汉革命党人的意见并不完全一致。当居、杨二人东下之际，囚禁狱中的胡瑛也托人带信给宋教仁，力言湖北准备还不完善，不能冒昧从事。因此，宋教仁、谭人凤等对居、杨二人的陈述疑信参半，犹豫不决。但是，孙武、刘复基等却已经等不及了。

9 月 24 日，共进会、文学社在胭脂巷十一号机关部召开联合大会，商量首义计划。到会六十余人。因蒋翊武随四十一标调岳州未返，以孙武为临时主席。会议确定 10 月 6 日（中秋节）为起义日期。推蒋翊武为临时总司令，孙武为参谋长，军政府组成人员为：

总理：刘公

军务部：孙武，（副）蒋翊武

参议部：蔡济民，（副）高尚志、徐达明

内务部：杨时杰，（副）杨玉如

外交部：宋教仁，（副）居正

理财部：李作栋，（副）张振武

调查部：邓玉麟，（副）彭楚藩、刘复基

交通部：丁立中，（副）王炳楚②

此外，会议确定刘公、孙武、李作栋、潘善伯等二十人为政治筹备员；刘复基、邓玉麟、蔡济民等二十九人为军事筹备员；总指挥部设于小朝街八十五号文学社机关部。其他如秘书、军械、司刑、司勋、司令、司书、会计、庶务各职，也都一一任定。

这次会议的最大事项是确定了总动员计划：

---

① 杨玉如：《辛亥革命先著记》，第 46—48 页。

② 上述名单各书微有不同，此据李春萱：《辛亥首义纪事本末》，《辛亥首义回忆录》第 2 辑，第 128 页。

1. 混成协辎重、工程两队驻扎在草湖门(武胜门)外塘角,由总代表李鹏升放火为号,同营炮队总代表余鹏来率队响应,占领凤凰山炮台及青山。

2. 临近楚望台的工程第八营,由代表熊秉坤负责,届时占领楚望台军械库、中和门,接应城外的炮队、马队和三十二标步队。

3. 南湖八镇炮队第八标徐万年、蔡汉卿率领炮队由中和门进城,攻击总督署。

4. 南湖八镇马队第八标及混成协第十一营留守部队,由祁国钧等以一部警戒于城外,以一部进城担任传骑队。

5. 八镇步队第三十一标及混成协步队第四十一标留守部队,由赵士龙、阙龙等率领,进占蛇山,掩护炮队。

6. 汉口驻军混成协步队第四十二标之一部,由代表赵承武等率队响应,进占武胜关。

7. 汉阳兵工厂驻军混成协步队第四十二标之一部,由代表胡玉珍等率队响应,占领龟山炮台。

8. 宪兵队彭楚藩担任侦察官方及各军队情况,邓玉麟、杨宏胜担任各部队联络①。

会后,武昌、汉口各机关加紧工作,每日赶办布告、符号、致各国领事照会及十八星旗、炸弹等物。革命党人都在紧张而兴奋地准备着,期待着。

地火在运行、奔突,它就要喷薄而出了!

二　起义秘密的暴露

就在共进会、文学社召开联合大会的当天午后,南湖炮队发生了自

---

① 这一计划现存各本均为事后追记,因而有所修饰。此据胡祖舜《六十谈往》、《武昌开国实录》及李春萱《辛亥首义纪事本末》等资料整理,借示大概。

发的暴动。八标三营的士兵梅青福、汪锡九请长假离营。同营士兵设宴饯别,席上行令劝酒,慷慨悲歌。排长忽然跑来干涉,怒气冲冲地要打人,激动公愤,当即引起冲突。霍殿臣、孟华臣等率众夺炮。但因大炮既无撞针,又无炮弹,只好弃炮而走。有人建议当晚立即起义,被刘复基制止。这件事在各方面引起了很大的震动。社会上纷纷传说"八月十五杀鞑子"。一时满城风雨,清方非常恐慌。瑞澂召开了有首县、管带等文武官吏参加的防务会议。决定调右路巡防营三营来省助防,派李襄麟为防卫督署指挥官,令楚豫、楚谦、楚材、楚有等兵舰夜间升火待命。同时又下令把各营士兵的子弹全部收缴,各标营提前一日过中秋节,八月十五宣布戒严,不准士兵外出。根据这些情况,起义总指挥部决定改期于 10 月 11 日(八月二十日)起事。同时催促蒋翊武、杨玉如、居正等返鄂。9 月 27 日,杨玉如启程,居正因购买枪械,并等待宋教仁决定,暂留上海。

到 10 月 9 日,又发生了一件意外的事。那天正午,孙武在新设的汉口俄租界宝善里十四号机关装配炸弹,在旁边观看的人不小心把纸烟火屑飘入炸药中。霎时爆炸,浓烟弥漫,声震四邻。孙武的手和脸部都被烧伤,被人急忙用被子盖住头部,送走治疗。刘公出门时正好碰上闻声赶来的俄国巡捕,谎称是煤油爆燃,旋即避匿。俄国巡捕进门后,发现是革命机关,就把炸药、旗帜、符号、文告、印信和印制的钞票等物全部抄走,又把住在附近的共进会总理刘公的妻子和弟刘同等也一起抓走了。驻汉俄国领事敖康夫立即把他们引渡给清方。审讯时有人畏刑吐实,于是起义秘密暴露。瑞澂下令紧闭四城,飞调巡防营、守卫队,教练队分布街巷。武汉三镇,侦骑四出,大事搜捕。

这天早晨,蒋翊武刚从岳州赶回,正与刘复基、王宪章、彭楚藩等在武昌小朝街八十五号总指挥部研究杨玉如从上海带回的消息,黄兴要求将起义日期推迟到十月底,与十一省同时发难。忽然邓玉麟等奔至,报告宝善里机关失事,指挥部立即研究。蒋翊武犹豫不决,刘复基主张应当机立断，他说："与其坐而被捕，不如及时举义，失败利钝，非常计也。"①他取出了事先已绘制好的地图和行动计划。蒋翊武就以临时总司令的名义，在当天下午五点发布了起义命令，规定在当晚十二时以南湖炮队鸣炮为号，城内外一齐动作。所有起义部队一律左臂系白布为记。

命令写好后，就派人分送到各标营。由邓玉麟负责通知南湖炮队，杨宏胜分送子弹、炸弹。蒋翊武、刘复基、彭楚藩等在总指挥部等候发动的消息。为了掩人耳目，刘复基还从外面叫了一个出租留声机的人进来，高声地放着唱片。快到十二点时，他们正装备出发，军警突然破门进来搜捕。刘复基挺身而出，向楼梯下甩去一个炸弹。不幸，刘复基被反射回来的弹片击伤，当场被缚。蒋翊武、彭楚藩等从屋顶逃走。但跳墙下来时，也被逮捕。同时被捕的还有牟鸿勋、龚霞初和张廷辅的妻子。由于蒋翊武穿着长袍马褂，拖着辫子，像个乡村学究，军警对他不大注意，他就乘间逃逸。

在这以前，杨宏胜在运送炸弹的时候，被军警察觉，也遭逮捕。瑞澂委武昌知府陈树屏、督练公所总办铁忠等一并会审。

当天晚上，各标营的同志正急切地等待着南湖的炮声，但是却一直沉寂无闻。原来传达命令的邓玉麟因城内戒备森严，没有及时把命令送到南湖。南湖的炮声没有响，十月九日的起义计划也就没有实现。被捕的彭楚藩、刘复基、杨宏胜三位党人，却在十月十日黎明之前慷慨就义了。

彭楚藩，原名潭藩，湖北鄂城人。1877 年生，1904 年投营当兵，师事刘静庵。日知会成立，任评议。日知会失败，改名楚藩，入宪兵学堂。毕业后充当宪兵，利用这一特殊职业掩护革命党人活动。后来加入文学社，为了促进联合，又加入共进会。受审时，主审官铁忠看到彭楚藩身穿宪兵制服，怕牵连自己当宪兵管带的妹婿，故意对彭说："你是宪

---

①　李廉方：《辛亥武昌首义纪》，第 75 页。

兵，是捉革命党的，怎么也被错捉来了？”彭正气凛然地回答：“我就是革命党！”铁忠还想开脱他，又说：“你不是奉命去抓匪徒的吗？”彭楚藩愤怒地答道：“我是黄帝子孙，怎么会接受满虏的命令！”他要来纸笔，振笔疾书，痛斥清朝权贵卖官鬻爵、失地丧权等种种罪行。并谓：“余既从事革命，个人生死，早置度外，请速余死。”①临刑不屈，年仅二十五岁。

刘复基是武汉地区卓越的革命党人。他体质文弱，为了运动新军，以坚毅顽强的精神忍受着军营的繁剧训练，自誓说：“吾为复兴祖国而奋斗，虽汤镬且不惧，遑恤苦为！”②在担任群治学社、振武学社、文学社职务过程中，他有胆有识，顾大局，识大体，对促进文学社和共进会的联合，制定起义大计，起了重要的作用，被同志赞为“小诸葛”。危急时刻，他挺身掩护同志；被审时，他痛斥清政府和官僚，骂不绝口；就义时，他连呼“同胞速起”、“还我河山”等口号。他的牺牲是革命力量的一个重大损失，受到湖北革命党人最沉痛的悼念。牺牲时年二十八岁。

杨宏胜，湖北容城人，农民出身，1886 年生。1903 年投营当兵。当革命需要专人负责交通联络时，杨就在兵营附近开设一个小杂货店，专任联络，任劳任怨，生活十分清苦。1911 年加入文学社。在受审时，杨不等清吏审问，就昂然地说：“老子革命党，杀便杀，胡问为？党羽除汝满奴外悉是。”铁忠大怒，命人狠劲鞭打，杨挺身直受。推出施刑时厉声骂道：“贼虏！杀！快杀！恐奴才不久亦随老子来也。”③牺牲时年二十六岁。

三位烈士在革命胜利的前夕牺牲了。后来革命党人、文学家胡石庵在《三烈士赞》中写道：“龟山苍苍，江水泱泱，烈士一死满清亡，掷好头颅报轩皇！精神栩栩下大荒，功名赫赫披武昌。”诗词表达了当时人们对烈士的沉痛悼念。

① 《彭楚藩传》，张难先：《湖北革命知之录》，第 261 页。

② 章裕昆：《刘尧澂传》，张难先：《湖北革命知之录》，第 262 页。

③ 《杨宏胜传》，张难先：《湖北革命知之录》，第 264 页。

同日晨，张廷辅被捕，刘公寓、同兴学社等革命机关相继被抄，被捕总人数达到三十二人。

瑞澂杀害了三位烈士，又陆续抓到了许多革命党人，破坏了革命机关，以为革命烈火被他扑灭了，立即通告全城说："此次匪巢破获，可以安堵一方。须知破案甚早，悖逆早已消亡。"①又在向清廷邀功的电报中夸口："瑞澂不动声色，一意以镇定处之"，"俾得弭患于初萌，定乱于俄顷。"②就在他得意忘形的时候，起义爆发了。

三　十月十日之夜

三烈士的被害，使革命同志悲愤到了极点。就在清吏还在继续按名册大事逮捕，革命力量已失去指挥的万分危急之际，各标营代表自动三两集议，决定按前令的布置，于当晚动手。由于三位烈士在受审时都坚拒吐露实情，起义的行动计划始终没有暴露。

当晚七时左右，在城外西北的塘角，李鹏升、李树芬等到马房纵火，顿时，熊熊烈焰腾起。混成协第二十一营辎重队、工程队和炮队随即起义，向城内进发。隆隆的炮车声惊动了乡民，起义士兵安慰说："这是我们的事，驱满兴汉，老百姓不要惊慌！"

在城内，工程第八营响起了第一枪。当时排长陶启胜查棚，发现士兵正目金兆龙臂缠白巾，手持步枪，就吼叫起来："你要造反！"金兆龙回答："老子就造反，你将怎么样！"陶扑上去把金扭住。金大喊："同志们快动手，还等什么？"士兵程定国在旁，用枪托猛击陶的头部。陶负伤外逃，程就举枪射击，击中陶的腰部。适值共进会工程营总代表熊秉坤赶到，见陶对面跑来，也打了一枪。这时全营轰动。代理管带阮荣发、右

---

① 《时报》，辛亥八月二十四日。

② 《瑞澂致内阁、军咨府、陆军部请代奏电》，中国史学会主编：《辛亥革命》(五)，第289—290页。

队队官黄坤荣、司务长张文涛赶来弹压，堵住楼梯门，一面放枪，一面大呼："汝等均有家小父母住在此地，此等事做不得，要灭九族的！赶快觉悟，各回本棚，不要胡闹！"士兵吕中秋向阮发一枪，阮带伤还手，被徐少斌击毙。士兵一拥下楼，程定国又发一枪，把黄、张同时击毙①。熊秉坤立即鸣笛，首先集合了四十多人，扑向楚望台军械库。

楚望台是一块高地，逼近中和门，军械库藏有大量枪支弹药，由工程营士兵负责守卫。自从传说革命党人在中秋节起事后，瑞澂即派军官李克果、成炳荣等监守。党人罗炳顺、马荣听到枪声和人声，知道本营已经发难，正准备响应，监守官李克果过来对士兵们说："非抵抗不可！"罗炳顺等说："我们连子弹都未见一粒，怎么能抵抗？"李克果就命令军械所主任叫人把库门打开，搬出两箱子弹，分发给各士兵。士兵们得到子弹后，立即向空中鸣枪响应。李克果见势不妙，同其他官佐一起越墙逃走。军械库就顺利地被革命士兵占领。工程营士兵约四百人，都纷纷到楚望台集合。熊秉坤以总代表名义进行指挥。宣布起义部队为湖北革命军，布置守卫楚望台和进攻总督署的战斗任务。来自各队、各棚的士兵初次集合到一起，秩序显得凌乱，熊秉坤感到指挥有点困难。汪长林等巡哨，发现了工程营左队队官吴兆麟。吴原来是日知会会员，日知会被镇压后，一度表现消沉。但是他军事知识丰富，在士兵中很有威信。当晚他也负责守卫楚望台，士兵起义时避匿库房附近。这时许多士兵就想推吴兆麟担任指挥。熊秉坤同各队代表商量，经过一番讨论，决定举吴兆麟为革命军临时总指挥，熊则处于参赞和监督地位。

各标营焦急地等待信号的革命士兵，看到城外的火光，听到城内的枪声，都纷纷起来响应。跟工程八营靠得最近的是二十九标和三十标。二十九标的代表蔡济民是排长，他以出巡为名，率领本排士兵首先冲出

---

① 熊秉坤：《辛亥首义工程营发难概述》，《辛亥首义回忆录》第1辑，第36页。关于这一枪，吕中秋有不同说法，见同上书第65页。

营门。他边冲边喊:“打旗人!”营内同志于是一齐呐喊:“打旗人!”杜武库、高尚志、杨选青、姚金镛等相继冲出。此时,三十标代表彭纪麟也已集合起队伍。第一营管带旗人部翔宸率旗兵百余人逃走。两标士兵纷纷奔向楚望台。二十九标统带张景良和三十标统带杨开甲都躲避了。

测绘学堂离楚望台很近,有学生八十名,都是十五、六岁的青年,听到枪声很紧张。李翊东挺身高呼:“同学们,不要怕,今晚是革命党举事,我就是革命党。愿意革命的跟我到楚望台去领取枪弹。”①测绘学堂学生平时都同情革命,这时就全体集合,向楚望台进发。

四十一标和三十一标同驻左旗营房,黎元洪的协司令部也设在那里。两标的部队大部分已外调,留守的总共三百多人。黎元洪看得很紧,他命令各营管带严防本营士兵行动。这时正好有一个外营的革命士兵前来送信,黎元洪立即把他杀了。士兵邹玉溪听到枪声,夺门而出,也被黎元洪手刃。这时蛇山响起了炮声,黎元洪沉不住气了,急忙潜逃。三营代表阙龙等齐集操场,大呼站队。四十一标右队队官胡廷佐同情革命,也鸣笛集合士兵,参加起义。

塘角混成协辎重、工程和炮兵三队的起义士兵,一部分由李鹏升率领先行。到武胜门,见城门紧闭,就急行绕了半个城,从中和门到了楚望台。总代表余凤斋率领大部分部队,由辎重队和工程队的革命士兵掩护着炮队,破城进占了高地凤凰山。

南湖炮队八标的发动,是夺取胜利的一个关键。当时有一种说法,炮队是军中之胆。革命党人对炮队下了很大工夫,在炮队八标建立了很好的基础。炮队士兵的革命情绪非常高涨,半个月前就在这里发生过自发的暴动。头一天(十月九日)深夜,邓玉麟、李作栋赶到炮队来传达命令,因到达时时间已晚,没有来得及发动。他们就留在营里筹划十月十日晚起事。十日上午,孙武又派汪性唐跟炮队二营队官孙文鼎联系,要求当晚发动。炮队进行了紧张的准备,把山炮撞针都换上了正规

① 杨玉如:《辛亥革命先著记》,第64页。

簧。听到城内枪声，蔡汉卿就赤膊奋起，奔呼集合。队官出面阻拦，蔡飞起一脚，队官被踢得倒退数步。各队士兵一面集合，拖炮实弹，一面派人通知附近的三十二标和马队八标，要求他们响应，掩护炮队进城。

这时工程八营也派金兆龙、马荣等率领一部分队伍出城来迎接炮队。不料到了中和门，发现城门关着，守门人带着钥匙逃跑了。金兆龙心急如火，双手扣住锁的两端，用力向怀中一拨，一把一尺长、两三斤重的铁锁竟被碎为数段。出城后，遇到三十二标旗人楚英带领的巡查队，双方交了火，楚英不敢恋战，带队逃跑。金兆龙等同炮队会合。炮队的二营管带姜明经同情革命，队官孙文鼎、尚安邦、蔡德懋都参加了起义。因此炮队维持了原来的建制，并拖出了十三门炮，是起义部队中人数最多的，达八百余人。这时三十二标和马队八标的留守部队，也都响应起义。

革命军的各路人马纷纷汇集，分别在蛇山、凤凰山和中和门城楼等地布置了炮兵阵地。大约在当晚十点半后，一场围攻当地反动统治势力大本营——湖广总督署的激烈战斗就开始了。

武昌城东西五里，南北六里，蛇山横亘其中，北边是山后，南边是山前，山前比山后较广。山前的东南是城内务标营的驻地，西南就是督署和张彪第八镇司令部所在地，督署在前，司令部在后。当时驻武昌城内外的兵力约二十个营，共九千多人。当晚陆续参加起义的达三、四千人。守卫督署的清方兵力有教练队一营，机关枪一队，武装消防队一队，新调来的巡防队一营，督署卫队和部分马队。张彪接到城内外同时举义的报告，又急忙调驻在平湖门外的辎重八营进城防守。辎重八营没有革命党人的力量，结果在起义中完全站到了反革命方面。再加上分布在城内的武装警察和宪兵营、旗兵营，清方的兵力超过五千人。

革命军前后向督署发起了三次进攻。

第一次进攻在十一时左右，以工程营为主力，兵分三路。第一路由邝杰率领，经过紫阳桥向王府口搜索前进。参加这一路进攻的，还有蔡济民率领的一排和一些零星队伍。第二路由马荣率领，向水陆街搜索前进，进攻第八镇司令部和督署的背后。第三路由熊秉坤率领，经过津水闸向保安门正街搜索前进，进攻督署的大门。那时各标营的起义部队还没有全部出动，进攻的兵力比较薄弱，对敌人的布防情况也没有探明，因此前进不久就被敌人的火力所阻。其中第一路邝杰的队伍发生伤亡后一直退回楚望台，受到谴责。蔡济民则率领他的排到达王府口，直逼督署的背后。

到晚十二点时，各标营人马已全部出动，炮兵也在蛇山上稳固了阵地，革命军声势大振，就发动了第二次进攻。第一路蔡济民部得到了三十一标和四十一标的阙龙、王世龙等部支援。第二路马荣得到了三十标吴醒汉部和二十九标高尚志部的支援。第三路熊秉坤得到了二十九标胡效骞、杜武库等部和三十标马明熙、徐达明部的支援。炮队进行轰击，各路部队奋勇进攻，都有进展。但因为当晚阴雨，炮队很难辨认目标，没有发挥威力，敌人还在顽抗。第三路是主攻方向，敌人的抵抗也最为激烈。张彪在白布上大书招降告示，要士兵们“速即归诚”。他亲自指挥，向革命军发动了两次反扑。马荣、熊秉坤等商量，决定组织敢死队，马明熙、彭纪麟、胡效骞、徐少斌、纪鸿钧等二十余人奋勇冲击，才把敌人打退。

接着，第三次进攻开始。革命军为了给炮兵照明轰击目标，决定在靠近督署后面的地方放火烧房。居民知道是为了打清兵，不顾损失，自动找来了引火物。一时火光烛天，炮兵看清了目标，命中率逐渐提高，打得躲在督署里的瑞澂似热锅上的蚂蚁。这时第一路和第二路进攻的部队已经会合，首先向大都司巷第八镇司令部发起猛攻。镇司令部的守卫部队在巷口用机枪猛烈扫射，挡住了去路。工程营队伍中冲出两名壮士，伏地蛇形前进，猛然跃起大呼，扑向机枪阵地。先立起的为敌人发觉，被刀砍倒；继起的趁敌人举刀之际，迅猛地抢过机枪，倒转枪把，猛射敌人。敌人像墙坍似地倒了下去，革命军在呼喊声中占领了八镇司令部。瑞澂发现督署背后已被包围，文昌门的通路也有随时被切断的危险，就责成张彪固守，同时慌忙命人把靠城墙那边的围墙打开了一个洞，钻出督署，直奔江边楚豫兵舰逃命。

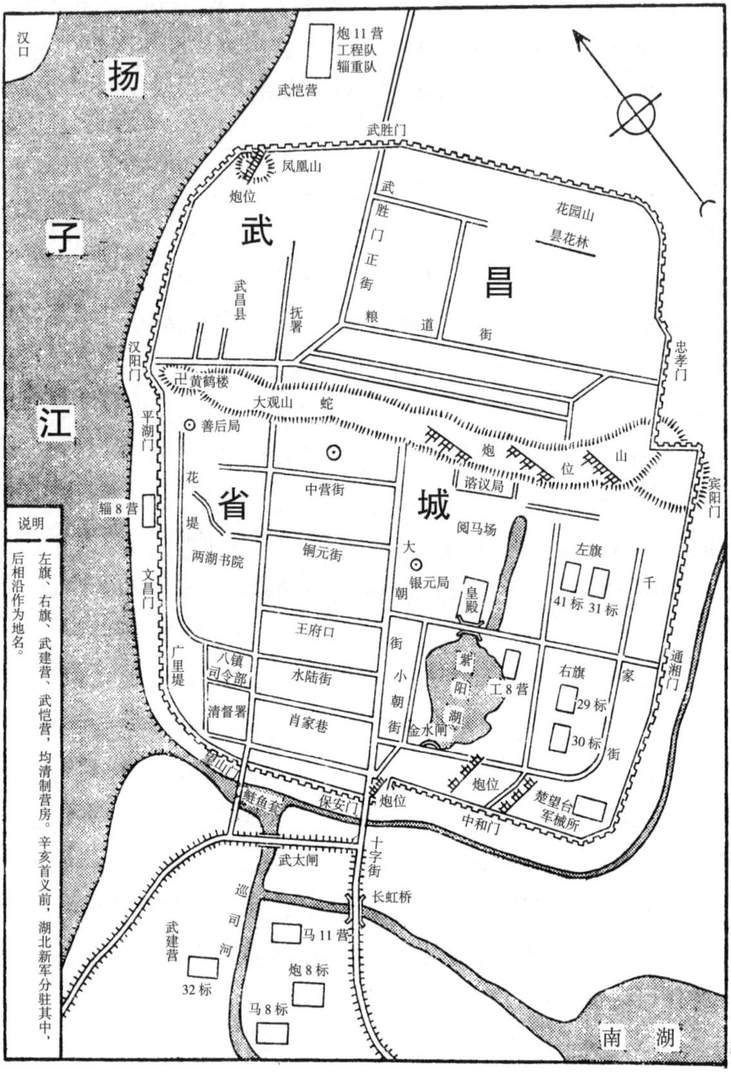
汉口
扬
子
江
炮11营
工程队
辎重队
武恺营
武胜门
凤凰山
炮位
武
昌
省
城
花园山
昙花林
武胜门正街
武昌县
抚署
粮道街
忠孝门
汉阳门
黄鹤楼
大观山
蛇
炮位山
平湖门
善后局
中营街
谘议局
宾阳门
辎8营
花堤
阅马场
说明
左旗、右旗、武建营、武恺营，均清制营房。辛亥首义前，湖北新军分驻其中，后相沿作为地名。
两湖书院
铜元街
大朝街
银元局
左旗
41标
31标
千家街
文昌门
皇殿
王府口
广里堤
八镇司令部
水陆街
小朝街
紫阳湖
工8营
右旗
29标
30标
通湘门
清督署
肖家巷
金水闸
炮位
望山门
鲇鱼套
保安门
炮位
中和门
楚望台军械所
十字街
武太闸
长虹桥
巡司河
武建营
马11营
32标
炮8标
马8标
南湖

武昌起义形势图

张彪看到瑞澂已经逃跑，自己的司令部也已被攻破，就命令教练队留下死守督署，自己带着辎重营逃往汉口刘家庙。教练队凭着督署墙垣，向外密射。熊秉坤率领敢死队冲到东辕门，与敌人对射。四十一标士兵王世龙冒着密集弹雨，抱着一罐煤油，跃进到门前钟鼓楼纵火。钟鼓楼火起而王世龙却中弹牺牲。火光照亮了署前的旗杆顶，蛇山和凤凰山的炮兵看清了目标，连连发炮。敌兵退守辕内，从大堂用机枪向外扫射，马明熙、彭纪麟、徐少斌等十余人冲进督署，却被敌兵包围。在这危急时刻，工程营士兵纪鸿钧再次抱起煤油箱冲入门房纵火，不一会延烧到大堂，敌兵慌忙逃散，纪鸿钧也壮烈地献出了生命。

到东方黎明的时候，革命军占领了督署。经过一夜血战，武昌全城克复。居民推门出来，只见满城都是臂缠白巾的革命军，一面醒目的十八星大旗，在黄鹤楼头迎风招展。

武昌革命志士们用鲜血换来了东方的黎明。为了夺取这个有伟大历史意义的胜利，许许多多革命士兵献出了自己年轻的生命。据卫生队长陈雨苍说，他派担架收检各街道遗尸，“紫阳桥一处，即有尸身数百具”①。他们的姓名留下来的很少，但是他们的功勋是永垂不朽的。

四　汉阳、汉口的克复

汉阳和武昌虽仅一江之隔，却没有及时得到有关的消息。10 日晨，文学社四十二标标代表胡玉珍感到情况异常，便乘去汉口采办之机，注意探访。正好遇上逃亡过江的副社长王宪章，才得知小朝街机关被破坏，刘复基等就义等情。当晚胡玉珍回营，将情况通知了书记王缵承。11 日午后，第八辎重队管带萧安国率兵三百多人来到汉阳，只见他们形态狼狈，武装凌乱，却不知道原因。萧部声称奉命前来保卫兵工厂，被守厂士兵力拒，便改驻龟山下水师营教场。不久，王缵承派出打

① 张难先：《湖北革命知之录》，第 260 页。

听消息的士兵渡江归来，得知武昌已被革命军占领，便决定当晚发动。胡玉珍亲自到汉口向二营代表赵承武布置，同时派人赶赴信阳，通知三营代表刘化欧。

晚上八点多钟，胡玉珍自外布置归来，见准备就绪，便取出密藏的三粒子弹，鸣枪为号。士兵们立即集合，胡玉珍宣布说："武昌已为我革命军占领，我们今天光复阳夏，为祖宗报仇，为民族争光！"随即派人打开子弹库，分发子弹。管带汪炳山见状逃亡。原日知会会员、队官宋锡全想阻止，士兵用白巾缠在他的臂上，说："你不要糊涂！"推他当指挥。士兵们迅速地占领了钢药、兵工两厂，并把三门大炮拖上龟山，辎重八营的清兵不敢抵抗就上了楚材舰。

12 日拂晓，起义军在龟山设立指挥部，将山头庙内神帐撕下来作为旗帜，高高地悬挂在山顶上。当时，楚材舰正向龟山方向行驶，邱文彬指挥士兵发炮轰击，双方发生炮战。不久，楚材舰连中数炮，仓皇逃走。汉阳宣告克复。

汉口革命党人的行动大体与汉阳同时。11 日上午，二营士兵代表赵承武等得悉武昌党人已经起义，便于下午一时会议，决定当晚与汉阳同时发动，公推排长林翼支及胡光瑞等为特别干事①。六时，二营管带陈钟麟传令各队加强警戒，并称，瑞澂电调的河南军即将到汉。这一新的消息在革命士兵中引起不安。赵承武感到不能犹豫，便持枪向天连击数响，大喊："敌人到了！敌人到了！"于是左队、后队相继出动。标统张永汉及陈钟麟慌忙出逃。赵承武宣布约法三章：挟私报仇者斩，争权夺利者斩，扰害商民者斩。革命军一直追到刘家庙附近。因听说河南军确已到达车站，便退至大智门。

同日，因发生放火抢掠现象，汉口商防保安会等二十二个团体、会员千余人集会，议决以保卫地方、协助民军为要义。12 日，各团体联合

① 湖北革命实录馆档案：《汉口光复始末纪》，湖北省博物馆藏(三)，324 号。

会正干事马中骥同商会协理孙铭新等人到汉阳，要求革命军过江镇抚①。宋锡全接受要求，派出了部队，汉口局势得到稳定。至此，汉口全市除刘家庙地区外，均已为革命军占领。

第二节　湖北军政府的建立

一　黎元洪被逼任都督

为了夺取起义的胜利，湖北革命党人以长期的努力，作了出色的准备。但是起义胜利后怎么办，要建立一个什么样的政权，怎样巩固和发展胜利，却准备得很不充分。当胜利来到的时候，这些在武装的敌人面前猛打猛冲的英雄们，甚至有点不知所措了。

11日上午，枪声停息之后，革命党人就聚集在阅马场谘议局开会，商议建立军政机构。参加者有蔡济民、张振武、李作栋、高尚志、陈宏诰、吴醒汉、徐达明、邢伯谦、苏成章、黄元吉、朱树烈、高震霄、王文锦、陈磊等。会上，在讨论都督人选的时候，“各军领袖，佥以资望浅，谦让未遑”②。有人提议推举一个德高望重、为全国所知的人，大家表示同意。他们派陈磊等去找议长汤化龙，建议他出任都督。汤有些心动。他在国会请愿运动失败后对清政府已经绝望，但一时还拿不定主意，“未有绝对拒绝意”③。他的儿女亲家、谘议局议员胡瑞霖顾虑到汤“与革命党素无密切关系，又其时成败尚未可知”，就“力持不可”④。但是，他们还是到谘议局参加了会议。被邀参加会议的还有副议长张国溶、夏寿康，秘书长石山俨，议员阮毓崧、沈维周等。这些人在隆隆的枪炮

① 湖北革命实录馆档案：《汉口各团联合会协助民军纪实》，湖北省博物馆藏，(三)399号。

② 张难先：《湖北革命知之录》，第266页。

③ 李廉方：《辛亥武昌首义纪》，第103页。

④ 李廉方：《辛亥武昌首义纪》，第103页。

声中过了一夜，现在惊魂未定地来到谘议局，却意外地发现革命党人对他们是十分尊重的。汤化龙发表演说称："革命事业，鄙人素表赞成，但此时武昌发难，各省均不晓得。须先通电各省，请一致响应，以助大功告成。此时正是军事时代，兄弟非军人，不知用兵。关于军事，请诸位筹划，兄弟无不尽力帮忙。"①于是，有人就改推黎元洪。议员刘赓藻说："黎元洪现在城中，如果大家认为合适，我愿带人找他。"②会议决定派蔡济民随刘前往，但是，这时工程营的士兵已经把黎元洪找出来了。

黎元洪是武昌地区仅次于张彪的清军头领。张彪出身"丫姑老爷"③，没有多少文化，经常吞蚀巨额官饷，虐待士兵。黎元洪则出过洋，受过资本主义的军事教育，以善于治军著称；平时，他注意笼络士兵；铁路风潮中，他是湖北铁路协会的军界代表；因此，新军士兵对他普遍存有好感。

10日晚上，他先想用血腥手段镇压革命，后来看到形势不妙就换上便衣，跑到黄土坡他部下一个参谋刘文吉家里躲藏了起来。当革命士兵把他从卧室中搜查出来的时候，他吓得浑身打颤。士兵们要他到楚望台见吴兆麟，他不肯；士兵们以强硬的口气威胁，他才勉强答应。到了楚望台，他满脸愁苦地对吴说："你为什么要革命？这是要全家诛戮的事！""快叫大众各回各营，事情太闹大了，更不得了！"④正午时，被身不由主地送到了谘议局。

黎元洪到了，与会诸人鼓掌欢呼。这时，继续到会的有吴兆麟、邓玉麟、向讦谟、李翊东、方兴等。当黎元洪被告知要他出任都督时，面色惨白，急得大喊："我不能胜任，休要害我！"胡瑞霖、吴兆麟等婉劝，张振

① 曹亚伯：《武昌革命真史》，正编，第36页。

② 张难先：《湖北革命知之录》，第266页。

③ 李春萱：《辛亥首义纪事本末》云："张彪原系张之洞亲随，娶之洞使女为妻，因有'丫姑老爷'之名"。见《辛亥首义回忆录》第2辑，第162页。

④ 曹亚伯：《武昌革命真史》，正编，第34页。

武、蔡济民等胁迫，但黎仍坚决拒绝，不肯就任①。一时满座哗然。有人大声叫骂："黎元洪，太不识抬举了！"这时，有人送来一份预先写好的安民告示，要黎元洪签署。黎瑟缩着用颤抖的声音说："莫害我！莫害我！"拒不肯签。李翊东气得举枪对黎说："我们不杀你，要你作都督，你还不愿意！再不答应，我就枪毙你！"黎还是不肯签。李翊东就拿起笔来签了一个"黎"字，说："我代签了，看你还能否认不成！"②这样，经过书记缮写后，一张张《中华民国军政府鄂军都督黎布告》，当天贴遍了全城。布告的全文如下：

> 今奉军政府令，告我国民知之：凡我义师到处，尔等不用猜疑。我为救民而起，并非贪功自私。拔尔等出水火，补尔等之疮痍。尔等前此受虐，甚于苦海沉迷。只因异族专制，故此弃尔如遗。须知今满政府，并非我家汉儿。纵有冲天义愤，报复竟无所施。我今为民不忍，赫然首举义旗。第一为民除害，与民戮力驰驱。所有汉奸民贼，不许残孽久支。贼昔食我之肉，我今寝彼之皮。有人激于大义，宜速执鞭来归。共图光复事业，汉家中兴立期。建立中华民国，同胞其毋差池！士农工商民众，定必同逐胡儿。军行素有纪律，公平相待不欺。愿我亲爱同胞，一一敬听我词！

这是宣告统治中国几千年的封建专制死亡，号召建立中华民国的第一个布告。它强烈地表达了苦难的中国人民对帝国主义走狗清王朝的深恶痛绝。布告贴出后，立即在广大群众中引起强烈的反应。满城居民，奔走相告，扶老携幼地出来观看，到处喜气洋洋，欢声雷动。

与安民告示同时发布的还有刑赏令，规定了"买卖不公者斩"、"扰乱商务者斩"、"奸掳烧杀者斩"、"邀约罢市者斩"等各项纪律。

都督推举出来了。一个昨天还手刃革命党人的旧军官，一夜之后，突然被推上了革命领导者的宝座。这种情况之所以发生，固然是由于

① 张难先：《湖北革命知之录》，第266页。

② 李翊东：《座谈辛亥首义》，《辛亥首义回忆录》第1辑，第10页。

临时的原因:孙武被炸伤,刘复基等被杀害,蒋翊武和刘公被迫逃离,使革命领导在起义前夕就处于空缺的状态。但更主要的是革命党人方面存在着严重的弱点。

首先是湖北地区的革命党人还没有形成一个统一的、巩固的、有威望的领导核心。文学社和共进会是在起义前半个月才实现联合的。革命的军政领导机构也是从那个时候才开始酝酿的。派别的成见使他们不能选出一个军政首脑。推蒋翊武当总指挥,孙武当参谋长,用意就是由他们两人共掌军权,而且只限于军权。刘公在日本东京时当过共进会的总理,回到湖北后被共进会内定为湖北都督。但是在两团体实现联合的时候,他就声明放弃这个名义。当时大家把希望寄托在由黄兴来任首脑。认为这样可以避免双方争夺领导权之嫌。黄兴迟迟没有来,都督的位子也就空缺着。

其次是许多革命党人都是根据种族而不是根据政治态度来划分革命与反革命的界限。他们认为,满人是革命的敌人,而汉人不论是立宪派也好,清朝的官僚也好,革命胜利后都会赞成革命。既然如此,让那些有资望、有地位的人来当领导,比起普通兵目、低级军官来,不是更足以“号召天下”吗? 1911 年 4 月,文学社在洪山宝通寺召集各标营代表开会,就曾提议推黎元洪为临时都督。理由之一是黎是当时名将,用他可以慑服清廷,增加革命军的声威;理由之二是黎在湖北新军中素得士心,可以号召部属附和革命①。

不能说革命党人的考虑毫无道理。黎元洪出任都督有助于稳定局面,可以发生较大的社会影响。问题是革命党人对黎元洪的处理过于简单了。像黎元洪一流人,有条件地争取他附和以至支持革命是可能的,利用他的影响以助革命的发展也是可以的,但是,要他来领导革命则是不可能的,由他来掌握革命兵权则是万分危险的。

都督推选出来之后,在谘议局开会的人们松了一口气,才发现时间

① 万鸿阶:《辛亥革命酝酿时期的回忆》,《辛亥首义回忆录》第 1 辑,第 122 页。

已是下午了。胡瑞霖感慨地说:“革命党已经占领了武昌省城,公家有藩库,有官钱局,有粮储善后局,金店钱庄,到处皆是,不去一染指,不去一征发,秋毫无犯,市廛不惊,不但宗旨正大,举动文明,党人心理,更是纯洁,实在令人感激佩服。诸同志如需用款项,谘议局可先垫借五万元,以作临时开支。”①会后,他送来了一批银元和银锭②。立宪派这时最关心的是社会秩序。革命未起之前,他们希望尽可能避免革命;革命既起之后,他们希望尽可能温和地进行。武昌革命党人的严明纪律使他们满意。推举黎元洪一事使他们放心,觉得可以给予某种支持了。

当天下午还推举了各种职事人员。汤化龙被任命为总参议③。其他如参谋部、民政部、交通部、外交部、庶务部、书记部、军需部等,也都纷纷成立。其人员或由推举,或由自荐。当事人后来回忆说:“(大家)不知怎样作才好,又没有组织规程,七嘴八舌,莫衷一是。”④除立宪派外,参加会议的大多是二十多岁的年轻士兵和学生,幼稚和忙乱使他们不可避免地要犯错误。

二　军政府的组织及其内部斗争

署名“鄂军都督黎”的布告是贴出去了,但是,这个都督却变成了“泥(黎)菩萨”,像木偶似的呆坐着,不言不语,甚至不吃不喝。一些革命党人看到黎元洪这样顽固,感到自己不能不将领导革命继续前进的任务挑起来,因此,由蔡济民提议组织谋略处,作为筹划和决定军政大事的机关。大家推选蔡济民、吴醒汉、张廷辅、邓玉麟、高尚志、徐

---

① 李春萱:《辛亥首义纪事本末》,《辛亥首义回忆录》第2辑,第169页。

② 向讦谟:“晚八时,谟接领胡君子笏解来大银宝一百四十九个,又小银锭十五个。”见《治国日记》(稿本),近代史研究所藏。

③ 《民立报》,1911年10月20日。旧说以为汤化龙的职务是民政部长,误。当时的民政部长是张和伯。

④ 张肖鹄:《回忆辛亥武昌首义》,《辛亥首义回忆录》第4辑。第183页。

达明、王文锦、陈宏诰、谢石钦、李作栋、黄元吉、吴兆麟、蔡大辅等任谋略。当时,胡瑛已被从武昌狱中接了出来,也参加了谋略处。谋略处在10月11日晚于谘议局开始办公,作出了如下一些重要决议:(一)湖北革命领导机关定名为中华民国军政府湖北都督府,设于谘议局;(二)称中国为中华民国;(三)以本年为黄帝纪元四千六百零九年;(四)都督暂用黎元洪名义,布告地方及通电全国;(五)革命军旗为十八星旗;等等。

建立谋略处表明了革命党人建立领导核心的企图,但是,这个领导核心一开始就具有临时的性质。革命党人仍在对黎元洪"劝驾",准备随时把最高权力移交给他。同时,谋略处和军政府各部门之间的关系也不明确。很快,它的作用就被不断成立的其他机构挤掉了。

当晚十时,原三十标一营管带部翔宸,啸聚旗兵多人,进攻谘议局。李作栋、邓玉麟等带着黎元洪到蛇山脚下躲避,黎要求回私宅一行。甘绩熙、李翊东指挥担任守卫的陆军中小学、测绘学堂学生反击,部部被击败。李翊东又把黎元洪接了回来。第二天,黎元洪的态度仍然如前。有时,革命党人去看他,黎就自言自语地说:"我的脑袋被你们这些人送掉了!"然后就一言不发,盘膝闭目①。但是,由于武汉三镇全部克复,胜利消息不断传来,黎元洪的心眼终于活动起来。特别是有人用"黄袍加身"的故事来启示他,这就在他面前展现了一个极富于诱惑力的天地②。于是,10月13日,沉默不语的"泥菩萨"忽然开口了,他同革命党人聊起天来。有人责问他为什么还留着辫子。黎元洪说:"你们说要去辫子,我也有此意。从前我在军中曾出过'剪发听便'的通令。你们明天叫理发匠来,将我的剪去就是。"③第二天,黎元洪果然把辫子剪掉

---

① 卢智泉、温楚珩:《记詹大悲办〈大江报〉和汉口军政分府》,《辛亥革命回忆录》(二),第50页。

② 查光佛:《武汉阳秋》,1916年版,第4页。

③ 李春萱:《辛亥首义纪事本末》,《辛亥首义回忆录》第2辑,第166页。

了。天真的革命党人一个个因此而兴高采烈，他们哪里想到，不开口的都督开口之后，摆在自己面前的矛盾和难题更多。

和黎元洪不同，汤化龙、胡瑞霖等很忙了一阵子。他们胸前挂着标明职衔的白布条子，在军政府中进进出出，显出很热心的样子。但是，他们却日益对革命党人鄙视起来。军政府的机构和人员不断增加，忙乱现象也随着发展，出现了“人人都能作主，人人都不能作主”的现象①。这自然是汤化龙等所看不惯的。13日，汤化龙留日时的同学黄中恺访问汤和胡瑞霖。汤唯唯诺诺地不表态。胡则谓“秩序棼乱，行同草寇，万非吾辈所能合作”②。显然，胡的态度也就是汤的态度。黄不同意他们的意见，说是：“正赖我辈文人为之治理。”于是，汤、胡、黄、加上前候补知县舒礼鉴四人一起去见黎元洪。黎声色瘖暗，拱手低语说：“余以武人素不习民事，革命又起仓卒，其中多非余所素识，公等皆乡中优秀分子，务望出而相助。”③14日，四人再次见黎。两次见面，汤化龙、黄中恺等发现了一个事实：“黎公之为都督，傀儡耳。一切大权，操之党人手中。”④当夜，汤化龙约黄中恺在家起草《军政府暂行条例》。条例规定，军政府设军令、军务、参谋、政事四部，各部均受命于都督。条例对军事方面的三部作了细致的规定。而政事部，则只笼统地说设内务、外务、财政、交通、司法、文书、编制七局，声明其细则另订。显然，这是一个军民分治，大权统于都督一人的方案。15日，汤化龙等四人兴冲冲地将《条例》献给黎元洪。黎连呼妙！妙！但是，这个条例却遭到了看守黎元洪的革命党人的冷落，被扔到了字纸篓里⑤。汤化龙等正在意兴索然之际，碰上了新到武昌的居正。他也正为军政府的秩序

① 卢智泉、温楚珩：《记詹大悲办〈大江报〉和汉口军政分府》，《辛亥革命回忆录》（二），第50页。

② 逸民（黄中恺）：《辛壬闻见录》，抄本。

③ 逸民（黄中恺）：《辛壬闻见录》，抄本。

④ 逸民（黄中恺）：《辛壬闻见录》，抄本。

⑤ 逸民（黄中恺）：《辛壬闻见录》，抄本。

“棼乱”叹息。经过商谈,居正同意出面劝说革命党人接受《条例》。当即在江汉书院谘议局临时会址召集革命党人开会。居正诡称,条例是孙中山在海外预订的,于是,一致通过。

条例通过了,迅速确定了各部职员,名单如下:

军令部部长:杜锡钧(清军管带)

军务部部长:孙武(共进会员)

参谋部部长:杨开甲(清军标统)

政事部部长:汤化龙(谘议局议长)

在上述四个部长中,革命党人只有孙武一个。政事部各局局氏名单为:

内务局局长:舒礼鉴(谘议局议员)

外务局局长:黄中恺(汤化龙同学)

财政局局长:胡瑞霖(谘议局议员)

交通局局长:马中骥(商人,汉口宪政同志会成员)

司法局局长:徐声金(立宪派,汤化龙友人)

文书局局长:阮毓崧(谘议局议员)

编制局局长:张国溶(谘议局副议长)

在上述七个局长中,革命党人一个也没有。条例没有谋略处,自然被取消。刘公从12日进入武昌之后,一直主持谋略处。这时无法安排,被任命为总监察。

16日,胡瑞霖劝黎元洪登坛誓师,得到同意①。17日,在阅马场的中央搭起一座高耸的帅台,四周军队林立。黎元洪全身军服,腰悬军刀,到台前下马,威武地被拥护登台。台上放着黄帝牌位,剑、旗分立两侧。由谭人凤授旗、授剑,居正宣讲革命意义,黎元洪宣誓。由舒礼鉴起草的《祭告天地文》公然说:“元洪投袂而起,以承天庥,以数十年群力呼号,流血所不得者,得于一旦,此岂人力能及哉!”②就是说,黎元洪的

① 逸民(黄中恺):《辛壬闻见录》。

② 曹亚伯:《武昌革命真史》,正编,第112页。

权力，不是由革命人民流血奋斗得来的，而是由上天赐给他的。一个清朝的旧军官，就这样摇身一变成为民国的“开国元勋”了。阅马场上，“欢声雷动”。“兵士对都督之爱戴，亦大有加”①。慷慨激昂的誓师变成了对黎元洪个人的鼓吹。

立宪派所代表的是和封建地主阶级有密切联系的资产阶级上层，他们和黎元洪这样的旧军官结合乃是必然的。

汤化龙等所拟订的《军政府暂行条例》和人事安排，虽然通过了，终因排斥革命党人的企图过于明显，激起了强烈的反对。不少人声称：汤化龙是主张君主立宪的，与革命主义不能相容。各种流言也出来了。善于观察时势的汤化龙也就迟迟不肯到职。10月25日，在孙武、刘公、张振武、居正等人提议下，军政府再次开会，改订了暂行条例。这个条例增加了政治色彩和民主气氛。第一条规定：“中华民国人民公约推倒满政府，恢复中华，建立民国，暂组织军政府，统辖政务。”第三条规定：“军政府都督代表军政府人民施行职务；除关于战事外，所有发布命令关系人民权利、自由者，须由都督召集军事参议会议决施行。”第五条、第七条和第十条规定，军政府设立稽查员，任务是稽查各部、各行政机关和各军队，稽查员由起义人公推。这显然是为了加强革命党人对军政府的监察②。《改订暂行条例》的最重要之点是取消了包揽大权的政事部，所属各局都改称为部，直辖于都督。各部人事安排为：

军令部长：杜锡钧（清军管带）

军务部长：孙武（共进会员）

参谋部长：杨开甲（清军标统）

内务部长：冯开濬（留日学生）

外交部长：胡瑛（同盟会员）

理财部长：胡瑞霖（谘议局议员）

---

① 居正：《辛亥札记》，1929年版，第71页。

② 杨玉如：《辛亥革命先著记》，第81—82页。

交通部长：熊继贞（同盟会员）

司法部长：张知本（同盟会员）

编制部长：汤化龙（谘议局议长）

上述安排中，新增加的胡瑛、熊继贞、张知本等都是革命党人，编制部长则是一个没有实权的闲职。革命党人的力量大大增强了。

在军政府的人事安排上，革命党人注意保持对立宪派的优势，这是必要的。但是，革命党人并没有在军政府中形成坚强的领导核心。《改订暂行条例》所规定的都督权力仍然很大，“军事参议会”虽具有限制都督个人专权的作用，但并没有组织起来。黎元洪是在旧轨道上生活惯了的军人，革命对他来说终究显得生疏而可怕，当他的权力膨胀到一定程度的时候，几个革命党人部长就很难控制住局面了。

与湖北军政府同时建立的还有汉口军政分府。

汉口克复，詹大悲、何海鸣出了狱。他们立即渡江，和湖北军政府联络。军政府派蔡济民率兵二队随同他们返汉，驻扎四官殿。詹、何等对黎元洪、汤化龙身居高位、掌握大权不满，但是又觉得当时还不便公开反对，因此决定成立汉口军政分府。13日自外归来的蒋翊武也支持他们。军政府以詹大悲为主任，下设司令、参谋、军需、军政、军械、军法、交涉、稽查各处，由温楚珩、吴昆、何海鸣等负责。詹大悲等准备以此为基础，在局势稳定时对武昌军政府进行改组。汉口军政分府以文学社为主体，完全掌握在革命党人手里。在武汉保卫战中，它作出过贡献。但是，它有些自行其是的做法也加深了和武昌军政府之间的矛盾。

在汉阳，也建立了革命政权，由日知会员、系狱多年的李亚东任知府。

三　军政府的初期活动

湖北军政府建立于戎马倥偬中，它的主要任务是进行革命战争，巩固和发展已经取得的胜利。围绕这一任务，它进行了下列活动：

(一)发表文电

12日晨,革命党人即用黎元洪名义通电全国,宣告武昌光复。同时致电上海,催促居正、黄兴、宋教仁到鄂,并请转电孙中山,要他从速回国,主持大计。陆续发出的文电有:

《布告全国电》。宣布革命目标,呼吁全国人民奋起响应:“深望于十八省父老兄弟,戮力共进,相与同仇,还我邦基,雪我国耻,永久建立共和政体,与世界列强并峙于太平洋之上,而共享万国和平之福。”①

《宣布满清罪状檄》。指责清政府“使汉人永远降为满清之奴隶”,“割吾民之膏,吮吾民之血”等罪状八条②。

《告汉族同胞之为满洲将士者》。劝告清军中的汉族将士反正:“我辈皆中国人也。今则一为中华国民军之将士,一为满洲政府之将士……虽立于反对地位,然情谊尚在,心事又未尝不合也。”③

《檄各督抚电》。劝告各省督抚反正:“幸贵大臣勿拘君臣小节,而贻万世殷忧。”④

《免税公告》。宣布豁免湖北境内一切“恶税”:除盐、烟、酒、糖、土膏各税捐外,所有统捐局卡,一律永远裁撤;除海关外,所有税关,一律永远裁撤;本年下忙丁漕,概行豁免;各属杂捐,除为地方所用者外,概行豁免⑤。

《谕湖北各府州县政务及自治公所电》。宣布全鄂地方一律改为共和政体,要求各地清吏一律呈缴伪印,听候支配录用;不愿者缴印后听其自由;“人地相宜,民间倚重者”经自治公所推荐,可以留任⑥。

《通告城、镇、乡自治职员电》。要求各城、镇、乡自治团体速筹自保

① 曹亚伯:《武昌革命真史》,正编,第47、60—63页。
② 曹亚伯:《武昌革命真史》,正编,第47、60—63页。
③ 曹亚伯:《武昌革命真史》,正编,第59页。
④ 曹亚伯:《武昌革命真史》,正编,第53页。
⑤ 曹亚伯:《武昌革命真史》,正编,第99页。
⑥ 曹亚伯:《武昌革命真史》,正编,第49—50页。

之计:“赶办团练,守卫乡里,贫者效力,富者输财,既使游手无事之民,有谋食用武之地,而富足之家,得因以保全。”①

《通告各省城、镇、乡地方巡警电》。要求各地巡警坚守职事:“深恐饥寒无告之民,乘间窃发,施其抢劫之手段,而本军政府军事旁午之际,势难兼谋并顾,所有保护人民之生命财产,维持地方之安宁秩序,皆惟我同胞巡警是赖。”②

湖北军政府发表的文电很多,不能一一列举。上述文电大体完整地宣示了军政府的对内政策:满清政府是全国的公敌;革命的目标是建立共和政体;它准备减轻人民所承担的苛重赋税,但是,决不允许“饥寒无告之民”侵扰“富足之家”的利益,也就是要确保一切有产者的财产。

在军政府用黎元洪的名义通电全国的同时,汤化龙也以湖北谘议局议长暨全体同人的名义致电各省谘议局,指责清政府“伪为九年之约,实无改革之诚”。电文表现了对清政府设置皇族内阁的强烈愤懑:“兵财大权,存亡所系,而竟摒弃汉人,悉授亲贵。”它宣称:“维新绝望,大陆将沉,吾皇皇神明之裔,岂能与之偕亡?”电文要求各省谘议局人士:“不俟剑履,奋起挥戈,还我神州,可不血刃。”③清政府已经扶不起来了,希冀经过“不血刃”的和平转变取得政权,这是立宪派心理和立场的表现。

当时,各省尚在清吏控制之下,军政府所发电文不能流传公布。胡瑞霖建议,采用反宣传法,假托瑞澂名义发电,夸张武汉革命军势力,借以摇撼各省人心。汤化龙和革命党人李作栋等赞同胡的建议。汤并提出,八省膏捐大臣柯逢时处有密码本。于是即由汤起草电文,托人冒充瑞澂委托,请俄领事馆发出。这封电报后来讹传为汤化龙勾结柯逢时

---

① 曹亚伯:《武昌革命真史》,正编,第51页。

② 曹亚伯:《武昌革命真史》,正编,第54页。

③ 张国淦:《辛亥革命史料》,第101页。

等通敌的电报,加深了革命党人对立宪派的猜忌①。

（二）对外交涉

汉口设有英、俄、法、德、日五国租界和瑞典、比利时等十一国领事馆。军政府一成立,就在《刑赏令》中明确规定:“伤害外人者斩”、“保护租界者赏”、“守卫教堂者赏”等条。12日,军政府又照会各国领事,声称“对各友邦,益敦睦谊,以期维持世界之和平,增进人类之幸福”。照会宣布:所有清国前此与各国缔结条约,继续有效;赔款外债,照旧担任;各国既得权利和在华外人财产,一体保护。但照会声明:各国如有助清政府以妨害军政府者,概以敌人视之;如有接济清政府战事用品者,一概没收②。照会发出后,军政府又派人分访各国领事,要求承认革命军为交战团体。17日,驻汉英、俄、法、德、日各国领事照会军政府,声称“现值中国政府与中国国民军互起战争”,“领事等自应严守中立”。同时声称:不准携带军械的武装人员进入租界,不得在租界内储藏各式军械及炸药等物;勿论任何方面,如将炮火损害租界,当赔偿一亿一千万两③。武昌起义的爆发使帝国主义十分震动。武汉的江面上,帝国土义的军舰一时竟增加到二十艘(英八艘,德五艘,美三艘,日二艘,俄、奥各一艘),瑞澂所坐的兵舰就躲在英国炮船的后面。他曾请求英舰阻止革命军过江。11日,英公使朱尔典应允,“请英水师统帅竭力相助”④。13日,他又电示驻汉总领事葛福,除“不得已之事外”,“一概不准与革党首领公文往来”⑤。但是,为了使即将爆发的战争不致波及租界,影响帝国主义者在华的利益,他们又不得不摆出一副“中立”的姿态。革命党人对此十分重视,炫为外交上的一大胜利。军政府曾以黎元洪的名义发表文告说:“由此以观,足见外国人之爱独立、爱自由,

① 李廉方:《辛亥武昌首义纪》,第166页。
② 李廉方:《辛亥武昌首义纪》,第128页。
③ 李廉方:《辛亥武昌首义纪》,第129页。
④ 《致英外部大臣葛垒电》,中国史学会主编:《辛亥革命》(八),第264页。
⑤ 《致英外部大臣葛垒电》,中国史学会主编:《辛亥革命》(八),第265页。

而亦爱人之能独立、能自由也。"①但事实上,进攻武汉的清军里有外籍教官,帝国主义者的轮船公司也仍在为清军运送军火、给养。他们自己也承认,"所谓中立,只是千方百计掩护清军。"②在递送"中立"照会之后,各帝国主义国家仍然顽固地拒绝承认湖北军政府。11 月 8 日,朱尔典说:"至其自谓各领事已认彼军为交战团,据本大臣所闻,则实无其事。"③

湖北军政府的对外政策基本上是对同盟会既定方针的运用。明确地保护在华外人的生命和财产,宣布愿与各国建立睦谊关系,这是正确的。为了不给帝国主义的干涉造成口实,禁止轻率地触动租界和教堂也是必要的。国际舆论因此很快就消除了出现又一次义和团事件的担心。东京报纸盛赞革命军"深合文明举动"④,巴黎报纸认为革命军"明智异常"⑤。比起义和团的笼统的排外主义来,革命党人的对外政策确实文明、也高明得多。但是,它并非不得已地宣布赔款和外债等照旧承担,这就和劳动群众那种坚决的反帝精神不可同日而语,虽然劳动群众的反帝精神也应该给以恰当的领导。

(三)清除奸细

当时,反革命活动十分猖狂。13 日夜间,有一个大汉提着灯笼给都督府卫队司令官方定国送来一张纸条,方定国阅后慌忙将信撕碎,丢在口中咽了。李翊东发现可疑,赶紧过来责问:"送来的是什么东西?你为什么把它咽掉?你敢通敌!"方定国张口结舌,说不出话来。李翊

① 《革党之文告》,见《鄂乱汇录初编》,1911 年版。

② 《1911 年 11 月 14 日苏古敦致安格联第 129 号函》,《帝国主义与中国海关》,中华书局 1964 年版,第 13 编,第 28 页。

③ 《英使朱尔典致英外部葛垒文》,中国史学会主编:《辛亥革命》(八),第 342 页。

④ 《东京关于中国变乱之要电》,《鄂乱汇录初编》,1911 年版。

⑤ 何珍蕙摘译:《辛亥革命时的法国舆论》,《中国现代史丛刊》,第 3 集,第 53 页。

东喝令将来人拿下审讯，发现他竟是为张彪传递消息的旗兵，当场就被判处死。当李翊东喝令拿问方定国时，方手持快枪，身佩军刀，使卫兵不敢上前。李翊东冲上去一把抓住方的衣领，夺过他的枪刀。在革命党人的凛然正气面前，方定国瑟缩不敢动。经过严厉审讯，方供出混入都督府的有蔡登高、张振标等奸细多人。当即把蔡、张抓住，同方定国一起判罪处决，清除了隐患。

（四）扩军备战

经过10月10日的战斗，部分战士牺牲，部分逃亡，湖北军政府所能掌握的士兵仅存三千余人，远不足适应革命战争的需要。13日，军政府决定募兵，暂编部队四协，马队一标，炮队二标，工程、辎重各一营。武汉地区的工人、农民、学生积极响应号召，在海关、租界为帝国主义分子服务的苦力、更夫、仆役们也纷纷辞工从军。汉口外侨报纸说："应募而来的新兵从四乡涌进。募兵的军曹太热心了，他们不了解租界的特殊地位，竟然跑到租界里来。"①又说："武昌显得比以前更活跃，下层人民比前更满足了。募集的新兵成百地在操练着，这样的军队有两万多人。"②16日，蔡济民、熊秉坤等商量，决定成立第五协，同时成立两个敢死大队。结果，五协兵员，几天工夫就满额了。军政府不得不出示停招。

为了加紧生产武器、军火，汉口军政分府命李亚东转令兵工厂迅速召回工人，开工生产。宋锡全以军政府第一镇分部统领的名义出示，鼓励工人积极生产，革新创造："倘能于旧式之中，改良翻新，造成便捷利器者，本部定从优奖赏。"③在阳夏战争期间，汉阳兵工厂工人日夜赶工，为保卫革命政权和支援各地起义作出了贡献。

---

① 《汉口日报》编辑部编：《革命日志》，《帝国主义与中国海关》，中华书局1964年版，第13编，第363页。

② 《汉口日报》编辑部编：《革命日志》，《帝国主义与中国海关》，中华书局1964年版，第13编，第366页。

③ 《时报》，辛亥年九月一日。

(五)策反清军

张彪逃到汉口刘家庙后,仍拥有一部分兵力,构成对武汉的直接威胁。13 日,军政府以黎元洪的名义写信给张彪,劝他反正,遭到拒绝。同日,军政府又派人运动辎重营清军,也未成功。其后,黎元洪两次写信给他的老师清海军提督萨镇冰。20 日信中,黎真实地叙述了自己被逼任都督的经过:"其时枪炮环列,万一不从,立即身首异处,洪只得权为应允。"他以起义以来的进展说明:"以四万万同胞与数千满族竞争,以方兴之民国国民与运尽之满清抵抗",事机大有可为。他力劝萨镇冰归顺革命军①。这封信反映了形势发展对黎元洪的影响。

(六)安定社会秩序

起义后不久,军政府就组织演说队,派人沿街演说,安定人心。同时,颁布了严格的纪律。继《刑赏令》之后,16 日又颁布军令八条,规定"军队中上自都督,下至兵夫,均一律守纪律,违者斩","擅入民家,苛索钱财及私行纵火者斩"②。整个起义期间,湖北革命军始终纪律严明。后来有人回忆道:"军队寄寓民家,绝不妄取一物。如有所借贷,必按时交还。升米斤油之类,请其勿用交还,亦必坚决偿还。至于买卖,则公平交易,不见强买勒卖的行为。"③为了维护社会治安,军政府除成立临时警察筹备处外,又支持武昌商会会长吕逵先等组织保安社。在汉口,则赞助商会组织商团,发给枪支,作为巡逻、保卫之用。

武汉地区的良好秩序使帝国主义分子惊讶,他们不得不承认:"武昌到处人满,商店都开门,生意很好,人民安居乐业。"④"我们也没有想到,革命军在这里统治着,秩序竟然很好!"⑤

---

① 曹亚伯:《武昌革命真史》,正编,第 133—136 页。

② 杨玉如:《辛亥革命先著记》,第 99—100 页。

③ 余家菊:《回忆录》,第 69—70 页。

④ 《苏古敦致安格联第 118 号函》,《帝国主义与中国海关》,第 13 编,第 13 页。

⑤ 《苏古敦致安格联第 113 号函》,《苏古敦致安格联第 118 号函》,《帝国主义与中国海关》,第 13 编,第 9 页。

（七）稳定金融，保护工商业

起义前，武汉市面通用湖北官钱局所发制钱票、银元票和交通、通商等银行发行的钞票，起义后，纸币信誉下跌，人们纷纷挤兑银元和铜钱，引起银根紧迫，市面恐慌。为此，军政府特别发出照会，声明纸币照常通行，要求各界停止挤兑。照会保证："合当详定办法，竭力帮助金融机关。"①事后，军政府接受武昌商会要求，设立商界兑换处，又拨解铜元十万，交汉口商务总会，接济市面②。

革命党人特别注意保护商业。13 日，林翼支在汉口就出示宣布，以"保商"为"第一宗旨"③。汉阳知府李翊东也宣称："首以保卫治安，恤商爱民为务。凡我良善同胞，殷实商贾，无不极力保护。"④12 月，湖北军政府特别颁布了保护矿山的命令："凡银、铜、铁、煤、硝磺各矿场所在地点，皆责成该管知事严加封禁，妥为保护。"⑤1912 年春，专门成立实业部，以同盟会员李四光为部长。

由于革命党人的正确政策，湖北军政府得到了汉口和武昌商会以及汉阳商团的积极支持。汉口各团联合会正干事、回族商人马中骥并参加了军政府，任交通部部长。阳夏战争中，汉口商人购办军需，供给粮饷，出力不少。

（八）招纳人才

为了延揽各方面的人才，接待投效人员，军政府于 12 日晚成立招纳处。13 日下令："无论文武员弁，有一技之长，即送府委用。"⑥至 15

① 渤海寿臣：《辛亥革命始末记·各省》，第 5 页。

② 湖北革命实录馆档案：《革命以来湖北财政司要录》，湖北博物馆藏，（三）328 号。

③ 胡石庵：《湖北革命实见记》，第 34 页。

④ 《湖北汉阳知府李示》，《时报》，辛亥年九月六日。

⑤ 湖北革命实录馆档案：《内务司实录》，湖北省博物馆藏，（三）329 号。

⑥ 湖北革命实录馆档案：《呈造集贤馆创办职事各员履历清册》，湖北省博物馆藏，（三）326 号。

日，投效人员即达四百余人。同日改名为集贤馆。总计起义期间，集贤馆共接待各方志士约万余人。其中，有五千人分送各机关办事或资遣回省运动革命。有六千余人在馆外听用。留馆备用人员则经常保持五六百人之数①。第一集贤馆容纳不下，又陆续开辟了第二、第三集贤馆。

（九）创办《中华民国公报》

起义后不久，共进会会员牟鸿勋即倡议创办一种报纸，定名为《中华民国公报》，10 月 16 日发刊，由张樾任主笔。出版简章称："即以军政府之宗旨为宗旨，大要以颠覆现今之恶劣政府，改建共和民国为主义。"它是湖北军政府的机关报，也是军政府的主要宣传工具，以发表军政府的文件、公告为主，也发表部分新闻、评论和文艺作品。11 月 5 日，曾以中华民国大总统孙的名义发表布告，号召大汉同胞，群策群力，复仇报国。但是，从全面看来，它对同盟会和孙中山宣传不多。后来更发展为孙武一派的派报。

在汉口，革命党人胡石庵办有《大汉报》，出版第一日即销行三万余份，曾得到军政府奖励。

（十）改革司法制度

10 月 30 日，军政府司法部发表文告，谴责清政府司法机关灭绝人道、冤屈良善等种种罪恶，揭露清政府预备立宪以来在司法制度上所作的假改革。文告宣布设立江夏临时审判所和临时上诉审判所，受理民事和刑事案件。随后，公布了有关条例。《江夏临时审判所暂行条例》第一条称："本所为图司法独立，特提前办理，以为各属之先导。"第四条称："本所民事、刑事两庭均用合议制组织。"第十三条称：除特别事件外，"诉讼之辩证及判断之宣告均公开法庭行之"②。条例的有关规定

---

① 湖北革命实录馆档案：《呈造集贤馆创办职事各员履历清册》，湖北省博物馆藏，（三）326 号。

② 《中华民国公报》，1911 年 12 月 13 日。

具有鲜明的反封建特色。

（十一）制订《鄂州约法》

宋教仁随黄兴到鄂后，即埋头起草《中华民国鄂州约法》。11 月 9 日，由军政府公布，共七章六十条。《总纲》规定：鄂州政府由都督、都督任命的政务委员、议会、法司等部分构成。《人民》章规定：人民一律平等，有言论、著作刊行、集会结社、通讯、信教、居住迁徙、营业、保有财产、身体、家宅等自由，有诉讼于法司、陈请于议会、陈诉于行政官署、任官考试、选举及被选举等权利。《都督》章规定：都督由人民公举，任期三年，连任以一次为限。《议会》章规定：议员由人民中选举产生，议会可以向政务委员提出条陈、质问、要求答辩或弹劾，可以受理人民的陈请，送交政务委员。这部约法在中国历史上破天荒地承认了人民的民主、自由权利，把资产阶级地方共和政权的设想用法律形式确定下来，对促进人民在政治上的觉醒有巨大意义。它是以后南京临时政府颁布的《临时约法》的蓝本。

湖北军政府在革命大风暴中诞生，是开天辟地的新事物。它的出现，使广大人民群众的思想受到了极大的震动。过去被视为无上尊严的君主专制制度崩溃了，人人讲平等的思想成为一种不可阻拦的潮流。革命党人李亚东当了汉阳知府，每逢出衙都要乘坐四人抬的绿呢大轿。有人劝告他说："你是革命党出身，还摆这臭架子，不怕同志们耻笑吗？"他不以为然，说："有威可畏，才好管教百姓。"他乘轿到都督府，被卫兵喝令下轿："官僚派！满清怪物！打！"李亚东又惊又愧，不敢作声，从此再也不敢坐轿了。而且，全武昌城也没有人坐轿了。这种平等思想还反映在薪饷上。有人提议要给军政府的官员定薪俸，革命党人极力反对。结果议决职官薪给自都督以下，每人支津贴二十元。兵士的月饷则有所增加，兵士十元，副目十一元，正目十二元，后来才逐渐改为等差较大的薪饷制。

湖北军政府的活动有它成功的方面，也有它严重不足和失败的方面。它注重社会秩序的安定，但是，却没有把发动群众、壮大革命力量放在第一位。当时，各地城、镇、乡自治公所一类的组织大都把持在上层士绅手里，军政府要求他们赶办团练、巡警，赋予他们推荐官吏，保护“富足之家”等权利，这就捆住了群众的手脚，维护了旧社会的基础。

中国是一个封建势力根深蒂固的国度，不动员千百万群众起来造成一个大的社会变动，便不能摧毁封建制度的根基，这场革命只能半途而废。

四　革命向武汉周围地区发展

在长期的革命斗争中，武汉革命党人和周围地区建立了联系。武昌起义、三镇光复的消息传出后，湖北各地纷纷响应。

汉川起义。汉川是日知会会员梁钟汉的老家。10 月 13 日，梁辉汉、宋振东等在系马口起兵，直捣汉川。革命党人把关在狱中的梁钟汉接出来，推他为司令，组织汉川军政分府。

黄冈清军巡防营兵变。黄冈为黄州府治所在，是个很早就受到革命影响的城市。日知会员吴贡三判刑后就被关押在这里。10 月 14 日，驻防营兵群起向府县衙门索要欠饷，烧毁标统衙门。知县和地方绅士无法控制局面，便把吴贡三迎接出狱，要他全权处理。16 日，湖北军政府得到报告，立即派人前往招抚，成立鄂东军政支部。清知府、知县、标统等逃避，黄州府属各县纷纷反正。20 日，麻城县议会议长屈开埏召集四乡议员，准备宣布反正。屈是自立军首领，事败逃亡，到 1911 年春天才回到麻城。当议员们按期集会时，县令在地方劣绅煽动下，命巡防营包围议场，杀死屈开埏①。事后，鄂东军政支部向湖北军政府作了报告，军政府迅即派兵到县，将凶手捕杀。

除麻城外，鄂城、蕲春、蕲水、大冶、黄石港、阳新、广济、武穴等县的反正大多是顺利的。

---

① 湖北革命实录馆档案：《屈子厚行略》，湖北省博物馆藏，(三)101 号。

京山刘英起义。刘英是共进会的湖北副都督，出身于大商人家庭。归国后在故乡积极发展会员，并以巨资开设商店，作为秘密机关。他力主在湖北首先举义，曾致书孙武等表示："倘我省毅然发难，英虽不敏，必先树一帜于上游，上拒襄樊之敌，下为武汉声援。"①10 月 9 日，武汉各机关被破坏，他于 12 日晚接获消息，立即紧急动员，于 15 日夜率领一千多人，袭击驻在该处的襄阳巡防营，夺得了枪支。当时，他们还不知道武昌已经起义，第二天早晨抱着首义的精神，集合在永隆河畔，高竖起革命的旗帜。刘英的号召力很大，很快占领了武汉西边的京山、天门、潜江、监利等县大片地区。11 月，季雨霖受军政府委派，任安(陆)、襄(阳)、郧(阳)、荆(门)招讨使，进军湖北中部和西北部各府县，刘英和梁钟汉的队伍都被收编。

武胜关起义。湖北与河南交界的武胜关，是控扼南北的战略要地。当时信阳以南铁路，全由湖北新军驻守，第四十二标第三营就驻在信阳车站。该营文学社营代表为刘化欧。他已联络好部分农民、铁路工人和会党群众，但是一直得不到消息。直到 15 日，清廷派荫昌率北洋军到达信阳，刘化欧才下令发动。16 日晚，农民、铁路装卸工、会党、士兵约千余人集合于武胜关附近，定名为湖北革命军独立第一协。义军随即拆毁关南、关北铁路各二三里。22 日，会党群众和清军相遇，战败溃散，士气受到影响。25 日，刘化欧将队伍解散，自率少数人回到武汉。这以后，留在铁路沿线的士兵和工人仍然坚持战斗，或破坏路轨、兵车，或焚烧粮库、弹药，但终因人少势单，缺乏领导，不能在阻击清军南下中发挥更大作用。11 月 7 日，工界代表余大猷被捕，壮烈地牺牲于清军皮鞭下。

宜昌新军起义。宜昌是湖北西部重镇，当地有川汉铁路公司所属筑路工人数万。1910 年，革命党人胡冠南等在该地秘密建立了公益会。保路风潮中，共进会张百祥也到该地发动。他联络胡冠南等，组

---

① 杨玉如：《辛亥革命先著记》，第 95 页。

成川汉铁路研究会，因聚众数千人演讲，被清吏逮捕。为了防止事变，瑞澂派三十二标二营和四十一标一营驻防。10 月 14 日，军界、警界、学界的代表在东山寺秘密会商。随后，宜昌商会总理曹启荣等又和新军排长、文学社社员唐牺支等进行会谈，取得一致意见。18 日晨，唐牺支将兵力作了适当配置，派代表到川路弹压局向管带索取弹药，管带逃逸。当日，宜昌光复，张百祥等出狱。次日，成立宜昌司令部，各界公举唐牺支为司令。

宜昌司令部鉴于铁路一时无法开工，遣散了大部分工人，挑选了一千多名“自愿效力”的精壮充实队伍。后来进攻荆州的决死队中，这部分工人占多数，表现得也最为勇敢①。

施南起义。施南僻处湖北西南，但受到革命影响并不晚。吕大森、朱和中等都是施南人。1904 年，为响应华兴会长沙起义，吕大森即回乡运动。次年，在施南组织日知会分会。萍、浏、醴起义失败后，改名天锡会。不久，会员刘汉卿被捕，天锡会解散。

保路风潮掀起之后，武汉革命党人派施南来凤人向炳焜回乡发动。10 月 13 日，向抵达施南府治恩施。当时，施南驻有新军三十二标第三营和施防、宜防两营。最初，向准备利用会党夺城，因会党不愿遵守不得杀人劫财等规约，只好改变计划。26 日，向炳焜、品大森等以地方绅民或革命机关特派员的名义向新军管带李汝魁发函，劝他反正。第二天，向又亲见李汝魁进行说服，李及宜防营管带陈金瑞表示同意。28 日，宣布反正②。

反正后，李汝魁被推为分司令部部长。陈金瑞不服，改名朱扬武，自称明代后裔。11 月 3 日，刺杀李汝魁，自任部长。12 月 21 日，湖北军政府派冯仁铨为施（南）鹤（峰）安抚使，调朱扬武回省，准备将他正

① 湖北革命实录馆档案：《光复宜昌大概情形说帖》，湖北省博物馆藏，（三）308 号。

② 湖北革命实录馆档案：《施南光复始末记》，湖北省博物馆藏，（三）288 号。

法，朱得悉后潜逃。

郧阳起义。郧阳位于湖北西北部群山中，1911 年 9 月，瑞澂调新军二十九标三营驻防该地。武昌起义后，知府伍铨萃和三营管带张楚材密商，将该营调散，留守郧阳的仅后队队官沈权所率士兵数十人。在地方参事会聂炳基、翁人健等支持下，沈权等积极筹划反正。

11 月 14 日，参事会邀请绅、商、学各界人士六十余人集会，规定只准进，不准出。会上，沈权要大家立即表态。他说："神明贵胄，为人作二百余年之奴隶，有何面目见我黄帝祖宗乎？若再迟延，真非人类矣！"①他带头在"兴汉灭满"柬帖上签名，与会诸人一一照办。随后，找来知府伍铨萃等，也一一签名。在组织军政分府时，有人认为：伍铨萃"虽为汉奸，却为六县人民视线所注。现伊既表同情，何必追其既往"②。因此，伍被推为分府总裁，沈权任司令官。

安陆新军起义。新军二十九标三营张楚材部原驻郧阳，10 月下旬，奉襄阳道喜源命调赴襄阳。喜源对这支队伍不放心，不久，又将该部调赴安陆，并命安陆知府满人桂荫会办营务。11 月下旬，民间传说武昌革命军将到，张楚材便与原陆军小学堂学生樊松等计划起义。25 日，张分兵把守四城要隘，自率一队进攻府署，卫队已事先作了联络，立即响应。桂荫仓皇逃出，在学宫自缢。张楚材随即成立军政府，自称大总裁③。安、襄、郧、荆招讨使季雨霖报请黎元洪委张为支队司令，张不愿受季节制。1912 年 1 月，季率部到达安陆，二人矛盾加深，季下令攻击，张楚材潜逃。

老河口江湖会起义。老河口是襄阳府光化县属的一个市镇。地当要冲，商业发达。当地早有洪门组织江湖会活动。1911 年，瑞澂派第八镇骑兵八标三营出守襄阳，士兵张国荃、李秀昂被派驻老河

---

① 湖北革命实录馆档案：《郧阳光复始末事实》，湖北省博物馆藏，(三)300 号。

② 湖北革命实录馆档案：《郧阳光复始末事实》，湖北省博物馆藏，(三)300 号。

③ 湖北革命实录馆档案：《郢中战史》，湖北省博物馆藏，(三)286 号。

口。他们积极串联江湖会群众。11月28日,老河口一邢姓绅士办喜事,光化知县黄仁荙等文武官员都前往参加。乘此机会,张国荃率江湖会群众赶来,强迫官员们画押反正。30日,进攻襄阳,士绅开城迎接。清吏襄阳道喜源、巡防营统领刘温玉等先后逃遁。起义人员推黄仁荙主持襄阳军政分府,张国荃为总司令官,李秀昂等为协统。12月1日,军政分府致电黎元洪,要求指示方略,接济军械。次日,出示招兵。后来有人回忆:"生活困难的贫民都踊跃参军","不论是什么人,在衣袖上缠上白布,都一律收留。"①地主阶级文人则记载:"闾左卖菜奴,未几亦穿军装,挂指挥刀,从者数十人。"②可见下层群众支持革命。

起义迅速波及襄阳府属各县和邻近地带,谷城、均州、南漳、枣阳、宜城先后反正。

义军的粮饷主要依靠向富户和商店摊派。按资产分为上中下三等,按等认捐。他们曾向均州大地主、当地首富苏清泉摊款二十万缗,被拒绝,随即抄没了苏家财产。此外,刘公及其亲友在襄阳的财产也都受到触动。义军的这些做法使得它和地主、绅商们的矛盾日益尖锐。1912年2月,季雨霖准备收编张国荃的队伍,首先派人刺杀了李秀昂,迫使张接受改编。几个月后,刘公率军北伐,又进攻张部,迫使张逃亡。

资产阶级革命派中有不少人和封建地主阶级保持着密切的联系。他们主张反清,赞同共和,但是,却决不允许侵犯地主阶级的利益。江湖会起义被镇压一事正说明了这一点。

荆州旗兵投降。11月16日,宜昌司令部决定进攻荆州。该地驻有旗兵二千余人。进攻前,司令部首先传檄驻防将军连魁等人,说明"我军革命,不过推翻君主贵族,建设民主共和;普通旗人,原无仇视。

---

① 华中师范学院历史系编:《江湖会资料选辑》,第68页。

② 张玉衡:《十年见闻录》,《江湖会资料选辑》,第69页。

且人道主义，世界公认，凡我黄种，尽属同胞”①。檄文要求连魁等“效顺来归”。连魁企图拖延观变，请沙市日本领事转请英国驻宜昌领事出面，斡旋“中立”。唐牺支命连魁开具切实办法，得不到答复，决定武力解决。19日夜，革命军向荆州外围阵地发动攻击。25日，占领沙市。28日，唐牺支再次致书连魁等，说明只要对革命持同情态度，“无论为满为汉，皆宽其既往，一视同仁”②。连魁仍然不作答复。12月9日，革命军向荆州城发动总攻。在革命军的军事威力的逼迫和正确政策的感召下，第二天，连魁要求投降。13日，双方达成协议。革命军方面表示：旗民生命财产，一律保护；生活中极困苦者，给恩饷六个月；民国各种学校，准许旗民报考。16日，革命军入城，成立荆宜司令部。

除荆州外，湖北各地的起义大多没有经过严重的战斗。它说明了武昌起义是很得人心的，也说明了清政府的极端腐朽和虚弱。经过起义，湖北各府州县都建立了新政权，到处飘扬着作为革命标志的白旗。但是，革命党人的力量毕竟太小了，对旧制度的触动也太少了。不少地方只是改换了旗号，其他一切照旧。有的清吏当了民国官员，却仍然拖着长长的辫子。

在湖北各地起义、光复的过程中，新军仍是一支活跃的力量。瑞澂将新军调驻各地，本意在防止革命，然而，事与愿违，结果却扩散了革命的火种。

---

① 李一：《荆宜施鹤光复记》，中国史学会主编：《辛亥革命》（五），第263、265页。

② 李一：《荆宜施鹤光复记》，中国史学会主编：《辛亥革命》（五），第263、265页。

第三节 保卫武汉的奋战

一 最初的胜利

武昌起义成功，武汉三镇的迅速克复，极大地鼓舞了全国人民。上海望平街报馆门前，每天挤得人山人海，都在打听湖北革命胜利发展的消息。广大人民坚信，满清必败，革命必胜。一次报上登了汉口革命军败退的消息，报馆立即遭到了一千多人的围攻，认为是造谣。从上海开出的长江轮船，百分之八十的乘客都是前往汉口参加革命军的工人和学生，其中还有许多是归国华侨。沿途南京等地，不断有人上船。他们一到船上就把辫子剪掉，表示革命的决心。与此同时，革命已似烈火燎原，席卷各地。武汉成为人们心目中的一面旗帜，鼓舞着各地人民；各地起义胜利后，又把支援湖北革命作为重要大事。湖南、江西、安徽、江苏，甚至广东、广西等地，都纷纷派来援军。湖南援军出发时，各界代表和人民群众到江边热烈欢送。从南昌出发的援军，在船樯上高悬着“满奴不灭不生还”的大旗，表达了誓夺胜利的昂扬斗志。

武汉革命形势的胜利发展，引起了清王朝的极大惊恐。它立即感到这是一把插向它心脏的利刃，决定着它的生死。因此，急忙调动一切可以调动的兵力，来镇压湖北革命。当时清王朝有十四个镇和十八个混成协新式陆军，分布于全国各省，其中在南方的各镇协大都加入革命，它能够依靠而又可以迅速调动的只有北洋六镇。10月12日，清政府宣布将瑞澂革职，命他暂署湖广总督，戴罪图功。同时，令正在永平参加秋操的第四镇统制王遇甲率二、四两镇各一部星夜赴援，令陆军大臣荫昌迅速赶赴湖北，所有湖北各军及赴援军队，都归他节制调遣。又令海军提督萨镇冰率领海军和长江水师，迅速开往武汉江面。这些舰艇包括甲午战败后保存下来的几艘巡洋舰“海容”、“海琛”、“海筹”(另一艘“海圻”当时在英国观礼,无法赶回),还有许多炮舰和鱼雷艇。清王朝企图用水陆夹攻的办法,把武汉革命力量迅速消灭。14 日,经奕劻向载沣力荐,清政府任命袁世凯为湖广总督,岑春煊为四川总督,要他们督办剿抚事宜。上谕说:“该督等世受国恩,自当力顾大局,勉任其难。”①载沣本不愿将袁世凯这个对头请出来,但已别无他法。同日,清政府编组第一、二、三军,以随荫昌赴湖北的陆军第四镇及混成第三协、十一协为第一军,以陆军第五镇等编为第二军,派冯国璋督率,听候调遣,以禁卫军及陆军第一镇编为第三军,由载涛督率,守卫京畿。在清政府的一再催促下,清军陆续到达汉口附近。13 日,豫军张锡元部到达刘家庙。17 日,荫昌抵达河南信阳,即驻此作为行营。同日,萨镇冰率楚有、楚泰各舰驶抵汉口。18 日,第二协王占元部抵达黄陂县境的滠口。但是,清军并没有迅速形成一支强大的打击力量。

清政府想利用袁世凯来救它的命,野心勃勃的袁世凯却有他自己的打算。在清政府命他回家“养疴”的那些日子里,他表面上在“养寿园”中过着安闲的生活,自题联语说:“心似南湖常淡定”,而实际上无时无刻不在力图重返政治舞台,攫取更多的权力。清政府起用了他,但给予的权力只是“节制调遣”所有湖北军队及各路援军,对荫昌、萨镇冰所统率的北洋军和海军,只能“会同调遣”。这实际上只是荫昌的副手,自然不能满足袁世凯的野心。因此,他于 15 日复奏,以“旧患足疾,迄今尚未大愈”为辞,表示不能应命。但最后又说:“一俟稍可支持,即当力疾就道,借答高厚鸿慈于万一。”②既不坚决拒绝,也不明确提出就职日期,只是借故拖延。袁世凯作势不出,北洋军也就不肯卖力作战,革命党人却获得了休整和发展力量的机会。

---

① 《宣统三年八月二十五日上谕》,中国史学会主编:《辛亥革命》(五),第 293 页。

② 中国史学会主编:《辛亥革命》(五),第 333 页。

盘踞刘家庙的张彪残部是湖北军政府的肘腋之患。10 月 14 日，谭人凤刚到武昌，就向黎元洪建议，立即驱除张彪残部和新到的河南军，派兵扼守武胜关。黎低头不表态。接连几天，谭人凤都催促黎元洪下令出击，黎均以领事团禁止在距租界十里内开战为理由拒绝①。直到 17 日，领事团送来了"中立"照会，黎元洪的胆子才大了一点。当日，接到荫昌所率先头部队到达汉口附近的消息。晚上开会时，又得悉海军可以支持革命党人。在谭人凤等的坚决要求下，黎元洪勉强下了决心。

18 日晨，第二协第三标统带姚金镛等率步队一标，炮队一队渡江，会同驻汉标统林翼支部沿铁路线向刘家庙进击②。当时，清军方面有张彪的残部马队一部和河南军一部，共约两千人，在江中军舰的炮火掩护下进行反扑。十时，林部二营管带赵承武率数十人英勇冲锋，清军从火车车窗中向外射击，赵中弹牺牲。同时，清军支队由左侧反攻，革命军死伤较多，退到大智门附近。革命党人毕钟大喊道："同胞何处去？何处是同胞去路？"林翼支、詹大悲也都出面鼓动，才稳住阵脚。

下午二时，革命军得到汉阳第一标和武昌第四标的支援，再次发动进攻。同时，一列满载清军援兵的火车向刘家庙车站开来，伏在附近稻田里的革命军战士百余人和铁路工人一起，立即奋起拆毁路轨，并且用炮轰击列车。列车应声倾翻，清兵慌忙逃出。革命战士高声喊杀，周围的农民和铁路工人也纷纷拿着扁担、刀矛、铁镐，在一片呼喊声中冲了上来。清军仓忙向滠口败退。这次战斗歼灭了四百多敌人，缴获的武器军需够装备一标以上。革命军胜利地结束了这一天战斗，还饿着肚子。战场上硝烟未灭，大批老百姓就拥上来，提篮、挑担把馒头、烧饼、饭菜送来了，呈现出军民同仇敌忾打清兵的十分感人的景象。

第二天凌晨四时，何锡蕃率第二协队伍全数渡江，行抵刘家花园。

---

① 谭人凤：《石叟牌词序录》，《近代史资料》，1956 年第 3 期，第 52 页。

② 湖北革命实录馆档案：《湖北起义战守实录》，湖北省博物馆藏，（三）350 号。

何令三标二营管带刘炳福部为主攻，四标谢元恺部为助攻。八点三十分，在跑马场发生遭遇战。十一点四十五分，清军死伤过众，向刘家庙败退。革命军发炮击毁敌兵增援车辆，清兵溃散不整，狼狈逃逸。由于清军北洋炮队尚未到达，革命军的炮队就充分发挥了威力。下午一点四十分，革命军占领刘家庙，一直追击到三道桥附近。

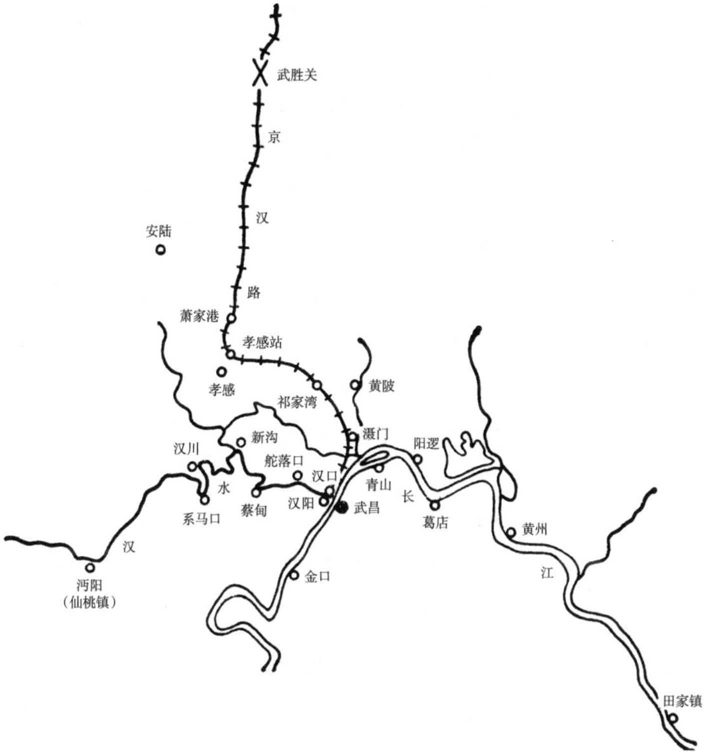

武昌周围形势图

这一天，革命军取得了比 18 日更大的战绩。敌人丢下了军需火车十余辆、马百余匹、军米、子弹、背包、雨衣、帐篷等大量物资，向滠口逃跑。革命军把战利品装上列车，车头上插着十八星军旗，气昂昂地开回汉口。刘家庙附近的农民也不召而至，争先恐后喜气洋洋地帮助抬运战利品，并且拒绝付给他们力钱，说："大家都是汉人，你们打仗舍得拚命，我们还舍不得力气吗？"这时武汉三镇都悬灯结彩，庆祝胜利，军政府派出的欢迎乐队高奏凯歌，"沿着歆生路和铁路一带，两旁都挤满了狂欢的群众"①。汉口商会还备办酒肉到前线犒军，向战士们身上披挂红彩。《大汉报》胡石庵一个人自采自编，从前线采访了胜利消息，立即回来编印号外。满街满巷的少年儿童，又跳又唱，他们用亲切甜美的声音欢呼："我们的兵打胜了！"②

20日，革命军继续取得胜利。瑞澂凄凄惶惶地向清军咨府诉苦道："现在豫、湘、鄂战后余兵，为数不过二千"，"力竭精疲，子药垂罄"，"呼应不灵，智力俱穷"。他呼吁荫昌、袁世凯迅速南下，督兵援助，"俾刘家庙驻守湘、豫各军，不致覆没"③。

初战告捷，坚定了武汉军民保卫武汉的信心，也大大地鼓舞了全国各地革命人民纷起响应的斗志。

二 汉口失陷

武汉保卫战应该怎样打法，湖北军政府中一开始就存在着两种不同的意见。年轻的革命党人主张出击北进，而原来新军的一些军官却主张防守。这两种不同意见始终没有得到统一。结果攻既不力，守亦不固。从刘家庙到滠口，有一条窄长的隘路，四面是水，中间有三道铁路桥，京汉线就从桥上穿过。从汉口北上，或从滠口南进，都必须通过这三座桥梁，是军事上必争之地。18、19日的战斗中，革命军虽然两次打过了三道桥，却没有组织兵力乘胜追击，也没有在三道桥修筑巩固的

---

① 《苏古敦致安格联第111(a)号函》，《帝国主义与中国海关》第13编，第12页。

② 《湘汉百事》上，第10页。

③ 《致军咨府电》，胡祖舜：《武昌开国实录》，第80页。

防御工事。何锡蕃认为:刘家庙与租界相近,敌人必然不敢贸然进攻,因此把防守线设在刘家庙附近①。这样,一到夜间,清军就又过了三道桥。革命党人对这种情况十分不满,要求继续进攻。敢死队副队长徐少斌自告奋勇,何锡藩就命谢元恺为司令,徐少斌为前卫司令,于10月22日率队挺进。徐少斌带领着十七个敢死队员冲过二道桥以北,清军没有还击。但到三道桥时,清军在桥北的机枪突然齐放。徐少斌当即中弹,落水阵亡。革命军又退回到原来阵地。

三道桥地区易守难攻。徐少斌牺牲的第二天,谢元恺率队攻击滠口。到三道桥时,遭到桥北清军机枪扫射。队伍在桥上成纵队形,既不能进,又不能展开,先后死二百余人,伤一百多人,第一营几乎全没。两次进攻失利,特别是徐少斌阵亡,使大家非常痛心。许多人对何锡蕃颇多责怪,认为他胆子太小,没有趁刘家庙的胜利继续进攻,贻误了戎机。指挥官何锡蕃也就引咎辞职。军政府于24日改派张景良任汉口指挥官。

张景良是原新军二十九标的标统,军政府成立后被任命为参谋部长。几天以前,他曾经装疯卖傻,抱住黎元洪哭闹,公然想劫持黎叛卖革命,当即被革命党人关押起来。这时他忽然伪装积极,表示愿以全家为质,到前线杀敌立功。虽然革命党人李翊东竭力反对,黎元洪还是让他担任了汉口指挥官。

张景良到达前线后,采取消极怠工的态度,既不召开军事会议,又不下令作战,而清军南下的兵力却不断增强,汉口的形势日益严重。

当时清军方面,北洋陆军是久经训练的老兵,装备有机关枪和野战炮,号称劲旅,还有海军强大炮火的配合,行动统一,指挥容易,在兵力上占着很大的优势。但是士气却是低落的。与此相反,革命军大多是没有训练的新兵,许多人连射击还没有学会,又只有射程短、爆炸力差的山炮,缺乏机关枪。但是革命士兵斗志昂扬,广大人民热烈拥护,特

① 湖北革命实录馆档案:《伍正林事迹》,湖北省博物馆藏,(三)333号。

别是各省和湖北各县纷纷起义宣告独立，更是对武汉革命军的极大支持。因此，“虽屡接清军南下之报，一般军民均不畏死，并存轻视意，以为汉人而作汉奸，来此抗顺，如此贱种，即为全国唾弃，故大有灭此朝食之概”①。湖北革命力量就是在全国革命高涨形势的鼓舞下，依靠这种无畏的英雄气概，抗击着源源南下的优势清军。

10 月 27 日黎明，清军以南下的第四镇混成七协、三协为前队，八协为预备队，自滠口向前进攻。行抵洋油厂西方，与革命军千余人相遇，双方展开战斗。

清军在兵力和火力上都占优势。清军的榴弹炮对革命军威胁很大。驻泊在阳逻的清军舰队，在拂晓时趁革命军炮兵疏于警戒，偷入谌家矶。这时从侧面向革命军防御阵地猛烈开炮，使革命军伤亡五百多人。十一时半，战斗进入炽热阶段。清舰发炮击毁革命军粮台。在鏖战中的革命军战士忽见后方粮台起火，更加慌乱，从刘家庙退到大智门附近。

在上午的战斗中，何锡蕃、张廷辅负伤，炮队队长蔡德茂、敢死队长马荣先后阵亡。熊秉坤三次向张景良请援，张均置之不理。下午，张景良已不知去向。退到大智门的革命军凭借坚固的堡垒和巨炮抵御，清军攻势才中止。

当晚，各协统领和汉口军政分府在华洋宾馆楼上开会。公推胡瑛为临时总司令，胡以不熟悉军事为理由推辞。继推六协统领罗洪升，罗也不就。后黎元洪委派同盟会员、炮协统领姜明经为临时总指挥，姜因听说清军即将进攻，借故离去。

10 月 28 日，清军调第六镇混成十一协炮队增援，以山炮猛力轰击，革命军以谢元恺为四协代理统领，指挥各军防御，双方炮队互击达三小时之久。正午，清兵蜂拥而至，谢元恺命令吹起冲锋号，革命军士兵端起刺刀，从掩体中一跃而出。在汉口观战的居正也带着卫兵呐喊

① 曹亚伯:《武昌革命真史》，正编，第 91 页。

向前。慑于革命军的威力，清军纷纷后退。革命军克复大智门车站，一直追到刘家庙。清军预备队以机枪猛烈射击，谢元恺阵亡。革命军退回至大智门，居正也被流弹击伤。这天参加战斗的还有测绘学堂学生组成的敢死队，一律背枪，手拿大刀，斜挂敢死队红带。出发时，军务部副部长张振武发现有一个很小的学生，不让他参加，双方争执，至于泪下。有的学生路过家门，只打声招呼："我来汉口和满人打仗呀！"说完，推开家人，就英勇地冲上了前线。

将士们在壮烈地奋战，却始终不见指挥官张景良的踪迹。汉口军政分府派人在后城马路某旅馆找到了张，发现他竟然在跟清军张彪的正参谋刘锡麒密谈，当即把他们两人逮捕。詹大悲亲自审问，发现张景良早已通敌。詹大悲想把他们的供词报告黎元洪，又怕黎会从宽赦免，就自作决定，把他们枭首示众。

接连两日的恶战，使革命军伤亡了数千名战士，丧失了谢元恺、蔡德懋、马荣、李忠孝等许多优秀的指挥官。革命军退入市区，前线指挥无人，清军重兵入境，形势十分危急。正在这个时候，黄兴偕宋教仁等从上海到达武汉。

自同盟会成立以来，黄兴一直是孙中山在中国南部各地起义的组织者。保路运动兴起之后，他还曾准备去云南发动。直到10月2日，他在香港读到了谭人凤、朱敏仁的信件，才改变了主意。他写了一封信给远在加拿大的冯自由，内称："以武昌为中枢，湘、粤为后劲，宁、皖、陕、蜀亦同时响应以牵制之，大事不难一举而定也。急宜趁此机会，猛勇精进，较之徒在粤谋发起者，事半功倍。"①他要冯筹款援助，并转电孙中山，表示在接到冯的复电后将赶赴长江上游或赴南洋筹款。就在写完这封信后的第五天，武昌起义爆发了。同月24日，黄兴到达上海。次日，和宋教仁、刘揆一、徐宗汉等改服换装，混杂在红十字救护队中，乘轮西上。28日午后到达武昌，和黎元洪会晤，力

① 《为进行革命计画致冯自由书》(二)，《黄克强先生全集》，第173页。

主坚守汉口、汉阳，等待各省响应。他毅然应承了指挥汉口军事的重任。

29日，军政府挑选了一千多名有战斗经验的老兵和青年学生随黄兴渡江。黎元洪还叫人做了两面一丈二尺的大旗，上书斗大"黄"字，由领队手执前进。黄兴到达汉口后，设司令部于满春茶园，命杨玺章、蔡济民等检点军队，仅得六千余人。

黄兴到汉的消息一传开，给正在苦战中的革命军以很大鼓舞，士气为之大振。但这时，清军也已因袁世凯的出山而加强了力量。鉴于袁世凯拖延不出，20日，奕劻派徐世昌亲赴彰德和袁世凯密谈，袁提出明年召开国会、组织责任内阁、宽容武昌事变诸人、解除党禁、给予指挥军队全权、供给充足军费等六项条件。同日，袁世凯保荐王士珍襄办军务，要求清政府饬令冯国璋赶赴彰德，筹商布置。23日，袁世凯奏请清政府任命冯国璋为第一军总统。27日，清政府召回荫昌，授袁世凯为钦差大臣，任命冯国璋为第一军总统，段祺瑞为第二军总统。这样，袁世凯攫取权力的要求便如愿以偿。29日，冯国璋到达汉口，接统第一军。30日，袁世凯自彰德南下，进驻湖北孝感，亲自督阵。这时，清军兵力已达一万多人，而且配备了许多机枪和大炮，力量对比上大大地超过了革命军。在30日的战斗中，革命军第二协曾在歆生路一带取得了部分胜利，夺回先前失去的山炮四尊，子弹数十箱。但熊秉坤的第五协则因死伤过多，士兵不敢前进。黄兴挺身向前督战，也没有效果。不得已，下令退至满春茶园。追随熊秉坤的只剩下三四个马弁。这一天，清军开始放火烧城①。

31日，革命军继续在市区中阻击敌人。敢死队等到敌人接近时，就骤起冲锋，奋勇杀敌。冯国璋看到革命军这样勇猛，继续下令纵火，火头达十多处。汉口最繁华的市街烟雾蔽天，成了一片火海。在大火

---

① 《英驻中国水师统帅致英海军部电》，中国史学会主编：《辛亥革命》(八)，第294页。

中，革命军继续英勇抵抗。冯国璋在给袁世凯的报告中说："匪炮向街市猛击，徒步匪人顽强抵抗，汉镇火愈猛，相持竟日。""十一日黎明，西北风暴作，汉镇火愈烈，我军接续攻扫，节节巷战，每攻一段，冒火蹈险，又为匪暗击，艰苦不可言状。"①他丧心病狂地宣称："为了驱逐顽强的敌人"，"不惜将中国市区全部焚毁"②。大火延烧了三天三夜，湖北革命军的壮士们，就在烈火中坚持了三天三夜可歌可泣的战斗。

11 月 1 日上午，汉口军政分府撤退。詹大悲、何海鸣等长期和孙武存在矛盾，不愿回武昌，便离汉口东下，企图去争取安徽革命党人吴春阳的支援。

同日，汉口失陷，黄兴渡江返回武昌。

汉口的大火一直延烧到 11 月 4 日，市区五分之一被毁。清军的罪行激起了全国人民的强烈愤怒。清资政院总裁李家驹在奏折中说："十三日（11 月 3 日）接南省各团体电称，汉口并附近一带地方，官军恣意残杀，惨及妇孺，焚烧街市，绵亘十余里，奸淫掳掠，无所不至。人心愤激，达于极点。"③清王朝在众怒下不得不假惺惺地表示要赔偿损失。

当汉口危急的时候，胡瑛利用他和文学社的关系，召开秘密会议，声称汉口不守，应另谋出路。受胡瑛指使，负责守卫汉阳的第一协协统宋锡全，竟在 10 月 30 日夜同王宪章等带领部队向湖南方面撤离。黎元洪致电湖南，以临阵脱逃罪将宋锡全逮捕处死，传首武昌；王宪章被关在牢里，经蒋翊武等力保获释。

詹大悲的东下和宋锡全、王宪章的南逃都加深了共进会和文学社之间的矛盾。

---

① 转引自《袁世凯致清内阁请代奏电》，《近代史资料》，1954 年第 1 期，第 66 页。

② 《日本驻汉口总领事馆情报》，第 19 报，《近代史资料》，1961 年第 1 号，第 555 页。

③ 《宣统三年九月十五日资政院总裁李家驹等奏折》，中国史学会主编：《辛亥革命》（五），第 339 页。

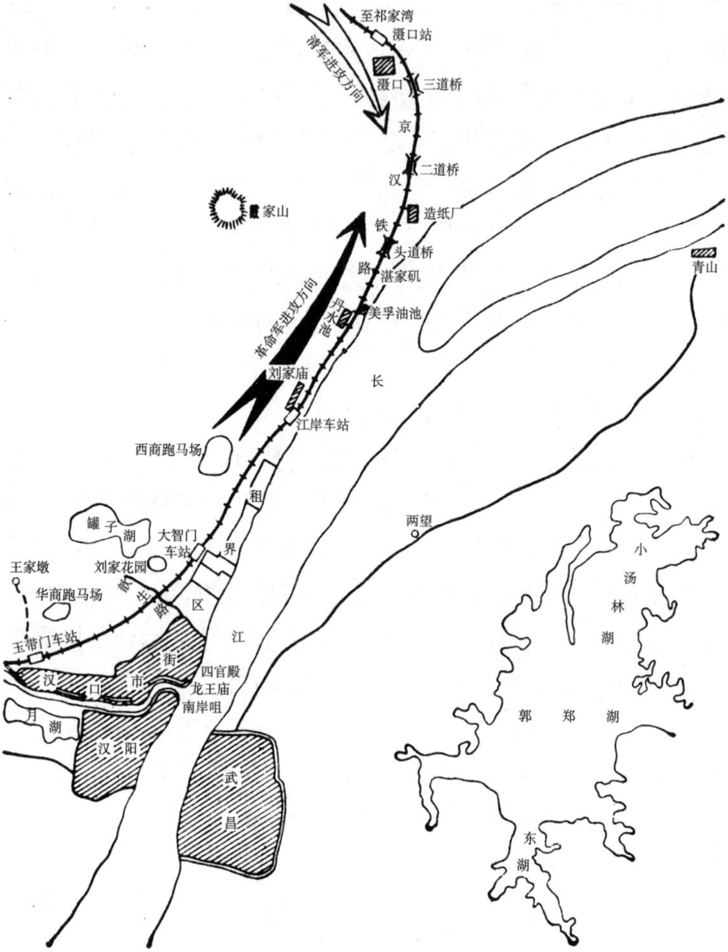

汉口战争形势图

三　袁世凯的“和平”试探

汉口失陷以后，保卫汉阳成为紧急的任务。

为了统一指挥各省赴援民军，同盟会、文学社的部分人员建议推黄兴为湖南、湖北大都督或南方民军总司令，共进会、立宪派和旧军官中的部分人员则主张只用战时总司令头衔，并由黎元洪委任，以免引起内争，影响团结。杨王鹏、吴兆麟之间为此展开了激烈的辩论，最后经宋教仁调解，采取了后一种意见。

11月3日上午，在军政府前阅马场筑起了拜将台，各机关长官和各部队均列队参加。首由黎元洪讲话，次请“黄总司令”登坛，由黎元洪亲授委任状、印信和令箭，再请黄兴讲话，最后由黎元洪请黄兴下坛巡视军队。这一典礼是对于汉代刘邦、韩信故事的模仿。它的主角表面上是黄兴，实际则是黎元洪。经过了这一场典礼，黎元洪已明白无疑地成为革命党人的上级。几天之后，黎元洪就以最高“革命元勋”的身份，通电已经宣告独立的各省，要求他们派人到湖北来组织临时中央政府。接着，在上海召开的各省都督府代表联合会，就公认武昌为中央军政府，以鄂军都督执行中央政务。黎元洪的权力和地位，进一步得到了增强和提高。

当日下午，黄兴在汉阳西门外昭忠祠设立总司令部，以李书城为参谋长，杨玺章为副。日人萱野长知等十数人远道赶来参加。

当时担负保卫汉阳任务的革命军有：第一协蒋肇鉴一千多人，第四协张廷辅二千多人，第五协熊秉坤二千六百多人，第四标胡效骞一千二百多人，加上炮队和工程队，约一万余人，相当于四协兵力，再加上新到的湖南援军，总共有两万人以上，士气大都极旺盛。广大人民群众对保卫汉阳也极热烈地支持。汉口失守之后，每天都有数千民工冒着清军的炮火，不分昼夜地在襄河沿岸抢修防御工事。但是，汉阳战争并没有马上打起来。

汉口失陷以后，武汉的战事沉寂了两周。在这段时间内，全国形势已发生急剧的变化。继湖南、陕西、江西、山西之后，上海、贵州、浙江、江苏、广西、福建、广东等省又纷纷宣告独立。10月29日，驻滦州第二十镇统制张绍曾及混成协协统蓝天蔚等联名电奏“政纲十二条”，要求清政府速开国会、制定宪法、组织责任内阁、削除皇族特权，大赦国事犯等，给清政府施加压力。同时，第六镇统制吴禄贞(同盟会员)驻兵石家庄，准备与张绍曾配合，待机起事。北京城有处于被夹攻的严重威胁。

面临灭亡的清王朝还要进行垂死挣扎。10月30日，清廷下罪己诏，承认“用人无方，施治寡术”，“民财之取已多，未办一利民之事”。诏书表示，要和全国军民“维新更始，实行宪政”①。同日，命溥伦等速将宪法条文拟齐，交资政院讨论；宣布不再以亲贵充任同务大臣，开放党禁，凡戊戌以来的政治犯，一律“赦其既往”。11月1日，奕劻皇族内阁辞职，清政府任命袁世凯为内阁总理大臣，要他立即来京，组织完全内阁。3日，颁布《宪法信条》十九条，承认“皇帝之权以宪法所规定者为限”。4日，命各“有乱事省份”的统兵大员“妥速安抚”。6日，开释前谋刺摄政王载沣的汪精卫等人。习惯于延宕拖拉的清政府突然加快了行政速度，几乎一天有一个变化。

清政府的“安抚”政策实际上就是袁世凯的政策。多年的政治经验使袁世凯深知，单靠武力是镇压不了革命党人的。还在10月下旬，他就起用襄阳人刘承恩，给黎元洪写过两封信，进行“和平”试探。11月1日，又写了第三封信，提出清廷已下罪己之诏，决定实行立宪，要求黎元洪“务宜设法和平了结”，保证“不独不咎既往，尚可重用，相助办理朝政”②。湖北军政府方面讨论了刘承恩的来信，一致认为，可以利用袁世凯反戈。7日，黎元洪在接见清方信使时表示：“现在要说和，须将皇族另置一地与他居住，管他的吃穿，不准他管我们汉人的事情。”并称：“此时不将皇上推倒，随便和了，将来更无法子。”③ 9日，黄兴致函袁世凯，建议他以拿破仑、华盛顿之资格，出而建拿破仑、华盛顿之事功。直捣黄龙，灭此朝食。黄兴保证，只要袁做到了这一点，南北各省人民都

① 《宣统政纪》第63，第49页。

② 《时报》，辛亥年九月二十四日。

③ 《刘承恩致袁世凯书》，《近代史资料》，1954年第1期，第69—70页。

将“拱手听命”①。11日，刘承恩、蔡廷幹携袁世凯手书到武昌谈判，黎元洪在军政府召开全体大会讨论。刘、蔡声言，如能承认君主立宪，两军即可息战。与会诸人拒绝了这一意见。胡瑞霖称：“吾辈之主张者在民主国体，今除民主国体不议，则此次实无可议之余地。”他表示如袁能承认民主国体，有什么“请求”的话，可以“酌量情形允准”②。宋教仁则建议袁世凯“转戈北征，驱逐建虏”，说是：“我辈当敬之、爱之，将来自可被举为大统领。”会上，有人特别提醒袁世凯，不要当了内阁总理就得意洋洋，忘了数年之前“足疾去官”时的滋味③。

袁世凯和以载沣为首的清朝贵族之间存在着尖锐的矛盾。利用矛盾动员袁世凯“反戈”并不错，但是，以“举为大统领”作条件就错了。黄兴、宋教仁等居然忘了戊戌变法的历史教训，想把一个反复无常的封建军阀捧为共和国元首，他们未免太天真，也太幼稚了。12日，黎元洪又复书袁世凯，要他“当仁不让，见义勇为”。关于政体问题，信中说：“时至二十世纪，无论君主国、民主国、君民共主国，皆莫不有宪法，特其性质稍有差异，然均谓之立宪。将来各省派员会议，视其程度如何，当采取何等政体，其结果自不外立宪二字，特揆诸舆情，满清恐难参与其间耳！”④这就是说，只要满清皇帝下台，君主立宪也未尝不可讨论。这封信原件现存，据笔迹判断，可能出于汤化龙之手。它反映了汉口失陷之后黎、汤等人的动摇态度⑤。

刘承恩、蔡廷幹的武昌之行虽然没有任何结果，但是，他们却摸清

---

① 《刘承恩致袁世凯书》，《近代史资料》，1954年第1期，第71页。

② 《武昌专函》，《民立报》，1911年11月20日。

③ 《武昌专函》，《民立报》，1911年11月20日。

④ 《近代史资料》，1954年，第1期。

⑤ 在汉口失陷之后，黎元洪还有一封复萨镇冰的信，更清楚地表现了这一点。信中针对萨所说“民主政体不宜行之中国”等话答道：“钧示所虑各节，同人等早已筹计，兹事之解决，在各省成功之后，联合会议，视程度之所至，改革政体。以意揆之，大约不出吾师之所主张。特揆诸舆论，清廷不能占此位置耳。”见渤海寿臣：《辛亥革命始末记·武昌》，第81页。

了革命党人方面的全部底牌。袁世凯已于12日离开湖北前线进京。13日,蔡廷斡就带着黎元洪的复信火急进京,向袁世凯报告。

四 汉阳失陷

武昌带给袁世凯的消息无疑是相当悦耳的。在清朝的内阁总理和民国的"大统领"之间,他当然愿意选择后者。但是,老奸巨猾的袁世凯懂得,为了使革命党人就范,他还要给予更厉害一点的打击。因此,他在进京之后,迅速布置冯国璋拿下汉阳。

当时袁世凯投入武汉的兵力有第四镇全部,第二镇和第六镇各一个混成协,总共有三万多人。在人数、武器和训练上都还占着优势。但是在各地纷纷独立,清王朝处于土崩瓦解的形势下,清军的士气很低。由于革命军已有了补充,又控制了江面,一切渡江船只都在武昌、汉阳方面,清军要继续进攻,也存在不少困难。汉口虽然失守,武汉保卫战的胜败未定。由于汉阳地势最高,龟山的炮火可以控制整个武汉,因此汉阳的得失是胜败的一个关键。冯国璋在召集清军将领开会时说:"今日之战,则重在汉阳。汉阳之大别(即龟山)诸山,俯瞰武汉,如釜底一丸,下掷则全城瓦碎,不待攻而自破矣。为今之计,唯有先取汉阳,为攻心之上策。"①会后,他命令六镇统制李纯将所部分为两队,从侧面进攻。甲队由吴金彪率领,由孝感出发,自新沟渡过襄河;乙队由马继增率领,由汉口大智门出发,自舵落口渡河。同时命王遇甲率队由汉口直渡,从正面进攻。

在军事上势均力敌,各有优劣的情况下,要夺取战争的胜利,就取决于集中统一的指挥和正确的战略战术。而这在当时却成了革命军方面的致命的弱点。黄兴虽然当了战时总司令,但是既然是黎元洪委任的,就得听命于军政府都督。军政府孙武的军务部和吴兆麟的参谋部,

① 王树枏:《武汉战纪》,中国史学会主编:《辛亥革命》(五),第234页。

与黄兴的汉阳司令部是平行的机构，意见不一致，就互相牵制。在部队中，又有主军与客军的分歧。主军很大部分是当地刚招募的新兵，没有经过训练，纪律也较差。客军有“湘军善战”的名声，月饷却比湖北军低（后者已增为十元，前者是七元）。在客军中也存在着矛盾。先到的第一协王隆中主张立即进攻汉口，后到的第二协甘兴典不同意，并且说：“王部先期到鄂已经休息多日，第二协刚到，须有充分休息，从容准备。”王说：“你是巡防军，只能守城，不能打仗。”甘说：“你我在打仗的时候再见高低”，双方争论得很激烈①。

当时最主要的分歧依旧是在进攻还是防守这个战略问题上。孙武、吴兆麟、杨玺章等人认为，部队中新兵太多、炮队缺乏，不利于发动进攻，主张坚守汉阳。他们认为，兵力不应集中于汉阳一个地方，而应把大部分兵力放在汉阳北面六十里的蔡甸，因为那里是敌人从侧面进攻汉阳的必经之路。黄兴则认为，敌人的主力已移向蔡甸方面，汉口兵力较单薄，正是出其不意、反攻汉口的大好时机，因此反对分散兵力，而要全力发动进攻。在矛盾未解决、意见不统一的情况下，黄兴贸然决定反攻汉口。

11 月 16 日夜十时，在凤凰山、大别山炮队的掩护下，革命军在襄河的琴断口架浮桥三座，以湖南第一协王隆中部为右翼进攻队，湖南第二协甘兴典部为左翼进攻队，以湖北第五协熊秉坤部等为预备队，相继渡河向汉口玉带门一带进攻。同时，派四协张廷辅部和六协杨载雄部在南岸咀一带渡河，进攻龙王庙，作为配合；派一支部队由武昌青山潜渡刘家庙，袭击清军后路。最先渡河的湖南军斗志昂扬，进攻勇猛。那天夜里，阴雨寒冷，清兵都躲在屋里烤火，到革命军进入清军防线才仓皇迎战。革命军乘胜推进，到第二天，前线已推进到居仁门歆生路一带。但是，在左翼，后继的湖北军是没有经过训练的新兵，一听到清军猛烈的机枪声，就慌忙后退。黄兴亲自督战，也无法阻挡。这就立即牵

① 李春萱：《辛亥首义纪事本末》，《辛亥首义回忆录》第 2 辑，第 196 页。

动了全局。湖南第二协甘兴典部首先溃奔。士兵们争渡琴断口，许多人堕河溺死。而原来准备在南岸咀渡江的部队，终因清军机枪封锁没有渡成。潜渡刘家庙下游，抄袭敌后的计划也告失败。到 17 日下午，左翼已无一人。黄兴看到左翼已溃，就下令右翼的王隆中部撤退。“然湖南兵愤恨湖北兵之无用，皆不肯轻退，直至午后，犹独挡官军，入夜，始渐用船渡过汉水，退回汉阳”①。18 日，汉口既济水电公司总经理宋炜臣给武昌军政府的报告中，反映了当时作战的情况：“清军于昨日见民军进攻极为勇敢，惶恐异常，业已预备火车，施行退却，忽民军自乱，向汉阳撤退，清军亦不敢前进追击，诚恐民军行诱敌之法，后见民军渡桥拥挤，并浮水而过，仍莫名其妙，于是逐渐前进，复占硚口、玉带门一带。”②

渡河反攻失败，挫伤了士气，又增加了总司令部与军务部、参谋部和两湖部队之间的矛盾，革命军方面的不利条件增多了。但是，这一期间，由于海军起义并回驶武汉，革命军方面的力量也有了部分增强。

在全国高涨的革命形势影响下，进攻武汉的清舰队的下级军官和士兵都早就倾向革命。海筹号、海容号和海琛号的正电官何渭生、金琢章、张怿伯三人，编订了英文密码十二种，互通消息，准备待机发动。长江水位在夏历八月以后，下降很快，三个海字号大兵舰不能在武汉久停。11 月 4 日，上海宣布独立。海军的重要物资都在上海。因此海军提督萨镇冰就决定秘密率舰队东下，以便海军集中一隅，不使力量分散。途中，海琛号的见习士官阳明，把悬挂的龙旗撕下投入江中，而把秘密准备好的白旗挂了上去。这是事先得到舰长黄钟英默许的。其他军舰也都纷纷挂起了白旗。在舰上负责监视的满人吓得不敢出面，海容号满人帮带吉升投江自杀。11 日上午舰队到达九江，萨镇冰离舰去

① 《日本驻汉口总领事馆情报》，第 39 报，《近代史资料》，1961 年第 1 号，第 575 页。

② 李春萱：《辛亥首义纪事本末》，《辛亥首义回忆录》第 2 辑，第 198 页。

上海。舰队迅速与湖北军政府取得联系并分为两队。由汤化龙的弟弟汤芗铭率领第二舰队援鄂，其余组成第一舰队，准备下攻南京。第二舰队于 19 日驶回武汉，参加对清军作战，使革命军完全掌握了对江面的控制，给了武汉军民很大的鼓舞。

艰苦激烈的汉阳保卫战从 21 日开始。

11 月 17 日，冯国璋向李纯部下达了进攻命令。次日，清军甲支队吴金彪部进至新沟，陆续渡河。19 日，抵达蔡甸。20 日，清军乙支队马继增部占领舵落口。两个支队先后完成了从侧面向汉阳发动进攻的准备。

21 日，吴金彪部由蔡甸进抵三眼桥。这是通汉阳的门户，由湖南第二协防守。黄兴命新近组成的混成徒步一标祁国钧部增援，同时派去了以金兆龙等为首的敢死队和南京学生军，布设了地雷，隔桥与清军对峙。当日夜，为接应乙支队马继增部渡河，吴金彪部分兵一营进攻襄河南岸的下黄金口。革命军不支退却，清军取得了一块桥头阵地。

22 日，清军继续猛攻三眼桥，被驻守桥侧汤家山的革命军炮火击退。同日，清军甲乙两支队在襄河南北两岸的上黄金口和余牙墩之间造桥，准备强渡。当日夜，蔡济民与革命军敢死队方兴等在海军起义舰队护卫下，从武昌青山偷渡，企图突袭清军后方，被发觉，半渡而返。

23 日，清军屡日攻三眼桥不下，就将进攻重点转移到乙支队方面。马继增部乘夜色渡过黄金口浮桥，于黎明时进攻美娘山（四平山第一山头）。革命军和清军之间展开了反复的争夺战。祁国钧率领壮士七十多名，冒着清军机枪扫射，奋勇反攻，夺得清军机枪两挺，标旗一面①。祁国钧两腿受十一处伤，坚持不退。湘军四十九标二营管带杨万桂，率所部二十四人，冲上山顶，一度将占领山头的清军全部消灭，但因寡不敌众，美娘山终于失去，革命军退守仙女山。

24 日，吴金彪部继续列阵于三眼桥，牵制汤家山革命军，借以掩护

① 湖北革命实录馆档案：《祁国钧呈》，湖北省博物馆藏。

乙支队进攻。张敬尧率军攻占仙女山，革命军退往锅底山固守。下午，革命军反攻失败，锅底山、扁担山先后失守。

军政府为了挽回汉阳的颓势，决定派第三协协统成炳荣率步兵两标和山炮一营，由海容、海琛两军舰掩护，在23日午夜由武昌青山渡江，在江北五通口登陆。24日九时乘雾进攻谌家矶附近的三道桥。这个计划如果成功，可以割断清军的交通线，对清军后方造成严重威胁。汤芗铭所率海军炮火向清军猛轰，毁火车五辆，美孚油栈起火，使清军造成很大的混乱。冯国璋为此惊呼求救："兵力渐薄，被匪抄我后路，虽分兵抵御，如无援军速来，万难久持。"①但是成炳荣徒以日本士官学校毕业生的资格取得协统的职务，实际上是个昏庸的酒徒。当晚他又喝醉了酒，没有同部队一道过江。部队到达三道桥，受清军炮火压迫，前线指挥无人，又折回青山。二十五日，军政府决定二次进攻。革命军进到三道桥时，周围水势虽退，但泥淖仍深，沿桥长达一里的沙滩，徒涉十分艰难。桥头上清军早有准备，加强了机枪和山炮火力，革命军几次进攻，都遭到很大伤亡。三百多壮士奋勇攀桥梁以渡，还是被清军机枪所阻，退到桥畔的苇丛中，相持了三个多小时。清军以火车架机枪扫射，三百壮士全部壮烈牺牲。二次进攻也失败了。

汉阳形势危急，军政府各机关人员都非常激愤，纷纷要求上前线杀敌。11月25日，参谋部副长杨玺章、稽查部长蔡汉卿、军务部副长张振武率领学生军数百人渡江助战。从汉口转移到武昌出版的《大汉报》主笔胡石庵也亲到阵地探访。参谋甘绩熙带病上阵，他披挂着书有"临时督阵指挥官"七字的白色布带，选壮士一百零八人，夜袭磨子山，一举冲上山顶，歼灭了全部守敌②。26日晨，又在湘军统领刘玉堂等的支援下，攻占扁担山。在前线探访的胡石庵作《甘侯行》一首，歌颂其事。

---

① 《致内阁、军咨府、陆军部电》，中国史学会主编：《辛亥革命》(五)，第348页。

② 关于甘绩熙夜袭磨子山的时间，诸书记载多误，甘本人也记错了，此据湖北革命实录馆档案：《孙鸿斌事略》等资料订正。

诗中写道:“墨云压天黑风吼,百八健儿衔枚走。雄师一奋万怪逃,笑把芙蓉握两手。”“人生百年一弹指,仗有浩气亘山河。”

清军用重炮轰击磨子山、扁担山,坚持在山顶的刘玉堂壮烈牺牲,两山得而复失。进攻锅底山的张振武也被清军击伤,失足掉在水里,被救起后退往十里铺。

同日,清军甲支队突破三眼桥防线,夺取汤家山,并与乙支队会合,进攻十里铺。四镇王遇甲部也渡过襄河,占领黑山。革命军全线溃退。湖南第一协退至武昌,第二协退至鹦鹉洲。革命军参谋部副长杨玺章阵亡。当夜,黄兴悲愤地说:“汉阳失守,吾何颜见人,唯一死耳!”①想以死殉职,在同志的力劝下退回武昌。

27日拂晓,清军攻占梅子山。随即分兵三路,一队攻龟山,两队攻汉阳。上午十一点,占领龟山。当时,革命军的精干已伤亡殆尽,没有经过训练的新兵纷纷后退。从远道前来的保定入伍生和留日学生高冠英等许多人组织敢死队,投入战斗。留日士官生萧钟英看到汉阳将要陷落,组织敢死队渡江在汉阳铁厂码头登岸,持枪杀敌,遭清军猛烈扫射,全部英勇牺牲。下午,汉阳终告陷落。

据综合战报,汉阳之战,革命军前后共伤亡了三千三百多人。

在革命军和汉阳人民乘船向武昌撤退时,清军又向江中开炮。据当时报纸记载:“武昌城外,由江中捞出之死尸陈列堤上,不计其数。内有未死而呻吟者,有妇人抱子,母死而子苏,啜泣索乳者。血溅江边,死者相枕藉。”②形成了一幅惨绝人寰的画面。

黄兴撤离汉阳回到武昌,军政府在27日召开紧急会议。黄兴当时悲愤万分,深以汉阳失守为愧,建议放弃武昌,顺流而下进攻南京。黎元洪赞同黄兴的意见。但多数革命党人都强烈反对。范腾霄、张振武等慷慨陈词,表示武昌是首义之地,决心要与城共存亡。张振武拔刀起

---

① 湖北革命实录馆档案:《何亚新小传》,湖北省博物馆藏,(三)207号。

② 《民立报》,1911年12月1日。

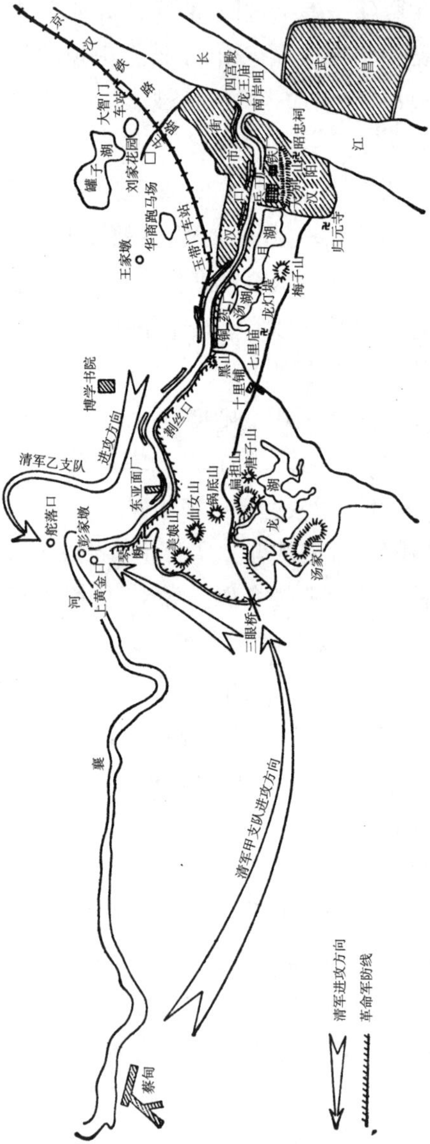
京汉铁路
长
江
武昌
四官殿
龙王庙
南岸咀
昭忠祠
汉阳
汉口市街
大智门车站
罐子湖
刘家花园
华商跑马场
王家墩
玉带门车站
月湖
梅子山
归元寺
龙灯堤
汤湖
七里庙
黑山
十里铺
博学书院
清军乙支队进攻方向
东亚面厂
扁担山
磨子山
锅底山
仙女山
美娘山
龙湖
汤家山
舵落口
彭家墩
上黄金口
琴断口
三眼桥
襄河
蔡甸
清军甲支队进攻方向
清军进攻方向
革命军防线

汉阳战争形势图

立，大声说："敢言放弃武昌者斩！"①，全体掌声如雷，一致决议坚守武昌。革命党人虽败不馁的精神，终于赢得了后来的胜利。

当晚，黄兴乘轮离鄂。

五　停战议和

武汉广大军民对保卫汉阳倾注了极大的热情。汉阳失陷，革命党人无不悲痛欲绝。"甚至车夫舟子，皆相视对泣"②。当时，武昌城内谣言繁兴，人心惶惶，居民纷纷逃避，秩序相当混乱。孙武、张振武、刘公等人派出稽查队，沿街巡逻，遇有造谣惑众者，即行拿获正法。革命党人不仅要用很大的力量维持秩序，更为重要的是布置坚守武昌。

黄兴既去，黎元洪便下令以万廷献继任战时总司令。万廷献曾任南京陆军中学堂总办，思想守旧，因此遭到革命党人的反对。万未敢就职。同时，杨开甲也辞去总参谋长职。11 月 28 日，黎元洪在军政府召集会议，讨论坚守武昌和总司令人选问题，孙武、蒋翊武、吴兆麟、蔡济民、刘公、范腾霄等均出席。当场决定：战时总司令一职由蒋翊武护理，吴兆麟为总参谋长，姚金镛为副总参谋长；司令部设于洪山宝通寺；将沿江划分为三个防区，以窦秉钧、何锡蕃、张廷辅分任司令；海军在阳逻附近游弋，掩护武昌。与此同时，黎元洪于 11 月 27 日、28 日分电独立各省都督，说明武昌危在旦夕，要求各都督"迅拔老练之兵，携带枪弹"，"星夜来鄂援助"③。各省回电均表示希望"坚守待援"，并纷纷派出援军。此后，湖南、江西、广西、江苏、上海的援军相继到达，特别是赵恒惕率领的桂军和李烈钧率领的赣军的到来，有力地加强了武昌的防御力量。但是，当各军到来时，双方业已签订停战协定，开始南北议和。

① 《张振武之革命战史》，汉口汉康书局版。
② 曹亚伯：《武昌革命真史》，正编，第 357 页。
③ 杨玉如：《辛亥革命先著记》，第 183 页。

冯国璋攻陷汉阳后，清廷传谕嘉奖，赏给他二等男爵，本希望他继续进攻，占领武昌。然而，当时全国已有十四省宣布独立，张勋又从南京败退，逃往徐州。北方近畿一带，也是险象环生。而清军兵力却全被吸引在京汉铁路一线，根本无法应付全国的革命形势。袁世凯有见于此，他就继续施展反革命两面手法，对武昌方面又打又拉，重点放在拉的方面。

一方面，袁世凯让清军从龟山用重炮轰击武昌，继续对黎元洪施加压力。黎元洪早有弃城出逃的打算，因被范腾霄、张振武、甘绩熙等阻止，第一次没有走成。12 月 1 日正午，都督府正厅中弹起火，黎元洪就仓惶出城，逃往武昌下游九十里的葛店。那是一个小镇，能停泊小型兵舰。黎元洪准备效法瑞澂，如果武昌失守，就携带六十万两银子登舰逃走。逃往葛店的途中，黎元洪在王家店还给英、俄领事和袁世凯发信，要范腾霄"幸即送到，以解决局势之倒悬"。事实上是告诉对方，他在等待招抚。

另一方面，袁世凯又通过帝国主义使团加紧进行停战议和的活动。帝国主义看到清王朝难以支撑，就积极扶植袁世凯，把他作为新的代理人。英国驻华公使朱尔典联络北京各国使团，出面斡旋停战，为袁世凯绞杀革命创造条件。11 月 30 日，袁世凯致电冯国璋，告诉他英国出面调停，令新任汉口兵备道黄开文同汉口英国领事商办。

就在黎元洪出逃的当天，英领事派英人盘恩由军政府顾问孙发绪陪同，到武昌晤黎元洪，商谈停战。盘恩带来了停战条件，说武昌成日受炮火威胁，百姓恐慌，领事馆已同清军商议，建议停战三日。只要同意停战条件，在协定上盖章，双方就可停战。停战条件规定：从 12 月 2 日上午八时起至 12 月 5 日上午八时止停战三日；在停战期内双方一律按兵不动，"各守现据界限，彼此不得稍有侵犯窥探"①；双方均由各国领事监视。这时黎元洪已经离城，都督印也被他带走。于是就由吴兆

① 杨玉如：《辛亥革命先著记》，第 191 页。

麟、孙武接待，照样刻了一个印盖在协定上，停战就这样生效了。从这次停战三日开始，就导致了以后的议和。

停战议和本来是袁世凯为瓦解革命力量、窃取政权而设下的一个圈套。这一点，革命党人在当时也是有所警觉的。11 月间，军政府以黎元洪名义给袁世凯的一封复信中就曾揭露他："佯持中立，于汉满两面，若皆无所为"，实际上是"欲收渔人之利"；"屡出甘言，思以诈术，懈我军心"①。但是结果还是钻进了这个圈套。这是因为，汉阳失陷后革命党人已呈涣散状态，他们感到自己软弱无力；同时，由于缺乏一个彻底的革命纲领，使许多人对袁世凯抱着很大的幻想，认为只要袁世凯能够接受民国的旗号，革命就能大功告成。这样，他们就从要求袁世凯"反戈"，到接受袁世凯的停战条件，进而谈判议和，一步步迈向妥协的道路。

黎元洪在出逃途中，听到已签订了停战协定，喜出望外，第二天就从王家店动身回到武昌。总监察刘公和军务部副长张振武，因黎元洪事先不同革命同志商量，擅自弃城出走，造成混乱局面，主张通电弹劾他的失职行为，但被其他人所劝阻。通电没有发出，黎元洪对革命党人却怀恨在心。

停战原定到 12 月 5 日期满，期满那天，仍由英领事从中斡旋，继续停战三日。到 9 日，英领事又转来清军关于停战十五天的条件。黎元洪把停战条件提交当时正在汉口英租界开会的各省代表讨论，议决停战从 12 月 9 日起到 12 月 24 日止，停战范围除秦、晋、蜀三省另议外，扩大到全国各省，由独立各省派代表与袁世凯派的代表进行谈判。若于十五日谈判不决，再延长十五日。同时，黎元洪将停战条件分别电告各省都督，一律遵守。

枪炮声静寂了，湖北军政府内部的斗争却愈演愈烈。在汉阳失守后，武昌遭到炮击期间，四散逃走的一些反动势力，又纷纷回到武昌，结

① 《民国报》第三号，辛亥十月二十一日。

集在黎元洪的周围,用明枪暗箭、挑拨离间、造谣诽谤等种种阴谋手段,向革命力量发动进攻,全面地篡夺权力。

这时,经各省代表决议,湖北军政府已被认为是中央军政府,黎元洪以大都督名义执行中央政务。通过与袁世凯停战议和,黎元洪又从中捞到了资本,他俨然以各省民军的首领、未来中央政府的领袖自居,湖北革命党人已完全不在他的眼下了。黎元洪积极培植他的亲信势力。都督府的秘书室,在革命党人任主任的时候,只是盖盖章、收收公文而已。在黎元洪任大都督后,就扩大秘书室组织,任命自己的心腹饶汉祥为秘书主任。规定"主任秘书承都督之命,参赞中央军政府一切政务",权力大得惊人。秘书室成为黎元洪控制一切的特殊机构。

接着,黎元洪就开始一系列排挤打击革命党人的阴谋活动。被首先开刀的就是护理总司令、文学社首领蒋翊武。黎元洪利用革命党人之间的矛盾,首先鼓动一些人举谭人凤为"武昌防御使兼北伐招讨使,节制武昌各军并各省援军"①。而撤销战时总司令一职,调蒋翊武为都督府高等顾问。这是一个没有实权的闲差。谭人凤是老革命,又是蒋翊武的湖南同乡,蒋翊武心里虽有意见,也不便反对。谭人凤志大才疏,又不懂军事,遭到许多人反对。于是,黎元洪又改派谭人凤为赴沪参加各省代表会的代表,并下令恢复总司令一职,调他的亲信吴兆麟担任。吴就职后,改组司令部,以吴元泽为参谋长,周定原为副官长,李明为秘书主任,陶俊为军法处长。

在黎元洪等人的操纵和离间之下,革命党人内部的派别矛盾迅速尖锐起来。有的党人如孙武之流更是恃功自傲、权迷心窍,积极投靠黎元洪。于是,黎元洪利用孙武来约束党人,孙武借黎元洪的权势压制党人。黎元洪派蒋翊武任江汉招抚使,给了他一笔钱作为招抚之用。孙武就诬告说,蒋翊武把钱都用作购买枪械,扩充私人武力。黎元洪就派稽查队,半夜三更到蒋翊武家进行查抄。共进会与文学社的矛盾也就

① 曹亚伯:《武昌革命真史》,正编,第395页。

表面化了。

黎元洪、孙武一帮人的倒行逆施，不但激起了文学社社员的不满，也激起了共进会下层群众的不满。许多人就酝酿“二次革命”。到1912年2月28日，终于爆发了“群英会暴动”。暴动的组织者是共进会会员黄申芗和以前合并于共进会的小团体群英会首领向海潜等人。他们得到文学社社员的支持，就以群英会为号召，联合了武昌教导团、毕血会、将校补充团、义勇团、学生军和武昌城内的驻军共几千人。由向海潜首先开枪，包围都督府、军务部和孙武住宅。暴动者的内部意见很分歧，有的主张推倒黎元洪和军政府，有的主张推倒军务、内务和理财三部，有的主张只推倒孙武。黎元洪对酝酿暴动早有所闻。他与孙武虽然互相利用，但他对孙武的跋扈，也感到似背上芒刺。因此他就借此机会竭力把矛头引向孙武，放出空气说：“我这个都督是给尧卿（即孙武）做的。”意思是他只是个傀儡而已。结果暴动就成了倒孙武的活动。挂“群英会”、“毕血会”布条的士兵控制了全城，孙武、邓玉麟等人逃奔汉口。

暴动成了革命党内部的斗争，黎元洪就从中渔利。他一面表示接受暴动者的要求，将孙武撤职，并借名整理机构，改部为司，将所有和孙武接近的部长如苏成章、牟鸿勋、周之翰等全部撤免。另一方面又把暴动诿罪于文学社，斩杀数十人，暴尸示众，进行血腥镇压。

黎元洪两面三刀的战术，大大削弱了革命党人的力量。自群英会暴动失败后，湖北军政府就完全控制在以黎元洪为首的反动势力手中。

第四节　湖南、江西、安徽三省独立

一　湖　南

武昌起义的炮声，似阵阵春雷，唤醒了全国，不到两月，内地十八省中便有十四省举起了义旗，宣告独立，使清政府迅速地陷于土崩瓦解的局面。而在这十四省中，首先起来响应武昌起义的，便是湖南。

湖南与湖北密迩相连，两省革命党人一直保持着互相支持的亲密关系，共进会和文学社等革命团体的出现，实际上是两省革命势力的结合。早在1911年5月两省革命党人就互相约定："中国革命以两湖为主动，如湖北首先起义，则湖南即日响应；湖南首先起义，则湖北即日响应。"①同盟会中部总会成立后，湖南革命党人便分三路进行武装起义的组织准备：杨任负责西路，焦达峰负责中路，邹永成负责南路。同时，在长沙设立了半公开的机关多处，借以联络和策动绅商学军各界人士，其中比较重要的有以下几处：

湖南体育会，在中太平街贾太傅祠内，主要负责人吴作霖，与革命党有联系的教育界人士经常在此聚会。焦达峰回湖南时，多以此为据点。

定忠客栈，在落星田，主持人袁剑非。此处为同盟会湖南分会机关所在地，焦达峰指派会计赵缭住此，负责联络各地革命党人和洪江会会党人士。

李培心堂，在寿星街，主持人为李安国、李藩国。革命党人陈作新被革去新军排长职务后，便寄居在这里，以教书为掩护，进行运动新军的工作。

作民译社，在南阳街，由邹永成、谢介僧经营，进行推销革命书刊等活动。

此外，文明绣业女校、富训商业学堂、铁路协赞会、同仁西医诊所、抱真书屋以及明德、修业、广益各学堂都是革命党人活动的场所。

革命党人最有成效的工作是联络新军。湖南军队分为新军和巡防营两部分：巡防营是由旧军改编而成的，分前、后、中、左、右五路，中路驻省城，其余分驻岳州、衡阳、常德各属。中路统领黄忠浩，思想守旧。

---

① 杨玉如：《辛亥革命先著记》，第35页。

湖南巡抚余诚格对新军有怀疑，遂依靠黄忠浩“若长城，军事悉取决焉”①。新军有第二十五混成协一协，辖四十九、五十两标，另有炮兵队、马队，都驻扎在长沙城外近郊。新军的下级军官和正副兵目大都是有一些文化的农民子弟，经革命党人陈作新、刘文锦等宣传鼓动，许多人都接受了“排满革命”的思想，日益革命化；并且有了初步的组织，各标、营、队、排都有代表，全协各级代表共六十余人。

武昌起义后，因交通不便，湖南革命党人直到10月12日才得到正式消息，而湖南巡抚余诚格于武昌起义的当天就接到了警报。余诚格深恐武昌的战火烧到湖南，当天与黄忠浩密谋应变之策，决定把受革命党人影响的新军调离长沙：四十九标一、三营开赴岳阳、临湘，五十标一、二营开赴宁乡、益阳，以分散革命力量。同时，又把原驻扎各府县的巡防营十余营抽调来长沙布防。正当新军调动之际，湖南革命党人得到了湖北首义的准确消息，于是焦达峰、陈作新乃策动新军代表，向余诚格提出要求说：新军“子弹过少，不能成行，如行，非发子弹三倍不可”②。余诚格断然拒绝了新军的要求，焦达峰、陈作新等立即约集新军代表在贾太傅祠开会，议决18日由城外新军炮队营举火为号，发动起义。届时，炮队营虽然举火，但因城内余诚格防范甚严，各营未能发动，以致起义不成。

这时，长沙形势非常紧张。对清政府绝望了的立宪派士绅也竞相附合于革命。这些人以谘议局、自治公所等公开机构为地盘，积极展开活动。他们提出“文明革命”的主张，极力反对暴烈的革命行动。谘议局议长谭延闿是这个派别的首领。谭延闿(1880—1930)，字组庵，号无畏，湖南茶陵人。其父谭钟麟原是清政府的封疆大吏，历任陕甘、闽浙、两广总督等要职。谭延闿依靠自己的门第，年纪轻轻便已成名，1904年中进士，授翰林院编修。以后，回湖南倡办学堂、实业及各项新政，成

---

①　子虚子：《湘事记》，军事篇一。

②　彭楚珩：《湖南光复运动始末记》，第4页。

为立宪派的首领，并当选为湖南谘议局议长。他积极参加“国会请愿”，继汤化龙之后，于1911年担任了各省谘议局联合会主席。由于武昌起义的成功和长沙形势的突变，谭延闿遂附和革命，但认为“文明革命与草窃异，当与世家大族、军界长官同心努力而后可”①。他企图在尽少破坏旧秩序的情况下，取得地方政权。

10月19日，革命党人焦达峰、陈作新等召开会议，再次筹划起义。立宪派士绅黄锳、左学谦亦出席，他们要求革命党人“勿扰乱秩序”，“勿杀官吏、旗人”，甚至公然提出推举黄忠浩为都督。这个意见当即遭到革命党人的驳斥。会议研究了起义计划，议定等浏阳和醴陵一带洪江会会党潜抵长沙，便于24日发难。但是，20日情况突然变化。新军第五十标代表姚运钧被捕，当标统审问他时，他直告以联络各军，准备起义。余诚格获得新军准备起义的消息后，立即限令驻长沙新军于22日一律开赴株洲；同时拟将姚运钧斩首示众。在如此紧急的情况下，革命党人遂决定于22日发动起义。

10月22日晨，新军四十九标士兵以吹哨为号，迅速集合，打开军械库，取出枪械弹药。革命党人安定超首先演说革命的意义，接着宣读了焦达峰和陈作新等预先拟定的起义动员令：

一、彭友胜率领第四十九标第二营后队，会同第五十标和马队由北门进城，占领荷花池军装库。

二、安定超率领四十九标第二营前队、左队、右队，会同辎重、炮兵、工程三营，由小吴门进城，占领谘议局。

三、李金山率领炮兵营进城后，即到军装局领取炮弹，威胁抚署。

最后鸣放信号枪三响，起义队伍便分路出发。

由北门攻城的军队，一路未遇抵抗，进展极为顺利。当他们逼近北门时，守门的巡防营全部倒戈，敞开城门，让他们长驱直入。因此，不到上午十点钟，他们便先后占领了军装局和谘议局。由小吴门攻城的一

---

① 子虚子：《湘事记》，军事篇一。

路，则稍费周折。当安定超抵达城门口时，发现城门紧闭，安高喊开门，城上却不加理睬，相持到中午，最后义军佯装轰城，守城的巡防营才被迫开了城门。安定超带队直奔谘议局。这时已是下午三点，焦达峰、陈作新等也都来到谘议局。他们立即指挥各路队伍，进攻抚署。深居简出的余诚格，没料到巡防营倒戈和新军不放一枪就进了城，当他听到起义军逼近抚署的消息时，吓得心惊胆落，急忙挂起“大汉”白旗，表示降服，作为缓兵之计，随后即化装潜逃，乘轮船避往上海。黄忠浩没有逃脱，被押上小吴门城楼，斩首示众。同时，起义军还逮捕了长沙知县沈瀛、营务处总办申锡绶、帮办王毓江等。这几个顽固官吏，一向仇视革命，都被处以死刑。

起义军占领抚署后，立即宣告成立“中华民国湖南军政府”①，发布“讨满清檄文”，指出此次革命是要“驱胡虏于关外，定霸图于亚洲。内洗三百年灭国之辱，外当六十国逐鹿之势”。表明革命党人不仅有“排满革命”的雄心壮志，而且也企望国家强盛起来，以抵抗帝国主义列强的侵略。檄文中还特地告诫群众说：“须知为国复仇，并非许民作乱，守万国公同之约，勿害邦交。”在军政府的告示中又强调“对军、民、学、商各界，极行保护主义”，“倘有不轨之徒，乘间肆行，就地立斩”②，等等。为了巩固新生的政权，避免帝国主义的直接干涉，革命党人在取得政权之后，出示维持社会秩序是完全必要的。但是，他们不承认被压迫群众自发反抗斗争的正义性，同时，在上述告示中，又宣布“承认外人关于清政府之借款、赔款”，准许“一切衙署照常治事”等，则反映了资产阶级革命派在反对帝国主义和封建势力的斗争中的软弱态度。

在起义胜利的当天傍晚，各界代表在谘议局集会，公举焦达峰为都督，陈作新为副都督。立宪派士绅主张推举谭延闿为都督，由于革命党

---

① 10月23日改称“中华民国军政府湖南都督府”。

② 《民立报》，1912年11月2日。

人和新军代表坚决反对，未能得逞。以焦达峰、陈作新为首的革命政府获得了人民群众的热烈拥护。人民团体纷纷“陈列牺牲，鸣鞭赛兴”，表示庆祝。长沙城里的革命秩序初步稳定下来之后，焦达峰便委刘崧衡为南路招抚使，杨任为西路招抚使，分别赴衡阳、常德等地。各州县人民闻风响应，相继宣告光复。

10月25日，驻岳州新军第四十九标一、三两营起义，光复岳州。

宝庆革命党人谢介僧、邹永成等得到长沙起义的消息后，立即联络策动驻五峰铺的巡防营管带张贯夫响应。10月30日，革命党人率领张贯夫的军队攻入宝庆城，府县官吏逃避一空，于是成立军政府宝庆分府，推举谢介僧为都督，邹永成为副都督，谭二式为参都督。11月1日，邹永成又率领军队光复新化县。

10月31日，衡阳革命党人周果一发动洪江会党起义，将知府禄显赶跑，光复衡阳。衡阳府所属各州县会党纷纷举义，“佥谓焦大哥作都督，今日吾洪家天下矣”①。

10月30日，杨任率领湖南陆军小学堂等校学生五十余人抵达常德，“商民皆悬白旗以示欢迎，并献牛酒”②。杨任遂在常德设立招抚使署，宣告光复。驻扎在当地的巡防营右路统领陈斌升迫于革命党人的声威，不得不表示顺从。

与此同时，在各地革命党人的策动下，郴州、桂阳州、永州各属亦先后光复。

湖南起义的胜利发展，有重大的政治意义。它不仅稳定了武汉的后方，使首义之区无后顾之忧③，而且隔绝了清政府与粤、桂各省的联系，有力地推动了各省的起义。由于长沙起义胜利，正值汉口战

---

① 子虚子：《湘事记》，军事篇三。

② 邹鲁：《中国国民党史稿》第4篇，杨任传。

③ 据记载：“武昌同志得焦达峰任都督信，均手舞足蹈，前方将领勇气倍加。”（居正：《辛亥札记》，第76页）

事日趋激烈的时刻，所以焦达峰就职之始，便集中全力支援湖北。他连日出示招募军队，会党和青年学生应募者十分踊跃，数日之间即达六万人。首先，他命令以新军四十九标各营为骨干，加上新募之兵和巡防营的部分士兵，组成湘军独立第一协（共五营），由王隆中统率于10月28日出发援鄂。10月30日，正当焦达峰、陈作新筹划派出第二批援鄂军时，立宪派策动部分军队，突然发动政变，推翻了以焦、陈为首的革命政权。

原来，以谭延闿为首的立宪派对焦达峰和陈作新担任正副都督心怀不满。当10月22日焦、陈当选正副都督时，他们就登台声明"都督是临时的"①，企图否定焦、陈的领导地位。此后更有计划地施展了一连串的阴谋活动。

10月23日，革命政权刚刚成立，立宪派便以"模仿英国立宪之精神"为名，迫使焦达峰同意成立了一个由他们控制的参议院。谭延闿亲自担任议长。参议员大多数是原谘议局议员。参议院规则规定："参议院规划民军全局、行政用人一切事宜。""都督之命令，必经本院决定，加盖戳印，请都督盖印，由本院发交各部执行。"②这样都督的权力受到严格限制。但是，立宪派并不以此为满足，25日，他们又决定仿照湖北军政府的办法，实行"军民分治"，目的是要进一步削弱都督的权力。于是，在都督之下分设军政、民政两部，谭延闿担任民政部长，黄鸾鸣为军政部长。民政部下辖六司（民政、财政、教育、司法、外交、交通）、一院（会计检查院）、一处（盐政处），军政部下辖四处（参谋、军需、军法、副官），各司（处）长，多是立宪派。至此，正副都督形同虚设，立宪派实际上控制了湖南的政权。为了把革命党人排挤出政府机构，立宪派还从政治上打击焦达峰的威信，挑拨焦与新军的关系。他们诬蔑焦达峰为"会匪"、"土匪头子"。同时，以会党群众纷纷应召加入军队为口实，造

① 粟戡时：《湖南反正记》。

② 《中国革命记》，辛亥年十月出版，第五册。

谣说焦达峰要用会党代替新军。此外，还煽动黄忠浩所统率的巡防营军官为黄复仇，企图借军队之手杀害焦、陈。

对于立宪派的一系列进攻，革命党人不仅没有给以有力的回击，相反，却一直用妥协让步的办法来维持与立宪派的“合作”关系。焦达峰和陈作新在政治上都很幼稚，因立宪派赞成革命，而模糊了自己和立宪派的界限，天真地以为“排满革命”成功，汉族一家，失去了警惕性。当有人建议挑选可靠的新军担任都督府警卫时，陈作新不以为然，他说“吾族奴于鞑虏垂三百年，今日复见汉宫威仪，如家人聚首耳，尚何戒备之有”①。在立宪派的逼迫下，焦达峰也曾想辞去都督职务，率兵援鄂，一走了事。这一切都表明革命党人对保持革命领导权的重要性认识不足。

10 月 26 日，同盟会中部总会负责人谭人凤回到湖南后，看到都督大权旁落，便主张取消参议院，由都督府总揽全权。10 月 30 日，同盟会邀集立宪派士绅在谘议局商议都督府组织法，谭人凤的提案获得多数通过。因而焦达峰的态度也坚决起来。次日，在全省军、政、商、学各界代表会上，焦达峰宣布了取消参议院和军政部的决定，谭延闿被迫辞职，怏怏退席。焦达峰以为与立宪派的矛盾暂时解决了，便集中力量筹备派遣第二批援鄂军；然而，他却没料到，立宪派暗中加紧了夺取政权的阴谋活动，而且于第二天就发动了血腥政变。

前此，王隆中率领新军四十九标援鄂，军中的革命分子几乎全部随军出发，省城防务由原驻扎在宁乡、益阳的五十标一、二两营接替。这两营军队没有参加过长沙起义，所受革命影响较小。第二营管带梅馨更是一个只知升官发财的人，一到长沙，他就去见焦达峰，要求提升他为旅长，被焦拒绝。因此梅馨怀恨在心，立宪派又乘机挑拨煽动。10 月 31 日，梅馨分兵两队，一队埋伏于北门外和丰火柴公司附近，一队准

① 邹鲁：《中国国民党史稿》第 4 篇，陈作新传。

备围攻都督府。然后指使一些流氓制造了和丰火柴公司纸币挤兑风潮①，作为发动政变的引线。风潮发生后，立宪派绅士请求军政府弹压。陈作新即单骑前往视察，他刚走到北门铁佛寺，便被伏兵乱刀砍死。随后，梅馨指使变兵借索饷为由，冲进督署。当时，焦达峰正和革命党人曾杰等人讨论派援鄂军的问题。曾杰力劝焦达峰暂时躲避，以防不测。焦达峰后悔自己养痈遗患，愤愤地说："安用避为！我为种族革命，凡我族类之附义者，不问其曾为官僚，抑为绅士，余皆容之。今谘议局绅董，煽动黄忠浩残部叛乱，既杀副都督，又欲杀余，悔不用谭石屏（人凤）之言，先除若辈，今竟为若辈所算。余惟有一身受之，毋令残害我湘民。且余信革命终当成功，若辈反复，自有天谴。"②说罢，他挺身走向大堂，两旁签押房突然枪声四起，他受伤后倒在前坪照墙石狮子下，被变兵用刺刀戮死，年仅二十五岁。

当晚，梅馨迎接谭延闿至军政府担任都督。谭假惺惺地推辞一番，便欣然接印治事。对于立宪派发动的夺权政变，各阶层人士表现了不同的态度。省内外的立宪派大加喝彩，湖北黎元洪表示："但贺新都督，不问旧都督。"③汤化龙拍贺电给谭说："闻公出，欣喜无量。"④一部分革命党人和会党群众则表示出极大的愤慨。"焦、陈部下万人汹汹谋复仇，声言放火屠城"，"攻扑督署，锄元恶"⑤。在武汉作战的第四十九标官兵"闻变皆泣不成声，徒以汉上战事方急，未便回师讨贼"⑥。洪江、澧州等地会党群众纷纷骚动，誓言为焦、陈复仇。但是，大部分革命党人，尤其是与立宪派接近的上层人物如文斐

① 和丰火柴公司发行有三百文、一百文两种纸币，原是一种工资券，后来流通市场，数额渐多，价值不稳，时人称为"洋火票"。

② 冯自由：《革命逸史》，第二集，第284、285页。

③ 曹亚伯：《武昌革命真史》，正编，第226页。

④ 子虚子：《湘事记》，军事篇3。

⑤ 刘约真：《醴陵革命人物纪要》，见《湖南文献汇编》第1辑，第196页。

⑥ 冯自由：《革命逸史》，第二集，第285页。

等,则认为汉口陷落,大敌当前,湖北"恃湘为后盾,脱有内乱,则革命前功尽废"①,而主张委曲求全。他们四出奔走劝焦,陈部下说:谭既然做了民国的都督,就得革命;他既革命,就要支持他。黄兴在湖北得到消息,也给湖南革命党人写了一封长信,说明湖南方面不能再乱,否则其他各省就要观望。湖南当务之急是援鄂。由于革命党人的软弱,谭延闿迅速地巩固了自己的地位。

为了消除革命党人对焦、陈被杀害的义愤,谭延闿继续要弄两面派手法。他把这次谋杀案诿罪于"乱兵",并亲自至焦、陈灵柩前祭奠,下令公署一律下半旗志哀,为焦、陈建祠铸铜像,抚恤家属,等等。同时,他又极力扩张立宪派的势力,瓦解革命力量。首先,他改组了军政府,立宪派士绅纷纷膺任要职,排挤了革命党人。为了控制军队,他又下令解散了焦、陈招募的国民军,并将新军和巡防营改编为五个师,提拔梅馨为第五师师长。对有革命倾向的各营,则编为援鄂军,派甘兴汉率领开赴湖北前线,借以排除异己力量。经过这种种措施,谭延闿控制了长沙的形势。接着,他又把势力伸向各州县,相继推翻了各地的革命政权。

11 月 3 日,谭延闿勾结驻常德的巡防营右路统领陈斌升,杀害了西路招抚使杨任,同时被害的还有参谋长余昭常及余化龙、涂鉴衡、锺杰等十余人。不久,谭延闿任命龙璋为西路巡按使,领兵一标驻于常德,将湘西各州县置于立宪派的控制之下。同时,谭延闿借故将焦达峰所委派的南路招抚使刘崧衡调职,而改委立宪派唐维藩为衡永郴桂安抚使,率军巡视南路各属,革命党人纷纷逃避,会党群众遭到残酷镇压。宝庆一带情况也是如此,谭延闿收买革命党人谭心休为"宝靖招抚使",令其率领梅馨所部一营前往宝庆,取消军政分府,革命党人邹代烈被杀害,邹永成被迫出走。这样,湖南的革命果实便完全被立宪派所攫取了。

① 刘约真:《醴陵革命人物纪要》,见《湖南文献汇编》第 1 辑,第 197 页。

二　江　西

武昌起义的一声炮响，与湖北毗连的江西省立即震荡起来。在同盟会员的策动下，九江新军首先于10月23日起义响应。

九江是紧接武汉下游的第一个大商埠，也是军事要地，江防重镇。清政府派江西新军五十三标驻扎在这里。革命党人林森等曾组织了一些进步团体，借以联络新军、商团和会党，准备发动起义。武昌起义的消息传到九江，一夕数惊，全城轰动。恰在这时，革命党人蒋群从武昌抵九江，革命党人遂于10月16日秘密集会，决定分头策动新军、警察、炮台守军和各进步团体，准备起义响应。新军五十三标标统马毓宝是一个没有革命思想的人。当蒋群前去劝他起义时，他以实力不足为借口，表示不能发动；及至起义准备就绪时，他也附合了革命。同时，经新军中的革命党刘世钧（队官）、顾英（排长）、何夒桂（排长）等人联络，五十三标第一、二营管带范增福、黄焕章，炮台司令徐世法，统领戈克安等都表示赞成革命，并约定在一星期内完成准备工作，即行发动。

10月23日晚，岳师门外金鸡坡炮台台目陈庭训发炮三响，吹响了起义的号角。五十三标各营立即集合出发，向道府两署发动进攻。九江道保恒和知府璞良，都闻风丧胆，携眷潜逃，起义军兵不血刃就占领了九江城。同时，驻瑞昌的五十三标第三营也回到九江，参加革命。于是，按蒋群拟定的九江军政分府组织大纲，在道署成立了军政府，公举马毓宝为都督。蒋群帮办军务兼参谋长，负实际责任，刘世钧为参谋次长，吴铁城为总参议官，徐世法为炮台司令。九江巨绅罗大佺为民政部长，商会会长舒先庚为财政部长。林森仍在九江海关任职，负责对外交涉。不几天，革命党人李烈钧抵九江，蒋群慨然让参谋长一职给他，“一时谦让之风，人多称之”①。李烈钧（1882—1946），字协和，别号侠黄，

① 《李烈钧自传》，1944年版，第12页。

江西武宁县人。1902年入江西武备学堂，1904年被派赴日本留学，入日本士官学校。留学期间加入同盟会。1908年回国后，先后担任江西新军五十四标第一营管带、云南讲武堂教官及陆军小学堂总办等军职。李烈钧担任参谋长后，立即下令严密控制金鸡坡炮台，封锁长江，拦截上行船只，断绝了汉口清军的水路供应，不仅支援了武昌革命军，也使清廷大为震动。

这时，驻泊在武汉江面阳逻的清政府海军正酝酿起义。九江爆发革命和金鸡坡炮台被革命军占领，使海军的供应线受到威胁，舰队统制萨镇冰见人心倾向革命，大势已去，便以赴沪就医为名，离开舰队。海筹、海容、海琛、江贞各舰管带，推举海筹管带黄钟英为总司令，即挂白旗下驶，于11月13日上午抵九江。九江军政府派林森、吴铁城登舰联络，决定组织陆海军联合委员会，以九江招商局客厅为会所。不久，应湖北都督黎元洪要求，海容、海琛各舰驶回武汉青山附近江面停泊，协助革命军作战。海军起义使革命声势大振，有力地推动了沿江各省起义。

九江军政府成立后，立即派蒋群和刘世钧率领革命军支援南昌，沿途经鄱阳湖，内河水师闻风归附。11月1日，当革命军到达王家渡时，南昌已于前一日(10月31日)光复了。

南昌的光复，是在革命党人的策动下进行的，新军起了很重要的作用。清末江西编练新军，成立二十七混成协一协，协统吴介璋，下辖步队两标，第五十三标驻九江，五十四标驻南昌。同盟会派了许多会员投入新军，因此新军几乎全操在革命党人手里。武昌起义前夕，巡抚冯汝骙怀疑五十四标不稳，就命该标移驻袁州。同时改编巡防营为五十五标，由巡防营统领庄守忠担任标统，驻扎南昌。武昌起义后，第五十五标一部分开往九江，至九江光复时，大都逃散，不能成军。因此，在南昌城郊的驻军仅有二十七混成协马、工、炮、辎各营队。武昌、九江起义的消息传到南昌后，新军各营队及陆军小学堂、测绘学堂的学生均跃跃欲试，酝酿响应。省城《江西民报》等报纸，报导武汉和九江光复的消息，把各界人士都激动起来了。冯汝骙及兵备道总办张季煜等日夜筹商应变之策，企图扼杀革命。他们调上饶巡防营统领刘懋政率所部赶到南昌，监视新军。又收缴陆军小学堂学生的枪械子弹，软禁吴介璋等。这些反动措施更加激起了新军的义愤，加速了起义的到来。这时，湖北革命党人派来的丁立中（笏堂）也到达南昌，要求党人起义，声援武汉。经革命党人蔡公时等策动，各营队官兵多赞成发动起义。骑兵营管带方先亮、排长蔡森、工程队官蔡杰、排长韦兆熊、米洛宾、司务长沈鹤年、辎重队官宋炳炎开会商议，决定由方先亮、蔡杰、宋炳炎担任司令，于10月31日发动。

10月31日晚，蔡森首先率队缒城而入。城内陆军小学堂学生、测绘学堂学生及测量司学员群起响应，驱逐守城士兵，打开城门。起义军很快地占领了各衙门，没有遇到抵抗。各官吏大都事先闻风逃跑，只有冯汝骙未逃脱，仍留在抚署①。当晚，上饶刘懋政率队赶到南昌，经彭程万等人联络，也归附革命。南昌就这样兵不血刃地光复了。

第二天，军、民、商、学各界代表在商会集会，一致推举吴介璋为都督，刘凤起为民政部长。吴介璋字复初，江苏无锡人，曾任江西武备学堂教官，新军军官多数是他的学生，都拥护他任都督。但是，他却不肯答应，因为冯汝骙仍在抚署里，他主张请冯担任。后来，几经劝促，他才勉强应允了。于是，军政府就在高等学堂组织起来。吴介璋任命吴宗慈为都督府秘书长，夏之麒为参谋厅长，朱寿同为军务厅长，王之禄为总务厅长。并以铁血十八星旗代替龙旗为国旗，下令剪辫，废除作揖、跪拜等封建礼节。又决定组织义勇队，增援湖北，下令查抄反动官吏财产，以充军饷。但对于社会经济制度，却没有任何变革，而且扩军购械，还加重了人民的负担。

九江、南昌光复后，萍乡也接着宣布起义。新军五十五标驻在袁

① 冯汝骙在清政府封疆大吏中政声算是比较好的。他自知大势已去，便在一夕悄然离开巡署，趁船出走。行至九江上岸，吞烟自尽。

州、萍乡一带，他们得到九江起义的消息后，第三营队官余辉照（革命党人）便召集本标郭懋仁、周维刚等密议响应。不料被标统齐宝善发觉了，密电冯汝骙。冯正自顾不暇，复电说："官心已不可靠，民心复不可恃，萍乡不能遥制，望体贴兵心民心办理。"①新军官兵看到这个电文，兴奋异常，立即全体剃去发辫，于 11 月 3 日宣布独立。萍乡兵备道杨会康、标统齐宝善都潜逃无踪。军民遂推第二营管带胡谦为都督，余辉照为参谋长，在萍乡道署成立瑞临袁都督府。与此同时，革命党人张周垣（赣州法政学校监督）策动赣州独立，推巡防营统领刘槐森为都督。鄱阳光复，推黄金台为都督。革命党人蔡锐霆在宜丰发动巡防营起义，被推为袁瑞临三路都督。至此，江西省全告光复。

革命党人在推动和领导江西起义的过程中，起了很大的作用。散处各地的同盟会员在武昌起义爆发以后，都在当地积极地发动军队和会党起义，促使革命在全省蓬勃发展。但是，由于同盟会江西支部组织涣散，缺乏统一的领导，加上军队里派系斗争尖锐，致使独立后的江西一度形成了五个都督分立，各不相属的局面；而且在短短的时间内，南昌就四易都督，政局很不稳定。

吴介璋长期担任新军高级军官，资望很高。他出任都督，得到大多数新军官兵的拥护。但是，由巡防营改编的五十五标标统冯嗣鸿则反对他。在冯嗣鸿的鼓动下，各巡防营统领联合一些新军军官暗中活动倒吴。因此，吴上台仅二月就辞职他去。冯嗣鸿等便拥戴彭程万为都督。彭程万是革命党人，原为江西陆军测绘学堂教官。在新旧军的矛盾斗争中，他一直采取调和态度。当上都督后，他立即派冯嗣鸿部开赴武汉援鄂，派刘懋政部开赴南京援宁。因为这两支队伍由旧军改编，纪律废弛，他担心发生兵变，乃设法乘机调开。出发前，他召集两部训话，晓以大义，并从优发给薪饷、弹药及开拔费等。不料因此引起起义新军各营的不满，因为新军原已组成义勇队，由蔡森统率援鄂。于是，新军

① 余辉照：《赣西独立记》。

军官秘密开会，酝酿倒彭。

彭程万本来没有实力，得悉方先亮等去九江欢迎马毓宝来南昌的消息，便自动取消都督名义，并电劝胡谦、蔡锐霆、黄金台三都督一同取消，拥护马毓宝为都督，以统一江西军政。因彭程万以身作则，胡、蔡、黄三氏一致复电赞同。马毓宝遂担任了江西都督。

九江光复后，马毓宝极力扩充自己的嫡系队伍，军事实力日渐雄厚。到南昌后，即行改组军政府，军政要职大都由他的老部下担任。又与洪江会各首领联为一气，实力更为扩大。但是，他的老部下和洪江会首领多是起义有功人员，恃功自傲，骄纵豪奢，目无法纪，他又不能加以约束，以致民怨沸腾。于是，江西省临时议会开会议决，派欧阳武等赴湖北前线请李烈钧回省当都督，并电请南京临时政府任命。前此，海军在九江起义后，李烈钧就率领赣军一部赴安庆援皖，后来武汉告急，他又统率赣皖联军援鄂。一到武汉，黎元洪就委任他为北伐军第二军军长，协助保卫武昌。当他接到担任赣督的任命时，正值南北议和成功，他立即统率江西援鄂军回省，接任都督。在同盟会支部长贺国昌、省议会议长刘景烈等人的支持下，他积极罗致人才，改组省政府。又裁编军队、镇压洪江会，使江西的政局迅速稳定下来。

三　安　徽

武昌起义的消息传到安庆，革命党人吴春阳（号旸谷）、韩衍、管鹏等欢欣鼓舞，立即在城内萍萃楼秘密集会，商议响应。当时，新军第三十一混成协各标营的中下级军官，有不少是革命党人。他们也都派代表前来参加会议，如六十一标代表柏玉田、张保德，六十二标代表阚鼎泰、李乾玉，测绘学堂代表胡万泰、刘松龄，陆军小学堂代表夏斌等。会议推胡万泰为临时总指挥，约定 10 月 30 日晚先由六十二标举火为号，六十一标和马炮营、工程营继起响应，先攻标本部，夺取子弹，再合力攻省城。

这时，安徽巡抚朱家宝惊恐万状，连夜召集文武要员开会，磋商防范革命党起义的办法。他感到安庆没有他可依恃的军队，便急电两江总督张人骏，调驻扎在浦口的张勋所部江防营来皖。同时，又想利用新军，特意提前发饷，每人发给七九步枪子弹五十粒。但是，他对新军总不放心，随后又下令将新军各标营的弹药一律收缴存库，并调二十三营（管带桂丹墀）开赴英山驻防，以分散新军的力量。当江防营两营抵达安庆时，朱家宝自认为有恃无恐，又拟下令解散省城新军。革命党人得知这个消息，便加紧筹备起义。正在紧要关头，胡万泰却畏葸潜逃，革命党人被迫改变了原定的起义计划。但是，新军六十二标一营排长李乾玉激于义愤，单独发难，10 月 31 日率领所部新军袭击安庆城，不幸失败。

安庆新军的起义虽然遭受挫折，但是安庆的上游九江已经建立起革命军政府，下游淞沪各地也告光复。省内各州县民军风起云涌，高揭革命旗帜，朱家宝的命令已经不能出安庆城门。

先是，武昌起义之前，寿州革命党人张汇滔、张纶、绅士王庆云等，即以办地方保卫团为名购买武器，以农会为总机关，筹备武装起义。武昌起义后，张汇滔、王庆云等立即召集邻近各县革命党人开会，筹划响应。当时，驻扎寿州的清军共二千余人，革命的武装力量与清军不相上下，而士气高昂，则远胜清军。会上经过反复研究，确定 11 月 15 日发难，首先光复寿州。14 日晚，寿州城内外革命军一齐发动，声势浩大，地方文武官吏闻风潜逃，清军慑于革命军声势，不敢出而抵抗，经过劝说，均缴械投降。第二天全城悬挂白旗，商店照常营业，寿州遂告光复。

寿州光复后，立即成立淮上军司令部，着手改编军队，最后编定步兵十八营，马队一营，炮队二营。推王庆云为总司令，张汇滔、张纶、袁家声为副总司令。淮上军除留一部分守卫寿州外，其余分兵三路向皖北各州县推进，很快光复六安、怀远、凤阳、蚌埠、霍丘、阜阳、涡阳等地。

与此同时，合肥也宣告独立，成立军政分府。合肥是庐州府首邑，文教事业一直比较发达。1906 年，吴春阳从日本回到合肥后，创办模范小学和速成师范等学校，并以此为活动基地，宣传革命，发展同盟会会员，革命工作大有进展。武昌起义后，同盟会员孙万乘、王善德等十余人由沪、宁各地纷纷回到合肥，组织秘密机关部，一面联络各地同盟会员，筹组民军，一面策动清军反正。当时驻合肥巡防营管带季光恩和知县李维源，看到清廷大势已去，经几度劝说之后，终于赞成革命。11月9日，孙万乘等在合肥大书院召开群众大会，季光恩、李维源都到会。当场宣布庐州独立，组设军政分府，公推孙万乘为总司令。群众欢声雷动，鞭炮齐鸣，全城悬旗庆祝军政分府成立。

在合肥独立的同一天，皖南芜湖也宣告独立，成立军政分府，公推吴振黄为总司令。此外，田仲扬、田叔扬兄弟发难于临淮。方玿舟等起义于定远。程恩普、卢镜寰则组织民军联合淮上军光复颍州。总之，各州县民军四起，省城安庆“已同孤注”①。

这时，新到安庆的江防营，自恃镇压新军起义之“功”，到处骚扰，使人心更加惶恐。谘议局议长窦以珏遂召开谘议局会议，要求朱家宝撤退巡防营，宣布独立，以安人心。朱家宝断然拒绝了谘议局的请求。之后，继任谘议局议长童挹芳、立宪派绅士洪思亮等便联合商会等团体于11月7日在谘议局开会，决定次日由谘议局自行宣布独立。朱家宝见势不妙，遂改变态度，接受立宪派的意见，企图保全地位，以待时局变化。童挹芳等也担心宣布独立后，素无纪律的江防营难于控制，便决定利用朱家宝羁縻之。于是，在谘议局立宪派士绅的支持下，朱家宝于11月8日宣布安徽独立，自为都督。

朱家宝宣布“独立”后，遭到革命党人的激烈反对。11月11日，革命党人召集军、学等界代表开会，自行宣布独立，推同盟会员王天培为都督，管鹏为军务部长，吴春阳为全省经略。次日在督练公所成立都督府。王天培号元辅，安徽合肥人，留日士官生，曾任安徽陆军测绘学堂

① 《卸任安徽军事参议官唐启垚呈袁世凯禀》(原件)，宣统三年十月，中国社会科学院近代史研究所藏。

提调。他下令强剪老百姓的发辫,犯众怒。朱家宝又乘机煽动巡防营以反对剪发辫为名哄闹。因而王天培只当了几天都督,旋即离去。安庆遂成群龙无首之局。

革命党人见朱家宝手握军权,难于对付,遂派吴春阳赴江西九江请兵援皖。九江都督马毓宝即派团长黄焕章率领赣军二千抵安庆。前此,江防营闻赣军将至,便撤回浦口。黄焕章部是九江革命后临时招募的军队,军纪不佳。入城后索饷不遂,便围攻都督府,抢劫军械所、藩库以及绅商富户,全城秩序大乱,朱家宝缒城逃跑。黄焕章取得安庆军政大权,俨然成为都督。不几天,吴春阳自武昌赶回安庆,见此状,不胜愤慨,便当面严词谴责黄焕章殃民之罪。黄老羞成怒,竟当场枪杀吴。吴春阳是同盟会安徽支部的领导人,奔走革命,十余年如一日,声望甚高。革命党人闻其被害,义愤填膺,纷纷电请马毓宝惩办黄。管鹏赴集贤关,调集各地新军,拟以武力驱逐黄部。新军六十二标第一营在桂丹墀的率领下开回安庆,原驻安庆的骑兵第一营和胡万泰临时招募的步兵一营,以及青年军等,都做好了战斗准备。战事有一触即发之势。正在这时,马毓宝派九江军政府参谋长李烈钧来皖查办。李统率兵舰两艘及步兵一营抵安庆。安庆各界遂推李为都督。经李调解,黄焕章部撤回九江。不久,李辞去安徽都督,率领赣、皖联军支援武昌。

李烈钧走后,安庆各实力派乃联合组成“皖省维持统一机关处”,设军政、民政、财政三部,以桂丹墀、洪思亮、黄书霖分别主持,秘书长为韩衍①,并规定一旦举定都督,此机关即行解散。

12 月 12 日,安徽临时议会开会,选举孙毓筠为都督。孙毓筠(1869—1926)字少侯,安徽寿州人,清朝军机大臣孙家鼐的族孙,早年

① 韩衍字耆伯,同盟会员,江苏丹徒人,后入安徽太和籍。自朱家宝逃走后,他与管鹏、易白沙等一起,召募青年学生,编成青年军三大队(营),韩衍自任总监。青年军朝气蓬勃,军容严整,对安庆革命贡献颇多。民国元年 3 月韩衍被人刺死,青年军亦被解散。

参加革命,风流任侠,曾捐私产十多万金,充革命军经费,在革命党人中颇有声誉。1907 年被清政府逮捕后,一直关在监狱里,及至南京光复前方出狱。12 月 21 日,孙毓筠由上海抵达安庆就职,正式成立安徽军政府。从此,安徽革命的局面才稳定下来。

军政府下设军、民、财、教育四司,以桂丹墀、洪思亮、史推思、邓艺孙分任司长。韩衍为参谋长兼青年军总监。青年军扩充为四大队,成为一支支持孙毓筠的武装力量。军政府成立后,立即誓师北伐,派段志超为北伐军司令,取道合肥抵正阳关,联合各地民军,首战告捷,败清军倪嗣冲部于颍州东乡。与此同时,为了统一全省军政,着手裁撤各地的军政分府。经过近三个月的磋商,庐州、芜湖等地军政分府先后遵令撤销,所有民军编为五个师。只有大通军政府都督黎宗岳拒不撤销,而且不承认孙毓筠的地位,并扬言袭取安庆。于是,南京临时政府遂于 1912 年 3 月命令驻浦口的陆军第一军军长柏文蔚统率水陆军赴大通,迫使黎宗岳逃走,安徽遂告统一。此后不久,柏文蔚代替孙毓筠,就任都督兼民政长。

第五节　西南各省独立

一　云　南

云南于 10 月 30 日在省会昆明发动起义成功,是响应武昌起义较早的省份之一,对西南各省有重要影响。

1908 年春,河口起义失败后,革命党人李根源、罗佩金等相继回滇在新军中活动,不断发展势力,著名的云南陆军讲武堂就是革命党活动的一个重要中心。革命党人李根源是该堂监督,并且是亲手创办该堂的人,以后任该堂总办。云南新军军官中许多革命党人都在该堂任教。

云南新军从 1902 年开始编练,至 1909 年始成暂编陆军第十九镇,共有步、马、炮等二十一营。以后编制又略有扩充。新军中陆续集聚了一大批革命党人，充当各级军官。如第十九镇参谋官殷承瓛，第七十四标统带罗佩金，第七十三标三营管带李鸿祥，第七十四标一营管带唐继尧、二营管带刘存厚、三营管带雷飚、炮兵管带谢汝翼、工程营管带韩凤楼、机枪营管带李凤楼等等。他们都是日本士官学校的毕业生，在日本留学期间，一方面学了军事，另一方面接受了革命党的宣传，走上革命道路。1911 年 2 月，蔡锷由广西被调入云南担任新军第三十七协统领。蔡锷(1882—1916)原名艮寅，字松坡，湖南邵阳人。戊戌变法时期，他是时务学堂的学生，政变后，追随他的老师梁启超到日本，1903 年在士官学校第三期毕业，次年回国，曾先后在江西、湖南、广西等省任军职，做过广西新军混成协统领。蔡锷在政治上虽然追随梁启超，但他是一位真诚的爱国者，并抱有强烈的民主主义理想。到云南后，他同李根源等革命党人相处很融洽，同情他们的革命主张。

武昌起义的消息传到云南，革命党人十分振奋，决心起义响应。蔡锷等人频频在唐继尧或刘存厚家里举行密谈，商量起义计划。大家公推蔡锷任总指挥，决定旧历九月初九(重阳节)发动。当时，反动营垒也警觉起来。总督李经羲急与十九镇统制钟麟同，总参议靳云鹏、兵备处总办王振畿等商量对策。他们打算以赴越运械为名，将罗佩金打发走，派李根源离省城到迤西镇压张文光起义，同时拟将李鸿祥调职，而将谢汝翼撤职。但这个如意算盘被“重九”起义彻底打碎了。

10 月 30 日(旧历九月初九)，革命党人一切准备就绪，打算夜间发动起义。蔡锷命李根源率七十三标起义部队从北校场出发，向省城大东门至小西门以北地区进攻，主要目标是军械局、五华山阵地。命罗佩金率七十四标由巫家坝出发，向省城大东门至小西门以南地区进攻，主要目标是总督署、藩库及巡防营地。命炮队统带韩国饶率炮队在大小东门及小西门与南门城墙附近安放炮位，准备助攻各据点。命讲武堂教官张开儒等率学生在城内接应，按时开放城门。原计划定于夜十二点进城发起攻击，但七十三标在向战士分发子弹时，为一反动军官察觉，一个新军排长当即开枪将其击毙。枪声一响，该标统带丁锦得警，即纠集未附起义的一营,向义军进攻。李根源、李鸿祥马上集合队伍,痛予歼击,放火烧了标本部,丁锦败逃,向督署告急。那时距预定入城时间还有两个多小时,城门未开,但势急万不能等待。他们靠搭人梯翻越城墙入城,开启城门。义军一拥而入,迅即袭占兵工厂等处,以主力攻击军械局及五华山清军阵地。这时钟麟同督率巡防营、辎重营、宪兵营、机枪队及卫兵占据五华山阵地抵抗。由于他们占据有利地势,加之弹药充足,给义军造成很大伤亡。蔡锷、罗佩金直到钟麟同命令进城“平叛”,才得知李根源已先期发动。十二点,他们率七十四标入城,立即投入激战。以主力攻击总督署,另以一部助攻军械局。军械局守军四五百人,里面藏有大量枪支弹药,是义军必夺之物。起初,李根源试图劝说守军起义,无效,只得集中主力进攻。因墙高且厚,守军火力甚猛,以致久攻不下。至10月31日早九、十点钟,义军用炸药将大墙炸开缺口,突入院内,把大部分守军赶跑并收降一部分。随后加强攻击督署,炮兵发炮轰断署内旗杆,并打中了李经羲的住室。不过那时李已逃至一个巡捕家中躲藏。督署终被义军占领。至中午时分,昆明全城处于义军控制下。与义军顽抗的钟麟同,负伤后被义军抓获处决,王振畿也被处死,只有靳云鹏在混战中伪装轿夫逃出城外。李经羲以下许多官员均就俘。蔡锷、李根源等念李旧谊,馈送川资护送出境。其余有的表示拥护革命,继续在新政府中任事,有的被遣归原籍。31日晚上,有部分反动军队的残余发动叛乱,至11月1日上午被平息。城外的马队、工程营等则相继反正。1日晚,城中又发生兵变。第二天,将乱兵正法十余人,城内秩序始趋安定。义军除留一部分担任卫戍任务外,均整队出城,返回营地。

11月3日,云南军政府成立,举蔡锷为都督,李根源为军政部长兼参议院长,殷承瓛为参谋部总长,韩建铎为军务部总长;原谘议局改为省议会,张惟聪为议长。不久,李根源任滇军第二师师长,并出任迤西国民军总司令,罗佩金继任军政部长。

军政府一成立,即电各属,责以大义,命其反正。

云南西部腾越，于10月27日，先于省城三天，在革命党人张文光领导下起义，成立迤西都督府，张任都督，并设立民政机构。10月31日，临近的龙陵军哨官张定甲、李槐杀其管带起义响应，接受张文光节制。张分兵三路分别进占永康、永昌、顺宁、云州、云龙、缅州诸县及沿边各土司。由陈云龙指挥的一路，准备继续进兵大理。大理是云南迤西重镇，当时迤西各属已得省中电报，陆续反正，所以要求腾越方面义军不要再前进，免启兵端。但陈云龙为人凶悍，不识大体，治军无纪，终至发生激烈对抗。省军政府得知情况后，特派李根源前往调处。李根源本是腾冲人，在迤西各属素著声望。经他调处，张文光答应取消迤西都督府，李根源以第二师师长兼迤西国民军总司令的身份，节制迤西各属。

滇南临安府新军于11月1日起义，得地方大绅、民军统领朱朝瑛的赞助。次日，成立南军军政府，推朱朝瑛为统领，新军教练官、革命党人赵复祥为副统领。

滇南重镇蒙自关道龚心湛拒绝省军政府要求反正的电报，暗调开化镇总兵率军并力拒守。同时却佯派人与临安联络，企图诱歼起义新军，结果被义军打败，逃越南，蒙自于11月6日宣告光复。省军政府命赵复祥署蒙自关道，命朱朝瑛署临元镇，命郡绅王垂书署临安府知府。11月19日，开化镇总兵夏文炳为势所驱，举旗反正，滇南各属自此全部归服军政府。后来蒙自发生兵变，省军政府派罗佩金前往抚绥，迅速平定。

由于革命党人掌握着云南新军的大部指挥权，保证了云南起义迅速成功。

云南独立后，立即着手整编军队，改革弊政，清理财政，平定匪乱，使全省政局很快趋于稳定。在这种形势下，云南军政府派兵分别入川、入黔。

云南与四川历来关系密切，这不但因为地理上互相邻接，更重要的是，滇省财政要靠四川协济。所以四川治乱如何对云南影响甚大。当云南独立时，四川局面正在混乱中。鉴于这种形势，云南军政府决定以援助四川独立的名义，于 11 月中旬组成两个梯团先后开赴川境。其第一梯团长为谢汝翼，第二梯团长为李鸿祥，并以韩建铎为援川军总司令。第一梯团经昭通入川抵叙府，第二梯团经毕节出泸州，两军拟于成都会师。但滇军入川后，颇露骄悍之气，引起川人不满，以至酿成流血冲突，对以后川滇政局颇有影响。

云南军政府原来并无援黔计划，但在贵州立宪派上层分子的要求下，决定要率军北伐的唐继尧，顺路入黔解决贵州两党争斗。怀有政治野心的唐继尧，以武力推翻贵州军政府，自任贵州都督，扶植立宪派，残酷屠杀、迫害自治学社一派的起义有功人员，使贵州政局发生倒转，这是云南军政府干的一件不够光彩的事。

二　贵　州

贵州省于 11 月 4 日独立，成立军政府。

自从 1906 年冬张铭、简书等人响应萍浏醴起义失败后，一些革命党人与后来成立的自治学社逐渐合流。自治学社虽是标榜“赞助地方自治”的合法组织，但因社中许多骨干来自会党头目，本有反清意识，又有革命党人加入，所以自治学社成了以革命分子为核心的结合了大批中下层知识分子的反清革命团体。同盟会东京总部曾正式承认它为同盟会的贵州支部。自治学社的主要发起人和领袖张百麟(1879—1919)字石麒，祖籍湖南长沙，生在贵阳。青少年时期服膺康、梁；以后结交会党头目，并受资产阶级革命思潮影响，逐渐倾向革命。

武昌起义的消息传到贵州后，张百麟及自治学社的革命分子，感到十分振奋，积极准备响应。张百麟把自己家里当作筹备起义的机关，频频召集会议，商量起义计划。他们很注意在军队中开展工作。当时贵州新军尚少，主要的军队是巡防营，共二十个营，分驻周围边县，只有中路四营离省城较近。常驻省城的有新军步兵一标(三营)，炮兵一队，卫队不足一营，外有征兵一营。自治学社分别派定专人担任与各部联络，而把重点放在新军和陆军小学。贵州巡抚沈瑜庆为防范起义，下令收缴陆校子弹，同时加紧新军操练。云南起义消息对贵州震动极大，沈瑜庆更加惶恐。他接受宪政预备会上层分子的建议，暗中急电兴义豪绅刘显世，要他速集防军入省城镇压革命。张百麟等人见事机紧迫，在谘议局议长谭西庚等人赞助下加紧部署。他们一面作武装起义的准备，同时又希望避免流血。为此，他们主动谋求与宪政预备会和解。宪政预备会是由上层士绅和知识分子组织的立宪团体，它同以较贫寒的知识分子为主体的、倾向革命的自治学社一直存在着激烈的斗争。张百麟等人认为要实现"不流血的革命"，和镇定贵州局势，必须取得宪政预备会的合作。自治学社有一位重要的活动分子蔡岳，与宪政预备会乃至官场人物多有私交，他极力从中斡旋。结果宪政预备会的领袖任可澄等人勉强同意协力谋求贵州反正。11 月 2 日，两方面的领袖分子张百麟、杨昌铭、周培艺与任可澄等人会同谘议局议长谭西庚一起见巡抚沈瑜庆，劝其反正。但沈不从，他企图等待刘显世率兵到省捉拿革命党。因刘显世不能很快到省，次日他又接受宪政预备会的老谋士郭重光的建议，准备于 4 日开会搞假独立。革命党人坚决反对这个计划。是日夜间，陆军小学首先举起义旗。沈瑜庆得报后，立即命新军标统袁义保及团防营统领胡锦棠前往弹压。袁义保命新军营长赵德全去执行。赵原是黎元洪部下，武昌起义后，黎元洪因见革命形势的发展，曾劝赵德全相机响应起义。而自治学社中也早有人与赵通声气。所以，赵得命后率队到陆校，不但不加弹压，且加以慰抚，然后骗过胡锦棠，使其退兵。这时，有新军正目杨树青只身入新军标本部，敦促袁义保起义，袁不从，杨即开枪，袁逃跑了。士兵当即拥教练官、革命党人杨荩诚指挥部队。有人打电话给沈瑜庆，告诉他新军已经起义，袁义保"被杀"。沈得报，惊恐不置，忙叫卫队。卫队管带彭尔堃这时臂缠白布，表示已经反正。沈见大势已去，不得不承认贵州独立，交出关防印信送谘议局。谭西庚、张百麟见沈交来关防印信，立即在谘议局升起汉字大旗，门前挂起大汉贵州军政府的牌子。天明(4日)即正式宣告贵州独立。经会议推举杨荩诚为都督，赵德全为副都督，改谘议局为立法院。同时决定另设枢密院，总揽全省政务，推张百麟为院长，任可澄为副院长，周培艺为秘书长，平刚等为枢密员。周培艺兼任行政总长，主持一切行政事务。下设民政、财政、实业、交通等各部，大多由自治学社骨干任部长。所以，初期的贵州军政府，基本上是自治学社掌权。

军政府成立后，即在省城十三府同乡联合会中每府选代表一人，授以委任状，饬其回属会商各界，克期反正。由于自治学社的势力遍布各地，所以大部分地方顺利反正，仅个别地方发生杀害代表的情况。

但是，在自治学社同宪政预备会勉强妥协的基础上建立的贵州革命政权是不巩固的。宪政预备会分子不甘屈居人下，觊觎全省大权。其中有些仇视革命的分子，伺机进行破坏。而自治学社许多骨干分子以卧榻之侧有他人酣睡，时不自安。两派貌合神离，从未真正合作。处于掌权地位的张百麟等人未能采取有力措施巩固和加强自己的地位。对政敌采取了过分优容的态度，甚至容纳反对革命的分子。起义前，沈瑜庆电调刘显世入省镇压革命。新政权成立后，本应将刘逮捕治罪。但张百麟未听取正确意见，竟约请刘显世加入枢密院担任军事股长的要职，使其继续掌握一部分军权。同时还把宪政预备会分子多人引进枢密院，客观上鼓励了他们夺权的欲望。当独立各省选派代表到南京参加会议时，任可澄等竟私自盗用枢密院名义，暗中致电云南军政府，以交通不便和财政困难为由，请蔡锷代派在滇的贵州绅士熊范舆、刘显治为代表，资遣赴会。事情暴露后，张百麟等人对这种明显的违法篡权活动，竟未予严厉追究。尤其失策的是，新政权迷醉于结社自由的信条，竟容忍耆老会自由行动，使宪政预备会的夺权活动愈益猖狂起来。耆老会的组织者就是在起义前劝说沈瑜庆搞假独立的那个郭重光。此人原任安徽芜湖道，以贪酷被劾，后以丁忧回籍，为人极其阴险狡猾。耆老会的成员都是退职官僚和守旧大绅。初立时以吃喝聚谈掩人耳目，继而利用张百麟等人的优容，竟擅自刻关防，发布告，办团练，俨然另立政权。其所聘团防统领即旧军官胡锦棠。他们还采取各种手段破坏新政权。郭重光在立法院公然倡立"公口"(即会党)。此论一出,短时间公口林立,使政府、军队几乎成了会党活动的机关和场所,革命秩序受到极大破坏。与此同时,郭重光等人散布谣言,极力挑拨都督之间,都督府与枢密院、巡防统部之间的矛盾,在革命党人不警觉的情况下,迫使都督杨荩诚率队离省北伐,并使枢密院长张百麟离省城到各地巡视。当时负责省城治安的巡防统部大权掌握在自治学社领袖之一黄泽霖手里,被政敌们视为夺权的一大障碍。郭重光献策,以卑鄙的阴谋手段,于 1912 年 2 月初把黄泽霖杀害。那时张百麟巡视各地回来不久,也险些被杀害,不得不逃出贵阳。作为代理都督的赵德全,竟把这次反革命事件当成"私人交涉",袖手不管。

革命力量大大被削弱了。可是郭重光、任可澄等人自度力量仍感不足,不敢遽然发动政变,全面夺权。又是郭重光献策,决定派戴勘到云南去找蔡锷,极力诬蔑贵州军政府,丑诋自治学社,请蔡锷派兵入黔。蔡锷经过一番犹豫之后,令率师北伐的唐继尧顺路入黔,解决黔省政局。唐继尧(1882—1927)字蓂赓,云南会泽人,1904 年留日学军事,毕业于士官学校。回滇后,初在督练公所任参谋处提调,兼讲武堂教官,后任新军十九镇七十四标一营管带。其人颇善谋略,官阶虽不高,但在云南起义过程中却起了相当重要的作用。这次带兵入黔,他想乘机谋取个人的发展。当时,自治学社一位声望素著的领袖钟昌祚由南京回省路过昆明,他得知消息后,亲往军政府向蔡锷详细介绍黔省两派政争的由来,劝蔡不要干涉黔省内政。蔡锷改令唐仍取川路赴鄂。但怀有野心的唐继尧从贵州宪政预备会、耆老会那里得到推其为都督的许诺之后,向蔡锷报称前队已经入黔,势难改道,遂挥师直进贵州。钟昌祚尾追滇军,企图说服唐继尧停止入黔。但在安顺被暗杀了。唐继尧于 3 月初入贵阳,武力推翻军政府,自为都督,残酷地屠杀和迫害自治学社社员。贵州政权完全落入唐继尧及其所扶植的宪政预备会和旧官僚的手中。

三　四　川

四川省规模壮阔的保路风潮揭开了辛亥革命的序幕，然而，四川全省独立，建立统一的新政权却较各省为晚。这同四川省地域辽阔，交通不便的情况有关。该省革命党人为数甚多，但却不曾形成强有力的领导中心，革命斗争的发展表现了很大的分散性。四川遍地会党这种情况增加了革命斗争的散漫性。因而四川不像其他一些省那样，省会"中心起义"，然后迅即"全省光复"，而是一个地区一个地区宣告独立的。统一的革命政权的形成，经过了较为曲折的过程。

首先获得独立的是重庆地区。重庆是四川境内最大的工商业城市，是长江上游的重镇，与东南各省联系较便。1906年以后，重庆同盟会分会的革命活动一直没有间断。后来重庆府中学堂成了革命党人的重要活动中心，学堂监督杨庶堪、学监张培爵，还有若干教员都是同盟会员。

自从同志军起义后，重庆党人因见同志军大多没有明确的革命宗旨，不足以图大事，遂决心另行发动推翻封建政权的斗争。他们曾密约重庆周围州县的党人到一起商量准备起义事宜。10月间，端方过重庆，为镇压保路运动，他要添练防军，任命刚刚由广东回籍的广东巡警道李湛阳为防军统领。李与某些党人有私谊，不少党人参加了防军。朱之洪等人并乘机建议举办团练，以便建立党人直接领导的革命武装。张培爵则积极部署各州县发动起义。

11月5日，夏之时在成都东南简阳县的龙泉驿发动新军起义，并率队驰往重庆。夏是同盟会员，曾留学日本，在东斌学校步兵科毕业。回省后在新军中任排长，驻成都。同志军起义时，曾劝说标统周骏起事，周不从。后受命率新军一队调戍龙泉驿。夏军起义后驰抵离重庆很近的黄葛树，重庆商会不明夏的意图，想馈赠饷银，令其带兵去别处。后经党人接洽，共同策划了重庆起义的部署。这时，张培爵派党人石青阳组织敢死队，以备紧急需要；又积极联结会党和争取巡防军，最后巡防军将其手中最重要的火力——开花炮的炮栓卸下交存党人手中。至此，重庆党人已准备成熟，又有夏之时的新军支持，遂于 11 月 22 日，会集绅民，通令重庆知府兼警察总监钮传善剪发缴印，宣告重庆独立，建立蜀军政府。会议推举张培爵为蜀军政府都督。张培爵(1876—1915)字列五，隆昌人。1906 年加入同盟会。1907 年与熊克武等密谋成都起义，事泄失败，黄方等被捕，熊克武等逃走，张潜留成都继续从事革命活动。1910 年，应同盟会重庆地区负责人杨庶堪之约，到重庆任重庆府中学堂学监，从此便成为重庆地区革命活动的主要负责人之一。军政府的副都督是夏之时。新军教练官林绍泉被任为蜀军总司令兼参谋部长。杨庶堪、朱之洪为军政府顾问，朱兼管由原官银行改立的大汉银行。军政府内所设各部，绝大部分都由革命党人负责。军政府重新编制了军队，设三标：近卫军、警卫军和义勇军，标统均由革命党人充任。另将巡防军改编为四标和一个炮兵营，直属蜀军总司令之下。此外设亲兵营和九门监察，负责保卫治安。

重庆蜀军政府成立后，传檄附近州县，一律建立新政府；还决定裁撤江、巴两县新厘杂捐，旧有厘金也豁免五日。同时，军政府照会各国驻重庆领事，保护外侨安全。从蜀军政府的政纲、对内对外宣言，及其同入川的鄂军、滇军、黔军的关系的处置可以看出，他们较好地反映了同盟会的基本革命精神。这主要是由于一些较有政治头脑的革命党人，在长期的准备和实行起义过程中，始终掌握了革命的领导权，并得到重庆商会和新军的有力支持。

在重庆独立前后，川南、川北、川东相继发动起义。荣县早在武昌起义前，9 月 25 日即已宣布起义，建立革命政权。随后有文显谟与黄万里、程石溪(又作程世溪)等人于 10 月 11 日在隆昌宣布独立。11 月 7 日，同盟会员曹笃、方潮珍及周鸿勋等集合民军近六万人，三路合攻自贡井，以战而不胜，改取政治攻势。因盐防军多是云南人，时刚好云南独立消息传来，曹笃以大义晓谕防军，双方停战谈判，盐防军表示赞助民军起义。这时附近的富顺县也宣布反正。川南重镇泸州，在重庆独立后，同盟会员杨兆蓉等看到时机成熟，一面运动南路防军起义，一面敦促永宁道刘朝望反正。11 月 26 日，泸州宣布独立，成立川南军政府，推刘朝望为都督，以地方大绅温翰桢为副都督。革命党人没有在其中占居主要地位，蜀军政府颇为疑虑；刘朝望、温翰桢亦不自安；遂促杨兆蓉回泸召集会议，改推但懋辛为副都督，温翰桢改任枢密院院长，杨兆蓉，邓西林为副院长。但懋辛在重庆，不能马上赴任，又推举刚从成都出狱的同盟会员黄方为川南军总司令。

川北的革命党人在 9 月间各处同志军纷纷起义时也开始积极活动起来。10 月 27 日，革命党人吴从周（即曾省斋）聚民军攻下垫江县城，取得枪支弹药后，率部奔大寨坪，准备与领导大竹县民军起义的李绍伊联合。后采纳张雅南（即张观风）的建议，召来广安团练传习所师生二百余人，扩大了起义军。11 月中旬，义军连连攻下大竹、邻水、岳池等县以及川北重镇广安。21 日，在广安召集各县代表大会，成立蜀北军政府，推吴从周、张雅南为正副都督，所设各部由革命党人和立宪派分子分别主持。但蜀北军政府是不巩固的。由于蜀北地区交通闭阻，经济、文化都较落后，到处会党林立，除了传统的哥老会外还有李绍伊组织的孝义会，两者之间存在激烈的斗争。革命党人为联结会党而成立的共进会在这里进行过长期活动，却未能统一会党，反而增加了革命党人内部的不统一性。而且由于缺少同地方绅商的联系，使革命党人在城镇中的政治基础显得非常薄弱。新政权成立不久，正副都督之间，革命党与立宪派、会党之间的矛盾就逐渐暴露。吴从周竟离职到重庆不归，其他一些革命党人也纷纷采取退避态度，这就便利了与绅商关系较密切的立宪派的夺权活动。最后，在成都军政府所派宣慰使张澜等人的活动之下，川北政权便完全落入立宪派手中。

在川东，还在重庆独立前，涪陵革命党人高亚衡便主动到重庆同盟会机关部请示起义方略。张培爵要他返涪就地组织邻近各县起义。高先组织民军协助长寿县于11月18日独立，然后回师返涪。20日涪陵独立。接着又发兵促忠州、彭水、酉阳等县相继反正。黔江则早于11月13日起义独立。革命党人卢师谛等在下东一带联络防军、会党于11月26日起事，奉节、云阳遂即反正。万县巡防营管带刘汉卿于11月25日起义，当即兵下夔府，27日宣布独立，自称下东蜀军副都督，接受重庆蜀军政府指导。

在重庆独立时，端方和他所带鄂军进至资州。这时他还不知道他已被任为四川总督，见民军遍地蠭起，鄂军也有不稳迹象，所以犹疑不前。鄂军中的革命党人在离开湖北时，就有途中伺机杀端方的打算。由于端方扣压武汉来的书信电报，军中党人，很晚才得知武昌起义的消息，由此党人更恨端方。他们于11月26日在资州发动兵变，将端方和他的弟弟端锦杀死。鄂军标统曾广大畏惧走避，军兵共推陈镇藩为司令，率队返回湖北。

省会成都本是保路风潮的中心，赵尔丰枪杀请愿群众，同志军从四面云集包围成都。然而一哄而起的民军，毫无训练，武器又差，缺乏统一指挥，所以不能取胜。当时奉命与民军作战的清军将领方声涛、姜登选、程潜等本是同盟会员，但他们都是外籍军人，与本省军官有矛盾，而军队内部没有开展革命工作，未能举义。

民军虽未攻下成都，但在周围各县坚持作战，给予清军以严重打击。雅安、荥经一带的民军阻止了护理川滇边务大臣傅华封指挥驰援赵尔丰的清军，对成都独立起了重要作用。

重庆独立后，赵尔丰陷入更加困难的地位。这时大部分立宪派对赵尔丰也不抱希望。在这种情况下，革命党人曾计划火烧总督署，发动起义。然而以偶然的意外，未能实现。结果，以立宪派领袖蒲殿俊、罗纶与官绅周善培、邵从恩等同赵尔丰妥协谈判的方式实现成都和全川的独立。谈判妥协的条件共三十条，主要内容是：四川政权转交谘议局；军队统一交第十七镇统制朱庆澜指挥；优待旧有军政人员；各地行政官照常办事，不愿留者听自便；给报馆以言论自由；满、汉、蒙、回一律平等；赵尔丰交出政权后，仍带边兵办理藏边事务，但暂不离成都，以备顾问；赵的督边兵饷、行政经费均由川人担任，并协济藏款；保护外人，禁止焚掠；安置旗民生计；等等。协定还规定以谘议局议长蒲殿俊为军政府都督，以朱庆澜为副都督。11 月 27 日，由赵尔丰宣告四川地方自治，大汉四川军政府成立。

革命党人对蒲、赵协定内容甚为不满，曾在西校场召集民众大会，由同盟会四川分会会长董修武宣讲革命党的斗争经历和宗旨以及各省革命形势，以期提高群众的觉悟。革命党人还将蒲、赵协定内容驰告重庆蜀军政府，重庆党人在报章上逐条予以批驳。

重庆党人认为，赵尔丰仍盘踞成都，川省革命形势不能大定。他们商议组织西征，决定由副都督夏之时任总指挥，以但懋辛为参谋长兼中路支队长，以蜀军总司令林绍泉兼北路支队长，以向寿荫为南路支队长。林以总司令而充支队长，十分不满，竟对夏大肆咆哮，企图煽动其追随者起而夺权。革命党人窥破其野心，特召集军法会议，拟处林以死刑。经夏之时缓颊，决押送回籍（湖北），于途中把他杀死。其主要的同党均被处死。由于革命党人处理得果断、及时，这次事件，没有动摇革命政权。

成都独立后，军政府一直没有完全组织起来。在妥协基础上接管政权的蒲殿俊毫无行政经验，又无勇于任事的魄力；副都督朱庆澜是外籍人（浙江），在土客籍军官矛盾很突出的情况下，也不能指挥如意。城中新军与民军杂处，政府中新旧官吏同署办公，互不融洽，少数革命党人在其中不能发挥主导作用。因此新政权极其软弱无力。12 月 8 日，蒲殿俊与朱庆澜正在东校场阅兵，突然军队哗变，蒲、朱潜逃①，城中秩序大乱。这时军政部长尹昌衡急脱身出城，驰往凤凰山找六十三标标统周骏及营长宋学皋。周、宋即率新军入城平乱，城郊部分民军亦相率入城。乱平后，由军官和士绅共同商定推尹昌衡

① 蒲逃回老家广安；朱庆澜逃到重庆，受到夏之时的礼遇，资送离境。

为都督，罗纶为副都督。尹是彭县人，毕业于日本士官学校。回国后先在广西新军任职，1910 年回川，初任新军教练处编译科长。他自以为不得志，每以本省军人不受重用而愤懑。后升为教练处会办，兼代陆军小学堂总办。由于他肯为川籍军官争地位，很得一批军人的拥戴；这次又平乱有功，更得到士绅和立宪派以及革命党人的好感。罗纶是谘议局副议长、保路同志会会长，在绅商学界颇有声望。新都督上任后，立即着手组织军政府，革命党人董修武受命主持总政处，下设秘书、法制、铨叙、统计、印刷、庶务等六处，分管各项行政。杨维被任为军事巡警总监，负责治安；周骏为军政部长。另设民政、财政、学务、司法、实业、交通、盐政、外交等部，由革命党与立宪派分任之。军队重新加以编制：以原第十七镇为第一师，宋学皋为师长；整编同志军为第二师，彭光烈为师长；整编原巡防军为第三师，以孙兆鸾为师长。

军政府成立后，秩序较快恢复。但赵尔丰仍盘踞旧督署，擅发告示，人们极为不满。军政府侦悉，赵暗召边军入省，妄图夺权。尹昌衡遂召集军事会议，决定逮捕赵尔丰。12 月 22 日，尹派兵包围旧督署，将赵抓获，拉到明远楼下宣布其罪状，枭首示众。这是新政权做的一件大快人心的事。此前不久，赵尔丰屠杀群众的刽子手田征葵在逃跑途中为重庆军政府抓获枭首示众。这时，重庆军政府已停止西征，并开始酝酿全川统一的问题。

但成都的四川军政府不久就发生了新的问题，即会党问题。主要由会党群众组成的同志军，虽未能推翻旧政权，但却是打击旧政权的最主要的力量。它人数众多，功劳卓著，人们不能不给以足够的重视。尹昌衡等人为了笼络人心，巩固自己的地位，采取迎合会党的方法，公开挂出“大汉公”的招牌，自封为“舵把子”。都督一倡，下属百和，周骏即挂出“大陆公”的招牌。由此“公口”林立，军政秩序遭到破坏。当时重庆军政府内也有个别人主张设立“公口”，受到大多数革命党人的抵制。与四川毗连的云、贵、湘三省通电承认重庆蜀军政府而称成都军政府是哥老会政府。援川的滇军甚至致电本省军政府并通电各省，主张援助重庆蜀军政府征讨成都。这时，重庆革命党人为了顾全大局，复电力予解释劝阻。

成都方面的混乱和滇军的干预，给四川的革命统一造成新的困难。滇军最初是应蜀军政府要求入川援助独立的。初入川时，与蜀军政府订有协定，彼此尚能相安。但后来滇军未能遵守不干预地方行政的规定，在川南叙、泸一带擅委官吏，建立盐政机关。而且因仇视会党而对同志军滥肆杀伐，先后杀害民军著名将领和革命党人周鸿勋、刘礼谦等多人，特别是惨杀川南军总司令黄方一事，尤遭川人愤恨。尹昌衡任都督后，派兵南下，欲以武力驱除滇军。南京临时政府和湖北军政府都大力支持重庆蜀军政府和平调解的立场。经各方协商，决定滇军离川北伐，饷项由蜀军政府担负。1912 年 2 月，南北议和告成，清帝退位，北伐遂作罢论，滇军在索得预定供应其北伐的饷项之后才陆续退出四川。

客军退走后，成、渝两军政府的统一问题便成当务之急了。起初，尹昌衡曾打算以武力统一，经董修武等以大义劝止。蜀军政府自始就主张协商统一。1912 年 1 月双方各派全权代表会商，协定条件十一款，然后经两军政府各自召集特别会议讨论认可，于 2 月 2 日签字生效。双方协定以成都为政治中心，设四川军政府，以成、渝两处都督分任正副都督；重庆为重镇，设镇抚府，以成、渝两处副都督之一主领重镇之任。2 月中旬，张培爵西上成都，中途通电推尹昌衡为都督，自居副都督。3 月 9 日，张抵成都，12 日就副都督职，四川遂告统一。重庆镇抚府以夏之时为镇抚总长。不久夏辞职出国留学，改以胡景伊为镇抚总长。胡曾在广西任陆军协统，为人颇狡狯。广西起义时潜回四川，过重庆，被委为代表与滇军谈判。事后未向蜀军政府报告，径往成都，受到尹昌衡的重用。全川统一后，尹任命他为全川军团长。以后，尹昌衡亲征藏边，又命胡代理都督，将重庆镇抚府取消，由熊克武的第五师驻扎。四川政权便落入胡景伊手中。

四 广 西

广西省于 11 月 7 日响应武昌起义，宣布独立。

辛亥革命以前，广西各地的农民起义严重地动摇了清政府的统治。孙中山为夺取广西作为革命根据地，曾亲自领导了著名的镇南关起义。此后，省府桂林于 1910 年 8 月成立同盟会支部，耿毅为支部长，何遂为总参议，赵正平为秘书长，刘建藩、杨明远、梁史、蒙经（民纬）分别担任学兵营、干部学堂、陆军小学堂、谘议局分部长。革命组织迅速扩大，至次年八九月间，新军混成协里的中下级军官大都入盟，学兵营有一百多人，陆军小学堂五十多人，干部学堂三十多人，就连谘议局里也有十多人入盟。商会，政法学堂、师范学堂都有了同盟会的分部。与此同时，南宁、柳州、梧州等城市也先后建立起同盟会的组织。各地革命志士，一时风起云涌，积极展开革命活动。

武昌起义后，革命党人刘崛等立即从香港赶回梧州，策动驻军和绿林武装于 11 月 1 日首先宣布独立，成立梧州临时军政分府，推举原道台沈林一为总长。刘崛等另设征集所，招引绿林武装，编练军队，准备出师北伐。

桂林革命党人得到武昌起义的消息，连日秘密集会，筹划响应。经过反复研究，决定于 10 月 30 日发动起义。广西新军混成协约二千人，大多数是赞成革命的。原计划 30 日晚由骑兵营管带刘建藩率领混成协由南门入城，陆军小学堂提调冷遹开文昌门，迎陆军小学堂学生入城，师范学堂和政法学堂分别由西门、北门入城，会攻抚台、藩台及巡警道各衙门。但是，由于当晚忽然下起大雨来，城内街道成河，城外道路也被淹没，不得不改期发动。当时，桂林的军权掌握在布政使王芝祥手里，武昌起义不久，他就把巡防营八营集中到桂林，防备新军。新军准备起义的消息传出后，他非常恐慌，就通过各种关系与革命党人谈判，希望避免新旧军发生冲突。同时，革命党人中主张争取王芝祥和巡抚沈秉堃宣布独立的人也占了上风。于是,谘议局副议长黄宏宪(同盟会员)和议员蒙经等人联合立宪派议员陈太龙等,多次找沈、王商谈,分析形势,指出利害,劝其宣布独立。加上广西财政向来入不敷出,要靠湖南、广东协饷补助,湖南既已独立,广西如不独立,财政也很难支持。在这种情况下,沈秉堃、王芝祥就不得不接受独立的主张。他们派人在一夜之间做了几百面黄色三角旗标语,上面写着"大汉广西全省国民军恭请沈都督宣布独立"等字样,于 11 月 7 日遍插全城,宣布独立。第二天在谘议局召开独立大会,到会千余人,以新军为最多。会上宣布沈秉堃为都督,王芝祥和当时在南宁的提督陆荣廷为副都督。沈、王都戴着清朝的红顶花翎来参加大会,并讲了话,引起革命党人的极大不满。当天,沈秉堃通电广西各府州县说:"桂省军民要求独立,间不容发,稍一迟徊,大乱立见,现已于篠日宣布,城市极安,除改抚院为军政府,谘议局为议院外,一切机关用人行政均仍旧制。""务望以保全治安为主,照常办事。"①就这样,他宣告广西革命竣事了。11 月 10 日晚,当人们庆祝独立之际,拒绝剪辫子的巡防营突然叛乱,围攻省议院,大肆抢劫,遇剪发者即杀害。延至第二天才被镇压下去。

广西独立前夕,汉口被北洋军占领。因此,广西一宣布独立,革命党人就要求沈秉堃、王芝祥派兵援鄂。沈、王即任命赵恒惕为协统,耿毅为参谋长,率领新军混成协取道长沙北上,直出武汉。

桂林宣布独立后的第二天,柳州也宣布独立。武昌起义后,柳州附近民军蠭起。在柳州的同盟会员王冠三、宋新洲、胡岱铭、刘震寰等一面组织民军准备攻城,一面劝说驻防的清军统领陈朝政反正。陈朝政表示拥护革命以后,同盟会就将民军集中于马厂,编为两个支队,以刘震寰、宋新洲分任第一二支队司令,同时在柳州中学堂成立右江国民军总机关,推王冠三为司令。11 月 9 日召开各界代表会,宣布独立,改用黄帝纪年,所有军民财政都由右江国民军总机关主持。不久,成立"右

① 《辛亥革命在广西》(下集),第 102 页。

江军政分府”，推举同盟会员刘古香为总长。

与此同时，南宁也酝酿独立。武昌起义的消息传到南宁后，人心振奋。同盟会领导人苏无涯、李应元、雷沛鸿、雷在汉、谭昌等屡次集会，密谋响应。当时，广西提督陆荣廷统率巡防营驻扎南宁，新旧军都归他节制，权力很大。同盟会领导人都认为争取陆荣廷宣布独立，“这样做的作用很大，首先是陆荣廷是清朝大员，他宣布独立就表明他和清朝决裂，不但使清朝陷于众叛亲离的孤立境地，同时给武昌的起义军精神上很大的鼓舞，并且给南宁以至广西人民群众很大的鼓舞；其次是陆荣廷手上握有几万军队，宣布独立后，可促请他派兵北上援鄂，给武昌起义军以军事帮助”①。于是，便决定派苏无涯、李应元等为代表，直接与陆荣廷谈判。

陆荣廷(1859—1928)字幹卿，广西武鸣人。原为绿林武装的首领，长期在中越边界一带活动。1893年被广西提督苏元春招安，所部编为一营，他当上了管带。此后在镇压广西人民起义和革命党人镇南关起义的过程中，渐渐发迹显赫，历任右江镇总兵、广西提督。他对突然到来的革命怒潮，原没有思想准备。当同盟会代表与他谈判时，他还存有戒心，使自己的心腹谭浩明手执大刀在身旁。经苏无涯等分析形势，晓以利害，特别是在桂林宣布独立，并推他为副都督之后，他才见风使舵，表示“赞成共和”，于11月9日召开大会，宣布独立，组成了以他为首的南宁副都督府。但是，他并没有如革命党人所希望的那样，立即派兵北上援鄂，而是处处排斥革命党人，扩张一己的势力。谭昌等人识破了他假独立的骗局，曾计划率领新军发难，被他发觉，于是，他就下令逮捕谭昌，调兵包围新军驻地，强迫缴械。从而巩固了他在南宁的地位。

沈秉堃、王芝祥虽然当了都督、副都督，但军事实力都不足，又都不是本省人。而陆荣廷不仅重兵在手，又是本省土著，并且千方百计地企图攫取广西政权。桂林新军北上援鄂后，沈、王都感到在广西很难混下

① 《辛亥革命在广西》(上集)，第84页。

去，就相继以率队北伐为名，离开了广西。广西省议会推举陆荣廷继任都督。1912 年 2 月，陆荣廷率领巡防营进驻桂林就职，并下令自 3 月 1 日起裁撤各地军政分府，各府总长一律改称统领，专管军事。同时改组广西军政府，设立四司二局，任陈炳焜为军政司长，陈树勋为民政司长，严端为财政司长，唐锺元为教育司长，卢汝翼为法制局长，苏寿松为铨叙局长。是年，迁省会到南宁。这样，广西的革命果实就完全被陆荣廷这个军阀所窃取。

第六节 东南沿海各省独立

一 上 海

武昌起义后，资产阶级革命派和立宪派的应变中心都在上海，因而，上海光复的影响远远超出了它在行政区划上的地位。

资产阶级革命派和立宪派的机关或联络点都设在官方无法直接控制的租界之内。

中国同盟会中部总会是同盟会在国内活动面最大的分支。武昌胜利的消息传来，它所掌握的《民立报》立刻成为发布革命起义消息的权威，而望平街的民立报馆则成了公开的革命机关，各方人士往来不绝。中部总会将主要精力放在支援武汉、督促各地党人响应上，光复上海的领导责任则委托给了陈其美。陈其美(1878—1916)，字英士，浙江归安(今湖州)人，他是商人的儿子，当过学徒，后弃商就学，1906 年赴日，先后肄业于警监学校、东斌学校，并加入同盟会。陈于 1908 年春归国从事革命活动，在这过程中，与江浙一带会党、知识界和资产阶级结下了较深的关系。中部同盟会成立，他是主要发起人之一。为在上海组织武装起义，陈其美把他主持的民声报馆和马霍路德福里住宅变成了联络机关。

在同盟会中部总会建立的同时，光复会陶成章、李燮和等人也在上海平济利路设立了锐进学社，由尹锐志、尹维峻姊妹主持。陶、李迅即他去，锐进学社因无人统筹全局，只能起到联络作用。武昌起义前夕，李燮和自湘返沪，光复会才活跃起来。李燮和（1874—1927），字柱中，湖南安化人，原是华兴会会员，1906 年离湘东渡，在上海加入光复会，在日本加入同盟会，次年去南洋爪哇。光复会重建，他任南部执行员，地位仅次于章炳麟、陶成章。李燮和在沪得到泗水华侨的捐款后，也积极策划举行武装起义。

陈其美、李燮和在起义准备过程中进行了合作。

立宪派的活动也很紧张，沈恩孚、杨廷栋、雷奋、黄炎培、史量才、狄楚青等经常在息楼（时报馆专室）、惜阴堂（赵凤昌住宅）聚议，张謇也几次到沪决策。他们的主张通过《时报》得到表现，《时报》对革命表示欢迎，丢弃了君主立宪的口号，开始宣传民主共和。但是，投入反清行列的立宪派并没有放弃自己在政治上的独立性，他们决定在国内拥袁，在江苏拥程（德全），也就是说，在这政权递嬗之际，他们企图通过支持与自己有渊源关系的旧官僚来独占权力。不过，张謇等人这时的野心很大，远瞻全国，近视江苏，对上海一地的得失还不十分措意。再说，他们离开革命党人，也无法组织群众性的起义。

然而，拥护立宪的人在武昌起义前就发生了分化，一些人因看穿清廷的骗局而投身革命党。1910 年，上海信成银行协理沈缦云（懋昭）被上海总商会推为赴京请愿代表，向奕劻面请速开国会，奕劻却说此事"非人民所得而请求"。他愤而返沪，即出钱帮助于右任创办《民立报》，次年又加入同盟会，与宋教仁、陈其美等组织中国国民总会，同盟会通过这个公开团体和东南地区的资产阶级发生了较多的联系。像沈缦云这样加入同盟会的，还有叶惠钧（增铭）、王一亭（震）等。

经沈缦云介绍，陈其美与上海城（南市）自治公所绅董李平书、莫锡纶、吴馨、朱葆三、穆湘瑶等拉上了关系。这批地方实业界的头面人物自 1905 年以来，就在"地方自治"的旗号下争得了部分管理民政、治安和公用事业的权力，为保护和扩大这些权力，他们愿意同革命派合作。

自治公所掌握着一批有武装的商团，这些商团大多按行业、按地区组成，成员是工人、店员、学生、教师以及部分业主，总人数达五千余人。由于自治公所与革命党携手，商团就成了陈其美的基本力量。

上海学生中有一个革命团体叫中国敢死团，其成员数百人决心参加起义，愿接受同盟会机关的指挥。为陈其美、李燮和等所联络的，还有刘福彪、李征五等帮会头子和吴淞、闸北的巡警，县城的巡警则掌握在穆湘瑶手中。

起义的最大障碍是上海周围的大量清军。高昌庙江南制造局驻有卫队、巡防、炮兵等营，江面上还有军舰保护。吴淞一隅驻军最多，除炮台守军外，有巡防、盐捕、水师等营。为分化瓦解这些敌军，李燮和、陈其美、李平书等都派人联络士兵、疏通将领，并亲自出面周旋。吴淞炮台总台官姜国梁、巡防统领梁敦焯、济军统带黎天才、海军舰长林建章等都相继表示不反对起义，只有制造局总办张士珩顽固不化。

11 月 1 日，鉴于武汉战场形势的恶化和起义准备工作的顺利，陈其美与李燮和、李平书等商定，将原定在浙江、江苏光复后发动的起义，提前到 11 月 3 日晚进行。陈以军政府名义委任李平书为上海民政总长，并请伍廷芳出任外交总长。

11 月 3 日午后，闸北巡警与长官冲突，警官陈汉钦率众占领巡警总局，闸北遂于下午二时首先光复。下午三时，商团、学生、敢死队在沪西九亩地誓师，陈其美率大队前往夺取制造局。县城内外也为商团、巡警所控制，上海道刘燕翼逃往租界。五时，陈其美率众抵制造局后，只身入内劝说张士珩及兵士投降，被张扣押。起义群众奋起进攻，二百余人冲进局门，抛掷炸弹。守敌凶猛反扑，敢死队被迫退出，一面包围制造局，隔墙对峙，一面呼集援军。各处商团、巡警、反正军队乃至市民，闻讯争先往援。4 日凌晨二时，起义军再次大举进攻，在局内工人响应下，攻入局内，张士珩仍负隅顽抗。黎明前，驻局炮兵反正，架炮射击，李燮和调来的军警也投入战斗，终将制造局全部占领。张士珩逃走，陈其美遇救，李燮和被推为临时总司令，驻局办事。

3日下午，吴淞各军反正，推同盟会员黄汉湘为总司令。

占领制造局后，李平书即以民政总长身份布告安民。街头还贴出了上海军政分府宣言书，阐发推翻清朝统治的理由，宣布豁免境内一切恶税。宣言书对商界的背向极为关注，它强调指出："凡我江、浙、皖、闽人民商贾，均宜竭力助饷，以裕军实。盖本军政府之成败利钝，系我四省人民之生死存亡。汉口满兵屠杀商民之事，可以前知。今日共助义师，则我人民商贾，即可同享安宁，不然则思日后之浩祸，亦当寒心。凡我商界同胞，俱属深明大义，谅能慷慨运输，将来共奠中华民国共和，则自由幸福实无涯既。"①由于革命军的切实保护，上海市面秩序安定，"全体通建白旗，行人照常往来，店铺照常开市，与平时毫无殊致，若未知有兵事者"②。

11月6日，沪军都督府（或称上海军政府）成立。陈其美被推为沪军都督。都督府司令部长由陈兼任，黄郛任参谋部长，钮永建任军务部长，伍廷芳为外交总长，李平书为民政部长，沈缦云为财政部长，王一亭为交通部长，毛仲芳为海军部长。以上部长中，除伍、李二人外，都是同盟会会员。还有许多同盟会员担任着副部长、科长、科员职务。上海（南市）和闸北的市政厅则由该处自治公所改成，吴馨任上海县民政长，黄庆澜为司法长，穆湘瑶为警务长，姚文枬为劝学长，莫锡纶为上海市长，顾馨一为副市长，钱允利为闸北市市长，沈联芳为副市长。可以说，上海的权力几乎全部为革命党人和地方资产阶级所掌握，旧官僚、旧军人和会党的势力都很小。

李燮和没有当上都督，非常不满，去吴淞就任军政分府总司令，黄汉湘改任副司令。李发布宣言，声称吴淞只承认苏州军政府为江苏全省的军政府，吴淞只管征伐，"所有上海地方民政、外交等事，均归苏州

① 《辛亥革命在上海史料选辑》，上海人民出版社1966年版，第139页。

② 中国史学会主编：《辛亥革命》（七），第2页。

军政府办理”①,以此否认沪军都督府的地位。

沪军都督府成立后,即以主要精力配合同盟会驻沪机关,积极推动东南地区的光复。在促成浙、苏光复后,他们支援了新军在镇江、南京的起义和苏浙联军攻克南京的战役。底定东南以后,他们又推动北伐,外省各军纷纷经沪援鄂、攻徐、援皖、攻鲁。在这些军事行动中,沪军除抽调洪承点部沪军先锋队、刘基炎部沪军北伐队分赴南京、烟台参战外,还承担了总兵站的责任,供应大批军火和相当数量的军费。“饷糈告匮,则问沪军,军械不敷,则问沪军。大至一师一旅之经营,小至一宿一餐之供给,莫不于沪军是责”②。总之,沪军都督府为稳定和发展革命军的胜利,作了很大的努力。

在军政府和革命党人倡导下,上海的群众运动极为活跃。上海民众为支援革命军事,掀起了规模较大的参军和募饷的热潮,显示了拥护革命政权、拥护民主共和的巨大政治热情。

起义之前,许多革命党人和青年便自动由上海奔赴武汉或他处投身革命军,起义时,不少手无寸铁的百姓也主动奔往制造局助战,到起义成功,便大张旗鼓地掀起了参军热潮。沪军都督府成立第二天,出告示募兵,三天后即告满员,布告停募,但群众参军热并未减退,他们自行组织队伍,请缨杀敌。青年学生张雪耻等发起组织学生军,全队四百余人,随沪军赴烟台,攻克黄县。志愿决死团五百人奔赴武昌,被编为近卫宪兵。北伐先锋队一百二十人则开往徐州防备清军南下。值得赞颂的是许多女青年也纷纷编成女子国民军、女子北伐光复军、女子军事团等竞赴前敌。她们宣言:“一国兴亡,匹妇亦肩责任”③,“光复之功,今宁独让须眉!”④外地的同盟会员也在上海组织军队,回乡驱逐清兵,这

① 《中华民国驻吴淞军政分府李宣言》,《民立报》,1911年11月17日。

② 《沪军都督陈英士君呈大总统文》,《申报》,1912年2月11日。

③ 《尚侠女学代表薛素贞上陈都督书》,《申报》,1911年11月13日。

④ 《女子军事团传单》,《民立报》,1911年11月19日。

些队伍中著名的有熊克武等组织的蜀汉军、杨曾蔚等组织的河南北伐军，河南北伐军曾在皖豫鄂边地的战斗中立下功绩。

募捐运动调动的社会阶层更加广泛。为了接济军饷，军政府曾多次召集大会号召各界助饷，黄兴、陈其美、程德全、伍廷芳等都亲自登台动员。他们的号召得到了热烈的响应。资本家周承弼、李云书、孙梅堂、方椒伯等纷纷认捐，并组织募捐团体，推动各行业助饷。旅沪广帮还在广肇公所开会，号召十余万旅沪粤商捐款。经营钱庄的洪念祖、胡稑芗等在沪北钱业保安团解散之际，决定将余款三千二百两银子捐给军政府。文化界的行动比富有的商人更加积极，他们组织了宣讲社、募饷团四出活动。京剧演员潘月樵、夏月珊等发起义演助饷。圣约翰学堂、南洋中学等校的师生踊跃捐款。革命文学团体南社的成员邹铨、冯平、陈布雷、胡寄尘等发起书画助饷会，以墨润助饷。民立报馆的全体职工决定每月捐助薪金的五分之一。收入微薄的上海工人也投入了助饷热潮，担负着繁重的军火生产任务的江南制造局工人表现最为突出，船坞、炮厂工匠一次就捐出五百四十元钱。1912 年 2 月，陈其美始通告停募军饷。

上海各阶层民众的热情支援，充分地说明了这场推翻清朝反动统治、建立民主共和国的革命是深得人心的。

从光复时起，中国社会党、中华民国联合会、共和国民会、共和建设会、商界共和团、共和统一会、国民协会、女子参政会等政党、政团先后在上海出现，它们都宣言翊赞共和，但实际主张各不相同。这些党派的涌现是国内各阶级、阶层和政治派别因革命的冲激而重新组合的结果，同时也反映了民众民主热情的高涨。中国同盟会在上海的机关在起义后实际上就公开了，并因领导骨干的聚结而成为国内的中枢，12 月下旬，它开始以同盟会本部名义活动。以上这些情况以及各省都督府代表联合会、南北议和会议先后在沪开幕，都表明上海的政治地位日显重要。

上海还是帝国主义侵略者的“乐园”，他们占据了大面积的租界。

为了维护攫获的权益，帝国主义者曾想循清吏之请，将租界周围三十至五十里地方划为“中立”区，还想增派军队，以阻止革命党人夺取上海。于是，起义者不得不一开始就同这帮险恶而狡诈的人物打交道。革命党人在夺取上海时便向外人发出通告，说明革命的目的是“改良政治，使中国列入强国之内，而致世界和平”，要求外人“严守中立，以符万国公法，不得协助满政府”，他们强调指出，正因为帝国主义分子有为虎作伥的行为，革命军“不得不刻日起义，以杜接济”①。起义后，沪军都督府又针对帝国主义者侵占车站、控制铁路、庇护清吏、攫夺会审公廨、劫夺关税等一系列反对革命、继续掠夺中国权益的举动，进行了不同程度的斗争。为了避免在反清起义过程中同帝国主义国家发生军事冲突，这些斗争是在不在重大问题上让步，暂时维持旧有习惯，以待后来再行采取措施的方针下进行的。为“遏阻外国的侵略与掠夺，并以保证使未来的改革获致结果”②，伍廷芳还在1911年年底以中华民国外交总长身份颁行了《中华民国对于租界应守之规则》，表示要争回目下被帝国主义侵占的租界司法权，并在革命后收回租界的行政、警察等主权。上海革命政权在对外交涉中的所有积极表现都反映了革命党人和广大民众维护国家主权、争取民族独立的意愿。

沪军都督陈其美是一个自称“以冒险为天职”③的人，集豪放与逼狭于一身，敢作敢为，但又爱玩弄权术，当都督后既立有为人们所称道的功绩，也做了些亲痛仇快的事。总的说来，陈其美领导的沪军都督府是同盟会和各种政治势力斗争中的一个得心应手的工具，正因为如此，沪军都督府和陈其美都受到政敌们特别是立宪派势力的忌恨。苏州光复后，立宪派名流唐文治、刘树森、雷奋、赵凤昌、庄蕴宽、黄炎培、姚文

---

① 军政府通告，《民立报》，1911年11月5日。

② 《摘抄上海民政总长李平书及外交总长伍廷芳所发致各省都督通电大意》，《辛亥革命在上海资料选辑》，第1150页。

③ 《陈都督力顾大局》，《民立报》，1912年3月9日。

楠、沈恩孚、杨廷栋等便联名上书沪军都督府，名为划策，实际要陈其美将地方行政权交给程德全，理由是“上海亦苏省之一部分，若行政亦经分立，殊与全省统一有碍”。失去了对地方行政的管辖，沪军都督府也就站不住脚了，精明的陈其美当然不会为冠冕堂皇的理由所诱惑。随后，程德全又采取欲将取之必先予之的策略，任命上海民政长李平书为江苏民政总长，但李不到苏州视事，反在上海通令各属，程只好赶紧宣布上海以外地方民政归自己受理，上海仍保持独立地位。软的一手不行，硬的一手就来了。陈其美被“正绅”们咒为“无赖”，沪军都督府办事，经常受到掣肘。为对付这种压力，陈其美以退为进，在南京临时政府成立后三次呈请辞去都督，取消沪军都督府。1912 年 2 月，陈又向孙中山呈请“取消”沪军都督府，呈文一出，沪军将领吴绍璘、黄郛、华振基、田应诏、姜国梁、李征五等，地方人士陈作霖、王一亭、朱葆三、沈缦云、叶惠钧、莫锡纶等，分别电请孙中山任命陈为江苏都督，回击当时的江苏都督庄蕴宽和幕后的张謇、程德全。陈的呈文更揭露说：“上海地处交通，人人得而求备，而地居下邑，事事为人阻挠。即如参议员，每省各举三人，而陈陶怡关系在沪，致欲去位；司法界借口动争地点，而姚荣泽抗不解申，几欲漏网。甚至沪上商团之驻扎，沪已批行，苏复咨驳；硝磺专卖公司沪已纳饷，苏令取消。对于沪上各机关人员，委任非专，号令不便。管辖上既无统一之权，事实上乃有冲突之势，牵制如此，无事可为。且凡百收入，均被各方面争之而去；凡百支出，均由各方面诿之而来。纵系巧妇，无米难炊，虽极肝脑涂地之诚，岂能收戮力同心之效？”①只因为上海方面的强硬态度和孙中山的慰留，搞垮沪军都督府的暗潮才稍为缓和。1912 年 9 月，沪军都督府正式取消。此前，北京政府曾任命陈其美为工商总长，调虎离山，张謇闻讯大快，说：“陈有所归，苏之大幸！”②

---

① 《沪军都督陈英士君呈大总统文》，《申报》，1912 年 2 月 11 日。

② 《致王饶生》，《辛亥革命在上海资料选辑》，第 1005 页。

李燮和则早于1912年1月离吴淞去宁，由杨承溥代总司令。1912年3月底，吴淞军政分府宣布撤销，由江苏接管。

二　浙　江

浙江是清朝军事力量较弱而革命党、立宪派很活跃的一个省份。省内清军主力是新建陆军第二十一镇，其第四十一协近两千人驻省会杭州城郊，官兵中有大批同盟会、光复会成员。革命党人还和会党、学界、商界有着密切的联系。因此，上海同盟会机关在得知武昌起义的消息后，首先考虑到的是在浙江组织响应。10月12日，陈其美到杭州；数日后，姚勇忱又来；下旬，陈再来；不断与褚辅成、顾乃斌、俞炜、朱瑞、童保暄等会议，商讨起义的办法。他们计划先占领杭州，再夺取上海，攻占制造局，然后进取苏州，直捣南京。为此，在杭革命党人紧张地进行了大量的准备工作。10月末，陈其美派黄郛等到杭，召集军警学界党人代表开会，推定起义指挥官：临时总司令童保暄、参谋官葛敬恩等，一标司令官朱瑞、参谋官俞炜，二标司令官顾乃斌、参谋官吴思豫，褚辅成则担负起义后组织政府的任务。他们把起义日期定在11月3日至7日之间，到时，上海方面将给以人力、物力的支援。

浙江的立宪派人士在国会请愿和争回路权运动中赢得了良好的声誉，他们中间的一些人还曾经同反清革命运动有过密切的关系。武昌起义后，他们也跃跃欲试，想将政权拿到自己手中。因为同军人、会党关系很少，他们便用办民团的法子搞武装。10月间，谘议局议长陈黻宸等联合地方绅商，以“加强防卫”的名义发起组织省城民团，推汤寿潜为民团局总理，陈为副，汤尔和、楼守光、马叙伦分管上、中、下城巡守。民团局呈请巡抚发给武器，巡抚增韫感到他们居心叵测，没有批准。这样，他们只有加紧同革命党拉关系，利用革命党的起义来谋取政权。恰好，褚辅成也是谘议局议员，他想拉一批有社会影响的人一同组织政府，双方一拍即合。

起义前夕，杭州城内人心惶惶，谣言四起。11 月 3 日上海先期起义后，形势益加动荡。增韫手中没有足以镇压或反抗革命的亲信军队，只好另谋出路。4 日，他轻装简从，步行闹市，佯作镇静，下午即召集官绅会议，商量应变之策。至夜，增韫等决定宣布独立，以避杀身之祸，然而，没等独立告示贴出，起义的枪声就响了。

上海光复的讯息一到，顾乃斌、童保暄等即决定于 4 日夜间起义，设立了临时司令部，以“独立”二字为口号。晚十时，一标司令官、原八十一标代理统带朱瑞集合在笕桥的队伍，宣布起义。十二点，各队出发。俞炜率前护队五队，沿铁道进艮山门，进攻报国寺军装局。朱瑞、韩绍基率本队六队，入城后占领闹市口至武林门一线，包围旗营。驻南星桥的第八十二标即第二标于十二点发动，统带周承菼经顾乃斌劝导参加起义，任司令官。顾率第一路沿铁道入望江门的铁路门，然后分两支夹攻巡抚衙门。徐卓率第二路防守抚署后卫。徐则恂率第三路占领藩署等衙门及各银行。由于城内军警的响应，各路进展神速。进攻抚署的队伍活捉卫队管带赵春霖，增韫由后院墙洞逃走，很快就被起义士兵擒获。布政使、提法使及新军镇统萧星垣、协统蔡成勋等均潜逃。

上海来的敢死队百余人，由张伯岐、蒋介石、王金发、王文庆、董梦蛟等率领，2 日抵杭，分队参加了战斗。光复会女会员尹维峻，手提炸弹，助攻抚署，极为英勇。

5 日黎明，杭州城大街小巷，白旗招展，除旗营外均已光复。一、二标各营及巡防队将旗营团团围住，工程营在官巷口埋设地雷，断绝了内外交通，炮队则以城隍山为阵地，用不开花炮弹轰击将军署。署杭州将军德济，虽经革命军及增韫劝降，仍负隅顽抗，枪炮声隆隆不绝。下午，旗营自知不敌，参领贵林等逼德济投降。革命军答应保护旗民生命财产，派军入营收缴枪械，全城光复。贵林父子投降时隐瞒了一批枪械，不久即为德济告发，父子均被处死。

起义军一入城，童保暄即以浙江临时都督名义出示安民。童起义前是宪兵督队官，资望难以号召，5 日晨，各军又推周承菼为浙军总司令。至于都督人选，各方均属意汤寿潜。起义前，朱瑞等推褚辅成任都督，褚说："吾省宜推一员有重望者担任，方足以资号召，革命较易成功。汤寿潜先生为沪杭甬铁路争回自办，众望所归，堪膺此选。"①得到大家的同意。11 月 2 日，褚即偕谘议局副议长陈时夏赴沪迎汤。5 日起义成功，谘议局副议长沈钧儒又急忙打电报催汤归杭掌权。当天下午，汤寿潜抵杭，即在谘议局以都督身份理事。他独自下了一张条子，任命陈黻宸、沈钧儒等为军政府各部部长，其中只有褚辅成一人是革命党。少数革命党人反对汤任都督，6 日，起义军领导人会议，王金发提出汤曾参与杀害秋瑾，要求改选，否则就用炸弹对付汤，被褚辅成等竭力劝止，王愤而率部去绍兴。7 日，召开各界代表大会，汤寿潜被正式推为都督。大会决定在军政府都督之下设立总司令部和政事部。政事部总管民政、财政、交通、外交、教育、实业各部，众推褚辅成担任。后，财政部划出与政事部平行，由同盟会员庄崧甫为部长。在都督府内还设立了参议会，革命党人张恭、吴思豫、顾乃斌、黄凤之、陶成章、庄之盘、周淡游都等被举为参议，凡全省的重要政务及一切规章，参议会均有议决权。经过几次改革，革命党人将军政大权大都集中到了自己手中。

浙江各府县在杭州光复之后也纷纷独立。

11 月 5 日，宁波独立。在 10 月下旬，同盟会员陈训正等就策动成立民团，聚集力量。11 月 1 日，他们又联合各界人士成立保安会。5 日，保安会召集紧急会议，决定设立宁波军政分府，推新军第四十二协统领刘询为都督，巡防营统领常荣清为副都督，同盟会员陈训正、范贤方、赵家艺等均任要职。次日，刘询等布告安民。这时，他们还不知道杭州已光复，在小校场誓师进取杭州，留民团、商团守城，陆军出发，旋得讯而止。

绍兴也于 5 日宣布光复，原任知府程赞清被推为民政长，土豪劣绅

① 褚辅成：《浙江辛亥革命纪实》，中国史学会主编：《辛亥革命》（七），第 156 页。

咸与维新，把持了军政分府。革命党人和群众不满意这种假光复，到杭州请王金发赴绍。王任都督后，起用了革命党人和开明士绅，打击豪富，颇有一番新气象。但这位绿林豪杰不懂怎样治理，兼以私德不修，很快同旧势力混到了一起，排斥异己，横征暴敛，军纪败坏，弄得城乡不安，受到舆论的谴责。

嘉兴的同盟会员在杭州光复的同时也行动起来，但巡防营统领沈棋山顽固阻挠，无法宣布独立。杭州光复，军政府即派顾乃斌率新军一营前去支援，沈棋山逃走。7 日，嘉兴军政分府成立，同盟会员方于笥任民政长。

革命党人张恭、吕东升(逢樵)等在杭州光复后纷纷回乡组织起义。张恭回到金华，发动龙华会旧部，宣布独立，以朱郁荃为军政分府都督，张恭为民团团长。吕东升发动壶镇农民、会党组织光复军，11 月 15 日入丽水，成立处州军政分府，被推为都督。

湖州、衢州、严州、台州、温州等处也先后光复。汤寿潜通告各属，宣布首先归顺的清朝官吏可以连任，但由于革命党人和地方士绅在光复前有所布置，各府政权全都握在这些人手中，在一些偏远的县份里，少数旧官吏则照旧供职。省军政府也利用自己的权力对各地主要长官作了有利的选择，除王金发在绍兴取代程赞清外，陈黻宸因不满处决贵林，辞去民政部长回乡，活动出任温州军政分府民政长，省中不予承认，另派人担任。

杭州新军除派一支队支援嘉兴独立外，又派俞炜率一支队往上海守卫江南制造局。当时南京尚未光复，上海都督陈其美倡议组织联军进攻南京，浙江新军立即组成一混成支队，以朱端为支队长，吕公望为参谋长。浙军攻宁，支队于 11 月 12 日自杭州出发，加入苏浙联军序列。

汤寿潜任都督后不久，认为大权旁落，不安于位。他上任时下了一道免除漕粮的命令，这项慷慨的“仁政”弄得全省财政困难，而他掌握的雄厚的沪杭甬路股份却不肯借贷救急，更受到舆论的责难。12 月底，南京临时政府阁员商定，汤任交通部总长，即辞去都督职。1912 年 1 月 11 日，各界推蒋尊簋继任都督。

当汤寿潜辞职时，曾有人提议在章炳麟、陶成章、陈其美三人中推一人为都督。陶成章在江浙光复后才由南洋回到上海，没有能施展抱负。他与章炳麟在沪设光复会总部，与同盟会仍然保持着分歧。金、衢、处一带的革命党人、会党很希望他出任都督，但他遇到一个强劲的对手陈其美。陈不愿放弃地位重要的上海，其下属便积极推举蒋尊簋。蒋尊簋（1882—1931）字伯器，浙江诸暨人。他是同盟会员，又是立宪派名流蒋观云的儿子，在浙江当过新军标统，在广东当过协统，颇负盛名，很容易地就为各界接受了。

三　江　苏

清代，江苏省宁、苏分治，两江总督驻江宁（南京），江苏巡抚驻苏州。武昌起义时，巡抚是程德全。程德全（1860—1930），字雪楼，四川云阳人，早年是个穷秀才，投身东北边地做幕僚，惨淡经营，升至黑龙江将军、巡抚、奉天巡抚。1910 年调江苏，下车伊始，就与地方士绅张謇、沈恩孚等相结纳，博得开明之称。武昌起义后，10 月 16 日，程邀请张謇到苏筹商对策，张代他起草了《奏请改组内阁宣布立宪疏》，会同热河都统溥颋、山东巡抚孙宝琦入奏。他们要求清廷"先将亲贵内阁解职，特简贤能，另行组织，代君上确负责任"，"然后定期告庙誓民，提前宣布宪法，与民更始"，也就是说让立宪派参预政权。随后，程一面加强戒备，防止境内发生变乱，一面通过其僚属也与革命党人搭上关系。上海一光复，江苏失去最大的商埠、海口和军火供应地，全境震动，苏州岌岌可危。这样，程才在本地绅商和在沪立宪派、革命党代表的劝说下决定反正。

11 月 4 日晚，上海民军五十人抵苏，入枫泾新军第二十三混成协营内，号召官兵响应。5 日清晨，新军、民军入城，占领各机关，沿街布岗。民军径赴抚署,要求程宣布独立,程表示:“值此无可如何之际,此举未始不赞成。”①于是,民军呈上江苏都督印,悬挂白旗,鸣炮庆祝。程德全还命令用竹竿将大堂上的檐瓦挑去几片,以示除旧布新。同日,江苏都督(或称苏军都督)府成立,推张謇为民政部部长、应德闳为财政部部长、伍廷芳为交涉部部长、郑言为执法部部长。稍后,又任命顾忠琛为参谋厅厅长、刘之洁为苏军统领。至 11 月 21 日,成立江苏省临时议会,召集原谘议局议员到苏州开会,仍以张謇为议长。张謇的主张深刻地影响着程德全和江苏都督府的活动。

苏州光复后,松江于 11 月 6 日成立军政分府,同盟会员钮永建任军政长。同日,同盟会员秦毓鎏联合当地商会组织光复军,占领无锡、金匮县衙,成立锡金军政分府,秦任总司令。常州也于是日光复,同盟会员何键任军政分府司令。吴淞光复军这时也分兵占领了崇明、江阴,并应张謇之请,11 月 8 日渡江入南通,以謇胞兄张詧为军政分府总司令。

在苏常光复的同时,新军第九镇分别在镇江和江宁举行了起义。

第九镇是一支训练有素的军队,赵声、林之夏、柏文蔚等革命党人曾在该军中积极活动,留有深刻的影响。此时,镇司令部和第十七协驻江宁,第十八协驻镇江。统制徐绍桢(1861—1936),字固卿,广东番禺人,以幕僚起家,由文改武,1905 年任统制后,还曾任苏淞镇总兵、江北提督,在军中颇有威信。武昌起义后,徐赴各营演说“忠君爱国”,但以顽固著称的两江总督张人骏丝毫不体谅他的苦心。张调江防会办张勋、缉私营统领王有宏等部旧军麕集江宁,却不发给新军弹药。旧军不断向新军挑衅,新军群情激愤,徐则委曲求全,于 10 月 30 日率军出防秣陵关。

这时,驻镇江的五营新军正在同盟会员林述庆领导下酝酿起义。林述庆(1881—1913)字颂亭,福建闽县人,出身农民家庭,当过兵勇,到

① 中国史学会主编:《辛亥革命》(七),第 6 页。

江宁后曾随赵声从事革命活动，这时正任第三十六标一营管带。林去上海与同盟会机关接头后，又去南京，见高级军官们无心起义，便决定单独发难。同盟会员李竟成也奉上海机关之命回乡组织起义，二人便联合进行。他们很快得到了巡防营、沿江炮台和士绅们的同情。11月7日上午，新军各营集中于京岘山巡防队营房，下午四时，宣布起义，成立军政府，推林为镇江都督。新军编为镇军第一协，准备攻击城内旗营。当晚，士绅联名吁请京口驻防副都统载穆放弃抵抗，载穆同意在保全旗民生命的条件下缴械。于是镇江光复。镇军都督府以李竟成为军政部长，绅士杨邦彦为民政长，后又以陶骏保为镇军参谋总长。11月10日，从武汉退下的清军军舰十五艘在镇江江面起义，加入镇军序列。

7日晚，扬州发生孙天生领导的游民暴动，抢劫衙库、商铺，绅商派代表赴镇江请援，林述庆派徐宝山、李竟成率军前往。徐宝山(怀礼)是个盐枭，投诚清朝任新水师营管带，亦官亦匪。镇江起义前，徐向李竟成主动输诚，但要求让他事后开往扬州，并以盐款为军饷。9日，徐军抵扬，很快捕杀了孙天生，成立军政分府，徐为军政长。

7日、8日，江宁也连续发生起义。原来，第九镇出防，张人骏也没有发给弹药，士兵平均每人仅子弹三粒，而城外旧军对新军取包围态势，炮口都对准秣陵关方向。11月4日，满族军官两人怀枪求见徐绍桢，企图行刺，徐忍无可忍，才考虑起义，开会商定起义方略。6日，徐示意江宁布政使樊增祥、江宁商会会长仇继恒等面请张人骏宣布独立，被张拒绝。这时，沪苏光复的消息传来，官兵纷纷请战，负起义指挥责任的协统沈同午怕部下自行起义，便不顾上海方面的弹药还没运到，催徐提前于8日起义。

城内的革命党人联络了学生、士绅、旧军，准备响应。7日，湖北军政府侦察员苏良斌误闻新军当晚攻城，便发动了起义，率队进攻督署，卫队、巡防营响应，因无外援，很快失败，张勋在城内大肆搜捕。

8日黎明，第九镇在秣陵关誓师，分三路攻城。沈同午自率一支攻雨花台，傍晚，大队抵达，与清军对峙。至夜，各路均无进展，沈又命令各路集中攻雨花台，由第三十四标主攻。该标三营管带、同盟会员杨言昌率敢死队直薄敌垒，终因地势不利，未能得手。队官汉铭率部袒衣攀登东台，徒手夺取机关枪，也因后援不继，全部战死。拂晓前，士兵疲惫，弹药将尽，只好乘雾撤退。徐绍桢命令全军撤往镇江，但队伍已经溃乱，残存的官兵抵镇，被镇军收编。

苏北清江浦（清河县，今淮阴市）还有一支新军，番号为第十三混成协，属北洋系统。武昌起义后，坐镇清江的江北提督段祺瑞被调走，地面混乱。11 月 4 日，原标掌旗官、同盟会员龚振鹏与队官赵云亭起义，率数十人入城攻道台衙门，不克。6 日，新军大队攻城，士绅开城欢迎，不料新军入城后即大肆劫掠，龚、赵无法控制，起义变成了兵变。变兵很快被未附义的军队驱逐，士绅们推江北督练公所总参议蒋雁行出来主事。蒋雁行（1875—1941）字宾臣，直隶河间人，毕业于天津武备学堂、日本陆军士官学校。11 月 12 日，清江召开光复大会，宣布成立江北都督府，蒋任都督，署江北提督杨慕时为民政总长，第十三协统领魏宗瀚为军政长。

北洋军人掌权的江北地区，反革命事件迭出。11 月 17 日，清朝山阳（今属淮安）知县姚荣泽杀害了回乡发动独立的学生周实、阮式。不久，学生陈兴之收容溃兵到清江请求收编，竟被蒋雁行杀害。由于当年大水歉收，江北民变蠭起，蒋等还将手下官兵都派往各属镇压。上海报纸还揭露："江北都督有取消独立之议"，"已派人赴鲁与孙宝琦接商军事。"①

11 月 14 日成立的徐州军政分府，情况也与江北相仿，在籍道员段书云被推为民政长，原十三协统领徐占凤任军政长。后来张勋率军逃到徐州，他们便自动取消了"独立"。

苏、常、淮、扬等处光复后，江苏重镇，只有江宁还在清军盘踞下。城内外江防军、巡防营以及旗兵还有将近两万人，对江浙已光复的地区

---

① 《清江专电》，《民立报》，1911 年 12 月 14 日。

是严重的威胁。11月11日，上海都督陈其美分电程德全、汤寿潜，提议组织江浙各处联军，会攻南京，并推举徐绍桢为联军总司令，程、汤两督迅即复电赞同。13日，徐绍桢在镇江设立司令部，以陶骏保为参谋部长（后增顾忠琛，部长二人），史久光、于右任、范光启、伍崇仁等为顾问，孙毓筠为军事参议，陈懋修、吴忠信、马良（相伯）、郑赞丞等分任经理、执法、交通等部部长，并在上海设立总兵站。参战各军先集中镇江，先后加入联军战斗序列的有：镇军（支队司令官林述庆）三千人，浙军（支队长朱瑞）三千人，苏军（支队长刘之洁）三千人，淞军（司令黎天才）六百人，沪军先锋队（司令洪承典）六百人，此外还有松江、江阴等地的巡防营，总兵力万余人。徐绍桢在镇江召集军事会议，决定兵分四路：中路浙军，由紫金山南攻朝阳门；南路苏军，攻雨花台、聚宝门；北路淞军，攻沿江各小炮台；镇军由紫金山北攻天堡城、太平门。镇军还另派柏文蔚率镇军二支队和扬军从江北攻浦口，准备邀击逃窜的清军。19日起，各军陆续越过高资前哨。

11月24日，黎天才指挥淞军及浙军一营攻占乌龙山，乘胜前进，又于次日晨攻克幕府山，以重炮威胁城内敌军据点。25日，朱瑞率浙军主力及镇军一标、苏军巡防队越麒麟门西向，在马群与敌遭遇，歼敌千余，击毙清军悍将王有宏，进抵孝陵卫。26日，张勋率大队数千人反扑，浙、镇、苏军与敌来回争夺阵地，苦战自晨至夕，终迫张勋缩回城中，朝阳门外敌人全部肃清。同日，刘之洁指挥苏军扫清自淳化镇至上方门之敌，与浙军成犄角。27日，林述庆率镇军后续部队抵迈皋桥、尧化门、麒麟门一线，投入战斗。28日，联军决定对江宁城发动总攻。29日凌晨，浙军埋炸药爆破朝阳门不成，仰攻失败，苏军进攻雨花台也失利，于是决定先取城外制高点天堡城，然后俯攻南京。30日晚，镇军从紫金山北坡，浙军敢死队从南坡攻击天堡城，新到的沪军先锋队也投入战斗，经过一夜苦战，终于在12月1日黎明攻克了天堡城。是役，击毙清军统领成文均，全歼七百守敌，联军也伤亡惨重，镇军管带、同盟会员杨韵珂、浙军敢死队长、光复会员叶仰高阵亡。天堡城一失，南京城全部暴露在革命军炮口之下，无法据守。张勋等派人分别向联军总司令徐绍桢、镇江都督林述庆求和，徐、林允许清军投降，但拒绝了让张勋率所部转移他处的条件。当晚，张勋率部渡江北窜，张人骏、铁良逃走。12月2日，镇军与联军司令部由太平门，苏军由聚宝门，淞军由仪凤门进城，次日，浙军也由太平门入城。城内残余清军胡令宣、赵会鹏等部全部投降，张勋则在浦口受到镇军、扬军的截击，狼狈逃窜徐州。

南京光复是革命军的一次重大军事胜利，它使长江以南全部为革命军所有，稳定了汉口、汉阳失守以后的战局。不仅如此，这次胜利还因这座古都的历史而带上了一层神圣的色彩。南京曾经是朱元璋、洪秀全的都城，这就使主张“革命排满”的人们特别兴奋。联军入城后，将士们络绎不绝地到紫金山阳的明孝陵去祭奠，文人墨客们也竞相鼓吹。当时，各省都督代表正在汉口开会筹组中央政府，他们迅即将南京定为临时中央政府所在地。

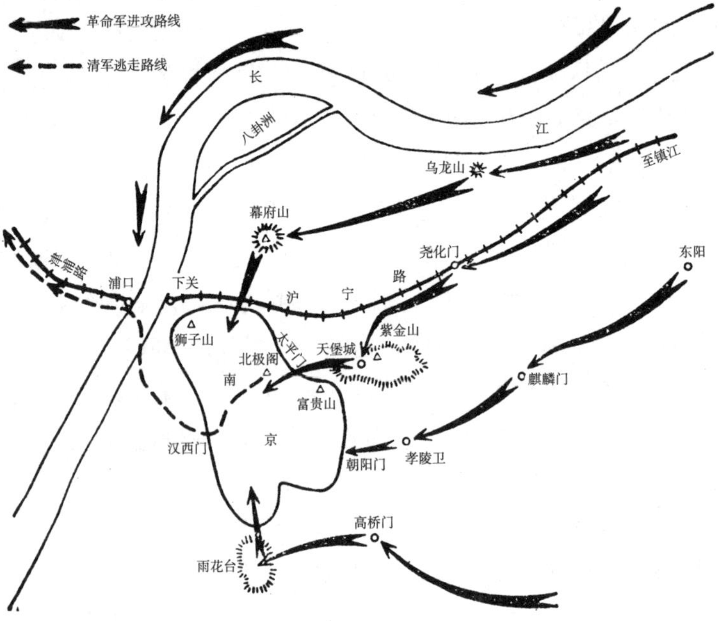

联军攻克南京形势图

联军入城后，林述庆自称江宁临时都督，遭到浙军和徐绍桢的反对，几乎发生火并。经宋教仁、范光启等调解，林取消了临时都督称号，并同时取消了镇江都督府，就任北伐军临淮总司令。程德全受各方面特别是张謇等的支持，从苏州移驻南京，并任命了新的江苏都督府官员，程自兼参谋总长，顾忠琛、钮永建、陶骏保为次长，政务厅长宋教仁，外务司长马相伯，内务司长张一麐，财政司长熊希龄，通埠司长沈缦云，军务司长陈懋修，参事会长范光启。不久，程辞职，庄蕴宽被推为都督。

四　广　东

两广总督张鸣岐在镇压了"三二九"起义后，7月间又命水师提督李准、陆路提督秦炳直、广州清乡总办江孔殷等大举清乡，企图消灭屡次响应革命的绿林。清兵"四出骚扰，良民受累甚多，人心日形解体"①，革命党人则"分赴各属，动以演说招人入党，谓之播种子"②。广州城也因张的倒行逆施，弄得"商业萧条，金融停滞，较三月间扰乱情形尤甚"③。武昌起义后，社会更加动荡不安，张鸣岐虽然强作镇静，筹谋纾策，遣将调兵，也丝毫不能挽回颓势。10月25日，新任广州将军凤山刚抵广州，就在街上被革命党人炸死，这件事使人们愈加相信清朝在广东的统治已经无法维持了。

同盟会光复广东的工作由在香港的南方支部主持。由于"三·二九"的损失，他们没有力量在广州直接发动起义，便将注意力放在发动各地绿林、会党上。胡汉民、朱执信、胡毅生等负责广州府方面，其他地

---

① 《宣统三年七月初九日资政院副总裁李家驹等奏折》，中国史学会主编：《辛亥革命》(七)，第263页。

② 《宣统三年七月初九日御史温肃奏折》，中国史学会主编：《辛亥革命》(七)，第260页。

③ 《宣统三年七月初九日资政院副总裁李家驹等奏折》，中国史学会主编：《辛亥革命》(七)，第263页。

方分为四军，东江为第一军，北江为第二军，西江为第三军，韩江为第四军，指定陈炯明、徐维扬、苏慎初、姚雨平分别负责。事实上，由于形势的急速发展，各地革命党人、绿林、学生、士兵没等建立指挥系统，便纷纷自行发动。

广州、惠州两府民军发动最为迅速。

广州方面：10 月中，陆领等受朱执信之命，首先在顺德乐从墟起义，因势力孤单，被江孔殷战败。自 10 月下旬到 11 月中旬，先后又有陆兰清等起义于南海、三水间，李福林等起义于番禺，周康等起义于顺德，谭义等起义于新会，何克夫等起义于花县，任鹤年等起义于香山，陆领也卷土重来，其他小股数不胜计。

惠州方面：10 月下旬，陈炯明、邓铿等返惠起义，11 月 3 日，各军齐集德水墟，5 日，分四路进军府城，连败清军秦炳直部于马鞍墟、大石桥，8 日入归善县城，9 日，清军洪兆麟部起义，10 日，秦炳直放下武器，民军入惠州府城（惠州、归善，府县两城相连，今为惠阳市）。与陈、邓起义同时，王和顺、石锦泉、谭瀛等也在归善、博罗、东莞、新安等地起义。

广、惠民军蠭起，对广州形成包围态势。11 月初，民军前锋已达广州城郊，隐伏民间。

广州城里，少数同盟会和地方绅商则一直在运动张鸣岐实行和平独立。广州《平民报》主笔、同盟会员潘达微，邓慕韩希望能以“和平策略”光复广州，便说动江孔殷去劝张放弃武力镇压，改行怀柔政策，保境安民，张没有反对。10 月 25 日，在江的策划下，邓华熙、梁鼎芬等绅士在文澜书院开会讨论独立问题。同时，张也奏请清廷罢免亲贵，改组内阁，并特赦党人汪精卫、陈景华。商界、学界不满绅士们摘的“独立”，29 日在爱育堂集会，决议承认共和政体。下午，当各团体在文澜书院再次开会时，有人就在门口竖起了白旗，旗上大书“广东独立”，各商店则悬旗挂灯，鸣鞭炮庆祝。傍晚，又有两万多民众拥向督署，请张鸣岐宣布独立。独立，共和，人心所向！可是，张鸣岐晚间得到清军在武汉获胜的消息后就变了脸，命令龙济光派兵将旗灯扯去，巡街捕人，声言如敢反抗，格杀勿论。

当时，城内外驻有李准、龙济光等部四十余营巡防队，张鸣岐满以为可以凭此负隅顽抗。谁知，他请李准入城会商军务，李却因兵权被张削减，赖在虎门不来。不但如此，李还设法很快同香港同盟会机关挂上了钩，答应献出虎门反正，必要时用兵力制服张鸣岐。张派江孔殷抵御顺德方向的民军，江回来报告，说民军声势浩大，无法战胜，劝张早定大计，免蹈凤山覆辙。龙济光部亦告不稳，龙本人因李准的串通，向张表示没有可以反对民军的理由。军心一变，张鸣岐在广州就站不住脚了，他通过江孔殷向邓慕韩等表示愿意交出政权，邓等坚持“欲免广东糜烂，非将大权交与革命党人不可”①，他也同意了。

11月8日，张鸣岐召集各界代表在谘议局讨论独立问题，胡铭盘代表张参加，决定次日独立。9日上午，各界代表再在谘议局开会，到会者数千人，推同盟会员陈景华为主席。决议：欢迎民党组织共和政府临时机关；宣布共和独立，电告各省及各国；所有向日官吏，愿留为新政府服务者听，惟必须宣誓忠于中华民国；所有旗满人一律看待，等等。同时决定张鸣岐为都督，龙济光为副都督，蒋尊簋为军事部长。陈景华等当即将印信送与张等，这时才发现张已于黎明前逃往沙面，龙亦不允就任。于是，又重新推举胡汉民为都督，胡到任前，以蒋尊簋为临时都督。

广州，这座中国资产阶级开始革命活动之日就想夺取的城市，终于摆脱了清政府的反动统治。消息传出，万众欢庆。十二点钟，长堤水师公所首先高悬国旗、军旗，鸣炮志贺。各兵船、衙署、局所，一律同时升旗鸣炮。城内外各商店都挂起三色旗，有书“中华民国万岁”者，有书“民国军万岁”者。爆竹如雷，欢声雷动，人们纷纷剪去辫发。入夜，四城大开，一些兵船、商店还用电灯结成欢庆字样表示庆祝。“三二九”以后那种沉闷、紧张、萧条、破败的景象，顿时一扫而空。

---

① 邓慕韩：《辛亥广州光复记》，《满地红》第4卷，第15、16期。

10日，胡汉民自香港抵达广州，就任广东都督。胡任命蒋尊簋为军政部长，魏邦平副之；李煜堂为财政部长，廖仲恺副之；黎国廉为民政部长，伍藉槃副之；王宠惠为司法部长，汪祖泽副之；伍廷芳为外交部长，陈少白副之；梁如浩为交通部长；王宠祐为实业部长，利寅副之；丘仓海为教育部长。随后又以何启、韦玉为总顾问官，并由朱执信、李文范、李纪堂、廖仲恺、黄世仲、陈少白、陈融、刘古香、胡毅生、姚雨平、谢良牧等组成枢密处。17日，各界代表会又增选陈炯明为副都督、黄士龙为参都督。

军政府首先面临的困难是财政问题和军队问题，它们直接威胁着革命政权的生存。

张鸣岐等逃跑时席卷而去，官库极度匮乏，军队给养、政府开支均无来源。为此，军政府只好向商人借款，广州、香港商人均踊跃垫支。李煜堂即通过杨西岩、陈赓虞等借得港商款四十万。军政府还将库存官钱银局纸币一千二百万，加盖军政府财政部印发行，使商会同意通用。这样，初步度过了财政危机。

军队问题更为复杂。广州和平光复，城内外留下大批反正军队：新军、防营、绿营、旗营，这些军队，特别是龙济光、李准所部，军心并不稳，而民军也纷纷入城，号称十万，与反正各军矛盾很大。针对这种情况，胡汉民决定采取“先巩固新军，使其居中不动，作诸军之监视，而张民军之势，以压迫降军与防营”①的策略。不久，李准即因怕民军寻衅报仇出走香港，胡即命胡毅生、李文范等成立全省军务处，管理旧军；随后，又将龙济光部调往钦廉剿匪，这样，军政府的心腹大患才消除了。

随后，民军也成了军政府棘手的问题。多数民军纪律松懈，将领桀骜不驯，社会上甚为不满，但他们有功革命，一些将领更是革命“元老”，不能简单处置。胡汉民先后任命刘永福、黄世仲为民团总长，进行整顿和编练，以维持军风纪，统一军令，都收效甚微。为了严肃军令，胡撤了

① 《胡汉民自传》。

兰字营镇统陆兰清的职,枪决了石字营统领石锦泉,才使不法分子稍为收敛。后来陈炯明当都督,采用强制办法,整编、遣散、消灭,才将民军问题解决了。

军政府还赶走了政府内的反动分子黄士龙。黄原任新军标统,在高州听说省城光复,便赶回来谋取高位。他不满足于当参都督,竭力挑拨胡、陈关系,企图去陈制胡,没有生效,接着又提出都督分治、统一军队,阴谋掌握军权,又被胡、陈挫败。最后,黄利用防营和民军的矛盾,劝龙济光率军叛乱,被龙拒绝了。黄见自己真面目已经暴露,而军政府又日趋稳定,只好逃走,不久,就投靠了袁世凯。

解决内部困难稍有眉目,军政府就组织了广东北伐军,北上扫荡清军。北伐军全军八千人,以姚雨平为总司令,马锦春为副司令,自 12 月 8 日起,分批开往上海,转赴前敌。随军前去的有华侨炸弹队、学生地雷队和女子北伐队。这支军队后来在津浦路前线与清军张勋部进行过英勇的战斗。

广东其他地方则在广州独立后不久全部光复。潮汕地区,张醁村、梁金鳌、孙丹崖等率民军于 11 月 10 日光复汕头,12 日光复潮州,诛清知府陈兆棠。嘉应(梅州)地区,同盟会员温翀远等率民军于 12 日入城光复。肇庆地区,同盟会员曾传范运动驻肇清军管带隆世储宣布独立。高雷地区,同盟会员林云陔等率民军起义,苏慎初率新军反正。钦廉地区,黄明堂率民军起义。韶关地区,当地学堂师生和绅士出面运动独立。海南地方,清琼崖道范云梯随大势宣布独立。

12 月 21 日,孙中山归国过香港,胡汉民率陈炯明、廖仲恺等大批同盟会骨干赴港请示方略。孙中山要胡随同去沪组织民国政府,胡当即辞去都督职务,命令陈炯明代理都督,陈遂回省就职。12 月 24 日,广东临时议会在广州成立。议会推举汪精卫为广东都督,汪坚辞,所以仍由陈担任。

出席广东临时议会的,有同盟会员庄汉翘等十名女代议士。妇女出任议员是民主共和政体带来的福音,这在中国和远东都是创举。

五 福 建

广州“三二九”起义失败后，福建革命党人立志复仇。1911 年 6 月，同盟会福建分会在福州开会，决定加紧活动。为加强同内地党人的联系，林斯琛奉派前往上海和长江各埠联络。史家麟、潘祖彝等在上海参加了同盟会中部总会的发起。在福州，分会会长郑祖荫则以省谘议局常驻议员的身份出现，通过公开团体桥南公益社在社会上联络各界，暗中扩展同盟会组织。武昌起义后，官府十分惊慌，社会秩序混乱，同盟会分会便趁机全力以赴地筹备起义。他们在学界、商界都有良好的基础，掌握有民团、体育会，但与军界关系有限。这时，分会成员彭寿松从武汉归来，立即发起组织福建军警同盟会，吸收新旧军官兵和警察参加革命。福建因过去由湘军驻守的关系，湖南人在军警界势力很大，彭是湘军将领之后，曾任省城保甲局总办，便利用这种身份广为招徕，使军警同盟会迅即发展到近万人。新建陆军第十镇是驻闽清军的精锐，闽浙总督松寿却不信任新军，将新军弹药收存于旗界，革命党人便设法争取新军将领。10 月 30 日，第二十协统领许崇智至桥南公益社宣誓加入同盟会。11 月 5 日，该镇统制孙道仁也由彭寿松主持加盟。争取到新军官兵之后，起义的条件成熟了。

11 月 4 日，上海等地光复的消息传到福州，城里商店停业，居民走避。福州将军朴寿一面派旗兵分防，一面也偷运家财，预备逃跑。5 日，同盟会在城外白泉庵召集军事会议，成立由郑祖荫等组成的总机关部，以桥南社为发号施令的总机关。同日，郑祖荫、林斯琛代表同盟会与新军将领许崇智、林肇民等在台江舟上会晤，秘商起义军事方略，议定在花巷设立国民军司令部，以许为前敌指挥官，节制所有新军，起义时，先占领于山，放火为号，先烧都统、将军二署，后烧旗下街，留东门不攻，给旗兵一条生路。起义日期，定在 11 月 12 日。6 日，彭寿松又往台江会见孙道仁，孙决心全军反正。

7日下午，谘议局开会，经副议长刘崇佑提议，一致决议：所有福建之政务，此后由新政府施行。8日，谘议局照会松寿，要他交出权力，并缴出旗兵的枪械弹药。由于敌人的实力并未全部瓦解，这种和平接管的愿望当然只能是一厢情愿。松寿顽固地反对交权，命令所部整顿备战，预定次日直扑桥南社，消灭革命力量的首脑，并组织杀汉队，妄图施行种族屠杀。面对这种情况，同盟会总机关和起义军司令部紧急决定于当晚起义，以武力消灭顽抗的敌人。

当天，武备学堂和福州各校学生齐集桥南社，分编为炸弹队、洋枪队，炸弹队入城随军攻守，洋枪队占领和守卫城内外重要单位。9日零时，新军出动，迅即占领于山，在其北面山腹布防，装置大炮。彭寿松率炸弹队攀登而上，与新军会合。旗兵以法政学堂为中心点，据民房作战，并派人四处放火，以阻止革命军的进攻。新军和炸弹队在密集的炮火掩护下前进，旗兵不支退却，死伤数百人。革命军树大旗招降，旗兵纷纷逃亡。松寿闻败，吞金自杀。晚，朴寿写降书请求停战。10日黎明，旗营挂起白旗，革命军正准备受降，不意突出数百旗兵，直扑于山，劫夺大炮，双方短兵相接，拼死搏斗，许崇智等将领也亲上火线，终将敌人杀退。朴寿头天晚上求降后即行逃跑，被炸弹队活捉，拘押在司令部，这时，他乘清军反扑逃出，被抓回即行正法。松寿、朴寿死后，旗兵零散的反抗迅速被消灭；大批旗兵投降，受到革命军的优待。

11月11日，同盟总机关由桥南移入城内。郑祖荫等率新军、学生军和同盟会员列队前往旧督署，沿途受到居民的夹道欢迎，各商店悬旗庆祝，爆竹争鸣。改督署为福建都督府，由同盟会分会推举职员，孙道仁为都督，同盟会员彭寿松、郑祖荫、林斯琛、黄光弼、李恢、刘通等十人为参事员，协同都督掌握政权。同日，选定彭寿松为参事会会长，并决定各部正副部长十人人选。至12月8日，又决定将参事会改为政务院，任命彭寿松为政务院总长，林斯琛、郑祖荫为副长，高登鲤（原谘议局议长）、陈能光、陈之麟（华侨）、林之夏、郑烈、黄展云、黄乃裳、翁浩分任各部部长，林森、萧奇斌、林长民、蔡良垣、潘祖彝等分任次长。此外，还保留了省谘议局，作为都督府的咨询机关。福建都督府虽吸收了立宪派人物参加，但实权牢牢掌握在同盟会手中。

福建都督府宣布自身只是一个过渡性政权，“施政方针，一切均以蕲至共和为旨”①。它强调“共和政体之精神，首在三权之分立”②，为不使“政府骄横渐成无对之尊”③，它积极筹设省议会，并决定改正清朝的审判制度。孙道仁还下令豁免厘金及1910年以前旧欠钱粮，改良租税，以利民生。外交部长陈能光致书本省和外洋各商会，要求他们支持新政权，他谴责了清朝政府同帝国主义签订的不平等条约，表示“他日‘国际条约’终有修改之一日”④，鼓励商人、侨胞为此努力。新军整顿以后，以许崇智为闽军北伐总司令，于12月率杜持一协北上。这支军队后由杜持率领赴山东烟台，在那里和清军作战。

福州起义前后，福建各地革命党人和民众也在积极准备夺取当地政权。都督府成立后，命令各地原有地方官和民众团体、自治所一同维护地方治安，等待省方派官员接管。这样，福建大部分地区，如兴化（治莆田）、福宁（治霞浦）、延平（治南平）、建宁（治建瓯）、邵武、泉州（治晋江）、漳州（治龙溪）各府，都是在革命党人、民众或官吏宣布、承认光复后兵不血刃地接管的，只有厦门、汀州（治长汀）两府由革命党人起来夺取了政权，而经过比较激烈战斗的仅仅汀州一府。

厦门地方革命党人力量较强，同盟会员张海珊、光复会员王振邦在此积极准备光复。11月8日，清厦门道庆蕃逃走，10日，福州光复，王

---

① 《军政府施政方针通告》，《中华民国开国五十年文献》第2编第4册《各省光复》，第383页。

② 《建立政务院并速开预备议会通告》，《中华民国开国五十年文献》第2编第4册《各省光复》，第379页。

③ 《建立政务院并速开预备议会通告》，《中华民国开国五十年文献》第2编第4册《各省光复》，第379页。

④ 《闽外交部致闽省商会函》，《建立政务院并速开预备议会通告》，《中华民国开国五十年文献》第2编第4册《各省光复》，第390页。

振邦等见形势已成，去找厦门自治会会长陈子挺商量光复问题，陈不赞成武装起义，同盟会骨干乃自行决定于15日起事。到15日，他们召集了群众大会，宣讲革命宗旨，然后率领数千群众列队向道台衙门进发，吏胥奔逃一空。次日，厦门军政分府成立，张海珊被推为统制。厦门革命党人因籍贯不同而分成福州、厦门两派，张属于人数较少的福州派，不久即遭到王振邦为首的厦门派的攻击，发生内讧。省方派参事员宋渊源安抚闽南，出面调解，由省中派出道尹、司令驻厦，另设参事会，聘请当地革命党人和绅士参与政务。

汀州府与省会相隔虽远，但在广东影响下，早有革命党人在活动。11月19日夜，上杭在同盟会员涂演凡（广东大埔人）等的促进下宣布独立。次日，游勇樊彪部侵扰上杭，为保卫治安，涂等向大埔革命军请援。大埔已于13日由革命党人光复，组成军队向汀州发展，18日光复永定。24日，大埔民军司令李宗尧派童国珍率部抵上杭，成立军政府，以童国珍为军政长，收缴了清军枪械。同日，会党温开元也率所部民军入城，与童部冲突，26日，李宗尧到杭，当晚消灭了温部。但是，知县龚开富以孙道仁有令保守地方，拒不交印，绅士们也与军政府离心离德，加以军政府禁烟禁赌，地痞流氓也蠢蠢欲动，革命政权并不稳固。27日，府城长汀的同盟会员约集当地清军宣布独立，被守旧派阻挠，也请李宗尧派军前往。30日，民军到达，成立军政府，以教员刘家驹为民政长。军政府要清军移交军政权并缴出枪械，清军拒绝，恰好樊彪率部窜汀，二者便勾结谋叛。12月4日，民军仓促应战，激战四昼夜，不支突围，李宗尧出走，刘家驹等三十余人被害。长汀失败后，上杭反动势力愈加嚣张，12月18日，龚时富勾结民团、地痞流氓袭击民军，杀害了童国珍等四十余人，上杭革命势力失败。1912年1月，孙道仁始派军赴汀州接管政权，但是汀州的反动势力并未受到应有惩处。

福建都督府成立后，军警同盟会与同盟会福建分会于11月21日合并，郑祖荫将分会会长职让于彭寿松。彭一手掌握党政大权，日渐骄横跋扈。他只依靠原军警同盟会的一帮人，对清朝官僚马绛生尤其言听计从。很快,就因权力问题与孙道仁、许崇智发生矛盾,彭没有军队,便组织卫队两营,由其子统领。其侄彭荫祥要挟都督府授予延建邵道尹职务,下属三府均由亲信担任,割据一方。同盟会元老郑祖荫、林斯琛、刘通等也被彭疏远,虚居其位。原来军警同盟会的人,成分复杂,不守法令,在社会上为非作歹,弄得民怨沸腾。为了制止舆论的反对,彭指使其部下刺杀了同盟会员蒋筠、黄家宸,封闭报馆,逮捕主笔苏眇公。这样,社会上的反对更加强烈,守旧分子在背后推波助澜,一些力图维护革命政权和同盟会威信的人,也为之束手。

彭寿松在福建起义中立有大功,后来牺牲在反袁斗争中,但是他个人权势欲很大,更不懂得怎样职掌政权。他的胡作非为,损害了同盟会的威信,动摇了革命政权的基础,使得袁世凯的北洋势力有借口插入福建。

第七节 北方各省响应

一 陕 西

陕西,是北方地区最先起来响应武昌起义的一个省。

早在 1907 年,同盟会员井勿幕等从日本留学回国,就在西安展开革命活动。他们联络的对象就是新军和会党。陕西的会党有很大的势力,主要有哥老会和“刀客”两种。特别是哥老会,在新军中势力很大,在各标营中建立了和军队编制相适应的组织系统。标有“标舵”,营有“营舵”,队有“队舵”,这些“舵把子”分别联系和掌握所属的“哥弟”。1910 年夏天,同盟会员井勿幕、钱鼎、朱彝铭、常仲昭、张钫等人,同哥老会头目张云山、刘世杰、万炳南、陈殿卿等人,在西安城南大雁塔举行歃血的仪式,结成“三十六弟兄”,奉行同盟会“驱逐鞑虏,恢复中华,建立民国,平均地权”的宗旨。

武昌起义的消息传到陕西后,在西安的同盟会和会党领导人钱鼎、张钫、张云山、万炳南等于10月17日秘密集公,相约在10月29日举事响应。西安将军文瑞和护理巡抚钱能训,惊恐万状,调巡防营进城防守,大事搜捕,并决定在10月23日将革命力量最强的新军第二标第三队和第一标第二队调离西安,以分散革命力量。革命党人钱鼎得到这个消息,以事机紧迫,于10月22日上午九时在西关林家坟召开紧急会议,决定当天发动起义,推举张凤翙担任指挥,钱鼎为参赞。张凤翙字翔初,陕西咸宁人,留日士官出身,曾参加同盟会。在这以前他并未参加革命活动,因为他是新军协司令部参谋兼代二标一营管带,地位较高,有威信,遂受到大家推举。张凤翙慨然应允,"并谓既已举事,当先发制人,不宜缓至天晚也"①。于是,起义便在上午十一点发动。因为发动仓卒,事先没有来得及拟定完整的军事进攻计划,也来不及通知外县。除了同盟会人数较多的炮队等是整队入城外,其他都是三三两两分散进城的。进城后合力进攻军装局,夺取了枪支弹药后,就分头占领了各个衙门机关。抚署卫队闻警即作鸟兽散,全城文武官吏纷纷逃命。文瑞逃进了西安城中的满城,钱能训和其他官吏都逃到老百姓家里躲藏起来。钱能训后来被拿获,升允在混乱中出城,逃往甘肃。革命军顺利地占领了除满城以外的西安全城。第二天黎明,就全力猛攻满城。文瑞率领旗兵拼死抵抗,到下午三时城破,文瑞投井自杀。

攻占西安后,急须出安民布告,但首领的名义还未确定。革命党人听说湖北起义军有"复汉军"之称,大家就仿其意,定首领名称为"秦陇复汉军大统领",并推举张凤翙担任。这时,同盟会会员、原陕西谘议局副议长郭希仁已写好了一张布告,全文是:"各省皆变,驱逐满人,上征天意,下顺民心。宗旨正大,第一保民,第二保商,三保外人。汉回人等,一视同仁。特此晓谕,其各放心。"②这张布告可以说是代表了当时陕西起义军的思想。

---

① 郭希仁:《从戎纪略》,1913年3月北京共和有限公司印本。

② 郭孝威:《中国革命纪事本末》,"陕西光复记"。

西安起义胜利的消息,迅速传遍全陕。各州县革命党人、会党群众纷纷起义响应。

10月23日,临潼哥老会首领焦林、黄生荣率领会党占领县署,宣布光复。24日,同盟会员胡定伯在耀县药王山起义,响应西安。哥老会首领向紫平光复富平。25日,三原、商州光复。次日,王士骥率陆军学生赴咸阳,联合当地民团,光复咸阳。接着,凤翔、黄陵、华州、同官、雒南、宝鸡、洛川、郃县、兴安等地都相继光复。

西安起义时,新军的建制已完全打乱。一些同盟会会员,虽然在新军中担任中下级军官,但都不能起指挥作用。哥老会在新军中的各级"舵把子",把自己一帮哥弟抓在手里,加上其他愿意参加的人,各自形成了人数不等的部队。哥老会大头目一转瞬间都成了拥有实力的人物。全西安已成为哥老会的天下,他们也自认为军政府的最高权力应归他们,因此纷纷争当大官。大头目万炳南、张云山、马玉贵、刘世杰各树一帜,各自占据一个衙门作为山头,发号施令。当议定各人官位名号时,意见横生,互不相让。同盟会员陈同还当了哥老会大头目万炳南的谋士,煽动争权。各头目之间感情几致破裂。后经郭希仁调解,讲述"中外大势及古今英雄起事成败之由,及近世洪杨之失"①,才消除分歧。结果除大统领外,又设了两个副大统领,六个都督,都是哥老会的头目②。副大统领钱鼎是同盟会兼哥老会,字定三,陕西白河人,保定陆军速成学堂毕业,1909年回陕,在新军中曾任督队官,是有革命胆识、顾全大局、热情能干的领导人,可惜在一次率队东征时,在渭南意外地被土匪杀害。

正当起义者还在为建立新政权而争吵的时候,清军分为东西两路

① 郭希仁:《从戎纪略》,1913年3月北京共和有限公司印本。

② 两个副大统领为钱鼎、万炳南。六个大都督为:兵马大都督张云山,粮饷大都督马玉贵,军令大都督刘世杰,东路征讨大都督张钫(行营设在潼关),西路征讨右翼大都督万炳南(行营设在凤翔),西路征讨左翼大都督张云山(行营设在乾州)。

发动进攻了。袁世凯命赵倜率河南清军数营从东面进攻，11 月 4 日，就占领了潼关。同盟会员张钫奉命前往抵抗，沿途收集各县团防，冒着大风雪与清军激战，在刀客严纪鹏等部的配合下，夺回潼关。潼关三得三失，战斗十分激烈。张凤翙、吴华堂等都亲率援军前来支援。当时更大的战斗发生在西路。清廷起用升允为陕西巡抚，升允督率甘肃清军数十营，11 月 20 日长驱入陕。一时醴泉失守，咸阳告急。陕西境内土匪蠭起扰乱，所有电线杆都被毁坏，与外界消息隔绝，起义军孤军奋战。新建立的政权受到严重威胁。在此危急关头，许多哥老会头目挺身而出，与革命党人团结战斗。张云山慨然承担抗击长、武、乾、醴方面的升允所部清军，于 28 日指挥三营军队进驻乾州，再由邠州至长武，连战告捷。升允暂时退出陕境。万炳南自请承担防截凤翔方面的敌军，率兵三营至凤翔，分兵防堵陇州、宝鸡一带敌军，屡战不利，退守凤翔待援。战事一直进行到南北议和达成才停止。哥老会哥弟们虽然在与清军拚死搏斗中，表现很英勇，但是，这个主要由失业破产的劳动人民组成的集团，由于缺乏明确的革命思想和严格的纪律，又沾有一些坏的习气，在事变过程中对人民也造成一定的危害。他们所夺得的政权，后来很快被旧势力所篡夺。

二　山　西

陕西光复后八天，10 月 29 日山西也宣告独立，成立革命军政府，脱离清廷。

同盟会在东京成立后，山西留日学生有一百多人加入同盟会，组成山西支部。王用宾、景定成等人先后创办《晋话报》、《晋阳公报》，进行革命宣传，影响颇大。山西人民的革命意志日渐昂扬，参加同盟会的人越来越多，革命力量迅速壮大。在山西编练新军时，同盟会派了不少会员投入新军，因而新军成为革命的重要力量。

武昌起义成功，湖南、陕西同日响应。山西巡抚陆钟琦害怕波及山西，极为惊慌。他一面抽调旧军巡防营进驻太原，警卫抚署；一面又千方百计地企图把驻扎在太原的新军调走。太原新军是新成立不久的第四十三混成协，共四千余人，协统是谭振德，下辖步兵两个标。八十六标驻在城内，标统阎锡山是同盟会会员。八十五标驻在城外，标统黄国梁不是同盟会会员，但是该标的同盟会员数量较多。陆钟琦以防止陕西革命军入晋为借口，调八十五标去扼守河东。黄国梁率领一、二两营不带弹药已经出发。同盟会会员人数最多的第三营，以没有弹药为理由，不肯出发。陆钟琦不得已发给了一部分弹药。三营管带姚以价虽非同盟会会员，但有革命思想，领到弹药后的当晚，就和同盟会会员杨彭龄、张煌、苗文华、于凤山、刘得魁等人密议，决定第二天黎明起义，并推姚以价为总司令。起义军分兵三支，埋伏于南门外，拂晓夺门而入，一支由姚以价率领进攻巡抚衙门，一支由苗文华率领进攻满城，一支由崔正春率领进攻军装局。同时，城内陆军小学堂学生及八十六标的部分官兵也起而响应。起义军很快地攻占巡抚衙门，陆钟琦、谭振德等被当场击毙。新军炮营把大炮架在城墙上，向满城轰击，只发儿炮，旗兵便竖起白旗投降，太原就告光复。

当天，起义领导人和各界代表在谘议局集会，推举都督。原谘议局议长、立宪派首领梁善济主持会议，开始公推督练公所总办姚鸿发为都督，姚力辞不就，遂改推阎锡山为都督，陆军小学堂监督温寿泉（同盟会员）为副都督，谘议局副议长杜上化为总参议。设军政府于谘议局。当天出示安民，发布起义宣言和讨满檄文，均用中华民国黄帝纪元年号。

阎锡山（1883—1960），字百川，号龙池，山西五台人，日本士官学校毕业，留日期间加入同盟会，并介绍赵戴文、康佩珩、赵成三、徐翰文等加盟。回国后，历任山西陆军小学堂教官、监督、八十六标标统等军职。武昌起义后，他曾与赵戴文、张瑜、乔煦等密谋响应。张、乔都是同盟会员，分别担任八十六标一、三营管带。但是，阎一直没有下决心发动，及至姚以价率领起义军攻入城内，他才命令所辖各营以保护为名，分别开向抚署、藩库及军装局，并派兵防堵驻城内的巡防营。他出任都督得到新军的支持和拥护，因此地位一直比较稳固。

姚以价由于发动起义有功，被派为陆军总司令，率兵三营进驻娘子关，以防清军进攻。

清廷得到陆钟琦被杀的报告，就派第六镇统制吴禄贞署理山西巡抚。吴是同盟会员，当时他曾企图联络第二十镇统制张绍曾率部夹攻北京。清廷已有所闻，派吴出任山西巡抚，企图以此笼络吴。吴禄贞在11月5日密约阎锡山、温寿泉和姚以价等在娘子关会晤，议决成立燕晋联军，吴禄贞任大都督兼总司令，阎锡山、张绍曾任副都督兼副司令。但11月7日晚，吴禄贞在石家庄被袁世凯派人刺杀，燕晋联军的计划也就没有实现。

清廷又派张锡銮为山西巡抚，派北洋军第三镇一协、巡防营两营进攻山西。姚以价率军抵抗，在乏驴岭一带节节败退。娘子关失守的消息传到太原后，谘议局议长梁善济邀集立宪派士绅集会，准备欢迎张锡銮，阎锡山被迫于12月13日急忙离开太原，撤往晋北。接着，温寿泉与景定成、王用宾等革命党人一起也撤往河东，并请求陕西革命军支援。陕西革命党人派陈树藩部渡河入晋，攻占运城，遂即成立了以温寿泉为首的河东军政分府，张士秀为民政长。

太原起义后，雁北各地人民纷纷响应。同盟会员续桐溪（西峰）、弓富魁等在五台县东冶镇起义，组成"忻、代、宁公团"，续桐溪担任团长，所部三千人，声言出平型关，以奇兵攻北京，连克繁峙、应州、怀仁，所过之处，势如破竹，于12月5日抵大同。在此之前，大同已于11月30日光复。同盟会员李德懋、刘幹臣等早在1907年就在大同进行革命宣传活动，1910年正式成立了支部。太原起义后，大同附近各州县农民纷纷揭竿而起，驻扎大同的清军总兵王得胜派兵四出镇压。革命党人刘幹臣、宋世杰、李国华等趁城内空虚之际，于11月30日夜晚发动起义，一举占领全城，王得胜逃跑，城内清军步一旗在大势所趋之下，全部加入起义军。翌日，成立大同军政府，推举李德懋为都督，李国华、刘幹臣为副都督，宋世杰为虎贲将军，统领全军。军政府成立后，即编练民军，准备防御清军反攻，同时派人向忻代宁公团和太原请求援助。以后不久，袁世凯派郭殿邦指挥毅军和淮军各一部围攻大同，大同军民在续桐溪的指挥下坚守四十余日，最后与清军议和撤出。

阎锡山从太原撤出后，经忻州北上，集合朔方诸军共计八千人由府谷渡河，穿过伊克昭盟准格尔旗，于 1912 年 1 月 13 日到达包头。前此，武昌起义的消息传到塞北后，驻归化城（今呼和浩特市）的巡防营由管带周维藩率领起事。其中曹富章等几个头目率兵二百余撤至包头，包头的同盟会员李士修等便与之联系，想依靠这支队伍宣布包头独立，响应武昌起义，结果遭到官吏的镇压而失败。阎锡山进驻包头后，便以“秦、晋、蜀北伐先锋队司令官”的名义布告安民，并分别任命蒙古族同盟会员云亨、经权、安祥三人为绥远将军、归化城都统、归绥道尹。一星期后，阎军东进，于 21 日进入萨拉齐。原计划进攻归化城，因南北议和，即南返太原。

南北议和时，袁世凯借口山西兵变，拒不承认山西为起义省份。经山西革命党人致电南京临时政府大总统孙中山力争，孙中山当即电袁：如不承认山西为起义省份，和议破裂，在所不惜。袁被迫复电承认。不久，北洋军从山西撤退，阎锡山返回太原，继续当都督。温寿泉因阎回省，遂宣布取消河东军政分府。从此山西全省统一。

三 直 隶

武昌起义，各省响应，清廷统治的心脏直隶，曾出现对革命十分有利的形势。

山西起义后，清廷赶忙派第六镇统制吴禄贞率兵前去镇压。吴禄贞（1880—1911），字绶卿，湖北云梦人，清末中国留日第一期士官生。1902 年回国后被派创练新军，先后担任武昌武普通中学堂教习、北京练兵处军学司训练科马队监督、东三省军事参议、吉林延吉边务督办等职。1910 年出任陆军第六镇统制，驻扎保定。他曾秘密参加同盟会，暗中进行革命活动。武昌起义后，第六镇第十一协（协统李纯）被调往湖北，他请求随军南下，拟在前方倒戈，但为陆军大臣荫昌所拒绝，未能成行。10月29日，驻扎滦州的第二十镇统制张绍曾等通电，强烈要求清廷立宪。吴禄贞和张绍曾是日本士官学校同期同学，清廷遂派他前往“宣慰”，表面依重，实则企图把他调离第六镇。他趁机赴滦州与张绍曾密谋，准备以武力推翻清廷。正在这时，清廷又命令他指挥第六镇第十二协由石家庄进攻山西革命军。他急忙赶赴石家庄，亲自至娘子关与山西都督阎锡山会晤，一面筹划组织燕晋联军，与滦州驻军一起，直捣北京，一面令十二协停战，以山西革命军接受招抚谎报清廷。11月2日，吴禄贞断然截留北洋军运往湖北的军火，并电奏清廷，要求汉口停战。清廷不敢贸然撤换他，唯恐把他逼上梁山，乃假言传旨嘉奖，并任命他署理山西巡抚。这时，袁世凯、冯国璋虽然握有重兵，但尚在鄂北、豫南一带，忙于与武昌革命军作战，京津并无重兵防守，如果当时吴禄贞、张绍曾与山西革命军协力行动，夹击北京，清廷就会顷刻瓦解。

但是，吴禄贞志大气豪却疏于警惕，当他得悉袁世凯派周符麟到石家庄谋杀他时，仍不加戒备。周符麟原为第十二协协统，被吴禄贞撤职，因而怀恨在心。11月7日凌晨，吴禄贞在火车站司令部开会，被周符麟收买的马步周率军官多人突然撞入，他见势不妙，企图夺门而出，为凶手击倒，头亦被割去，其参谋官张世膺和副官周维桢同时遇难。周符麟官复原职，第六镇又置于袁世凯的控制之下。张绍曾虽然倾向革命，却缺乏斗争性，满足于向清廷提出要求君主立宪，对发动起义犹豫不决。吴禄贞被刺后，他便消极起来，直到被清廷撤职了事。这样就丧失了在近畿起义的大好时机。接着，清廷任命原四十协协统潘矩楹接任二十镇统制，潘是袁世凯的爪牙。他奉命把二十镇分别调往奉天、锦州、沟帮子、葫芦岛等地驻防，仅留七十九标标统岳兆麟所部一二三营驻滦州，借以分散军中的革命力量。

在这种形势下，革命党人仍坚持发动起义，以配合南方的斗争。他们在天津成立同盟会京津保支部，推汪精卫、李煜瀛为正副部长，下辖军事、文书、财政、司法、外交、实行各部。彭家珍为军事部长，不久吕超继任，彭即以暗杀为己任。由于汪精卫从刑部狱中被放出来后，便与袁世凯勾结在一起，因此，一些不愿与汪精卫共事的北方各革命团体，如共和会、铁血会、振武社、急进会、克复堂、北方共和团、共和革命党、女子北伐队、女子革命同盟等，则与同盟会员胡鄂公、白逾桓、白毓昆等联合起来，在天津成立了北方革命协会，推胡鄂公为会长，该会"以协助革命军北伐崇奉孙先生之三民主义"为宗旨①。同盟会京津保支部与北方革命协会虽然有矛盾，但基本上还是合作的。从 1911 年 11 月至 1912 年 1 月，革命党屡起屡仆，多次发动起义。

11 月下旬，革命党人张雨岭、南琴轩在张家口组织总司令部，准备起义，因从天津运送军火时被查获，李飞仙、秦宗周等七人牺牲，起义夭折。

12 月 18 日，为牵制北洋军进攻山西，革命党人在任丘发动起义。起义军大都是保定各学堂的学生和任丘、雄县一带的农民，共五百余人。他们一度攻占任丘县城。直隶总督陈夔龙派清军两营前往镇压，起义军被迫转移到雄县，清军围攻雄县，城陷，靳广隆等百余人遇难。

在革命党人白毓昆、孙谏声及凌钺等人的积极策动之下，驻滦州的七十九标官兵于 1912 年 1 月 2 日宣布起义，成立滦州军政府，推举第二营管带王金铭为"中华民国军政府北军大都督"，第三营管带张建功为副都督，第一营管带施从云为总司令，白毓昆为参谋长，孙谏声为军政部长，滦州知州朱佑保为民政部长，凌钺为外交兼司法部长，陈涛为前敌总指挥，张良坤为秘书长。军政府成立后，布告安民，"远近闻之，莫不鼓舞雀跃，咸庆重见天日"②。次日，召开全军誓师大会，按原计划，当晚十时向天津进军。临开拔时，三营管带张建功突然叛变，围攻军政府。起义军被迫退至火车站，乘火车出发，行至雷庄与王怀庆所部

① 胡鄂公:《辛亥革命北方实录》，第 94 页。

② 凌钺:《辛亥滦州起义记》。

巡防营及曹锟所部第三镇猝遇，发生激战。起义军英勇抵抗，苦战一昼夜，弹尽援绝，死伤惨重，王金铭、施从云、孙谏声、白毓昆等均遇难。白毓昆被捕后，临刑犹唱绝命诗云："慷慨赴死易，从容就义难。革命当流血，成功总在天。身同草木朽，魂随日月旋。耿耿此心志，仰望白云间。悠悠我心忧，苍天不见怜。希望后起者，同志气相连。此身虽死了，千古美名传。"①

滦州起义失败不久，革命党人蔡德辰等在通州张家湾组织司令部，联络学生和退伍毅军三百多人，组成敢死队，拟从通州进攻北京。未及发动，1 月 15 日便被袁世凯破坏。蔡德辰、王丕承、杨兆林、王治增、雷竹村、张雅堂、王斌等七人被捕。

与此同时，革命党人还组织了刺杀袁世凯的活动。在通州革命机关被破坏的第二天，革命党人黄之萌、张先培、钱铁如、吴若龙、杨禹昌、罗明典、郑毓秀等十多人在北京行刺袁世凯。1912 年 1 月 16 日，袁世凯入宫议事后乘马车出东华门，当他走到王府井丁字街时，革命党人从三义茶叶店扔下炸弹，炸死炸伤袁世凯的卫队长等十余人，袁世凯仓皇逃脱。革命党人杨禹昌、张先培、黄之萌等不幸被捕。

先是，袁世凯逮捕通州革命党人蔡德辰之后，立即电询已南下参加议和的汪精卫。16 日，袁接汪复电，称："北方同志，在此议和时，所有一切行动，咸已停止，通州机关当为匪类之结合，请依法办理。"②袁便以此电为据，诬蔑革命党人为"土匪"，于 17 日下令斩决张先培、黄之萌、杨禹昌等三人于北京，斩决蔡德辰等七人于通州。于临刑时，黄之萌正气凛然，慷慨陈词，当众揭破袁世凯的窃国阴谋。

由于起义不断失败，革命党人李煜瀛、白逾桓、胡鄂公等五十余人于 1 月 27 日在天津开紧急会议，决定重新部署力量，成立北方革命军司令部，统一领导各地斗争。在这次会议上并决定 29 日在天津发动起

① 吴守正：《滦州革命记》。
② 胡鄂公：《辛亥革命北方实录》，第 117 页。

义,计划攻占督署,一举光复天津。29 日夜,革命党人集合各地志士数百人,在白逾桓、胡鄂公的指挥下,分兵九路猛攻督署和金钢桥等要地,与敌人激战一夜,终因寡不敌众而失败。林少甫、韩佑治等十余人战死。

以后,革命党人曾酝酿再度起义,由于南北议和告成,未能发难。

四 山东、河南

辛亥革命前,山东革命党人曾以创办学堂等方式,开展革命活动。但是一直没有掌握武装。武昌起义,各省纷纷响应,在济南的革命党人丁惟汾、谢鸿焘等亦积极策划响应。他们和一些立宪派议员及学生代表等连日在谘议局集会,议论响应办法。在 11 月 7 日的会上,各界代表发言甚为踊跃,议论颇激烈。发言的大意是:“山东当时所处的境况非常险恶,必须急谋应付之策,这是谘议局的责任,而现在的谘议局,非但不能造福地方,而且勾结官府,是最大的障碍。”接着,遂宣布该局种种腐败恶劣罪状。群情更加激昂,齐声高呼:“非根本推翻不可!”①于是全场一致通过。

推翻谘议局的消息,立即轰动全城。各界代表认为必须另有组织,以代替谘议局。于是,山东省各界联合会便成立起来。但是,联合会在一些立宪派士绅和官僚的控制之下,迟迟不肯宣布山东独立,而仅仅要求山东巡抚孙宝琦答应不出兵帮助清政府、不许抵押借外债而已。因此引起革命党人的极大不满,他们遂策动第五镇一些下级军官逼迫联合会和孙宝琦宣布独立。

在军民要求独立的压力下,联合会于 11 月 13 日召开大会,讨论山东独立问题。巡抚孙宝琦和第五镇的一些军官都参加了大会。会议从上午八点开到晚上九点,目的就是要逼孙宝琦宣布独立。孙宝琦世代

---

① 《辛亥革命回忆录》(五),第 295 页。

都是清朝的大官僚，与庆亲王奕劻和袁世凯都有儿女姻亲。这样的人当然是不会赞成革命的。但是，在当时群情沸腾的情况下，他只好勉强表示：大家既然都认为独立好，我也不坚持。于是联合会就推他为都督，第五镇统制贾宾卿为副都督。孙宝琦被迫当都督不到半个月，急得须发皆白。他一面电奏清廷说："仰恳天恩俯念事出非常，准其便宜行事，不为遥制，俾免另生变端。"一面积极与袁世凯勾结，策划对主张独立的人进行镇压。这时袁世凯已到北京组阁，立即派其爪牙张广建、吴炳湘赴济南，策动取消山东独立，以稳定北方的局势。北洋第五镇的协统、标统如吴鼎元、张树元等，都是袁世凯的旧部，就立即公开转向反动，他们首先联名写信给孙宝琦和联合会，要求取消独立；后来就架起大炮示威。于是，孙宝琦于 11 月 24 日又宣布取消独立，同时把巡抚印信交布政使胡建枢，一面电请清廷罢黜治罪，一面称病避入医院。张广建、吴炳湘、聂宪藩等分任军政要职，掌握了山东的大权，就大事逮捕革命党人。

济南取消独立后，革命党人纷纷转移到登州黄县、烟台各地发动起义。同盟会会员杜潜、张雨臣、王耀东等在烟台领导起义，先用枪劫持清军统领董保泰，迫令防军全营缴械。兵备道徐世光逃走。起义者就在道尹公署召开大会。舞凤舰舰长王传炯能说会道，假充革命，就被推为革命军总司令。实际上他与孙宝琦等暗通声气，他大权在握，就对革命党人发动围攻。

1912 年 1 月 14 日，同盟会会员徐镜心等联络关东绿林军千人在登州(蓬莱)登陆，占领全城，推连成基为山东都督兼总司令。连成基率领部队攻克黄县、潍县、即墨，后又为清军打败。

山东党人向南京临时政府请求支援。孙中山派海筹、海容等军舰开赴登州，又派刘基炎率沪军一部、杜持率闽军一部增援，同时委任胡瑛为山东都督。山东形势有所好转。但是到南北议和，山东大部分地区仍被反动势力所控制。停战后，袁世凯派周自齐为都督，又用收买、解散等手段，使革命部队全部瓦解。

河南省地处要冲。武昌起义后，河南革命党人便立即筹划响应。辛亥前三年，东京同盟会总部派杜潜等到开封成立革命机关，扩大组织。开封优级师范与高等学堂学监刘纯仁等教育界人士加入了同盟会，并成为骨干分子。1910年成立同盟会支部后，刘纯仁代理支部长，乃更加积极地联络绿林武装、仁义会、新军下级军官及青年学生，灌输排满革命思想。因此革命势力迅速扩大。至次年春天，就议定分甲乙丙丁四部进行起义准备：甲部策动新军防营，由刘纯仁、杨源懋等负责；乙部策动学校教员学生，由王杰、杨铭西负责；丙部发动各州县仁义会党，由王天杰、岳秀华等负责；丁部组织绿林武装，由王天纵、刘镇华负责。每部刊刻将军大印一颗，何部起义，即称何部将军，待成功后，再推都督。

武昌起义，陕西继起响应，河南巡抚宝棻奉命派标统张锡元率领第二十九混成协第五十八标和骑兵、炮兵各一队，开往湖北，抵抗革命军。不久，又派五十七标标统王钰锡率所部开赴潼关，抵抗陕西革命军。河南革命党人感到如不迅速起来响应革命，就无面目见天下父老。因此急切准备起义。10月中旬，刘纯仁在开封法政学堂秘密召集会议，参加会议的有刘镇华、刘炳阁、吴沧洲等二十余人。会议决定，立即策动二十九混成协留守开封的宪兵、骑兵、炮兵起义，准备推举协统应龙翔为都督。本来同盟会在新军中已建立了一些联系，由于袁世凯再起，一些倾向革命的下级军官多踌躇不前。应龙翔这样的高级军官更断然拒绝附合革命。因此，革命党人被迫改变计划，决定赴洛阳、嵩县一带，依靠王天纵的绿林队伍，攻取洛阳，以震动开封，威胁南下清军后路。

王天纵原为嵩县绿林首领，因杀人越狱，逃往上海，加入同盟会。后返回嵩县联络绿林，与李永魁、柴云陞、关老九等结为“十兄弟”，聚众万人，声势煊赫。清军屡剿屡败，无可如何。武昌起义后，黎元洪曾派人与之联系，王天纵即在嵩县羊山寨召集部众，宣布起义，自号“丁部大将军”。当刘纯仁、刘镇华抵嵩县后，王天纵便挑选精壮千余人，与刘纯仁等一起向洛阳进军。因走漏风声，袁世凯派北洋军第六镇第十二协协统周符麟率所部防守洛阳，刘纯仁企图说服周符麟反正，惨遭杀害。王天纵率所部南下，攻占南召、镇平，与湖北北伐军先锋队司令马云卿会师于南阳城下。马云卿，原为南阳仁义会首领，1903 年因被清政府通缉，逃往武昌，入新军当兵，先后参加日知会、共进会和同盟会，武昌起义时参加敢死队，奋勇攻击总督衙门。胜利之后，与刘凤桐、樊钟秀等招募在武汉的河南人，组成北伐先锋队，出兵鄂北豫南，连克枣阳、新野、唐县。马云卿与王天纵会师光复南阳后，推王为河南临时都督兼北伐左路总司令，王率所部占领宛西各县，驻兵老河口。马云卿驻扎南阳。南北议和休战期间，袁世凯部下吴庆桐率兵偷袭南阳，城破，马及其参谋长刘凤桐同时遇难。

刘纯仁牺牲后，河南同盟会支部由刚刚从日本回国的张钟端主持。他在开封联络军警学生及各州县仁义会成员准备于 11 月 4 日发动起义。这时，巡抚宝棻已调回北京，袁世凯派其亲信齐耀琳接任，以加强对河南的控制。3 日晚，革命党人正在优级师范学堂开会，由于叛徒告密，巡防营包围了学堂，革命骨干数十人被逮捕，齐耀琳指令巡警道邹道沂、营务处商作霖当夜酷刑拷打，各志士慷慨不屈，均被判处死刑。5 日，张钟端、张照发、王天杰、刘凤楼、徐振泉、单鹏彦、张得成、李干公、王梦兰、李鸿绪、崔德聚等十一人，惨遭杀害。张钟端，字毓厚，河南许昌人，1905 年以诸生考送留学日本，入中央大学。旋加入同盟会，参加创办河南杂志，鼓吹革命。当齐耀琳指令营务处商作霖及警道府县会审时，张钟端慷慨直言说："方今人心思汉，胡运将踣，武汉振臂，全国景从，我豫管毂南北，举足轻重，此间同志四百余人，谋据省垣，共图大举……成则促鞑虏之命，败则为共和之魂。"商作霖问："同党共有几人?"答曰："满奴汉奸外，皆是同党。"①就义时年仅三十四岁。

张钟端等被杀害后，革命党人刘积学等逃往上海，请求沪都督陈其

---

① 《革命首领张烈士毓厚传略》，见《河南辛亥革命十一烈士殉难传略》，1929 年刊本。

美筹拨枪弹，组织北伐军，打回河南。当时旅居上海的河南留日学生五十余人都积极支持刘积学的倡议。于是，就在陈其美的帮助下，很快组成"威武军"，以张国威、张鹗翎、盛典型（安徽人）分任正副司令，召募士兵数千人，由南京渡江入皖，分兵两路，一路至颍上，一路进抵信阳。不久，南北议和，威武军即被解散。

五　新疆、甘肃

新疆迪化（今乌鲁木齐）、伊犁两地的革命党人先后组织新军发难，响应武昌起义。

1908 年，清伊犁将军长庚奏调湖北新军第四十二标作为骨干，成立混成协。原标统杨缵绪当了协统。杨缵绪在日本户山学校留学时就加入了同盟会。当他来新疆时，湖北有些参加同盟会和日知会的知识分子，抱着献身边疆革命事业的目的，加入了这支新军，其中较著名的有冯特民、冯大树、郝可权、李辅黄等十多人。他们在新军和哥老会中开展革命活动，并出版《伊犁白话报》，宣传革命思想。与此同时，革命党人刘先俊在迪化也开始展开革命活动。刘先俊是湖南宁乡人，日本士官学校毕业，经其亲属介绍来新疆投效巡抚袁大化，以新军督练处督练官的公开身份，进行活动，建立革命团体。

1911 年秋，四川保路风潮日益扩大，新疆革命已有一触即发之势。新任伊犁将军志锐到任后，对新军极不放心，就借故下令解散新军，停办讲武堂，并将协统杨缵绪免职。他勒令新军遣返关内，却迟迟不发遣散费。这等于火上加油，促使新军大部分官兵都转向革命。

武昌起义消息传到新疆后，人心大为振奋。一些对清朝不满的士绅和知识分子互相联络，企图采取上书"请愿"方式，劝新疆巡抚袁大化宣布独立。袁大化是个顽固的封建官僚，认为革命党是"土匪"，断然拒绝"请愿"，并派军警四出侦探党人的活动。在这种情况下，刘先俊、田昔年等首先在迪化发动起义。1911 年 12 月 28 日晚，刘先俊率领新军士兵和会党群众共百余人，先后袭击抚署东营、陆军炮营及警察第一区等三处，结果都因清军有备，未能取胜。刘先俊退回协营后，袁大化立即调动清军将其包围，经过一夜的激烈战斗，起义军失败，刘先俊等数十人惨遭杀害。

伊犁革命党人经过紧张的准备，于 1912 年初在混成协署组成起义指挥机关，推举李辅黄为总指挥，决定 1 月 7 日晚发难。志锐事先得到消息，一面急令满蒙驻防各盟旗兵入城警戒，一面又调军标及新旧满营，进攻协署。在这紧急关头，起义军抢先发动，兵分五路进攻：一路由冯特民和黄立中统率，攻占南库，获得了大量武器；一路由李辅黄统率，攻占东门，迎接城外的起义军进城；一路由冯大树统率，攻占副都统衙门；一路由郝可权率领，攻占将军衙门；一路由李梦彪率领攻北库。前四路进展顺利，迅速攻占各地，只有攻击北库的一路遇到满蒙旗营的顽强抵抗。革命党人利用志锐与卸任将军广福之间的矛盾，由杨缵绪说服广福（蒙古族）出面劝降，满蒙旗营就停止抵抗，解除武装。第二天，各界代表在商会开会，组织汉满蒙回藏五族共进会，成立临时都督府，推广福为都督。10 日，正式组成政府，杨缵绪为总司令部部长，实权掌握在革命党人手里。新成立的都督府受到各族人民的热烈欢迎和拥护，“军士商民齐呼万岁”①。

革命成功后，伊犁起义军立即整编军队，攻取迪化，派李辅黄为前敌总指挥，徐国桢为东进支队司令。起义军与袁大化派来的清军进行了几次激战，在精河、西湖之间相持很久。后因南北议和而停战。袁世凯就任大总统后，派原新疆提法使兼镇迪道杨增新任新疆都督。杨增新对革命党人进行分化和屠杀，调杨缵绪为喀什提督。冯特民、李辅黄、李伯泉等先后被暗杀，郝可权等被迫逃亡。此后，新疆又长期处于杨增新的黑暗统治之下。

陕西起义后，革命风暴由东北向西发展，会党蜂起，一连串的暴动

---

① 中国史学会主编：《辛亥革命》（七），第 431 页。

给甘肃的官吏以极大的威胁，其中规模较大的就是宁夏起义。当时，宁夏（今银川市）尚为甘肃省的一部分。宁夏会党首领刘华堂、刘照藜听到西安会党起义，就积极联络当地军警准备响应。11 月 19 日晚，刘华堂率领三十多人沿街燃响纸炮，呐喊叫杀，警官刘照藜、教练官刘复泰率全部警察和标兵一百多人持枪加入，旗官黄建升也率本旗士兵鸣枪响应，城内贫民数百人纷纷参加。起义军民烧毁当铺十余家，打开县狱，攻杀代行总兵职务的游击贺明堂、知县陈元骧。第二天晚，会党又在平罗县起义。11 月 21 日成立宁夏军政府，推宁夏道孙延寿为革命军大元帅，刘华堂为总指挥。12 月 10 日，围攻离城十里的满城旗兵，连攻十日终不能下。清军陕甘总督长庚派马步兵六营前来镇压。民军闻讯散走大半，刘华堂弃城逃走，清军入城后大肆掳掠屠杀。

陕西起义后，陕甘总督长庚派统领黄钺率领六营骁锐军前去堵击陕西革命军。黄钺字佑禅，湖南宁乡人，曾加入革命党。他进驻秦州（天水）后，联络当地进步青年和开明士绅，在 1912 年 3 月 11 日发动起义，击杀清游击玉润，逮捕知县张庭武，成立了甘肃临时军政府。黄钺自任甘肃临时都督，举原道台向燊为副都督。同时颁布“约法”，其第一条规定：“本军政府以维持共和、救济人民为宗旨。”①又添募军队，共成步兵一标，以谢汉秋、杨展鹏、赵鼎钟分任管带，预备北伐。当时袁世凯已就任总统，兰州官绅表示承认共和，由布政使赵维熙为甘肃都督。赵维熙一面以长庚名义调兵威胁秦州，一面致函黄钺，要他取消独立。黄钺据理力争，坚持了几个月，秦州军政府于 6 月 7 日被迫解散。

六　东北三省

武昌起义的消息传到东北，人心震动。奉天（今沈阳）、吉林、营口等地商铺都极力“收回银货”，群众纷纷持纸币向大清银行、东三省官银

① 黄钺：《陇右光复记》，1913 年刊本。

号挤兑现洋。纸币价值猛跌，乃至不能流通。各地市面均呈现出一片紊乱现象。

革命党领导人和骨干分子张榕、张根仁、柳大年、钱拯、赵中鹄、刘雍、刘艺舟、商震、徐镜心、宁武、顾人宜、李培基等，大都集合到奉天省城，“分头秘密集会，共谋起义，促动关外三省独立”①。立宪派首领、奉天谘议局局长吴景濂，看到清廷大势已去，极力拉拢革命党人，主张通过和平方式，谋求“独立”。一部分革命军人又组成“军人联合会”，积极策动驻在奉天北大营的第二混成协起义。第二混成协协统蓝天蔚一向主张革命。11月6日，蓝天蔚、张榕、徐镜心、赵中鹄、商震、齐希武等在北大营开会酝酿起义。由于日本帝国主义在东北驻有军队，正寻机扩大侵略活动，革命党人担心发动武装起义会引起日本帝国主义的干涉，因而便决定进行“和平革命”，逼迫东三省总督赵尔巽出走，宣布东北独立，然后推举蓝天蔚为关东革命军“讨虏军大都督”，张榕为奉天都督兼总司令，吴景濂为民政长，并决定11月中旬发动。

但是，革命党人的计划被叛徒告密。赵尔巽得悉实情后，立即采取了种种防范措施。他一面密报清廷将蓝天蔚解职，并迫令出走，保荐蓝部标统聂汝清代理。同时，调驻扎洮南的前路巡防营统领张作霖率所部三千五百人入省，以旧军监视新军。另一方面，为了缓和革命党人的激昂情绪，“使其不致暴动”②，赵尔巽勾结立宪派首领袁金铠等，于11月12日召集军、绅、商、学各界代表会议，宣布成立“奉天国民保安会”。会章规定：尊重“人道主义”，“为保卫地方公安起见，无论汉满回蒙，凡在本省土著及现住之各省各国人，其生命财产均在本会保安范围之内”③。保安会没有提出推翻清政府、建立共和国的口号，它的反动性质是十分明显的。它所谓的“尊重人道”，实际上就是禁人民以革命手

① 《近代史资料》，1957年，第4期。

② 中国史学会主编：《辛亥革命》(七)，第393页。

③ 《盛京时报》，宣统三年九月二十四日。

段掀起反抗。它所谓的“保卫地方公安”，实际上就是维护帝国主义和封建势力在东北统治的旧秩序。保安会的反动性由它的领导人看得更清楚：赵尔巽为会长，吴景濂及三十九混成协协统伍祯祥为副会长。另设军政、财政、外交、参议等八部。部长都是旧官僚、旧军人或立宪派，如军政部长聂汝清，副部长张作霖，财政部长萧应椿（原东三省提法使），参议部长袁金铠，等等。革命党人只有张榕参加了保安会，职务是参议部副部长。参议部是“监督机关”，副部长更不起任何作用。实际上，革命党人是被拉去作为点缀的。

奉天保安会成立后，吉林、黑龙江于16、17日也相继成立了保安会。吉林会长为巡抚陈昭常，黑龙江会长为巡抚周树模。接着，东三省各府厅州县纷纷成立保安会，均以地方官吏为会长。自各级保安会成立后，表面上，各地方的行政权统归保安会，实际上仍操在地方官吏手中。

东三省各地革命党和人民群众很快识破了保安会的骗局，纷纷掀起反对保安会，要求独立的斗争。吉林保安会一成立，学界代表即表示“万不赞成”，“非独立不可”。并痛骂保安会的官吏，呼之为清朝的走狗①。黑龙江中学堂学生发起组织“国民联合会”，要求周树模宣告独立。革命党人张榕等原想通过成立保安会，逼迫赵尔巽出走，宣布三省独立，没料到却落入赵的圈套，“反为其所制”②，于是决定重新组织革命力量，与赵展开斗争。11月17日，奉天各革命团体成立了“联合急进会”，宣布“响应南方”，以“人道主义，政治革命积极进行为宗旨”，以“建设满汉联合共和政体为目的”③。急进会宣布的宗旨，表明它是一个革命的团体。根据东北满汉两族杂居的情况，它提出“建设满汉联合共和政体”的主张，吸收满族革命志士参加急进会，这是完全正确的。

① 中国史学会主编：《辛亥革命》（七），第399页。

② 中国史学会主编：《辛亥革命》（七），第390页。

③ 《盛京时报》，宣统三年十月四日。

它的主要领导人都是同盟会会员或与同盟会有密切联系的人物，如正会长张榕，副会长张根仁、柳大年、李德瑚，参议吴景濂、钱拯、左拯之，总务部长杨大实，执法部长赵中鹄，军务部长辜天保，交通部长洪东毅，侦察部长赵元寿，秘书部长汪谦等。

急进会成立后，一面发行《国民报》，积极进行革命宣传鼓动，一面派出杨大实、赵中鹄等领导骨干，分赴东三省各地联络，发展会员。各界进步人士争先入会，不几天，奉天就超过三万人，以军人占多数。吉林省城分会会员达二万人以上。当急进会在奉天、吉林、长春等城市迅速扩大力量的时候，一些在州县地方活动的革命党人纷纷发动起义，展开了武装斗争。

首先起义的是奉天庄河和复县。1911年11月20日，革命党人顾人宜、顾人邦策动和组织当年8月间抗捐失败的庄河联庄会群众起义，宣布响应武昌革命，一举击败清军。同时，复县警察所长杨大实率所部警察五百余人发难于县城，与庄河义军互为声援。后来，杨大实代表急进会前去庄河授旗，27日成立中华民国庄河军政分府，顾人宜为“中华民国军征清满洲第一司令官”。起义军受到广大人民的热烈欢迎，不数日就扩充到数千人，迅速影响到辽阳、凤凰厅等地。

11 月 25 日，革命党人祁耿寰等策动辽阳巡警教练所学生起义，占据城西四十里的刘二堡等地。与此同时，商震、郭斗升等率领陆军小学堂学生和民团二百多人，在辽阳东高丽门起义，准备进攻县城，不幸被清军包围，郭斗升等数十人牺牲。

革命党人刘雍、宁武、鲍化南、何秀斋等在凤凰厅发动联庄会群众起义。右路巡防营管带邵兆中率领所部一营，原计划反正，未能实现。起义军孤军苦战数日，未能占领厅城。后来多投奔庄河或渡海赴烟台等地。

黑龙江革命党人策动“红胡子”绿林武装首领刘献芹起义，在东荒一带聚集千余人，攻占拜泉县。

此外，在奉天宁远州、海城、昌图，吉林长春等地都有革命党人策划起义，此伏彼起，连绵不断，革命形势在三省范围内迅猛发展。

但是，在革命与反革命决战的紧要关头，革命党的重要领导人张榕却表现出犹豫、软弱，他既反对保安会，又和保安会的要人赵尔巽、袁金铠维持着和平关系，与袁金铠的联系尤为密切。当赵尔巽派兵镇压各地起义军时，他曾当面质问赵尔巽，并要求赵宣布独立，“以静人心”；可是，由于他惧怕日本帝国主义干涉，迟迟不敢在奉天省城发难，推翻赵尔巽的统治。

赵尔巽是一个颇会见机行事保全自己的老官僚。当全国革命风云日益紧急的时候，他对东北革命党领导人采取敷衍、应付的态度，一再表示东三省地位特殊，俄、日或将干涉，因而不能骤然独立，只能“保境安民”。后来，他取得张作霖等实力派的支持，又见关内开始南北议和，便拒绝谈“独立”问题。及至1911年底，取得清政府大权的袁世凯鼓动他更坚决地镇压革命党人时，他自以为有了靠山，便不再有所顾忌，公然指使张作霖于1912年1月22日杀害了张榕。张榕（1884—1912），奉天兴京人，日本士官学校毕业生。回国后积极推动东北三省的革命斗争，颇多贡献。由于在与反革命决战的关键时刻，缺乏坚定的革命态度，不仅使东北的革命遭到失败，也给他个人带来不幸。殉难时年仅二十八岁。赵尔巽和张作霖等并不以杀害张榕为满足，他们的目的是要扑灭三省境内的革命烈火。所以，接着便派出反动军警捕杀各地急进会骨干分子共百余人，无情地镇压各州县的人民起义。

东三省的局势，引起以孙中山为首的南京临时政府的深切关怀。于是，孙中山任命旅居上海的蓝天蔚为关外大都督，率领舰队载北伐军数千人北上，在安东附近登陆，支援东北人民。庄河、铁岭、哈尔滨等地革命党人闻风纷纷发动起义响应。但是，不久南北议和，清帝退位，袁世凯攘夺了民国大总统。蓝天蔚奉命撤军到山东烟台，关外都督府解散。赵尔巽由清朝的东三省总督摇身一变，当上了民国的都督。残杀革命党人的刽子手张作霖飞黄腾达，而且很快压倒赵尔巽，成为袁世凯统治东三省的支柱。

从以上关于武昌起义和各省响应的叙述中可以看出，革命党人在武昌的胜利，把保路运动掀起的革命高潮推进到新的阶段。武昌起义后十天，湖南、陕西同于10月22日起义响应，接着，江西、山西、云南、上海、江苏、贵州、安徽、浙江、广西、广东、福建都在二十天内相继宣告独立。四川较迟，至11月27日也宣告光复。中国沸腾起来了。

对于首义要地武昌来说，湖南、江西、安徽三省的响应最为重要，这使革命军消除了后顾之忧，可以全力对付南下的北洋军。地处北方的陕西和山西两省起义，威胁着清朝的心脏，牵制了清军主力，使之不敢倾巢南下，减轻了南方革命军的压力。当汉阳于11月27日被北洋军攻陷之际，却有江浙联军崛起，于12月2日一举光复南京。从此长江上下游联为一气，造成了独立各省的优势地位。

仍旧在清政府控制下的北方各省，局势的发展也是有利于革命的。直隶、河南、东北三省、新疆、甘肃以及一度宣告独立的山东省，由于反革命势力比较强大，革命力量无法取得胜利。然而，当地的革命党人也都闻风而动，多次组织武装起义，前仆后继，为争取本省独立，进行了激烈的斗争。而且在不少府县建立起革命的政权，给反动势力以沉重的打击。

总之，革命的潮流已经无法阻挡，清朝的大势已去。这个王朝的灭亡和共和国的出现，都是指日可待的事了。

广大新军官兵、会党群众、知识分子和工商业者是这次革命的基本群众。在资本主义经济发达的地方，工人参加了争取民主共和的战斗。除了成为士兵和会党者外，农民没有能广泛地发动起来，他们的自发斗争，受到普遍的压制。

资产阶级革命政党——同盟会在全国范围内发动和领导了这次起义。各省同盟会分支机构、各地同盟会员以及其他革命团体的成员，在起义过程中，表现出巨大的主动性和积极性。几乎所有的武装起义，都是在革命党人的领导和策动下举行的。正是这无数的革命者抛头颅，洒热血，在群众革命斗争中打先锋，作前驱，方才促使革命形势蓬勃发展。但是,同盟会的领导层对突然出现的新形势,事先思想准备不足,他们既没有及时地提出把革命更向前推进的统一的政治纲领,也没有建立起一个坚强的领导核心,因此,当革命形势不断变化的时候,同盟会就无法把这次革命有效地从政治上组织上领导起来,使之普遍持续地高涨,直到取得全面的胜利。

立宪派本来是反对革命的,但是,当革命已经开始并逐步取得胜利,他们看到清王朝不可避免地就要灭亡的时候,便翻然表示赞成。立宪派积累了比较丰富的政治斗争经验,又拥有相当的经济实力,还有谘议局这个现成的机关供其利用。他们转身到革命方面来,加速了清政府的崩溃,但又使反清阵营内部变得更加复杂了。立宪派依靠他们在政治经济方面的力量,与革命党人争夺革命的果实。对于立宪派的这种企图,革命党人的反应极不一致,一部分人进行了抵制,而更多的人却因立宪派分子"咸与维新"而模糊了两派的界限,失去警惕性,从而给立宪派打开了方便之门。在各地军政府中,革命派比较稳固地掌握了主要权力的有广东、上海、山西、陕西、福建、安徽等处,立宪派和他们支持的旧官吏掌握主要权力的有湖南、江苏、广西等处,而湖北、贵州、四川、浙江等处,两派之间则有着曲折起伏的斗争。当然,这只不过是简单而论,实际过程是更加复杂、更加丰富多彩的。

在革命党和立宪派的权力斗争中,无可隐讳的事实是,革命党人由于缺少严格区别于立宪派主张而为民众所乐于接受的政权建设和社会改革方案,从而使自己往往处于被动的和孤立的地位,并且削弱了这种斗争的社会意义。立宪派、旧官吏的得势,使一些地区的革命涂上了一层温和的改良色彩,急进的革命党人或革命群众甚至遭到无情的镇压。

然而,革命热潮在全国范围内不断高涨。革命已是大势所趋,人心所向,任何遏制这股潮流的做法都是徒劳的。立宪派敏锐地察觉到这一点,所以就是在他们掌握主要权力的省区里,他们为了巩固自己的领导地位,也不能不将对革命派的打击限制在一定程度之内,并且隐蔽在革命的旗号下进行。当时,清政府仍在做垂死挣扎,袁世凯的态度也还

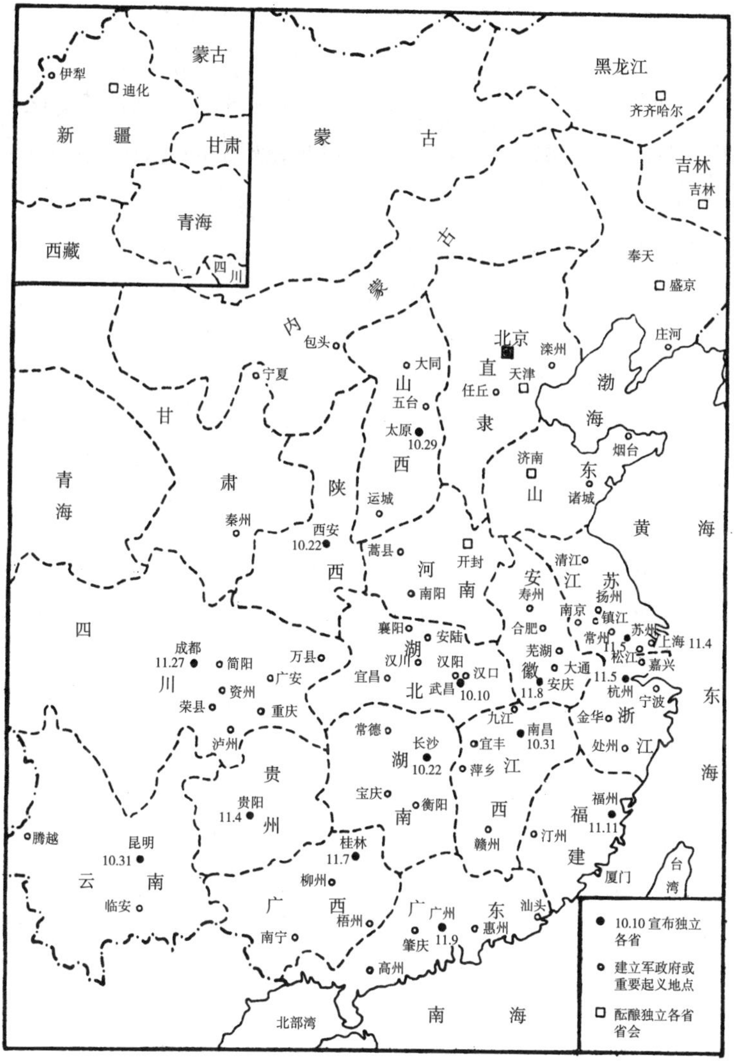
蒙古
伊犁
迪化
新　疆
甘肃
青海
西藏
四川
蒙　古
黑龙江
齐齐哈尔
吉林
吉林
奉天
盛京
内蒙古
包头
宁夏
大同
山
五台
太原
10.29
西
北京
直
隶
滦州
天津
任丘
庄河
渤
海
烟台
济南
东
山
诸城
黄　海
甘
肃
青
海
陕
运城
秦州
西安
10.22
西
嵩县
开封
河
南
南阳
清江
安
江
苏
寿州
扬州
南京
镇江
合肥
常州
苏州
11.5
上海 11.4
松江
嘉兴
芜湖
徽
大通
安庆
11.8
11.5
杭州
宁波
东
海
四
成都
11.27
简阳
川
广安
资州
荣县
重庆
万县
襄阳
安陆
湖
汉川
汉阳
汉口
宜昌
北
武昌
10.10
九江
南昌
10.31
金华
浙
江
处州
泸州
贵
贵阳
11.4
州
常德
长沙
湖
10.22
宝庆
衡阳
南
宜丰
萍乡
江
西
赣州
福州
11.11
福
汀州
建
厦门
台
湾
腾越
昆明
10.31
云
南
临安
桂林
11.7
柳州
广
西
梧州
南宁
广
广州
11.9
东
惠州
汕头
肇庆
高州
北部湾
南　海
10.10 宣布独立各省
建立军政府或重要起义地点
酝酿独立各省省会

武昌起义及各省响应图

不明朗。大敌当前,立宪派和革命派无论有多么严重的分歧和斗争,他们在推翻清政府、建立共和国的大目标上,基本上还是一致的。尽快地成立中央政府,以便统一领导独立各省的政治军事活动,这既是革命党人和广大群众的迫切要求,也是立宪派分子扩张其势力和活动地盘的需要。因此,各省爆发起义不久,组织中央政府的问题就被提到议事日程上来了。

第十二章　南京临时政府的建立

第一节　各省代表会议筹建临时政府及孙中山当选为临时大总统

一　建立临时政府的酝酿

革命的基本问题是政权问题。资产阶级革命派长期斗争梦寐以求的就是推翻清朝封建专制政权，建立一个资产阶级民主共和国。武昌起义和全国响应的胜利为这个共和国的建立奠定了基础。

孙中山虽然没有直接参予武昌起义的领导，但是起义的人们仍然把他当作革命的领袖，用他的名义来号召群众和组织群众。正如后来孙中山本人在《建国方略》中所说："时武昌之起事第一日，则揭橥吾名，称予命令而发难者。"①武昌起义后不久发刊的《中华民国公报》，就在10月31日以"中华民国军政府大总统孙"的名义向"各省同胞"发出布告，号召"各省义军代表，同心戮力，率众前驱……直捣黄龙府，与同胞痛饮策勋，建立共和国"②。孙中山是革命人民的公认领袖，这一点外国舆论也是看得清楚的，当时美国报纸就曾报导说："武昌革命军为奉孙逸仙命令而起者，拟建共和国体，其首任总统，当属之孙逸仙云云。"③

---

① 《孙中山选集》上卷，人民出版社1956年版，第182页。

② 原件藏中山大学孙中山纪念馆。

③ 《孙中山选集》上卷，第184页。

因此，认为从武昌起义到中华民国的建立，不是以孙中山为首的革命派，而是立宪派在起领导作用，这是不符合事实的。

当然，不能否认在各地起义过程中建立的地方政权，一部分落入立宪派、旧官僚手中，这给全国中央政权的建立带来一定的困难。但是，难产并不等于胎死腹中，中国历史上第一次出现的资产阶级共和国这个新生婴儿，终于呱呱坠地了，虽然只生存了三个月。

建立全国统一的中央政权的活动，是在武昌和上海两地分别进行的。

1911 年 11 月 7 日，湖北都督黎元洪以“义军四应，大局略定，惟未建设政府，各国不能承认交战团体”为由，向各地军政府发出征求意见电。越二日，便通电各省派代表赴武昌，筹组临时政府。

11 月 11 日，江苏都督程德全和浙江都督汤寿潜联名致电沪督陈其美，提议在上海开会，筹建政权，理由是上海位居交通枢纽，又为列强注视之地。陈其美随即于 13 日通电各省代表来沪。15 日，浙江、江苏、镇江、福建、山东、湖南、上海七处代表在沪集会，成立“各省都督府代表联合会”。

这样，便形成了武昌和上海两个中心。

上海方面的意见，体现了孙中山的关于仿照美利坚合众国的制度，建立中国的资产阶级共和国的政治思想。这在陈其美邀各省代表来沪的通电中，表达得相当清楚：

> 自武昌起义，各省响应，共和政治，已为全国所公认，然事必有所取，则功乃易于观成。美利坚合众国之制，当为我国他日之模范。美之建国，其初各部颇起争端，外揭合众国之帜，内伏涣散之机，其所以苦战八年，收最后之成功者，赖十三州会议总机关，有统一进行维持秩序之力也。考其第一次、第二次会议均仅以襄助各州会议为宗旨，至第三次会议始能确定国会，长治久安，是亦历史上必经之阶级。吾国上海一埠，为中外耳目所寄，又为交通便利，不受兵祸之地，急宜仿照美国第一次会议方法，于上海设立临时会

议总机关。

上海方面提出的集议方法是：一、各省旧谘议局各举代表一人；二、各省现时都督府各派代表一人，均常驻上海。

已经到上海的几个省市的代表们，把自己会议的名称定为各省都督府代表联合会。他们认为，武昌的鄂军都督府可以执行“中华民国中央军政府”的政务，但代表会议则应在上海召开。

武昌方面对上海方面提出的仿照美国会议方法，表示同意，认为这是“一定不易之办法”，但对开会地点表示异议。武昌方面认为，它的通电发出在先，有的代表已经到鄂；而且，鄂军都督府既被认为中央军政府，那么，代表会议亦应在武昌召开，不然，“府会地隔数千里，办事实多迟滞，非常时期，恐失机宜”①。

争论结果，上海方面同意了各省代表去武昌开会，但各省仍需留一人在上海，“联络声气，为通信机关”②。

当湖北、湖南、浙江、江苏、安徽、福建、广西、四川、山东、直隶、河南各省代表陆续到达武昌的时候，汉阳刚刚失守，武昌全城皆在龟山清军炮火的威胁之下，代表们只得跑到汉口英租界顺昌洋行的楼上去草拟和讨论《临时政府组织大纲》。

代表会议于11月30日（十月初十日）开第一次会议，推湖南代表谭人凤为议长，议决在临时政府未成立以前，由湖北军政府代行中央军政府职权。12月3日，正式通过《中华民国临时政府组织大纲》，并决议即日公布，由各省代表签名。

这个《大纲》，共三章二十一条。

第一章临时大总统，规定：“临时大总统由各省都督府代表选举之，以得票满投票总数三分之二以上者为当选，代表投票权每省以一票为

① 张难先：《中华民国政府成立》，中国史学会主编：《辛亥革命》（八），第12页。
② 张难先：《中华民国政府成立》，中国史学会主编：《辛亥革命》（八），第12页。

限”；临时大总统有“统治全国”、“统率海陆军”之权；临时大总统得参议院之同意，有“宣战、媾和及缔结条约”、“任用各部长及派遣外交专使”、“设临时中央审判所”等权。

第二章参议院，规定：“参议院以各省都督府所派之参议员组织”（参议员每省以三人为限，其派遣方法，由各省都督府自定）；参议院之职权，除第一章中所列者外，尚有“议决临时政府之预算”、“检查临时政府之出纳”、“议决全国统一之税法，币制及发行公债”、“议决暂行法律”等权；“临时大总统对于参议院议决事件，如不以为然，得于具报后十日内，声明理由，交会复议。参议院对于复议事件，如有到会参议员三分之二以上同意，仍执前议时，应仍照前案办理”；“参议院未成立以前，暂由各省都督府代表会，代行其职权，但表决权每省以一票为限”。

第三章行政各部，规定设立外交、内政、财政、军务、交通等部。

这个《大纲》的“临时”性质是显而易见的。它还缺乏资产阶级宪法的一些最基本的东西，如参议员的产生办法，也没有人民权利的规定，等等。但在当时急于要产生一个统一政府的情况下，作为权宜之计，也还是可以的。《大纲》最后规定：“临时政府成立后六个月以内，由临时大总统召集国民会议”；“临时政府组织大纲施行期限，以中华民国宪法成立之日为止”①。

当汉口的代表们还在开会的时候，南京已于12月2日为江浙联军攻克。汉口的代表们得到这个消息，遂即议决临时政府设于南京，各代表于七日内齐集南京，并规定俟有十省以上代表报到，即开临时大总统选举会②。

在上海的代表们，特别是陈其美、宋教仁等同盟会员，本对在武汉开会持有异议。他们担心武昌成了中央政府所在地，于同盟会不利。所以，当南京攻克的时候，陈等便乘机鼓动上海的代表们，以急需在南

① 以上均见《时报》，1911年12月11日。
② 《时报》，1911年12月11日。

京成立临时政府为由，于12月4日在上海江苏教育总会开共和联合会大会。出席会议的除各省都督府代表外，还有浙江都督汤寿潜、江苏都督程德全、沪军都督陈其美等。大会投票公举黄兴为“假定大元帅”①，即以大元帅组织临时政府；又举黎元洪为副元帅，兼任鄂军都督，仍驻武昌。

坚持同盟会的领导权，使政府不致落于旧官僚、立宪派手中，这本来是无可非议的。但陈其美等人的宗派观念很深，作法又欠妥善，以致事起仓卒，效果不佳。在选举过程中，选举人争吵不已。在选举后，被选举人坚持不就。直至次日开欢迎大会时，黄兴仍当场“起辞”，“谓才力不胜”，并说：“愿领兵北伐，誓捣黄龙，以还我大汉河山而后已；至于组织政府，则非兴所能担任者也。”代表问：“现今事机危迫，战事未息，黄大元帅苟不俯从众请，其如全国人民何?”黄答：“孙中山将次回国，可当此任。”会议开了两小时之久，最后黄才答应“暂时勉任”，以作为孙中山回国前的“一时权宜之计”②。

在汉口的代表们对上海的决议深为不满，认为其选举不合法定人数，而由黎元洪以都督名义电请取消。

12月12日，各省代表（十四省，共三十九人），由武汉、上海齐集南京。在14日的全体代表会上，选出浙江代表汤尔和任议长，广东代表王宠惠任副议长，并作出决议：12月16日选举临时大总统。但这时又传来了袁世凯所派议和代表唐绍仪已抵汉口的消息，由鄂续到的浙江代表陈毅在次日的会议上报告说：“唐绍仪到汉时，黎大都督代表已与会晤，据唐代表称，袁内阁亦主张共和，但须由国民会议议决后，袁内阁据以告清廷，即可实行逊位。”③前此，代表会议在武汉开会时，为了争取袁世凯反戈一击，推翻清政府，曾议决：“如袁世凯反正，当公举为临

① 《时报》，1911年12月5日。

② 《民立报》，1911年12月6日。

③ 刘星楠：《辛亥各省代表会议日志》，《辛亥革命回忆录》（六），第205页。

时大总统。”这时，为了虚位以待袁世凯，代表会议遂又决定暂缓选举临时大总统，而承认上海代表所举之大元帅、副元帅，并于《临时政府组织大纲》中追加一条：“大总统未举定以前，其职权由大元帅暂任之。”①

但是，黄兴以黎元洪等反对于前，在南京之江浙联军又持有异议于后，坚不就大元帅职。他于12月17日发出“力辞”通电，并推黎元洪暂任大元帅。其真实意图，在于等待孙中山的归来。

代表会议接黄兴电后，遂又于当日改举黎元洪为大元帅，黄兴为副元帅，并决定大元帅不能在临时政府所在地时，由副元帅代行职权。不到半月，正副帅位忽又倒置。当时就有人评论说，古人有置君如弈棋之讥，此则举元帅如弈棋，真是如同儿戏。事既如此，黄兴更坚意不就。而黎元洪也不能前来南京。这样，就使各省的代表们处于进退维谷的尴尬地位。议长“因病”在沪，副议长“因事”留沪，12月20日的代表会议上不得不另举景耀月代理议长，并议决再函请黄兴来宁组织临时政府。次日，黎元洪致电各省代表会议，接受大元帅名义，并委黄兴代行大元帅职权。黄兴获悉孙中山即将归国，遂推辞赴南京组织临时政府。

就是在这种情况下，孙中山由海外归来了。

二 孙中山当选为临时大总统

孙中山是从巴黎经香港归国的。过香港时与胡汉民、廖仲恺等会晤，曾有人建议他留在广东活动。孙不同意，坚持前往沪、宁前方。他说：“沪、宁在前方，不以身当其冲，而退就粤中，以修战备，此为避难就易。……我若不至沪宁，则此一切对内对外大计主持，决非他人所能任。”又说：“今之大患即在无政府。”②

孙中山到达上海，受到上海人民的热烈欢迎。在到沪的当天，《民

① 刘星楠：《辛亥各省代表会议日志》，《辛亥革命回忆录》(六)，第205页。

② 《国父全集》，第二册，台湾1973年版，第789、790页。

立报》即以《欢迎！欢迎！》为题发表专栏言论说："先生归来，国基可定，新上海光复后一月，当以此日为最荣。"①

12月25日的早晨，上海外滩十六铺金利源码头上挤满了欢迎孙中山归来的群众，各国领事和外国记者也都赶来参加。"孙先生乘香港船入港，沪军都督府派建威兵轮……往吴淞口迎迓……"②当轮船接近码头尚未靠岸的时候，身着黑色西服的孙中山出现在轮船的上层，他脱帽高举右臂，面含微笑，向欢迎群众频频点首致意。船靠码头，刚一登岸，他就被众多的新闻记者包围了。记者们的第一个问题就是："您这次带多少钱来？"（在孙未到上海时，中外各报皆纷传孙携有巨款回国，以助革命军。）孙中山斩钉截铁地回答说："予不名一钱也，所带回者革命之精神耳！革命之目的不达，无和议之可言也。"③孙的回答表现了一个革命家的气概，深深地感动了在场的人们。

在到达寓所后，孙又接见《民立报》记者说："从前种种困难虽幸破除，而来日大难，尤甚于昔。今日非我同人持一真精神真力量以与此困难战，则过去之幸劳，将归于无效。"④这些话，也是语重心长的。

孙中山到上海后，立即和同盟会的一些主要负责人，紧张地讨论组织临时政府问题。在讨论中发生了分歧：孙中山主张采取总统制，不设总理；宋教仁则主张采取内阁制，设总理。孙中山认为："内阁制乃平时不使元首当政治之冲，故以总理对国会负责，断非此非常时代所宜。"⑤黄兴当即表示支持孙中山的意见。同盟会的要员们还决定先期分别向各省代表示意，选举孙为临时大总统；并由马君武著文在《民立报》披露⑥。

---

① 《民立报》，1911年12月25、26日。
② 《民立报》，1911年12月25、26日。
③ 《孙中山选集》上卷，第185页。
④ 《访问孙中山先生》，《民立报》1911年12月26日。
⑤ 《胡汉民自传》。
⑥ 仇鳌：《辛亥革命前后杂忆》，《辛亥革命回忆录》（一），第446页。

孙中山回国，临时大总统之人选，已是众望所归，许多团体都纷纷致电南京各省代表："请举孙中山先生为总统，以救国民。兆众一志，全体欢迎。"①在美洲的全体同盟会会员也致电《民立报》转各省代表说："孙先生才、德、望，中外相孚，请举为总统，内慰舆望，外镇强邻。"②

12 月 29 日，在南京的各省代表会（十七省，四十五人③，华侨二名代表列席），开正式选举临时大总统会。首先，将头天夜晚预备会投票揭晓，计有候选资格者三人：孙中山、黎元洪、黄兴。然后分票于十七省代表，由议长按省份次序逐呼省名，依次投票。开票结果，孙文得十六票，黄兴得一票，孙以超过投票总数三分之二以上，当选为临时大总统。当选举结果揭晓时，"众呼中华共和万岁三声，是时音乐大作，在场军学各界互相祝贺，喜悦之情，达于极点"④。

代表会立即作出决议：各省代表具签名书，交正副议长，到沪欢迎临时大总统来宁。在上海的孙中山得知当选消息后，立即复电南京各省代表，表示接受，他说：

> 光复中华，皆我军民之力，文孑身归国，毫发无功，竟承选举，何以克当？惟念北方未靖，民国初基，宏济艰难，凡我国民，具有责任。诸公不计功能，加文重大之服务，文敢不黾勉从国民之后，当克日赴宁就职，先此敬复⑤。

与此同时，孙中山又致电各省都督说：

> ……今日代表选举，乃认文为公仆，自顾材力，诚无以当……⑥

以国家元首而自称"公仆"，充分显示了资产阶级共和国和封建帝

① 《民立报》，1911 年 12 月 28 日。
② 《民立报》，1911 年 12 月 27 日。
③ 《民立报》，1911 年 12 月 30 日。
④ 《民立报》，1911 年 12 月 30 日。
⑤ 《民立报》，1912 年 1 月 1 日。
⑥ 《民立报》，1912 年 1 月 1 日。

制的根本区别。对两三千年来一直受着“天子”、“君父”一类欺骗的中国人民来说，实在一新耳目。

当孙中山被选为临时大总统的消息传出后，受到各地群众的热烈欢迎。《民立报》等报上，连续发表国内外各界各团体和各地群众的贺电。安徽各界代表及军民万人曾集会都督府庆贺；福州万人举行提灯游行①。南京的气象是：“宁垣军学各界自悉各省代表举定孙大总统后，均色舞眉飞，互相庆祝，所有各商铺居民无不预备香花灯烛，以争迎迓。总统府内，均用五色电灯，排成花样，其光采焕然一新，虽白叟黄童，无不共称中华民国万岁云。”②至于海外侨胞，则是“自总统选举以来，南洋、澳、欧美各地贺电，为日盈尺”③。

三 临时政府的组成

1912年元旦，为孙中山前往南京就职之日。上午十时，孙乘沪宁铁路专用花车起行，同行者有南京各省代表会临时议长汤尔和、副议长王宠惠和孙中山的军事顾问荷马李等数十人。在上海车站送行者除陈其美等同盟会要人外，上海各军队均事前齐集车站持枪列队相送，送行者还有各团体的群众代表，总计不下万余人。火车徐徐启行，礼炮齐鸣致敬，一时欢声震天。当日午后五时，车抵南京下关。礼炮雷鸣，军乐齐奏，停泊在长江江面的军舰上也传来了二十一发隆隆的音响。在迎接者中，除各省代表外，也包括了驻南京的各外国领事。旋由宁省铁路与沪宁铁路接轨，孙等仍乘花车入城。

临时大总统府设在南京城内旧两江总督衙门（即太平天国时的天王府）。下午6时15分，孙的专车抵总督衙门车站，即换乘马车由车站

① 《民立报》，1912年1月2日。
② 《民立报》，1912年1月3日。
③ 《民立报》，1912年1月6日。

去总统府。至总统府时,由黄兴和海陆军代表等迎接入府。当晚十一时,孙中山举行了大总统受任典礼,仪式庄严而朴素,参加者除各省代表外,还有驻南京各部队团长以上和各机关科长以上人员。

孙中山在典礼上宣读誓词说:“颠覆满清专制政府,巩固中华民国,图谋民生幸福,此国民之公意,文实遵之,以忠于国,为众服务。至专制政府既倒,国内无变乱,民国卓立于世界,为列邦公认,斯时文当解临时大总统之职。谨以此誓于国民。”①他还发布了《临时大总统宣言书》和《告全国同胞书》,宣言提出中华民国临时政府的任务是:“尽扫专制之流毒,确定共和,以达革命之宗旨。”规定对内的方针是:“民族之统一”、“领土之统一”、“军政之统一”、“内治之统一”、“财政之统一”。对外方针是:“满清时代辱国之举措,与排外之心理,务一洗而去之;持平和主义,与我友邦益增睦谊,将使中国见重于国际社会,且将使世界渐趋于大同。”②孙中山宣言毕,即接受大总统印,并由秘书长将其盖于宣言等文件上。

宣言发布之后,孙中山下令定国号为“中华民国”,同时改用阳历。改用阳历的决议,是在孙中山的提议下,于 1911 年 12 月 31 日在各省代表会议上作出的。在讨论这一提议时,曾发生过争论。反对改历的代表说:“孔子说,用夏之时。自汉武帝时起,中国即用夏历到现在,已二千年,不可轻改。”赞成改历的代表反驳说:“孔子是殷的子孙,他反对周历,当时不能主张用殷历,所以来一个用夏之时。我们始祖轩辕氏,以甲子年、甲子月朔的一天冬至为岁首,而现在世界所用的阳历,以冬至后第十天为一月一日,是与轩辕氏所定以冬至为岁首相近,不同夏历正月初一日,要后冬至四十五天。”③经过讨论后,

---

① 中国第二历史档案馆藏:国史馆档案(三十四),(2)34。

② 《临时政府公报》,第一号。

③ 袁希洛:《我在辛亥革命时的一些经历和见闻》,《辛亥革命回忆录》(六),第 287 页。

多数代表都同意改用阳历。

1912 年 1 月 2 日，孙中山通电各省改用阳历，并以临时大总统就职的那一天——1912 年 1 月 1 日（黄帝纪元四千六百零九年，即辛亥年十一月十三日），作为中华民国建元的开始。

关于临时参议院的设置，各省代表会曾议决，在临时参议院未成立前，由该会代行其职权，并选举赵士北、马君武为临时正副议长。

鉴于原《临时政府组织大纲》只有大总统，而无副总统；行政各部只有外交、内务、财政、军务、交通五部，颇感不便，于是宋教仁以湖南代表身份提议在大总统外加一副总统，行政各部则不加限制。此提议，亦经代表会议通过。

1 月 3 日，代表会举行副总统选举会，黎元洪以十七票（每省一票）当选。

孙中山出席了这次代表会，并提出中央行政设立各部及其权限案，经议决后随即提出国务员九人名单请会议审查同意。孙最初提议的名单是：

陆军总长　黄　兴
海军总长　黄钟瑛
外交总长　王宠惠
内务总长　宋教仁
财政总长　陈锦涛
司法总长　伍廷芳
教育总长　章炳麟
实业总长　张　謇
交通总长　汤寿潜①

① 参见仇鳌：《辛亥革命前后杂忆》，《辛亥革命回忆录》（一），第 446—447 页。此名单系仇鳌根据居正所谈，后又见 1944 年出版的《梅川日记》。但据《辛亥各省代表会议日志》（刘星楠遗稿）所载，名单略有出入，即教育为汤寿潜，交通为程德全。

但是这个名单交付讨论时，代表们对宋教仁、章炳麟多不同意。经黄兴和孙中山交换意见，黄提议内务改为程德全，教育改为蔡元培，遂得到了代表会的一致同意票。接着，又委胡汉民任总统府秘书长、黄兴兼参谋总长，并委任了各部的次长。这样，最后确定的南京临时政府各部总次长名单如下：

陆军总长	黄　兴	次长	蒋作宾
海军总长	黄钟瑛	次长	汤芗铭
外交总长	王宠惠	次长	魏宸组
内务总长	程德全	次长	居　正
财政总长	陈锦涛	次长	王鸿猷
司法总长(兼议和全权大使)			伍廷芳
		次长	吕志伊
教育总长	蔡元培	次长	景耀月
实业总长	张　謇	次长	马君武
交通总长	汤寿潜	次长	于右任①

从临时政府的各部总长名单看来，虽然以同盟会员为总长的只有三个部(陆军、外交、教育)，其他多为立宪派或旧官僚。但是，根据同盟会确定的“部长取名，次长取实”的原则，孙中山非常注意各部次长的人选。在孙的任命名单中，次长除汤芗铭外，都是同盟会的重要骨干。而且立宪派和旧官僚出身的总长们，又不常驻南京。张謇、汤寿潜仅一度就职，即跑往上海租界居住。程德全则“卧病”租界。这些人掌管的部均由次长代理②。因此，当时便有人说这个临时政府是“次长内阁”。

黄兴长陆军部，又兼参谋总长，军事全权集于一身，当时又值战争

① 中国第二历史档案馆藏：《南京临时政府内阁简任员名单》(1912年1月1日)，国史馆档案(三十四)，(2)34。又见《民立报》，1912年1月5日。

② 参见《胡汉民自传》。

未已，因此在临时政府中居各部之上，举足轻重。章炳麟最后虽未被任为教育总长，但不久（2月初），孙中山函聘他为枢密顾问。

关于临时政府中的人选，当时许多人，特别是同盟会中的一些元老、骨干，是有些看法的。例如蔡元培就曾致函孙中山表达了自己的看法。孙中山针对蔡提出的问题，在复信中作了一个简短的回答和解释，表达了他的用人原则。他的复信全文如下：

> 孑民先生大鉴：来示敬悉。关于内阁之设备及其组织用人之道，弟意亦如是。惟才能是称，不问其党与省也。但此时则不能不收罗海内名宿，来教所论甚明。然其间尚有当分别论者，康氏（指康有为）至今犹反对民国之旨，前登报之手迹，可见一斑。倘合一炉而冶之，恐不足以服人心，且招天下之反对。至于太炎君等，则不过偶于友谊小嫌，决不能与反对民国者作比例。尊隆之道，在所必讲，弟无世俗睚眦之见也。专此即颂
>
> 道安并复　　孙文谨覆十二日①

这封短信，相当清楚地表达了孙中山关于临时政府人选之原则：

第一，用人唯贤，惟才能是称，不是用人唯亲。

第二，要联合“海内名宿”，但反对民国者，如康有为之流，不能用之，这是大是大非问题。

第三，对章炳麟和康有为当分别，章只是“友谊小嫌”，对他不能有“睚眦之见”。

看来，孙中山的这几条用人原则，还是比较得体的。

在各部之外，临时政府还设置了若干局（法制、印铸、公报、稽勋、铨叙），如宋教仁是法制局局长，黄复生是印铸局局长。

此外，总统府内还设有秘书处，先后在这个处任职的有：

秘书长：胡汉民

总务组：李肇甫、熊成章、萧友梅、吴玉章（永珊）、任鸿隽

---

① 中国第二历史档案馆藏：蔡元培个人档案，165。

军事组:李书城、耿伯钊、石瑛、张通典

外交组:马素、张季鸾、邓家彦

民事组:但焘、彭素民、廖炎

电务组:谭熙鸿、李骏、刘鞠可、黄芸苏(另有回国华侨多人参加)

官报组:冯自由、易廷憙

发收组:杨铨①

从以上临时政府的组成和实际办事人员来看,同盟会在基本上保持了对临时政府的领导权。应该说,以孙中山为首的中华民国临时政府,不但是一个资产阶级的政府,而且是一个革命的政府。

1月11日,各省代表会议又议决以五色旗为中华民国国旗,请大总统颁布各省。红黄蓝白黑五种颜色,代表汉、满、蒙、回、藏五个民族,即所谓"五族共和"②。

以孙中山为首的南京临时政府的成立,标志着资产阶级共和国——中华民国的诞生。这是在中国历史上的一件大事,它不仅结束了二百六十多年的清朝统治,也同时结束了两千多年来的封建帝制。正如孙中山自己所说:"予三十年如一日之恢复中华、创立民国之志,于

① 任鸿隽:《记南京临时政府及其他》,《辛亥革命回忆录》(一),第411—412页。另据《时报》发表的《总统府秘书人员表》是:秘书长:胡汉民;总务科:冯自由、李肇甫、熊成章;军事科:耿觐文、石瑛、李书城;财政科:秦毓鎏、唐支厦、王夏;民政科:张通典、程明超、郑宪武;文牍科:康宝忠、张炽章、王毓仁、黄藻、廖炎、林启一、彭素民、任鸿隽;英文科:马素、邓家彦;电报科:李骏、邵逸周、余森郎、刘式庵、谭熙鸿、李晓生。见《时报》1912年1月22日。

② 据现有文献看来,孙中山似乎没有根据决议向各省颁布使用五色旗的命令(见《临时政府公报》第6号,1912年2月3日)。自1906年同盟会讨论旗帜时起,孙一贯主张定"青天白日满地红"旗为国旗。但当时因意见不一,未作正式决定。武昌起义时,共进会在湖北用的是"十八星旗",陈炯明在惠州用的是"井字旗",陈其美等在上海用的是"五色旗"。"南京临时政府"成立后,各省仍不统一,"青天白日满地红"旗在广东、广西、福建、云南、贵州等省则仍被当作国旗使用。

斯竟成。"①

第二节　临时参议院和临时约法的产生

一　临时参议院

废除中国两千多年来的君主专制，仿照西方资本主义上升时期的榜样，建立一个资产阶级民主共和国，这是孙中山创立三民主义学说的指导思想。直到晚年，孙一向是把自己的三民主义和法国资产阶级革命时期提出的"自由、平等、博爱"和美国总统林肯提出的"民有、民治、民享"相比拟。他说："法国的自由和我们的民族主义相同……平等和我们的民权相同……博爱，当中的道理，和我们的民生主义是相通的"②；"民有、民治、民享主义，就是兄弟的民族、民权、民生主义。"③

更具体一点说，在辛亥革命时期，以孙中山为首的革命派关于政治设计的蓝图，是从美国学来的。1903 年，邹容在风靡一时的《革命军》一书中就明确地指出：要达到革命的目的，必须"模拟美国革命独立主义"，其办法是："先推倒满洲人所立北京之野蛮政府"，"建立中央政府为全国办事之总机关"；"区分省分，于各省中投票公举一总议员，由各省总议员中投票公举一人为暂行大总统，为全国之代表人，又举一人为副总统，各府州县又举议员若干。"④

总统，国会，宪法，是资产阶级共和国的象征。孙中山非常重视这些象征。《同盟会宣言》在解释"建立民国"这条政纲时说："今者由平民革命以建国民政府，凡为国民皆平等以有参政权。大总统由国民共举。

---

① 《孙中山选集》上卷，第 185 页。

② 《民权主义》第二讲，《孙中山选集》下卷，第 690 页。

③ 《五权宪法》，《孙中山选集》下卷，第 582 页。

④ 中国史学会主编：《辛亥革命》(一)，第 361 页。

议会以国民公举之议员构成之,制定中华民国宪法,人人共守。敢有帝制自为者,天下共击之!”①

孙中山在这里说的“平民革命”,即资产阶级革命。这种革命所实现的参政权当然不可能是“国民皆平等”(只能说是形式上的平等,而实际上仍不平等),但是这种制度和封建制度(形式上、实际上均不平等)相比较,是一种历史的进步。

南京临时政府及其一系列的政治制度,大体上都是按照资产阶级革命派的上述政治思想来实现的。

以孙中山为大总统的临时政府成立后,立即着手临时参议院的建立。各省代表会在致各都督府的电中说:“临时政府依次成立,代表责任已毕,立须组织参议院。据临时政府组织大纲,参议院由每省都督府派遣参议员三人组织之,即请从速派遣参议员三人,付与正式委任状,尅日来宁。参议员未至以前,每省暂留代表一人以至三人,驻宁代理其职权。”②

1912 年 1 月 28 日,临时参议院开正式大会,各省参议员到会者四十余人,名单如下:

广东:赵士北、钱树芬、邱逢甲

湖南:欧阳振声、彭允彝、刘彦

湖北:时功玖、张伯烈、刘成禺

江西:汤漪、王有兰、文群

广西:曾彦、邓家彦、朱文邵

浙江:王正廷、陈毓川、殷汝骊

福建:潘祖彝、林森、陈承泽

江苏:陈陶怡、杨廷栋、凌文渊

安徽:常恒芳、凌毅、范光启

---

① 《孙中山选集》上卷,第 69 页。

② 《民立报》,1911 年 12 月 31 日。

山西：李素、景耀月①、刘懋赏

贵州：平刚、文崇高

云南：段宇清

陕西：张蔚森、赵世钰、马步云

四川：张懋隆、吴永珊（玉章）②、周代本

奉天：吴景濂

直隶：谷钟秀

河南：李磐③

从以上四十多人的名单来看，资产阶级革命派约占三十余人，即占四分之三以上；而立宪派不到十人，即不到四分之一。因此，和临时政府是一个革命政府一样，这个临时参议院也是一个革命的立法机构。

孙中山参加了参议院的成立大会，并发表祝辞说："革命之事，破坏难，建设尤难"；"建一议，赞助者居其前，则反对者居其后矣。立一法，今日见为利，则明日见为弊矣。又况所议者，国家无穷之基；所创者，亘古未有之制。其得也，五族之人受其福；其失也，五族之人受其祸。呜呼！破坏之难，各省志士先之矣。建设之难，则自今日以往，诸君子与

① 景耀月以现任教育次长，未便参与立法，故未到会。

② 吴系临时大总统府秘书处人员，因当时四川参议员尚未委派，他和其他两人系以代理身份参加了1月28日的参议院正式大会。后来蜀军都督委派了熊斐然、李肇甫、黄树中三人为蜀军政府参议员，见1912年2月5日出版的《临时政府公报》第八号。又据2月22日出版的《公报》第十九号载，吴永珊（玉章）复任内务部参事。

③ 据《临时政府成立记》记载："政府成立，应设立法院，以为立法机关。照代表团所议临时政府组织大纲，参议院应由各省都督府所派参议员组织，业经通电选派。惟以道路暌隔，未能尅日到宁。而会议事件，不容延搁，乃先由各省代表员暂行代理。除星期停议及特别开议外，每日会议两小时。其后各省所派参议员，陆续抵宁，乃于正月二十八日，正式成立开会，选举林森为正会长。然仍有数省未到者。计已到者为广东、湖北、湖南、浙江、江苏、安徽、江西、山西、福建、广西十省，共参议员三十人。未到而以代表员代理者，为贵州、云南、陕西、四川、奉天、直隶、河南七省，共代理员十二人。"见《东方杂志》1912年，第11号。

文所黾勉仔肩而弗敢推谢者也。"①

临时参议院成立后，提出了一个国会组织法大纲及选举法大纲，其组织法的要旨是：

（一）采两院制，即定名为元老院、代议院。

（二）元老院取地方代表主义，各地人数均等。

（三）代议员取人口比例主义。

（四）两院同时开会闭会。

（五）国会会期以四个月为限，但得延长。

（六）代议院议员任期四年，元老院议员任期每两年改选三分之一。

（七）国会之职权依约法。

从这个组织法的要旨来看，它以美国国会为蓝本，就更加明显了。这里说的元老院即相当于美国的参议院，代议院即相当于美国的众议院。

民国开始，政党林立，但很多是徒具形式，或者是旋兴旋灭，根本不能称其为政党。宋教仁担任南京临时政府的法制局局长，向往西方资本主义国家的政党内阁。后来（七月间）章士钊在上海《民立报》上发表《政党组织案》，竭力倡言政党内阁如欲有好结果，必须把议员分为两党。这就是轰动一时的所谓"毁党造党说"。显然，此说来源于英国的两党制。

但是，两院制、两党制都没有来得及实行，中华民国就被袁世凯扼杀了。

二　临时约法

为了用法律的形式把资产阶级共和国的国体和政体确立起来，以

① 中国第二历史档案馆藏：国史馆档案（三十四），(2)34。

巩固国基，预防后患，临时政府在立法建制方面做了大量工作。参议院是立法机关，凡属重要法制，均由法制局编订后，呈临时大总统，临时大总统咨请参议院议决。参议院议决后，再咨复临时大总统签署公布。依照这个立法程序，南京临时政府先后公布了许多重要法案，如《修正中华民国临时政府组织大纲》、《中华民国临时政府中央行政各部及其权限》、《各部官制通则》、《南京府官制》等，其中最为重要的是1912年3月11日公布的《中华民国临时约法》，其《附则》中指出，“宪法未施行以前，本约法之效力与宪法等”①。这个具有宪法效力的临时约法的产生，是临时政府立法建制的最重要的成就，在中国宪法史上也是划时代的一件大事。

《临时约法》共七章五十六条。

第一章《总纲》，规定：“中华民国由中华人民组织之”；“中华民国之主权属于国民全体”；“中华民国领土，为二十二行省、内外蒙古、西藏、青海”；“中华民国以参议院，临时大总统、国务员、法院行使其统治权。”

第二章《人民》，规定：“中华民国人民一律平等，无种族、阶级、宗教之区别”；人民得享有人身、居住、财产、言论、出版、集会、结社、通信、信仰等自由；人民有请愿、诉讼、考试、选举及被选举等权利；人民有纳税、服兵役等义务。

《临时约法》关于人民权利和自由的一系列规定，表现了资产阶级革命派所标榜的民主精神，是1905年《同盟会宣言》中所揭示的奋斗目标的具体体现，是辛亥革命斗争得来的重要积极的成果之一。它把资产阶级革命派所一向宣扬的“天赋人权”和“自由、平等、博爱”的理想和依此而提倡的“公民道德”，加以条文化和法典化了。这一系列规定在中国历史上有着划时代的意义。因为在中国两千多年的封建统治下，特别是清王朝二百六十多年的专制主义统治下，人民毫无自由可言，

---

① 《临时政府公报》第35号，1912年3月11日。参见中国第二历史档案馆藏：南京临时政府档案。

“集会有禁，文字成狱，偶语弃市”，更无从谈起参政的权利了。现在清朝专制政权刚被推翻、中华民国建立伊始，就以国家根本法的形式，宣布各族人民一律平等，享有各项民主自由权利，这对于促起人民觉醒，废除封建等级特权制度，有着极其重要的作用。

第三章《参议院》，规定：“中华民国之立法权，以参议院行之”；“参议院以国会成立之日解散，其职权由国会行之。”

第四章《临时大总统副总统》，规定：“临时大总统，副总统由参议院选举之”；“临时大总统代表临时政府，总揽政务，公布法律”；“临时大总统代表全国，接受外国之大使、公使”；“临时大总统受参议院弹劾后，由最高法院全院审判官互选九人组织特别法庭审判之。”

第五章《国务员》，规定：“国务总理及各部总长，均称为国务员”；“国务员辅佐临时大总统，负其责任”；“国务员受参议院弹劾后，临时大总统应免其职，但得交参议院复议一次。”

第六章《法院》，规定：“法院以临时大总统及司法总长分别任命之法官组织之”；“法官独立审判，不受上级官厅之干涉。”

以上各章关于参议院、大总统、国务员、法院的各项规定，显然也是根据美国、法国等资本主义国家的“三权分立”、“代议政治”等原则而制订的。早在1904年，孙中山在《中国问题的真解决——向美国人民的呼吁》一文中，即明白宣称：“我们要仿照你们的政府而缔造我们的新政府。”①

关于“三权分立”，马克思主义者认为，这种被资产阶级学者崇拜的神圣而绝无错误的原则，不过是把普通的产业分工原则运用到国家机构而掩饰着资产阶级专政的国家实质而已。

但是，这种学说和制度，比起封建专制主义的集权制，是一个历史的进步。以三权分立为组织原则而建立的民国，在中国近代政治史上有着划时代的意义。孙中山晚年，又在三权之外，“加入中国的考试权

① 《孙中山选集》上卷，第64页。

和监察权”，形成“五权宪法”①。这种孙中山本人“所独创”的学说，主张分权以限制个人专权的精神，是应该肯定的。孙中山曾说：“从前君主时代，有句俗话叫做‘造反’，造反的意思，就是把上头反到下头，或者是把下头反到上头。在君主时代，造反是一件很了不得的事情。这个五权宪法不过是上下反一反，去掉君权，把其中所包括的行政、立法、司法三权，提出来做三个独立的权，来施行政治。在行政人员一方面，另外立一个执行政务的大总统，立法机关就是国会，司法人员就是裁判官，和弹劾与考试两个机关，同是一样独立的。”②又说：“如果实行了五权宪法以后，国家用人行政都要照宪法去做，凡是我们人民的公仆，都要经过考试，不能随便乱用。”③

关于“代议政治”。《临时约法》和前此之临时政府组织法大纲，有一个很大的区别点，即不是采取总统制，而是采取内阁制。《临时约法》在参议院、大总统、国务员三者的关系中规定，参议院有广泛的权力，国务员负有实际的责任，只有临时大总统权力受到多方面的限制。这是因为，当时南北和议已经告成，孙中山即将让位于袁世凯，《临时约法》将总统制改为内阁制，是包含着限制袁氏专权以保障民国的目的在内的。

《临时约法》最后一章(第七章)，是《附则》，规定：“本约法施行后，限十个月内，由临时大总统召集国会”；“中华民国之宪法，由国会制定，宪法未施行以前，本约法之效力，与宪法等。”

综上所述，可以看出，《临时约法》是依据西方资产阶级民主制度而制订的。它集中体现了资产阶级的意志，反映了资产阶级的利益和愿望，开创了中国资产阶级民主政治的新局面，使民主共和的观念深入人心。虽然它有很大的局限性，但对封建君主专制制度来说，无疑是一个

---

①　参见《五权宪法》、《民权主义》第六讲，《孙中山选集》下卷。

②　《孙中山选集》下卷，第 583 页。

③　《孙中山选集》下卷，第 583 页。

巨大的进步。正如毛泽东指出的："民国元年的《中华民国临时约法》，在那个时期是一个比较好的东西；当然，是不完全的，有缺点的，是资产阶级性的，但它带有革命性、民主性。"①

《临时约法》在不同的情况下抛弃总统制而采取内阁制，用心是很好也是很苦的。但无论是内阁制，还是总统制，都还是政体问题。而关键在国体，即各阶级在国家中的地位，政权掌握在什么人手中。"如果没有政权，无论什么法律，无论什么选出的机关都等于零。"②此后，临时政府迁往北京，政权完全落入大地主大资产阶级代表袁世凯的手中，约法、议院、内阁，都成了他任意摆布的工具。

第三节　除旧布新的各项政令

南京临时政府期间，孙中山公布了许多法令，内容极为广泛，其中有建立新制的，有改革旧习的。这些法令，有的立即实行或逐步实行了，有的则只具空文而没有来得及实行。但是，不论哪一种情况，都是值得赞许的，它反映了资产阶级政权优于封建专制政权，具有一种崭新的面貌。现仅就其主要者概述如下：

(1)建元改历。(详见第一节)

(2)限期剪辫。"编发之制"是清朝反动统治的一个重要象征。辛亥首义后，各地群众即自动起来剪辫。孙中山当选临时大总统之日(1911年12月29日)，南京各界市民就一律剪去辫发，表示庆祝③。临时政府成立后，孙中山在致各地的电文中，要求"令到之日，限二十日一律剪除净尽"④，说明他在这个问题上的坚决态度。此后，剪辫的地区

---

①《关于中华人民共和国宪法草案》，《毛泽东选集》第五卷，第127页。

②《杜马的解散和无产阶级的任务》，《列宁全集》第十一卷，第98页。

③《民立报》，1911年12月31日。

④《大总统令内务部晓示人民一律剪辫文》，《临时政府公报》，第29号，1912年3月5日。

或有早晚，甚至也有个别坚持留辫的顽固派，但大势所趋，剪辫的潮流已是不可阻挡的了。

(3)劝禁缠足。3月11日，孙中山令内务部通饬各省劝禁缠足，令中说："夫将欲图国力之坚强，必先图国民体力之发达；至缠足一事，残毁肢体，阻阏血脉，害虽加于一人，病实施于子孙，生理所证，岂得云诬？至因缠足之故，动作竭蹶，深居简出，教育莫施，世事罔问，遑能独立谋生，共服世务？以上二者，特其大端，若他弊害，更仆难数。曩者仁人志士尝有天足会之设，开通者已见解除，固陋者犹执成见。当此除旧布新之际，此等恶俗，尤宜先事革除，以培国本。为此令仰该部速行通饬各省，一体劝禁，其有故违禁令者，予其家属以相当之罚。"①内务部根据孙令，在通饬各省文中，曾提出下列要求："已缠者令其必放，未缠者毋许再缠，倘乡僻愚民，仍执迷不悟，则或编为另户，以激其羞恶之心，或削其公权，以生其向隅之感。"②

缠足，在中国古代文献中便有记载，不过那时只存在于个别"舞人"中。自五代南唐后主令宫人以帛缠足，舞莲花中，由是人皆效之。而自宋以后，随着纲常礼教束缚的加强，缠足便成为妇女应该普遍遵守的规矩。因此，放足也就成为妇女从封建桎梏下解放出来的重要标志之一。在此以前，虽有个别的志士仁人提倡天足，维新派也曾在许多地方设立禁缠足会，但像临时政府这样，自上而下大规模地禁止缠足，却是历史上没有过的事。从上述令文和办法中，可以看出资产阶级革命派在这个问题上是非常坚决的。

(4)禁止刑讯。刑讯是一种封建性的野蛮方法，孙中山在禁止刑讯令中说："本总统提倡人道，注重民生，奔走国难，二十余载，对于亡清虐

① 《大总统令内务部通饬各省劝禁缠足文》，《临时政府公报》，第37号，1912年3月13日。

② 《内务部咨各省都督禁止缠足文》，《临时政府公报》，第45号，1912年3月22日。

政，曾声其罪状，布告中外人士，而于刑讯一端，尤深恶痛绝”；他要求“不论行政、司法官署，及何种案件，一概不准刑讯，鞫狱当视证据之充实与否，不当偏重口供，其从前不法刑具，悉令焚毁”①。接着，他又在禁止体罚令中指出：“乃有图宣告之轻便，执行之迅速，逾越法律，擅用职权，漫施笞杖之刑，致多枉纵之狱者，甚为有司不取也。夫体罚制度，为万国所屏弃，中外所讥评，前清末叶，虽悬为禁令，而督率无方，奉行不力。顷闻上海南市裁判所审讯案件，犹用戒责，且施之妇女。以沪上开通最早，四方观听所系之地，而员司犹踵故习，则其他各省官吏，保无有乘民国初成，法令未具之际，复萌故态者。”他着重申明：“不论司法、行政各官署，审理及判决民刑案件，不准再用笞杖枷号，及他项不法刑具；其罪当笞杖枷号者，悉改科罚金拘留。”②

(5)保障人权。天赋人权是资产阶级平等学说的核心。临时政府成立后，孙中山立即通令改变所谓“贱民”的身份，他说：“若闽粤之蛋户、浙之惰民、豫之丐户，及所谓发功臣及披甲家为奴，即俗所称义民者，又若薙发者并优倡隶卒等均有特别限制，使不得与平民齿。一人蒙垢辱及子孙，蹂躏人权莫此为甚。当兹共和告成，人道彰明之际，岂容此等苛令久存，为民国玷？为此特申令示：凡以上所述各种人民，对于国家社会之一切权利，公权若选举、参政等，私权若居住、言论、出版、集会、信教之自由等，均许一体享有，毋稍歧异，以重人权而彰公理。”③

(6)禁止买卖人口。从保障人权出发，孙中山还专门发布过禁止买卖人口的命令，令中说：“前清入主，政治不纲，民生憔悴，逃死无所，妻女鬻为妾媵，子姓沦为皂隶，不肖奸人，从而市利，流毒播孽，由来久

① 《大总统令内务司法两部通饬所属禁止刑讯文》,《临时政府公报》,第27号,1912年3月2日。

② 《大总统令内务司法部通饬所属禁止体罚文》,《临时政府公报》,第35号,1912年3月11日。

③ 《大总统通令开放蛋户惰民等许其一体享有公权私权文》,《临时政府公报》第41号,1912年3月17日。

矣。”他要求:“嗣后不得再有买卖人口情事,违者罚如令,其从前所结买卖契约,悉与解除,视为雇主雇人之关系,并不得再有主奴名分。”①

(7)禁绝贩卖猪仔、保护华侨。孙中山长年侨居海外,深知侨胞之疾苦,因此临时政府成立后,专门向外交部下达了禁绝买卖猪仔、保护华侨令,令中说:“查海疆各省,奸人拐贩猪仔,陷人涂炭,曩在清朝,熟视无睹,致使被难同胞,穷而无告。今民国既成,亟应拯救,以尊重人权,保全国体。又侨民散居各岛,工商自给者,亦实繁有徒,屡被外人凌虐,然含辛茹苦,挚爱宗邦。今民国人民,同享自由幸福,何忍侨民向隅,不为援手?除令广东都督严行禁止猪仔出口外,合亟令行该部,妥筹杜绝贩卖及保护侨民办法,务使博爱平等之义,实力推行。”②

(8)严禁鸦片。中国资产阶级革命派是坚决的禁烟派。孙中山以临时大总统名义发出的严禁鸦片令中说:“鸦片流毒中国,垂及百年,沉溺通于贵贱,流衍遍于全国,失业废时,耗财殒身,浸淫不止,种姓沦亡,其祸盖非敌国外患所可同语。”③他“为此申告天下,须知保国存家,匹夫有责,束修自好,百姓与能,其有饮鸩自安,沉缅忘返者,不可为共和之民,当咨行参议院于立法时,剥夺其选举被选一切公权,示不与齐民齿,并由内务部转行各省都督,通饬所属官署,重申种吸各禁”。他还提出要求说:“尤望各团体讲演诸会,随分劝导,不惮勤劳,务使利害大明,趋就知向,屏绝恶习,共作新民,永雪亚东病夫之耻,长保中夏清明之风。”④

鸦片贸易,英国为罪魁祸首,南京条约更把这种罪恶行径合法化。因此,孙中山在严禁鸦片时,非常注意和英国的关系,即使他在临时大

① 《大总统令内务部禁止买卖人口文》,《临时政府公报》第 27 号,1912 年 3 月 2 日。

② 《大总统令外交部妥筹禁绝贩卖猪仔及保护华侨办法文》,《临时政府公报》第 42 号,1912 年 3 月 19 日。

③ 《大总统令禁烟文》,《临时政府公报》第 27 号,1912 年 3 月 2 日。

④ 《大总统令禁烟文》,《临时政府公报》第 27 号,1912 年 3 月 2 日。

总统解职后，仍为禁烟问题致伦敦各报说：“鸦片为中国之巨害，其杀吾国民，甚于干戈疠疫饥馑之患。吾人今既建筑共和政体，切望扫除此毒，告成全功。予自引退临时总统之任后，对于此事，潜心推考，知今日最要紧之举，即在禁绝中国栽种罂粟。然非同时禁绝售卖，势难停种，故必须将买卖鸦片悬为禁令，则禁种始能收效。兹因与贵国订有条约，碍难照行，予今敢请贵国于吾新国定基之初，更施无上之仁惠，停此不仁之贸易。予切愿以人道与真正之名义，恳贵国准许吾人在本国境内禁止售卖洋药、土药，害人毒品，并许悬为厉禁，则栽种自能即停，谨为全国同胞乞助于英国国民。”①

(9)改变称呼。这虽是个形式问题，但一定的形式也反映着一定的内容(不同性质的政权)。资产阶级革命派要求保持着形式上的平等，而反对封建制度一切形式上的不平等。因此民国官民之间、上下级间、人民之间，如何称谓，孙中山也非常重视，他在以大总统名义颁布的命令中说：“官厅为治事之机关，职员乃人民之公仆，本非特殊之阶级，何取非分之名称。查前清官厅视官等之高下，有大人老爷等名称，受之者增惭，施之者失体，义无取焉。光复以后，闻中央各地方官厅，漫不加察，仍沿旧称，殊为共和政体之玷。嗣后各官厅人员相称，咸以官职，民间普通称呼，则曰先生，曰君，不得再沿前清官厅恶称。”②

以官职相称，比较起“大人老爷”来，已是很大的进步了。

(10)废止跪拜。跪拜之礼，是一种提倡愚忠愚孝的封建礼节，反映了人格上的极不平等。而这种礼节和资产阶级的人权说是不相容的。因此，在南京的各省代表会议上，孙中山即提出废止跪拜礼，规定普通相见为一鞠躬，最敬礼为三鞠躬③。这一提议得到全体代表的赞成通

---

① 《为禁烟问题致伦敦各报书》，《国父全集》第三册，第264—265页。

② 《内务部咨各部省革除前清官厅称呼文》，《临时政府公报》第27号，1912年3月2日。

③ 袁希洛：《我在辛亥革命时的一些经历和见闻》，《辛亥革命回忆录》(六)，第288页。

过。此后，鞠躬礼便逐步流行开来。

(11)禁止赌博。临时政府内务部曾分咨各部及各省都督，要求“无论何项赌博，一体禁除”。其办法是：“凡人民宴会游饮集合各场所，一概不准重蹈赌博旧习。其店铺中有售卖各种赌具者，即着自行销毁，嗣后永远不准出售。责任各该地方巡警严密稽查，倘有违犯，各按现行律科罪，以绝赌风而肃民纪。”①

(12)廉洁奉公。孙中山为革命到处奔走，生活极为俭朴。他的旅费多半是别人资助的，自己身上经常一文不名。就是在就任临时大总统后，身穿的大衣也是一件极粗陋的呢子制成的②。由于临时政府财政困难、百废待举，所以上至大总统，下至一般职员，都未规定支付薪金。他们除食宿由政府供给外，每人只是给了由临时政府财政部发行的军用券三十元③。这实际上是一种供给制的生活。蔡元培就任南京临时政府教育总长后，有人前往祝贺，正遇上这位总长自己在洗衣服④。由此可见临时政府职员生活之一斑。

(13)任人唯贤。孙中山任临时大总统期间，在用人方面，基本上做到了“任人唯贤”，而不是“任人唯亲”。这从他对待自己的胞兄孙眉的态度，便很可以说明。

孙中山就任临时大总统时，孙眉从澳门组织卫队随行。他还“携大宗军饷到宁”⑤。时粤人拟举眉为粤督，中山坚不同意，他对孙眉说：“兄质直过人，一入政界，将有相欺以其方者。”劝其“从此勿预政事，息影林泉，以娱暮景”⑥。1912 年 2 月 21 日，他还专门致电孙眉，劝其勿

---

① 《内务部请大总统查禁赌博陋习及禁售各种赌具呈》，《临时政府公报》第 31 号，1912 年 3 月 7 日。

② 这件大衣仍存广东中山县翠亨村中山故居中。

③ 任鸿隽：《记南京临时政府及其他》，《辛亥革命回忆录》(一)，第 413 页。

④ 《蔡元培向校役脱帽鞠躬》，香港《大公报》，1980 年 3 月 7 日。

⑤ 《民主报》，1912 年 1 月 17 日。

⑥ 冯自由：《革命逸史》第二集，第 819 页。

任粤督，电中说："兄宜专就所长，专任一事，如安置民军、办理实业之类，而不必当此大任。"①

当时到南京或来电来函向孙中山谋取职位的很多。如何处理这些问题，孙主张采取考试制度。他要求法制局迅速编纂文官试验章程，说："查国家建官分职，惟任贤选能，乃懋厥职，古今中外，罔越斯旨。第考选之法，各有不同，尚公去私，庶无情弊。今当民国建立伊始，计非参酌中外，询事考言，不足以网罗天下英才而裨治理。"②当内务部将试验章程草案拟出后，他又令法制局详加审查，令中说："现在南北统一，兵事已息，整饬吏治，惟有举行官职试验，以合格人员分发各省，以资任用之一法。兹据内务部呈送官职试验章程草案前来，其所定试验资格及其他项规定，有无尚须改订增加之处，合行令仰该局悉心审查，尅日呈复，候咨交参议院议决。事关要政，切勿稽延。"③当法制局将草案审查后，他又立即咨文参议院，要求"提前议决"。咨文中说："前经令行法制局，拟订文官考试章程。今据该局将所拟文官考试委员官职令与文官考试令，及外交官及领事官考试委员官职令与外交官及领事官考试令各草案缮具前来，合行提出贵院议决。又昨据内务部函称，'各处待用之士，荟萃金陵，而各省办事人才，反觉缺乏，则文官考试实难再缓'等语。按之现在情形，诚如该部所云。今拟请贵院将文官考试委员官职令与文官考试令草案，提前议决，以便颁布施行。"④

---

① 《劝兄德彰勿任粤督仍办理实业电》，《国父全集》第三册，第218页。

② 《大总统令法制局迅速编纂文官试验草案由》，《临时政府公报》第19号，1912年2月22日。又见中国第二历史档案馆藏：南京临时政府档案（二十六）②八。

③ 《大总统令法制局审定官职试验章程草案由》，《临时政府公报》第21号，1912年2月24日。

④ 《大总统咨参议院议决文官考试与外交官及领事官考试令草案文》，《临时政府公报》第24号，1912年2月28日。

以上述考试办法选拔官吏，虽然不见得十全十美，但它比较封建专制政府的“任人唯亲”，显然是一种进步的制度。遗憾的是，南京临时政府仅仅存在了三个月，文官考试制度并没有来得及实行。

(14)民主作风。资产阶级革命派据人权说，提倡自由民主、反对君主专制，因此，孙中山在临时大总统期间，也表现出对待群众的民主作风。现举二例：

例一，孙中山任大总统后，某日偕随从数人骑马到雨花台视察炮台，归途至中华门时被群众发现、围观，群众鼓掌欢呼“大总统万岁！”孙在马上频频含笑点首，表示谢意。时警察局派人来维持秩序，拟驱散群众，一巡官更高举指挥刀挥舞。孙中山见此现象立即制止说：“对老百姓不能这样！”①

例二，孙中山任大总统期间，每天接见大批来访者。某日，一个八十余岁的长者，从扬州专程至京拟瞻仰大总统丰采，在传达室被阻。孙中山闻知后，立即召见。长者至，孙正拟行握手礼，但长者掷杖跪地，行见君主的三跪九叩礼。孙急将长者扶起，告以：“总统在职一天，就是国民的公仆，是为全国人民服务的。”长者问：“总统若是离职后呢？”孙回答说：“总统离职以后，又回到人民的队伍里去，和老百姓一样。”谈话毕，孙派车将长者送回住处，长者高兴地说：“今天我总算见到民主了。”②

综上所述，临时政府除旧布新的各项政令，有力地触动了封建专制秕政和社会陋习，具有解放思想、移风易俗的作用。这些改革对中国历史的进一步发展，有着深远的影响。

---

① 郭汉章：《南京临时大总统府三月见闻录》，《辛亥革命回忆录》（六），第293、294页。

② 郭汉章：《南京临时大总统府三月见闻录》，《辛亥革命回忆录》（六），第293、294页。

第四节 临时政府的经济和财政政策

一 保护私人财产和发展资本主义

革命的根本问题在于解放生产力。还在1905年7月，即同盟会成立的时候，孙中山在日本东京华侨和学生欢迎会上的演说中，即表达了迅速“建一大共和国”，并利用大好资源“振兴中国”，以赶上西方列强和日本的强烈愿望。他说：“十年二十年之后，不难举西人之文明而尽有之，即或胜之焉，亦非不可能之事也。”又说：“昔日本维新之初，亦不过数志士为之原动力耳，仅三十余年，而跻于六大国之一。以吾侪今日为之，独不事半功倍乎？”①孙中山在从巴黎回国时，念念不忘的也是在共和国建立以后如何发展资本主义的问题。他说：“此后社会当以工商实业为竞点，为新中国开一新局面。至于政权，皆以服务视之为要领。”②

要发展资本主义就需保护私有财产和打破封建主义的桎梏。因此，孙中山就任临时大总统后不久，即下达了有关保护私有财产的五条命令：

> (一)凡在民国势力范围之内之人民，所有一切私产，均应归人民享有。
>
> (二)前为清政府官产，现入民国势力范围者，应归民国政府享有。
>
> (三)前为清政府官吏所得之私产，现无确实反对民国证据，已在民国保护之下者，应归该私人享有。
>
> (四)现虽为清政府官吏，其本人确无反对民国之实据，而其财产在民国势力范围内者，应归民国政府管理，俟该本人投归民国

---

① 《中国民主革命之重要》，《孙中山选集》上卷，第65、66页。

② 《自巴黎致民国军政府盼速定总统电》，《国父全集》，第三册，第163页。

时，将其财产交该本人享有。

（五）现为清政府官吏，而又为清政府出力，反对民国政府，虐杀民国人民，其财产在民国势力范围内者，应一律查抄，归民国政府享有①。

当制定《临时约法》的时候，又根据资产阶级宪法保护私有财产的原则，在《约法》中明确规定："人民有保有财产及营业之自由"（第六条）。这就是说，中国民族资产阶级的私有财产不可侵犯和有经营资本主义企业的自由。这项规定，目的在使生产力从清朝专制政府的所谓"官办"、"官商合办"的桎梏下解放出来，将会极大地促进中国民族资本主义的发展。

除《临时约法》这种根本大法外，南京临时政府还颁布过一些保护工商业的法令规章，鼓励人们兴办实业。

南京临时政府不仅在中央设有实业部，而且要求各省成立实业司。实业部在给各省都督的电文中说："本部司理本国农工、商矿、山林、渔猎及度量衡，窃念实业为民国将来生存命脉，今虽兵战未息，不能不切实经营，已成者当竭力保存，未成者宜先事筹画。今外省官制，虽未画一，而各省之实业司，当速行成立，隶属本部。"②

除官方之实业部外，这时，在民间也纷纷兴起了各种实业团体。如在上海，在一月间即有中华工学会的组织，其宗旨为："甲，工程营造之统一；乙，工程事业之发达；丙，工程学术之日新。"③

1月30日，中华民国实业协会在南京开成立大会，选李四光、万葆元为正副会长，马君武为名誉会长。协会的宗旨是："振兴实业，扩充国

① 《内务部通饬保护人民财产令》，中国第二历史档案馆藏：南京临时政府档案（二十六），7。

② 《实业部通电各省都督设立实业司文》，《临时政府公报》第8号，1912年2月5日。

③ 《民立报》，1912年1月31日。

民生计，挽回利权。”①

二月间，上海又有中华民国商学会之组织。其《缘起》中说：“破坏匪难，建设惟难，矧值此金融紧迫、事业凋疲之秋乎。故论建设，允以经济为前提。而经济问题之要者，如货币，如银行，如铁道、航路，以及关税、殖民诸大端，莫不汇于商学。……同人不敏，组织中华民国商学会，征声气之应求，为知识之交换，庶学理以辩难而发明，事实以讨论而策进。”②

与此同时，在上海还有中华民国工业建设会之筹设，其《发起趣旨》中说：“政治革命，丕焕新猷，自必首重民生，为更始之要义；尤必首重工业，为经国之宏图。”它并且提出了“产业革命”的口号：“往者忧世之士，亦尝鼓吹工业主义，以挽救时艰，而无效也，则以专制之政毒未除，障害我工业之发达，为绝对的关系，明达者当自知之。今兹共和政体成立，喁喁望治之民，可共此运会，设我新社会以竞胜争存，而所谓产业革命者，今也其时矣。”③

除工业建设会外，上海及全国各地建立的类似实业团体，还有很多，有如雨后春笋。

在南京临时政府的大力提倡下，各地工商界（包括侨商）纷纷投资申请开办工厂、企业。这些申请，有直接递送临时政府实业部者（如开办煤矿、设置各种工厂、公司等）；也有送各地都督府批准者（如沪军都督府于 1 月 13 日批准内地电灯公司总理陆熙顺在沪招股开办电车公司）④。

这种兴办实业的热潮，促使中国民族资本主义经济得到了一定程度的发展。目前虽然还没有当时各种工厂、企业数目的精确统计，但从

① 《天铎报》，1912 年 2 月 3 日、6 日。
② 《民立报》，1912 年 2 月 21 日。
③ 《临时政府公报》第 12 号，1912 年 2 月 10 日。
④ 《天铎报》，1912 年 1 月 14 日。

一切现有的间接材料分析,可以看出当时猛烈发展的总趋势。据1912年5月上海的一个材料记载说:“目前上海工业发展中,一个令人注意的特点,为电力日见扩充。现在各个干线的电力已在2000匹马力以上,而最近的将来,将为这个数目的三倍。现在正在进行中的准备工作,将使这个消费量马上增加一倍,同时在未来的十八个月中,还会有进一步的发展。”①

孙中山在1912年《中国革命的社会意义》这篇文章中满怀激情地写道:“中国处在大规模的工业发展的前夜,商业也将大规模地发展起来,再过五十年我们将有许多上海,要能预见未来,我们必须是有远见的人。”

实际上也确实如此。当时除上海这种沿海的大工业城市外,内地各省企业也有很大发展。例如,湖南长沙,据英国驻长沙领事基尔斯在1912年长沙商务报告中说:“自从辛亥革命以来,发起工厂企业得到很大的动力,几乎每天都有新公司注册,其最大目的是尽可能使湖南在工业上不仅不依赖外国,而且不依赖其它省份。”②再如湖北,据1912年记载,自民国成立,文明锐进,官民采办(指采矿)已及三十余种之多,呈请开矿者,不下数十起。

不仅一些大城市的工业有很大的发展,就是一些中小城市也有一定程度的发展。例如镇江,据1912年记载:镇江光复后,一般志士咸有振兴工艺之思想。故有办织袜工厂者,此外如织帽、织衣诸厂,皆能极力经营。再如安徽,自光复之后一二年间,当涂、繁昌两县陆续发现铁矿多至数十处。

除南方外,北方一些城市的工业也有很大发展。民元以后,华北各大都会,如平津等地,中上人家渐改用机器面粉,而机器面粉由是勃兴。

华侨一直是支持中国革命的重要力量。1912年1月,海外华侨归

① 汪敬虞编:《中国近代工业史资料》第2辑,下册,第848页。
② 汪敬虞编:《中国近代工业史资料》第2辑,下册,第849页。

国代表团，在上海成立华侨联合会，“一方面对于政府欲补助其建设，一方面对于华侨谋未来之幸福”①。“临时政府初立于南京，库藏如洗，得南洋经济之助，殊非浅鲜，辛亥一岁中，南洋华侨所输于革命之资，可五六百万元”②。在兴办实业的高潮中，许多华侨纷纷回国投资，从事建设。当时上海有一个同仁民生实业会，即为华侨资本家所组织，“其宗旨注重民生，在在维持协助，对于已办之实业极力保护，未办之实业设法提倡”。因此，它受到各省实业界的欢迎。到 1913 年初，“外洋华侨入会者，已有二十余万人之多”③。除旅欧和南洋华侨外，旅日华侨还组织有中华民国侨商统一联合会，其会长曾在 1912 年 3 月 7 日向南京临时政府申请倡办兴业贸易株式会社，“以增国力，而厚民生”④。

中国民族资本主义虽有一定程度的发展，但是南京临时政府对农村经济，特别是对农民的土地问题缺乏必要的关注。孙中山仅仅给内务部下达了一个通饬各省重视农事令，要求对农民，“严加保护。其有耕种之具不给者，公田由地方公款，私田由各田主设法资助，俟秋成后，计数取偿”⑤。后来，黄兴等发起拓殖协会，编纂书报，鼓吹开发边疆地区。孙中山批令财政部发给该会维持费三十万元。

“国家富源，在于实业，而实业命脉，系于金融。”这是南京临时政府所一再强调的观点。为了贯彻这一点，1912 年 3 月，临时政府财政部拟定举办各种农业银行的计划，孙中山在批示中说：“中国地称膏腴，尤广幅员，而东南之收获，不见其丰。西北之荒芜，一如其故。……创设农业、殖边等银行，实属方今扼要之图。”⑥这个计划也没有实现。临时

① 中国第二历史档案馆藏：南京临时政府档案（二十六），(2)11。

② 陈宗山：《南洋华侨革命史略》，第 21—22 页。

③ 《时报》，1913 年 3 月 29 日。

④ 中国第二历史档案馆藏：南京临时政府档案（二十六），(2)118。

⑤ 《大总统令内务部通饬各省慎重农事文》，《临时政府公报》，第 37 号，1912 年 3 月 13 日。

⑥ 中国第二历史档案馆藏：南京临时政府档案（二十六），(2)16。

政府连自己的经常开支，都拿不出来，哪里还有钱去办银行呢？而且在当时的情况下，即使办了银行，农村经济也不可能显著地改善，因为封建主义的土地制度还像枷锁一样禁锢着农民。

既然土地问题得不到合理的解决，农村生产力便不可能得到解放，中国的民族资本主义也就得不到充分的发展。

二　财政危机和内外债

南京临时政府的财政困难是十分严重的。当时任临时政府秘书长的胡汉民，后来回忆说："一日，安徽都督孙毓筠以专使来，言需饷奇急，求济于政府。先生（孙中山）即批给二十万。余奉令到财政部，则金库仅存十洋。"①

财政困难，是由两方面的原因造成的。

首先是帝国主义的破坏。帝国主义公使团为攫取中国海关税款所拟之《管理税收联合委员会办法》八条，在清政府外务部同意下，于1912年1月开始执行。其中规定：各海关净存税款每周汇解上海，由总税务司分存汇丰、德华、华俄道胜三银行，并依"委员会"所列次序按期偿还外债。关税实权本来就掌握在外人手里，但还有"关余"可以动用，这个"办法"把关余也卡住了。

其次是临时政府内部也不统一。由政治上的不统一影响到财政上的不统一，因此困难重重。临时政府管辖之下虽然名义上有十数省区，但控制着各省军政大权的都督对临时政府在财政上根本不予支持。虽经孙中山哀告"各省贤达有为之都督、司令及百有司"，"将应解部款，从速完缴"②，但效果甚微。而列名南京临时政府的立宪党人，也不予支

① 《胡汉民自传》。

② 《大总统通令各省将应解部款从速完缴以资挹注文》，《临时政府公报》第45号，1912年3月22日。

持。如临时政府成立之初，孙中山、黄兴等本拟请张謇担任财政总长的，目的是借助他的财势帮助解决一些军政开支的困难。可是，他无论如何不肯担任。最后，他勉强担任了实业总长，却又长期居沪，根本不过问南京的事情。他那时兼任两淮盐政总理，对于筹措北伐军费及临时政府的经费，更是百般阻挠。他自上海三番五次地致电孙中山，要求"无论军饷若何紧急，不可于盐价商本内有丝毫挪移"①，并说什么："所收盐税已经指抵洋债者……千万不可擅行挪用，以免引起外交困难问题。"②

孙中山由外国回到上海时，他的同志们及光复各军将领是把他当作财神来欢迎的，当时盛传他"携华侨捐款数十百万以来饷军者"③；江浙联军的将领们轻视黄兴而支持孙中山，这也是一个重要因素。孙当选大总统之日，即有将领前来相问："公携华侨捐款几何？诸军望之如望岁焉！"但是，孙当时既无华侨捐款，也没有借到外债，回答的仍然是那一句话："我携带革命精神耳！"④

在这种情况下，临时政府只好借债度日：一是借内债，一是借外债。

1912年1月8日，临时政府发行中华民国军需公债，定额一万万元，发行《弁言》中说："民国肇兴，扰攘屡月，临时政府，虽立初基，而北虏未摧，南服多事，饷糈筹拨，固难缓乎须臾，政费繁兴，又日见其推广，凡停战期内之筹备，迄和局解决后之设施，均非厚集资财，何以宏兹伟业？故两方胜负之所判，实只财政丰啬之攸关。当此军事倥偬，尚乏整顿经营之余力，全恃募捐微末，亦无永久继续之功能，倘或一篑功亏，垂成坐败，神州铸错，大局沦胥，固非维持人道之本心，抑岂冀望和平之始愿，此公债票发行之所由亟亟也。"⑤虽哀告劳劳，但定购者很有限，只

① 《临时政府公报》第9号，1912年2月6日。
② 《临时政府公报》第12号，1912年2月10日。
③ 钱基博：《辛亥江南光复实录》，中国史学会主编：《辛亥革命》(七)，第55页。
④ 钱基博：《辛亥江南光复实录》，中国史学会主编：《辛亥革命》(七)，第56页。
⑤ 《民立报》，1912年1月30日。

得 7,371,150 元①。

在此之前,1911 年 7 月间,孙中山在美国旧金山的时候,就曾发起成立美洲洪门筹饷局(又称中华革命军筹饷局,对外亦称国民救济局),第一次发行了冠有中华民国名义的"金币券",照券面金额的半额推出,并规定在中华民国成立的同时,就可以作为国家货币正式使用。还规定凡捐助军饷者,均可获得"优先国民"的荣誉;捐款五元以上者,加倍发给中华民国金币票;捐款千元以上者,革命成功后享有经营"一切实业优先权利"②。

通过上述及类似的各种方法,到中华民国成立时,孙中山自世界各地筹集到的资金总额约一百四十万元。南京临时政府成立,孙中山任临时大总统期间,偿还了其中的五十万左右。其余部分,本应由接任总统的袁世凯负责偿还,但袁却置之不理。这样,就使海外同胞的爱国热忱没有得到应有的报偿。

关于举借外债,这是孙中山一贯的主张。1911 年 12 月,他在归国途中过新加坡时,即向人表示:"此次直返上海,解释借洋债之有万利,而无一害。中国今日非五万万不能建设裕如。"③

利用外资,进行建设,这是无可厚非的事。近代中国的历届卖国政府都靠借外债过日子,但孙中山南京临时政府的举借外债,却不可同日而语。问题不在于借外债,而在于是否因借债而出卖国家的主权。孙中山在过香港谈及筑路主张时,一方面强调必须借外债,但同时又指出,应该"一不失主权,二不用抵押,三利息甚轻"④。据此精神,孙的借外债主张,是不应受到指责的。稍后,孙中山解大总统职,4 月 17 日在上海被中华实业联合会举为会长,他在该会欢迎会上发表演说,谈到利

---

① 《旧中国公债史资料》,第 33 页。

② 《最新中国革命史》上册,第 35—39 页,美洲中国同盟会员撰述兼发行,1912 年版。

③ 邓泽如:《中国国民党二十年史迹》,上海 1948 年版,第 82 页。

④ 《胡汉民自传》。

用外资时说:“将条约修正,将治外法权收回。中国有主权,则无论何国之债皆可借;即外人之投资亦所不禁。欧美各国无限制投资之事,盖一国之财力有限,合各国之财力则力量甚大矣。”①

当孙中山未回国前,黄兴在筹建临时政府时,即从日本三井洋行借到日金三十万元。不过,这是一宗私人交涉,是由张謇作保的②。

南京临时政府成立后,进行的几笔外债,很不理想。有的根本没有谈成,有的谈成了,也为数甚微。特别是在“南北未统一之前,外人既守中立,而南京政府,亦不便自我开端,资北方以口实,自不得不假资本家的凭借,以求间接之吸收”③。

当时的几笔借款主要是由江苏铁路公司、招商局、汉冶萍公司几家出面的。债权国主要是日本。

日本政府这时对华的总方针,是尽可能地使中国陷于长期混乱状态,以浑水摸鱼,扩张自己的领土和获得经济上的支配力量。它所以愿意考虑对江苏铁路公司、招商局、汉冶萍公司几家进行贷款,就因为这几家都是英国势力范围——长江流域一带的重要企业。而与南京临时政府对立的袁世凯政权,也主要是在英国支持下的。因此, 日本的经济借款是包含着和英国争夺在中国的统治权这个政治目的在内的。

几笔借款的进行情况和结果如下:

(1)苏路借款:1912 年 1 月下旬,南京临时政府以江苏铁路公司出面,与日本大仓洋行签订三百万日元借款合同,以上海至枫泾间铁路为担保。此项借款,江苏铁路公司以二百五十万元转借给临时政府,其余五十万元借给江苏都督府。因此,曾遭到英帝国主义的干涉。“日政府答以此项借款,系大仓个人对于铁路公司之事,毫无援助南京政府之

---

① 《提倡实业在实行民生主义》,《国父全集》,第二册,第 225 页。

② 见中国史学会主编:《辛亥革命》(八),第 51 页。

③ 高劳:《临时政府借债汇记》,《东方杂志》1912 年,第 11 号。

意，(驻日)英使遂不复置议”①。

(2)招商局借款：1912 年 1 月下旬，临时政府“以民国新立，军需孔繁”，拟“暂借招商局抵押银一千万两备用”。这一借款是由招商局出面，与日本邮船株式会社和日清公司商谈的。

当时，长江流域的航运业，是在英国控制之下。日本的意图是控制招商局借以和英国相抗衡。但是，日本的这一活动，不仅引起英国的激烈争斗，也遭到德、美等国的反对。同时，招商局股东以至临时政府内部也有强烈反对的意见(认为这样是把中国航运业出卖给日本)，因而这笔借款也就没有兑现。

(3)汉冶萍借款。汉冶萍煤铁公司是当时中国综合铁矿、煤矿、炼钢的具有代表性的企业，原为盛宣怀产业之一部分，并由盛任公司总理。这个公司曾在 1902 年、1904 年、1908 年多次向日本银行借得大量款项，而以向日本八幡制铁公司以低廉价格供应生铁、铁砂五十年为条件。辛亥革命发生，日本认为有机可乘，企图以合作经营名义将汉冶萍攫为己有。当时，汉冶萍公司处于起义军控制之下，盛宣怀本人也因被清政府解除邮传部大臣职务，先逃大连，后逃日本。当盛于 1911 年底逃亡大连时，即和日本密谋中日“合办”汉冶萍事宜，以免其财产被民国政府所没收。他到日本之后，知南京政府借款甚急，因此一方面积极表示对筹款“义不容辞”②，同时又按日方的意图，表示将汉冶萍“华日合办，或可筹借”③。

1912 年 1 月 26 日和 29 日，民国政府和盛宣怀分别在南京和神户同日本三井、正金财团签订了两个性质相同的中日“合办”汉冶萍公司的草约。南京草约中规定：“公司股本为日金三千万元并由中日合资办

① 高劳：《临时政府借债汇记》，《东方杂志》1912 年，第 11 号。

② 《辛亥革命前后》(盛宣怀档案资料选辑之一)，上海人民出版社 1979 年版，第 231 页。

③ 《辛亥革命前后》(盛宣怀档案资料选辑之一)，上海人民出版社 1979 年版，第 231 页。

理。""公司股本中日各半"。"除公司现存由日本借入日金一千万元外，公司尚须续借日金五百万元。""在本合同第三款借款内，由公司借政府五百万元，应付现金若干，其余作为政府向三井购买军装之需(英文本合同为"购买武器与军火")"①。

从以上草约，可以看出：日本通过贷款取得了中日"合办"的权利；盛宣怀通过"合办"达到保存自己产业的目的；南京政府通过盛的转借，能得到五百万元的实际利益。

但是，这一消息传出后，全国舆论哗然。《民立报》指名道姓地骂"盛贼将汉冶萍(卖)与日本"②。连汉冶萍公司的股东们也认为：盛宣怀"以私人资格擅与外人订约，不独国权，亦我等血本所关，断难承认，而全国舆论哗然，鄂、湘、赣三省人民起而反抗，将恐激成变端，我等同受其累，决不甘心"③。

孙中山很快发觉了日方的阴谋和盛宣怀的圈套，因此他两次亲莅参议院提出咨文，坚决废除"合办"草约，并正告盛宣怀："该草约，前虽批准，后以其交款濡滞，并不践期，已电告前途，汶(文)定取消，盛氏万不能以已由政府核准为借口。……今各省反对，舆论哗然，盛氏宜早设法废去此约。"④

当盛宣怀知道孙中山坚主废约后，仍图骗取南京政府的批准，造成既成事实。但这时，"反对合办将成大风潮"⑤，"舆论反对已成燎原"⑥，而他又曾"因铁路借款，得罪舆论"⑦，因此很害怕陷入"死有余

① 《辛亥革命前后》，第235页。
② 《辛亥革命前后》，第239页。
③ 《辛亥革命前后》，第255页。
④ 《辛亥革命前后》，第253页。
⑤ 《辛亥革命前后》，第250页。
⑥ 《辛亥革命前后》，第261页。
⑦ 《辛亥革命前后》，第239页。

辜”的境地①，于是不得不同意废约了。

3 月 22 日，汉冶萍公司在上海开临时股东会，“到会者四百四十票，计二十万零八千八百三十八股。投票开筒，公同验视，全场一律反对合办，已逾公司全股十分之八，照章有议决之权，草合同自无效”②。这样，中日“合办”汉冶萍公司的草约遂告取消。草约虽然取消，但是仍然留下了一个尾巴：“此约废后，汉冶萍亦不能与他外人合办”；“汉冶萍如欲以厂矿抵押托外国银行代借款项，或代售债票，须先尽与日本横滨正金银行商办”③。

孙中山在回答参议院的质问中，曾对汉冶萍借款作了如下的说明：“政府据院议通过之国债一万万元，因仓猝零星征集，颇难应急，遂向汉冶萍及招商局管产之人，商请将私产押借巨款。由彼等得款后，以国民名义转借于政府，作为一万万元国债内之一部分。嗣又因政府批准以汉冶萍由私人与外人合股，得钱难保无意外枝节，旋令取消五百万元合股之议，仍用私人押借之法，借到二百万元，转借于政府。是政府原依院议而行，因火急借入二百万元以应军队之需要，手续未及分明，至贵院有违法之防。”④他在二月间《覆黎元洪告与汉冶萍公司借款经过电》中，也说明：“汉冶萍款原急不择荫，前途陆续仅交过款二百万，随到随尽。现订仅以此数变为虚抵，而废弃合办之约。”⑤

除以上三笔借款外，南京政府还进行过一笔华俄道胜银行借款。1912 年 2 月下旬，孙中山以大总统名义向参议院提出：“现拟借华俄道胜银行之款，系五厘息，九七扣，一年期，用中央名义担保，毋庸抵押……共借一百五十万镑。”⑥参议院已表同意，但因借款合同中有“此款

① 《辛亥革命前后》，第 253 页。
② 《辛亥革命前后》，第 261 页。
③ 《辛亥革命前后》，第 263 页。
④ 《临时政府公报》，第 26 号，1912 年 3 月 1 日。
⑤ 《国父全集》，第三册，第 224 页。
⑥ 高劳：《临时政府借债汇记》，《东方杂志》1912 年，第 11 号。

为民国之直接负欠，当以其赋税之所入，备为付息及偿本之用”等语①，遭到各省官员及人民团体的反对，最后也成泡影。

为了应付军需亟需，临时政府财政部在1912年1月间发行了一百万元的军用钞票，但在市面信用很低，“无知商民，不明大义，胆敢异视军用钞票”，以致“钱业、米店相率停市”②。到2月间袁世凯被举为临时大总统后，南京临时政府的日子就更不好过了。3月22日，财政总长陈锦涛在给孙中山、陆军部的万急电中说：“自袁举总统后，借款银行皆请与袁直接。故本部月来不能办理借项。……而宁垣军钞每日兑现十余万，今日已由中国银行借念万，专备此用。现已计穷力尽……”③

就是在这样借债度日的困境中，第一个资产阶级共和国存在了三个多月。

第五节 临时政府的教育改革和新闻政策

一 教育改革

南京临时政府成立时，正值战争时期，新旧交替，各处学校大都停办，教育部初成立时只有三个人：蔡元培、蒋维乔和一个会计，而且没有公署，只好暂借江苏都督府内务司楼上三间空房办公。在这样困难的条件下，教育部采取了一些必要措施，改进教育制度，革新教育内容，促使各级学校陆续开学，奠定了民国时期学校教育的基础。

首先，教育部于一月份颁发了《普通教育暂行办法》十四条，要求“从前各项学堂均改称学校。监督、堂长，应一律改称校长”；“凡各种教

① 中国第二历史档案馆：南京临时政府档案(二十六)，(2)17。

② 中国第二历史档案馆：南京临时政府档案(二十六)，(2)22。

③ 中国第二历史档案馆：南京临时政府档案(二十六)，(2)102。

科书，务合乎共和民国宗旨，清学部颁行之教科书，一律禁用”；“凡民间通行之教科书，其中如有尊崇满清朝廷，及旧时官制、军制等课程并避讳抬头字样，应由各该书局，自行修改，呈送样本于本部，及本省民政司、教育总会存查”；“小学读经科一律废止”；“旧时奖励出身，一律废止；初、高等小学毕业者，称初、高等小学毕业生；中学校、师范学校毕业者，称中学校、师范学校毕业生”①。

与《普通教育暂行办法》颁发的同时，又颁发了《普通教育暂行课程标准》十一条，规定了小学、中学、师范学校各种暂行课程表，着各校遵行。如“初等小学校之学科目，为修身、国文、算术、游戏、体操”；“师范学校（即旧制之初级师范学堂）之学科目，为修身、教育、国文、外国语、历史、地理、数学、博物、理化、法制、经济、习字、图画、手工、音乐、体操。女子加家政、裁缝。视地方情形得加设农工商业之一科目。”②

临时政府对高等教育的改革也予以关注。继颁发普通教育暂行办法和课程标准后，它又电告各省说：“本部高等以上各学校规程，尚未颁布，各地方高等以上学校，应令暂照旧章办理。惟《大清会典》、《大清律例》、《皇朝掌故》、《国朝事实》及其他有碍民国精神及非各学校应授之科目，宜一律废止。此外关于前清御批等书，一律禁止滥用。”③

临时政府不仅重视学校课程的改革，而且抓紧各级学校的及时开学，以免影响学生学业。在上述《普通教育暂行办法》中已规定：“各州县小学校应于元年三月初四日（阴历壬子年正月十六日）一律开学，中学校、初级师范学校视地方财力亦以能开学为主。”三月初，教育部又通告各省速令高等专门学校开学。接着，孙中山又以大总统名义令教育部通告各省将已设之优级初级师范一并开学，令中说：“教育主义，首贵

① 《临时政府公报》第4号，1912年2月1日。

② 《临时政府公报》第5号，1912年2月2日。

③ 《教育部禁用前清各书通告各省电文》，《临时政府公报》第32号，1912年3月8日。

普及，作人之道，尤重童蒙，中小学校之急应开办，当视高等专门为尤要。顾欲兴办中小学校，非养成多数教员不可，欲养成多数中小学教员，非多设初级优级师范学校不可。虽一时权宜与永久强制自殊，而统筹全面亦不可顾此失彼。此时注重师范，既能消纳中学以上之学生，复可隐植将来教育之根本，是真当务之急者。为此令仰该部迅即妥筹办法，通告各省，将已设之优级初级学校一并开学，其中小学校仍不可听其停闭，速筹开办，是为至要。”①

除教育部主管的普通学校教育外，临时政府的其他部，有的也计划办理培养干部的学校。如陆军部拟办理陆军军官学校②；内务部开办有警务学校③，等等。

在学校教育中，妇女地位也有了改善。教育部公布的章程中，小学可以男女同校，同时，各种独立的女学校也更多地出现了。如南京光复军女子队在民国建立后便改组为复心女子学校，并由陆军部支援开办费一千元④。再如，对曾经“尽力民国”，而现又“热心向学，拟赴外洋”的女学生，临时政府也加以支持。1912 年 3 月 14 日，陆军部便一次批给尹锐志等女生“各一千五百元，以备三年学费”⑤，等等。从各级各种女学校之开办，略可看出辛亥后女权之解放了。

上海中国公学为具有爱国主义传统的著名学校，蔡元培、黄兴、宋教仁等皆为该校理事。辛亥事起，师生多半从军，校舍亦为吴淞民军所借住，各省公摊之经费也落空，因此，公学陷于停办。民国成立，临时政府即积极恢复该校，并批准以前清上海道抵押之源丰润等钱号的财产，移作公学经费⑥。

---

① 《临时政府公报》，第 42 号，1912 年 3 月 19 日。
② 中国第二历史档案馆：南京临时政府档案(二十六)，(2)77。
③ 《临时政府公报》，第 15 号，1912 年 2 月 14 日。
④ 中国第二历史档案馆：南京临时政府档案(二十六)，(2)45。
⑤ 中国第二历史档案馆：南京临时政府档案(二十六)，(2)45。
⑥ 中国第二历史档案馆：南京临时政府档案(二十六)，(2)15。

由于南京临时政府采取了以上各项改革措施，使新式的学校教育迅速地恢复并有所发展。1912 年，全国学校数达到 87,272 所，学生数达到 2,933,387 人。其中包括初级学校 86,318 所，中级学校 832 所，高级学校 122 所①。

关于临时政府的教育方针，蔡元培在《对于新教育之意见》一文中提出了五个方面，即军国民教育、实利主义教育、公民道德教育、世界观教育、美感教育。这五项虽然属于蔡元培的个人主张，但民国以后的教育界，莫不受其影响。兹逐项加以解说②。

关于“军国民教育”。军国民教育在清末已经成为一种有力的教育思潮，蔡元培认为潮流所趋，难于改变，所以采纳此种主张，但并不认为此种教育有永久的价值。他说：“夫军国民教育者，与社会主义僢驰，在他国已有道消之兆，然在我国则强邻逼处，亟图自卫，而历年丧失之国权，非凭借武力，势难恢复，且军人革命以后，不保无军人执政之一时期，非行举国皆兵之制，将使军人社会永为全国中特别之阶级，而无以平均其势力。”

关于“实利主义教育”。封建的教育脱离社会生活实际，培养出来的人，没有谋生的技能。实利主义教育在于改革这种弊端，使受教育者获得谋生的知识与技能。他说：“以人民生计为普通教育之中坚，其主张最力者，至以普通学术悉寓于树艺、烹饪、裁缝及金木土工之中。此其说创于美洲，而近亦盛行于欧陆。我国地宝分发，实业界之组织尚幼稚，人民失业者至多，而国甚贫，实利主义之教育，固亦当务为急者也。”

关于“公民道德教育”。蔡元培认为道德教育在于培养人具有自由、平等、博爱的思想。这种教育是其他教育的根本，他说：“何为公民道德？曰法兰西之革命也，所标揭者曰自由平等亲爱，道德之要旨尽于

① 舒新城编：《中国近代教育史资料》上册，人民教育出版社 1961 年版，第 367、368 页。

② 《临时政府公报》第 13 号，1912 年 2 月 11 日。

是矣。”

“世界观教育”，目的是要打破二千年来墨守孔学的旧习。他说：“循思想自由、言论自由之公例，不以一流派之哲学、一宗门之教义梏其心，而惟时时悬一无方体、无终始之世界观以为鹄，如是之教育，吾无以名之，名之曰世界观教育。”

蔡元培认为，“美感教育”是实现教育目的手段。他说：“美感者含美丽与尊严而言之，介乎现象世界与实体世界之间，而为之津梁，此为康德所创通……教育家欲由现象世界，而引以到达于实体世界之观念，不可不用美感之教育。”

蔡元培并以中国古代儒家的教育来论证他的五方面教育说：“虞之时，夔典乐而教胄子以九德，德育与美育之教育也。周官以乡三物教万民，六德六行，德育也；六艺之射御，军国民主义也；书数，实利主义也；礼为德育，而乐为美育。”

他还以西方之教育来论证他的五方面教育说：“希腊人之教育为体操与美术，即军国民主义与美育也。欧洲近世教育家，如海尔巴脱氏，纯持美育主义；今日美洲之德弗伊派，则纯持实利主义者也。”

他又从教育界的三育说，概括他的五育说：“军国民主义为体育，实利主义为智育，公民道德及美育皆毗于德育，而世界观则统三者而一之。”

蔡元培是一个资产阶级自由主义教育家，他的哲学思想和教育思想，大都来源于西方，或来自德国，或来自美国，或来自其他西方各国。这些西方资产阶级学说，都是以超阶级的姿态出现的，蔡元培也是这样在中国宣扬的，把资产阶级教育说成是超阶级教育，这当然是错误的。

但是，这种教育思想，在当时中国的具体条件下，却具有反封建专制主义教育的进步作用。蔡在上文的最后说：“满清时代，所谓钦定教育宗旨者，曰：忠君；曰：尊孔……忠君与共和政体不合，尊孔与信教自由相违……”敢于反忠君，敢于反尊孔，这种精神是难能可贵的。

二　新闻政策

南京临时政府的新闻政策，基本上遵循了西方资本主义国家所谓“言论自由”的原则。

临时政府内务部最初曾颁布了一个《暂行报律》，规定比较严格，向报界约法三章。

> (一)新闻杂志已出版及今后出版者，其发行及编辑人姓名须向本部呈明注册，或就近地方高级官厅呈明本部注册，兹定自暂行报律颁到之日起，截至阳历四月一日止，在此期限内其已出版之新闻杂志，各社须将本社发行及编辑人姓名呈明注册，其以后出版者须于发行前呈明注册，否则不准其发行；
>
> (二)流言煽惑关于共和国体，有破坏弊害者，除停止其出版外，其发行人编辑人并坐以应得之罪；
>
> (三)调查失实，污毁个人名誉者，被污毁人得要求其更正，要求更正而不履行时，经被污毁人提起诉讼，讯明得酌量科罚。①

上述《暂行报律》电文发布后，受到新闻界的强烈反对，上海报界俱进会及《大共和日报》等均通电指责。其中，以章炳麟最为强烈。3 月 7 日，章为《大共和日报》撰写了题为《却还内务部所定报律议》的社论，表示：“所定报律，绝不承认，当知报界中人，非不愿遵守绳墨，惟内务部既无作法造律之权，而所定者又有偏党模胡之失。”②

在上述情况下，孙中山也认为上述报律违反了“言论自由”的原则，并令饬内务部宣布无效。他指出：“案言论自由，各国宪法所重，善从恶改，古人以为常师，自非专制淫威，从无过事摧抑者。该部所布暂行报律，虽出补偏救弊之苦心，实昧先后缓急之要序，使议者疑满清钳制舆

① 《临时政府公报》第 30 号，1912 年 3 月 6 日。

② 《太炎最近文录》，参见汤志钧编：《章太炎年谱长编》上册，第 394 页。

论之恶政，复见于今，甚无谓也。”①

其实，绝对的“言论自由”是不存在的。对反革命的言论，如煽惑破坏共和国体者，加以限制和取缔，还是必要的。年轻的资产阶级民主派还缺乏资产阶级专政的经验，他们盲目地模仿西方的“言论自由”。这样，就在实际上为一些反革命言论开了绿灯。

但是，总的说来，临时政府的新闻政策，即开放言论的政策，对破坏清政府的钳制言论的政策，还是起了积极作用的。1912 年，全国报纸约达五百家之多，其中北京五十家，上海十五家。一些中等省会城市，也都有许多家报纸，如广州有十三家，福州有十一家，南昌有八家，甚至象扬州、常州、无锡、南通、绍兴、汕头、烟台、常德等城市，也都各有一两家报纸②。这在中国新闻史上是空前的。

第六节　临时政府的根本弱点和北伐的夭折

南京临时政府在短暂的三个月中取得了很大成就，但由于领导革命的政党——同盟会，存在着不能适应当时形势的根本弱点：政治上纷歧，组织上涣散，使革命缺乏坚强的领导；不敢解决农村土地问题，又使革命缺乏依靠的力量；酝酿北伐又半途而废，革命势力未能胜利发展；加以帝国主义的干涉、国内反动势力的压迫和革命内部敌人的捣乱，这样就使南京临时政府最后不能不归于失败。

一　同盟会的涣散

革命形势的迅速到来，要求革命政党加强统一领导，以适应千变万

① 《临时政府公报》第 33 号，1912 年 3 月 9 日。

② 参见戈公振：《中国报学史》，三联书店 1955 年版，第 178—181 页。

化的复杂局面。同盟会却恰恰相反，在革命紧要关头反而更加涣散了。

1911年武昌起义后不久，同盟会本部发表宣言，虽然指出了“元凶尚在，中夏未清”，应“长驱河朔”，以“建立民国”，但却表白革命党人将于“功成事遂”之后引退，“散处朝市或悠悠林野”①。同年12月，同盟会本部在上海召开临时会议，旅沪各省份会部分负责人也参加。这次会议改订了同盟会暂行章程，并再次发表宣言。宣言虽然指出了在同盟会内部“意见不相统属，议论歧为万途”，并强调了“当临时政府组织之际，其祸乃大著”，号召革命党人“必先自结合，以成坚固不破之群”②。但是，事实上并没有能阻止“议论歧为万途”的现象继续发展，相反，却更加严重了。

武昌起义后，同盟会与光复会的矛盾日益激化。同盟会的陈其美和光复会的李燮和同在上海策动起义。上海光复后，陈自称都督，李初拟率部攻陈，后据吴淞，自称吴淞都督。1912年1月3日，南京临时政府刚成立，章炳麟即正式脱离同盟会，而与立宪派、旧官僚联合，在上海组织中华民国联合会。章自任会长，以程德全为副会长，接着又推张謇为“特务干事”③。章在联合会第一次大会讲演说：“中国本因旧之国，非新辟之国，其良法美俗，应保存者，则存留之，不能事事更张也。”④1月4日，他创办《大共和日报》，在发刊辞中公然说：“专制非无良规，共和非无秕政。”⑤其攻击的矛头显然指向刚刚诞生的南京临时政府。南京临时政府公布自1912年起改用阳历，章炳麟却在《大共和日报》第2号上以“本社社长”的名义，发表《宣言》说：“今日南北未一，观听互殊，岂容遽改正朔。况此次参事会，大半即各省都督府代表之变名，既非国

① 《同盟会本部宣言书》，《民立报》，1911年12月24日。

② 《中国国民党史稿》第一篇，第79—81页。

③ 章炳麟说：“特务干事，即领袖之异名，国有大疑，即当咨访。”见《与张季直先生书》，载《大共和日报》第17号，1912年1月20日。

④ 《大共和日报》第2号，1912年1月5日。

⑤ 《大共和日报》第1号，1912年1月4日。

民公选，何有决议改历之权。故在议员未选，历书未颁，对于此等少数空言，断难遵行，愿全国人民审思之，愿各代表反省之。”

浙江独立后，光复会领袖陶成章自南洋返国，担任浙江都督府总参议。他公开在上海设立光复义勇军练兵筹饷沪局，招兵买马。沪军都督陈其美不能容许禁脔之内出现一支异己的军队。于是，就指使蒋介石于1月14日暗杀陶成章于上海法租界广慈医院。陶成章被刺是民国成立后第一件轰动一时的政治暗杀事件。陈其美用这种卑劣的手段来解决政争，不仅无补于同盟会和光复会的分歧，反而给向往革命的人们的心中投下了阴影，由此，光复会和同盟会的矛盾更形扩大。章炳麟断然拒绝担任南京临时政府枢密顾问。

3月，章炳麟又将中华民国联合会改名为统一党，他在改党大会的演说辞中说：“本党宗旨，不取急躁，不重保守，惟以稳健为第一要义。”[①]接着，统一党又发表《宣言书》，声称：“本党本集革命、宪政、中立诸党而成，无故无新，惟善是与。只求主义不涉危险，立论不近偏枯，行事不趋狂暴，在官不闻贪佞者，皆愿相互提携。”

总之，章炳麟在辛亥革命后已经明显右倾，不论联合会或统一党，都不过是一种官僚、政客、立宪派的大杂烩。因此，它对南京临时政府的许多改革措施，无不加以反对。例如，孙中山主张建都南京以牵制袁世凯，章极力反对，公然为袁张目说：“逊位以后，组织新政府者，当为袁氏，若迫令南来，则北方失所观望。”[②]3月下旬，在南京的四川籍革命党人召开四川革命烈士追悼会，孙中山亲往参加，而章炳麟却送来了这样一副对联：“群盗鼠窃狗偷，死者不瞑目；此地龙蟠虎踞，古人之虚言。”对于章的这种态度，四川革命党人吴玉章在后来曾加以评论说：“他骂南京鼠窃狗偷，但当时鼠窃狗偷的大半还是立宪党人，而章太炎不正是和他们沆瀣一气吗？他反对建都南京，认为南京并非龙蟠虎踞，

---

① 《大共和日报》第53号，1912年3月3日。

② 《致南京参议会书》，《时报》，1912年2月13日。

难道北京果真就是龙蟠虎踞的地方吗？很明显，章太炎为了反对孙中山先生，已经实际上站到袁世凯那方面去了。”①

对于同盟会员与光复会员之间的争端，孙中山主张尽力调解。如，广东汕头民军司令、光复会员许雪湫、陈芸生“与同盟会员之领军不合，势成水火”。孙中山致电陈炯明，要他“解释调处”，并强调指出：“同盟、光复二会，在昔同为革命之团体”；“两会欣戴宗国，同仇建虏，非只良友，有如弟昆”。“今兹民国新立，建虏未平，正宜协力同心，以达共和之目的，岂有猜贰，而生阋墙”②。但是，实际上并没有解决什么问题，双方仍然纷争不已。

与此同时，湖北革命党人孙武等由于未能取得南京临时政府中的部长席位，也愤然脱离了同盟会，而联合湖北的立宪派另组“民社”，拥戴黎元洪为领袖。因此，同盟会的力量被进一步削弱。

黄兴是同盟会的军事领袖。他虽然在 1907 年因旗帜设计问题和孙中山发生过严重的争执，但在南京临时政府期间，他和孙中山配合得不错，在许多重大问题上，他都支持了孙中山。但是，这样一个重要领导人，在民国建立之初却有了功成隐退的思想。他在一个致袁世凯的电文中说：“吾辈十余年兢兢业业以求者，真正之和平，圆满之幸福。今目的已达，掉臂林泉，所得多矣。”③

在黄兴看来，只要把满人统治换成汉人统治，革命就算达到目的，就可以“大风歌罢不如归”了④。这样，当然就失去了对袁世凯的戒备。在孙中山主持南京临时政府期间，他仍是力主和袁世凯妥协。

综上所述，同盟会在辛亥革命后已处于思想混乱、四分五裂的状态，这样的政党当然不能领导南京临时政府走向胜利。孙中山在后来

---

① 吴玉章：《辛亥革命》，第 152 页。

② 冯自由：《革命逸史》第五集，第 74、75 页。

③ 《临时政府公报》，第 24 号。

④ 黄一欧：《回忆先君克强先生》，《辛亥革命回忆录》(一)，第 618 页。

解释这一段历史时，曾沉痛地说："局外人不察，多怪弟退让。然弟不退让，则求今日假共和，犹未可得也。盖当时党人，已大有争权夺利之思想，其势将不可压。弟恐生出自相残杀战争，是以退让，以期风化当时，而听国民之自然进化也。"①

二　错误地对待农民问题

土地问题是中国资产阶级民主革命的根本问题。土地问题的解决，使广大农民从封建的土地关系中解放出来，是中国资产阶级民主革命的一个主要内容，又是取得胜利的根本保证。没有广大农民的参加，要取得民主革命的胜利是不可能的。

同盟会为了实现资产阶级共和国的方案，在其纲领中提出了解决土地制度的主张，即"平均地权"，并把这一主张作为同盟会的三大纲领之一。可是，南京临时政府公布的方针、宣言和一系列法令、规章中，却一个字都没有提到反对封建土地制度的问题。这种情况的出现并不是偶然的。它与中国民族资产阶级的两面性密切相关。中国民族资产阶级与封建土地所有制有矛盾，又同封建的地租剥削有密切的联系，因此，即使在革命时，他们虽然在理论上敢于承认有改变封建土地所有制的必要，但在实践上却没有触及封建势力根基的勇气。

当武昌起义和各省响应之时，农民群众自发的反抗斗争极为广泛。在南京临时政府管辖的地区，也到处发生农民的抗租斗争。仅 1912 年 1 月间便有多起：江苏昆山、青浦交界地区一百三十余村农民，"宰牲结社，齐心抗租"。上海南汇地区大团等处人民抗租，"聚众千余人，打伤政府收租委员，抢走当地驻军枪支"。江苏奉贤蔡家桥乡民，"闻南汇抗租，遂遍发传单，抗纳租粮，影响遍及全县"。浙江海盐县"澉浦乡民因

① 《致邓泽如论统一事权与统一筹款》(1914 年 10 月 24 日)，《总理全书·函札》上，第 375—376 页。

抗租聚众千余抢夺民团枪械"①。浙江嘉兴府石门湾鸽子滨一地主因催收租米、扣押佃户，结果被乡民一二千人围殴。其中，以江苏青浦县的抗租斗争，最为典型。现将当时关于这一斗争经过的原委报导，节录如下："青浦县光复后，民政部酌定业户租籽收取八成，乡民借口松城仅收六成，共结团体，饮齐心酒，力图霸抗。民政部以租务攸关赋税，传知地保，谕各地乡民依限还租，地保不善处置，语多压制，致乡民激怒，麕集县城，与民团抵抗。该乡民受伤数人，遂将民政长徐彭龄之子劫去，大起风潮。当经徐君请松军政分府派兵弹压。"②

这些自发的反抗斗争，反映出广大农民渴望解决土地问题的要求，不仅没有得到革命党人支持，相反，差不多都遭到各省都督包括革命党人的都督派兵镇压。江苏都督多次出示，严禁抗租，竟说：如抗租不还，"准由各业户禀经该管衙门，按户提案押追以凭照例严办，如聚众抗租或竟持械横行，即属有意破坏治安……惟有按军法从事。"③

由于革命党对农民的自发斗争采取敌视的态度，南京临时政府建立之后，广阔的农村依然如故，一方面封建土地所有制没有丝毫触动，封建政治势力没有受到打击；另一方面革命党人也就不可能真正组织农民群众来参加革命斗争，因而，在强大的反革命势力面前使自己处于孤立无援的软弱地位。正如毛泽东指出的："国民革命需要一个大的农村变动。辛亥革命没有这个变动，所以失败了。"④

三　不敢明确坚决地反对帝国主义

清政府是帝国主义的走狗，辛亥革命是革清政府的命，因而也是对

---

① 《民立报》，1912年1月12日
② 《民立报》，1912年1月8日。
③ 《民立报》，1912年1月7日。
④ 《湖南农民运动考察报告》，《毛泽东选集》，第1卷，第16页。

帝国主义的打击。武昌起义后不久，英国的《字林西报》就直截了当地承认："就某种意义说，这一事件是反对我们自己的。"

辛亥革命及中华民国的建立，在反帝方面所起的客观效果是显著的。从鸦片战争以来，中国人民第一次感到了自己国家的独立。下述事件就是显明的例证：

2 月 19 日，荷属爪哇岛泗水市的华侨集会，升旗、鸣爆，庆祝中华民国的成立，遭到荷兰警察的武装干涉，华侨三人被打死，十多人被打伤，百余人被逮捕，书报社被封，外埠来电被截①。华侨全体罢市，以示抗议，荷兰政府出动军队强迫开市，继续逮捕了四百多人，最后的逮捕数目，竟达一两千人②。

事件发生后，泗水华侨分别向南京临时政府、北京政府、上海华侨联合会发电，请求保护。南京临时政府接电后，立即连电袁世凯要其必须和驻北京的荷兰公使交涉，并同时要驻荷兰中国公使直接和荷兰政府进行交涉。上海《民立报》曾以《讨荷兰之辱我民国》为题，发表社论说："当满清窃国，献媚外人，弃我数百万华侨于海外，不与保护，致备受强敌凌辱，可惨可痛之事，不止一端。……今日之民国，非昔日专制时代可比也。外人对我，胡犹若是之野蛮残暴也。呜呼！荷兰人竟辱我民国矣，斯可忍也，孰不可忍也。吾以是裂眦愤书，而为泗水华侨请命。"③在群众的愤怒声援下，南京临时政府外交总长王宠惠于 2 月 26 日"电荷外部，要求赔偿损失，辞极激昂"④。2 月 28 日，临时政府拟令沿海都督禁止华工赴荷属地⑤。

交涉结果，荷兰政府不得不接受了下面的条件：(1)惩办杀害华侨

---

① 《外交部为和官横暴事三致新选大总统袁电文》及上海华侨联合会来电。见《临时政府公报》，第 23 号，1912 年 2 月 27 日。

② 《外交部为和属华侨被虐事四致袁新选总统电文》，及《五致》电文。

③ 《民立报》，1912 年 2 月 25 日。

④ 《民立报》，1912 年 2 月 26 日。

⑤ 《民立报》，1912 年 2 月 28 日。

的荷兰人；(2)对被害华侨，由荷兰政府优礼埋葬，并抚恤其家属；(3)受伤华侨，由荷兰政府负责治疗；(4)赔偿华侨财产损失；(5)对华侨应和荷兰人同等待遇。

从鸦片战争以来，清政府对外一向是屈辱忍让，卖国残民，而这次中荷交涉，却创造了中国历史上的最新纪录，使国外华侨扬眉吐气，一新耳目，这不能不说是中华民国开国的重大结果。

但是，以孙中山为首的革命派在主观上并没有提出反帝的目标和纲领，同盟会成立时没有，南京临时政府成立时也没有。如果说在同盟会成立前还出现过《警世钟》、《猛回头》那样痛快淋漓、激动人心的反帝文字，可是在同盟会成立后，特别是越接近辛亥革命前夕，这样的文字反而少见了。孙中山就任临时大总统，在其《宣告友邦书》中，明确地宣布愿与各国建立友好关系，这是完全正确的。但是宣言书中又说："凡革命以前所有满政府与各国缔结之条约，民国均认有效"；"革命以前，满政府所借之外债及所承认之赔款，民国亦承认偿还之责，不变更其条件"；"凡革命以前满政府所让与各国国家，或各国个人种种之权利，民国政府亦照旧尊重之。"①

要想在一个早晨就废除一切不平等条约，那是不现实的。革命也允许权宜之计。但是，如果不分青红皂白，对一切都加以"照旧"、"承认"，那么中国就无法摆脱半殖民地的地位了。正是由于这种无区别的"承认"，在临时政府的军事行动中，立即呈现了它的恶果。下述事件就是一个显明的例证：

1912年1月下旬，山东青岛附近地区的即墨县为同盟会所光复。但是根据1898年的《中德条约》，德国租借了青岛，并且规定在青岛周围约五十八公里的面积，划为由德国监视的不设防地区。而即墨县就在这个不设防地区的范围内。因此，德国派遣一百三十名骑兵前往即墨，以条约为借口，要求革命党撤退武装；同时自青岛发电给山东巡抚

① 中国史学会主编：《辛亥革命》(八)，第22、23页。

胡廷枢，告知即墨情况。清政府闻讯后，立即派兵四百余人突袭即墨，杀死革命党人三十多名，并将附近村庄烧光。当地革命军请求南京临时政府与德国政府交涉。而临时政府拘于旧约之“承认”，也就无能为力，最后不得不由孙中山于2月10日下令革命军自即墨撤退①。

南京临时政府的这种态度，是和同盟会领导人对帝国主义缺乏本质认识分不开的。在他们看来，西方资本主义国家都是先进的文明国家，中国革命是向它们学来的，学生向先生学习，先生自然会对学生进行帮助。孙中山长期旅游海外，就是为了取得这种帮助。南京临时政府发表种种“睦邻”、“保护外人”、“承认”一切旧约的宣言和法令，也是为了取得这种帮助。

但是，这只能是一种幻想。帝国主义时代的反革命“先生”并不帮助半殖民地中的革命“学生”。它们绝对不允许中国走资本主义道路，建立独立的资产阶级共和国。南京临时政府于1月11日、17日、19日接连三次要求列强承认，均无一字答复，就是证明。

四　北伐的夭折

在南京临时政府成立之前，起义各省的革命群众团体和都督府就酝酿进行北伐。最早倡议北伐的是群众革命团体。广东独立不久，一个名叫光汉社的团体，在11月15日致广东都督胡汉民书中就要求“即日召集各府州县各团体代表，开大会决议筹兵筹饷平胡之大计”②。表达了广东人民北伐的决心并愿为天下倡。

稍后，江浙一带也出现了许多主张北伐的团体。上海旅沪各省人士纷纷发起组织北伐队，青年学生尤为积极，一时出现了“学生北伐

① 《大总统及外交总长电烟台都督饬即墨民军照约暂行退出文》，《临时政府公报》第12号，1912年2月10日。

② 《民国军行政用军文牍》第5集；《开国规模》，第587页。

队”、“中华民国学生军团”、“学生军”、“学生北伐团”、“国民军北伐团”、“学生守卫团”等组织。特别应指出的是，妇女们也组织了“女子北伐队”、“女子军事团”、“同盟女子经武练习队”、“女子后援会北伐军救济队”、“中华女子竞进会”、“女子劝捐会”等团体，积极支援北伐。“女子后援会北伐军救济队”在简章中指出：“本会专为北伐军而设，随赴战地医救受伤士兵。”①

与此同时，陈其美以沪军都督名义建议组织北伐联军。他在致各省都督要求派代表到沪组织临时政府的电中说：“北京未下，大局难平，拟组织联军，共谋北伐。现定蜀湘楚为第一军，由京汉路进行。宁苏皖浙为第二军，由京(津)浦路进行。闽粤为第三军，由海道进行。”②

当时，孙中山既未回国，临时政府也未成立，北伐活动还只是民间的倡议和各省都督间的自愿结合。12 月 5 日，北伐联合会在上海成立，推程德全为会长，章驾时为副会长，朱芸为司令。11 日，北伐联合会设立“军机统一总汇处”，并发布该处章程说：“本处为民立战时机关”，“以联合各省都督，会同北伐，招集兵队，统合军机，以期一致进行，共谋光复为宗旨。”北伐联合会一面在上海招募士兵，一面致电各省都督，要求各省将北伐之师电告，以便划一军制。

南京方面，12 月 20 日“江浙联军在谘议局开军事大会，提议北伐，并推举北伐总司令，当用投票互选法。到会各军将校一百余人，当举定徐绍桢为北伐总司令官，随即电各省都督”③。

广东北伐军是最早见诸行动的。其第一军于 1911 年 12 月抵沪，约一混成协，组织甚完备。并准备在当月再发广东第二期北伐军约一混成协。1912 年一二月再发第三期北伐军约一镇。由于广东北伐军有华侨支援，所以兵精饷足，战斗力较强。

---

① 《民立报》，1912 年 2 月 4 日。

② 《民国军行政用军文牍》第 5 集；《开国规模》，第 567 页。

③ 《民立报》，1911 年 12 月 21 日。

当时的北伐，是各自为政，各行其是，并没有一个统一的权威机关。南京临时政府成立后，忙于南北议和，加以财政又非常困难，革命党的领导人对北伐有各种具体不同的态度：如宋教仁等“认为攻取北京之类，只能做为鼓舞士气的一种策略，实际上难于实行”①。孙中山则是坚决支持北伐的，他在1912年1月4日令广东都督陈炯明速出兵北伐的电文中说：“中央政府成立，士气百倍，和议无论如何，北伐断不可懈！广东民军，勇敢素著，情愿北伐者甚多，宜速进发。”②孙中山本人并表示：“拟俟和议决裂后，亲统大兵北伐。”③

1月9日，黄兴领导的陆军部正式成立，不久即确定了北伐计划：以湘鄂为第一军，由京汉路前进；在宁之各省北伐军为第二军，沿津浦路前进，与第一军会合于开封、郑州间；淮扬为第三军，烟台为第四军，向山东前进，会于济南、秦皇岛；合关外之兵为第五军，山陕为第六军，向北京进军。第一、二、三、四军既达第一目标后，再与五、六军会合，攻占北京。

但是南京临时政府成立之初，即已经是以议和为主了。北伐军虽然组织起来，并表示一旦“和局破裂，即行宣战”④。但仍不能摆脱下面的困境：“各军名目众多，编制歧异，且统帅指挥，既不统一，后方接济，又无专责。”⑤

北伐也受到帝国主义的阻挠和破坏。孙中山就任大总统后，任命蓝天蔚为关外大都督，率军北伐。蓝军乘海容号等三艘军舰先到达山东烟台，后又进军满洲，拟在辽东半岛登陆，支援东北人民的斗争。1月20日，日本“音羽”舰将校访蓝天蔚，谈到在满洲中立地带登陆问题，

① 1911年12月19日，日本驻上海总领事有吉致内田外务大臣函。见《日本外交文书选译》(邹念之编译)。以下所引日本外交电文，同见此书。

② 《开国规模》，第586—587页。

③ 《民立报》，1912年1月12日。

④ 《辛亥革命回忆录》(六)，第255页。

⑤ 林述庆：《镇军北伐记》。

日本将校即一再强调，不但中立地带绝对拒绝利用，即在其他满洲沿岸地域登陆，“亦将使满洲之安宁秩序发生紊乱……为避免将来发生紊乱，应该请贵军放弃登陆计划”①。最后，北伐军主力不得不驶向大孤山、安东方面登陆。

孙中山组织的六路北伐军，在实际上，除宁皖、淮扬二路于1月下旬北进，烟台、关外二路有所行动外，其他二路并无进展。

南方是以北伐配合议和，逼清帝退位，而北方则以议和破坏南方的北伐。这一点无论是伍廷芳或唐绍仪，都看得很清楚。伍曾对唐说：“宜速谏君让国，自保安全。则北伐之师，无名可借。”②议和果然破坏了北伐。如担任淮扬一路北伐司令的林述庆便认为南北议和行将达成协议，此后，决无战斗，随即“电请交卸……并遣散本部各员”③。

谭人凤在谈到南京临时政府成立时的形势和对北伐的评价时，曾经有过这样一段分析：“时南军援鄂者，有沈秉堃统率之湘桂联军，马毓宝移驻九江之赣军，南京派遣黎天才之镇军，唐牺支、王政雅光复荆襄，重庆四川亦已光复，鄂固无虞矣。南京方面，柏文蔚率领滇粤军驻临淮，扼由徐入皖之路；扬州徐分府合皖军屯宿迁，扼由京入浦之路；正阳六合等处亦有军扼守，以防由豫入皖之路。其集合于南京城者，有浙军、沪军、光复军、铁血军、卫戍军，以及固有之军队与新编之各军，合计不下十万余众。而广东、闽、浙尚议继续出军，兵力不可谓不厚。加之长安、太原早已光复，烟台有刘基炎等独立，河南有王天纵举兵，直隶有滦州兵变之一事，东省自牛庄发难后，关外都督蓝天蔚尚谋大举。使南政府毅然攻击，以援鄂各军出武胜关，直趋河南，与山、陕义军合；以南京集合各军分配前敌，三路夹攻徐州，分一支捣开封与鄂军合，一支由京（津）浦取济南与齐鲁义军合。行见北方健儿群起响应，袁且将为瓮

①　1912年1月23日，日本驻芝罘副领事相羽致内田外务大臣函。

②　甘簃：《辛亥和议之秘史》，中国史学会主编：《辛亥革命》（八），第116页。

③　林述庆：《镇军北伐记》。

中之鳖矣，岂能操必胜之算哉！乃袁奸险狡猾，一方断行组织内阁，胁迫皇室军费数百万，着着准备进行，而于休战期间，使倪嗣冲攻下颍州，为安徽进攻南京之计划；一方与伍代表用电报谈话之创举，再请延期十五日，冀使民党师疲饷匮，易就范围。民党堕其术中，号令各军不许进击，决与议和，则大错特错者也。”①

谭的这段论述，具体地描绘了北伐的形势，特别指出了以议和阻止北伐的重大错误，是比较中肯的。

第七节　南北议和和南京临时政府的北迁

一　帝国主义的干涉

帝国主义者对待中国革命，一向是极力破坏和阻挠。还在武昌起义的前夕(10 月 3 日)，英国驻汉口总领事根据情报，便要求增派英舰来汉口。武昌起义爆发，英、美、德、日、俄、法、奥等各帝国主义国家驻远东的舰队，纷纷驶向汉口。但是，由于帝国主义列强之间矛盾的尖锐，没有能够互相勾结起来，重演八国联军的丑剧，以暴力干涉中国革命。它们所采取的手法是相继宣告“中立”。从此，帝国主义就披着“中立”的外衣，借口“保护”外侨，对中国革命不断地进行干扰和破坏。

武昌起义一发生，日本政府就把这次革命“仅看作一次内乱”，采取了“不与叛党发生任何外交关系”的方针②。

10 月 13 日，即武昌起义后三天，清政府陆军部尚书荫昌特派人赴日本驻华公使馆恳请青木少将：“欲由日本火急购买炮弹三十万发，枪

① 谭人凤：《石叟牌词叙录》，《近代史资料》，1956 年第 3 期，第 60 页。

② 1911 年 11 月 17 日，斋藤海军大臣致川岛第三舰队司令官(时在汉口)及加藤中将(时在上海)电。

弹六千四百万粒，步枪一万六千支。”①日本政府立即决定予以援助。日外相给日使的复电说：“帝国政府鉴于清国政府为剿讨革命军急需枪支、弹药等迫切情况，已决定由本国商人设法供应，予以充分援助。”②在日本政府的上述方针下，10月23日，由泰平公司代理店、北京大仓洋行和清政府陆军部之间签订关于购买武器合同，总计价款日金二百七十三万二千六百四十元整。

11月3日，即上海起义的当天，帝国主义者以“侨民义勇队”的名义，一度侵占沪宁路车站。同月上旬，美、英、德、日等国停泊在南京的军舰派兵入城，其游弋福建的海军也在福州登陆。同月15日，俄、日、美等国借口保护驻烟台的领事馆，也派水兵在烟台登陆。综合统计，到11月中旬，帝国主义在中国内河停泊的军舰，已达五十一艘，兵力配备达一万九千人。此外，他们还借口保持北京、天津、山海关间的交通，陆续在这条线上增加兵力。据12月15日英国陆军武官的报告，当时北京、天津、塘沽、唐山、秦皇岛及山海关等地，帝国主义驻军（包括英、美、日、俄、德、法、意、奥、荷、比等国），已达七千多名。

除武力威胁外，帝国主义还从经济上百般设法扼杀中国革命。例如扣留海关税款，便是极狠毒的一招。原来，作为清政府所借外债和对外赔款担保品的税款，照例是在征收后存在中国的银行里。但当革命军占领一些南方口岸后，帝国主义公使团竟然于11月17日议定将中国“海关全部税收均置于总税务司之下”，并“委托”上海各外国银行组织专门机构管理。此后不久，公使团又指定由汇丰银行、德华银行和华俄道胜银行联合组成一个非常委员会，来劫夺和分配中国的税收。帝国主义者扣留海关税款的目的，英公使朱尔典在11月23日写给英国外交大臣的报告中说得十分清楚：“一当某一条约口岸的管理权从清政府落到革命党手中时，征收的款项就处在后者的支配之下，因而存在着

① 1911年10月13日，伊集院驻清公使致林董外务大臣电。
② 1911年10月16日，内田外务大臣复伊集院驻清公使电。

一种严重的危险,即可能被他们用来充作军费,或供满足叛党政府的其他急需之用。”①

由于各帝国主义国家在中国的利害不尽相同,因此在如何破坏和干涉革命的主张上,存在着严重的意见分歧。日本和俄国较为贪婪,可以算作一类。英国和美国可以算作另一类。

日本口称“中立”,实则窥伺时机,企图宰割中国,力图将革命势力限制在长江以南,而在华北、内蒙和东北一带保持帝制,建立一个亲日政权。武昌起义爆发不久,日本军部便认为“在蒙古掌握各种权利的时机已到”,并曾秘密指使川岛等人,在满蒙一带进行此项阴谋活动。1911 年 12 月 18 日,日本通过横滨正金银行,贷给内蒙喀喇沁王贡桑诺尔布银二万两,以该王“所辖全部领土为抵押”②。

日本对满洲之阴谋侵吞,更为其一贯之政策。1911 年 10 月 24 日,日本内阁会议即作出决议:“鉴于帝国在政治上和经济上与清国之间具有极密切的关系,故我政府应不断努力,以求对清国占有优势的地位,并须多方划策,使满洲现状得以永恒持续。此乃前任内阁在执政期间经过庙议所决定的方针。”③

俄国对中国的侵略立场,与日本基本上是一致的,那就是趁机“一举分割满洲、蒙古”。10 月 21 日,武昌起义后不久,俄国代理外交大臣尼拉托夫上奏沙皇说:“我认为,在目前情况下,为我国利益起见,应尽可能与东京内阁交换意见,以便不错过加强我国在中国地位的时机。”沙皇尼古拉二世表示完全赞成他的见解④。

---

① 《英国蓝皮书》1912 年中国 1 号,第 121 号,第 107 页。

② 1911 年 12 月 6 日,北京川岛致福岛参谋次长电;12 月 12 日外务省仓知政务局长致正金银行井上副总裁函;12 月 31 日横滨正金银行山川代总裁致内田外务大臣函。

③ 1911 年 10 月 24 日,日本政府关于对清政策问题的内阁会议决议。见《日本外交文书选译》,第 109 页。

④ 张蓉初:《红档杂志有关中国交涉史料选译》,三联书店版,第 337 页。

1911年10月23日，日本驻俄大使本野会见俄国首相的一次谈话说得更为露骨，他们几乎一致认为，辛亥革命“对日、俄两国的特殊利益实是一场很大的危险。迄今为止，日、俄两国所获得的特殊利益，全系取自现存的满清朝廷。与其坐视事变自然消长，何如援助现存的满清朝廷，或将有利于维护日、俄两国的利益”。同时，还公开地谈到，“只要时机一到，两国即可根据一九〇七年协约中规定的界线分割满洲；并可进一步商谈如何分割蒙古的问题”①。不过，他们都担心英、美、德各国的干涉。所以尽管反复商讨，终于没有付诸施行。

英国不同意日本大规模武装干涉的主张。它看到清政府“似已没有希望”，“一切用武力来挽救这个国家的企图失去了可能性”（朱尔典11月6日的报告）。而它的经济利益又主要在长江流域一带，因此它一方面不敢公开得罪革命政府，怕损害自己的利益；另方面又反对日本等国的单独行动，以免影响它的势力范围。因此，它三番五次地警告日本不得对中国采取单独的干涉行动。

美国也不同意日本的主张，因为它在远东的兵力不仅不及英国，也不及日本。大规模的武装干涉，有利于日本势力范围的扩大，却不利于实现自己的野心。因此，它在德国支持下，提出列强在华“一致行动”的原则来牵制日本。

德法两国因忙于欧洲事务，也都希望不破坏原来在远东的“均势”。西方列强都不同意日本的主张，而唯一同意的俄国，也处于矛盾状态。俄国驻华公使在寄往彼得堡的报告书中说：“一系列头等重要的政治问题将我们同法国和美国联系在一起，我们不可能与这两个友好国家的愿望背道而驰。”

在上述情况下，帝国主义破坏辛亥革命的手段，就不是按照日本的主张，而是按照英国的主张进行，即从中国内部找寻代理人，窃夺革命

① 1911年10月23日，本野驻俄大使与俄国总理大臣关于清国时局问题之谈话纪要，见《日本外交文书选译》，第105、107页。

战果，埋葬革命。拥有军事实力的袁世凯就成为这一角色的唯一人选。武昌起义的第二天，四国银行团的美方代表司戴德就扬言："如果清朝获得像袁世凯那样强有力的人襄助，叛乱自得平息。"①英公使朱尔典在袁入京前夕向其外交大臣格雷报告说："袁世凯可望于明日清晨抵京，这件事情已在此间产生一种安定人心的效果。"15日，格雷复电说："我们对袁世凯怀着极友好的感情和尊敬。我们希望看到，中国在革命后将建立一个足够强健的政府，它能够公正地处理对外关系，并能维持国内秩序及为发展贸易创造有利的条件。这样的政府将会得到我们能够给予它的一切外交上的支持。"②

此后，正是在帝国主义者，尤其是英国公使朱尔典的支持下，袁世凯加紧搞"南北议和"的骗局，借以绞杀革命。

二 南北议和和清帝退位

由于帝国主义、军阀势力和内奸的联合进攻，革命党人中妥协的思想逐渐占了上风。革命党的领导人不敢发动群众，无情地扫荡封建势力，驱逐帝国主义势力，将革命进行到底，反而被袁世凯散布的和平烟幕遮住了眼睛，错误地把袁视为可以争取的第三种势力，甘愿推他为共和国大总统，以换取革命早日取得胜利。黄兴致电袁世凯，提出保证说：若能赞成共和，"中华民国大总统一位断举项城（袁世凯）无疑"③。这一切自然使政治野心家袁世凯大为动心，并立即展开了攫取共和国大总统以扑灭革命烈火的阴谋活动。

12月7日，清廷任命袁世凯为议和全权大臣，袁即日派唐绍仪为全权代表南下。9日，十一省革命军政府公推伍廷芳为总代表与唐绍

---

① 克罗莱：《司戴德》，纽约麦克米伦公司1925年版，第418页。

② 《英国蓝皮书》1912年中国1号，第58号，第40页。

③ 《时报》，1911年12月18日。

仪谈判。唐绍仪于11日抵汉口，由英国代理领事陪同渡江到武昌晤黎元洪。双方商定在上海开会。17日唐至上海。这时，英国资本家李德立以“私人”身份出面，在唐绍仪和伍廷芳之间奔走撮合。唐绍仪至上海，即住在李德立家中。

12月18日，伍廷芳、唐绍仪在上海英租界南京路议事厅举行首次会议①。这时的汪精卫，也已由北方来到上海，被任命为伍廷芳的“参赞”，参加会议。

帝国主义各国决定对会议，实际是对革命派施加压力。早在12月15日，北京公使团已决定由英、美、日、俄、德、法六国共同出面，向南北双方代表发出相同的照会：“中国目前斗争之继续存在，不惟足使中国本身抑且足使外人生命财产遭受严重危险。”因此各国政府“有义务非正式唤起双方代表注意尽速成立和解，停止现行冲突之必要”。12月17日，日本驻华公使伊集院往访袁世凯，袁表示：“一旦唐绍仪交涉无效，不得已，只好借助于各同调停。”②同日，日、英两国公使即向袁发出通告，愿意为双方协商进行斡旋③。

12月20日，即和议开始后的第三天，上述六国照会即由六国驻沪总领事向双方代表分别提出。照会虽然说“持绝对中立态度”，但干涉之粗暴，已跃然纸上。俄国《新生活报》记者说：列强“在上海的这一行动乃是外国干涉的开端”。连《字林西报》也不得不担心：这个照会“可能在某些革命党人当中引起模模糊糊的不信任态度，对于外国中立的真实性发生怀疑”④。

会议至12月底，共进行五次（18日、20日、29日、30日、31日），除讨论了军队停战的具体措施外，主要争论的是实行君主立宪，还是民主

① 《时报》，1911年12月19日。

② 1911年12月17日，伊集院驻清公使致内田外务大臣电。

③ 1911年12月17日，伊集院驻清公使致内田外务大臣电。

④ 《北华捷报》，1911年12月23日。

共和。其实，君主和共和之争，还只是表面现象，关键在于由谁来掌握政权。由于革命党人已经屡次公开表示，如袁世凯反正，即推举他为共和国总统。袁世凯心领神会，他派唐绍仪南下的目的，就是要取得革命党人推他做总统的确实保证。当时的报刊舆论都有所觉察："袁世凯惧第一期之大统领为他人所得，而又无能为毛遂之谋，故于各方面密遣心腹，竭力运动，已则扬言共和政体如何不宜于今日之中国；实则一俟运动成熟，遂尔实行。"①

以倡言君主立宪向革命党讨价还价，以革命党要求共和立宪，逼清帝退位，这就是袁世凯在谈判中的手法。这一点，连清皇室也觉察出来了。如"御前会议"讨论是否赞成共和时，便有人对隆裕太后说："革命党，无非是些年少无知的人，本不足惧，臣最忧者，是乱臣（指袁世凯）借革命党帮力，恫吓朝廷。"②

南北会谈，几经周折，初步达成"开国民会议，解决国体问题，从多数取决"的协议③。所谓召开"国民会议"，就是要使袁世凯通过这种方式取得民国大总统的地位。但是，关于召集国民会议的地点仍然争论不休，南方坚持在上海召开，北方则主张在北京召开。袁世凯给唐绍仪的指示电中，举出必须在北京开会的理由是："（一）北京久为中央政府地点，而民军完全统一之政府，尚未成立。（二）按全国道里，以北京为相距适中之点，而蒙回各属人民，远赴上海未必肯去。（三）各国公使驻北京，万国具瞻，可昭大信，非上海一隅之地，所能并论。"④三条理由，说穿了，无非是袁世凯不能离开自己势力的中心，不能离开自己的后台老板——帝国主义，离开了，他就无所恃了。

正在南北争论坚持不下的时候，孙中山回国并被各省代表会议举

① 《时报》，1911 年 12 月 29 日。
② 溥伟：《让国御前会议日记》，中国史学会主编：《辛亥革命》（八），第 114 页。
③ 《南北代表会议问答速记录》，中国史学会主编：《辛亥革命》（八），第 841 页。
④ 《正宗爱国报》，1912 年 1 月 2 日。

为临时大总统。这使袁世凯大为恼火，他不仅使唐绍仪辞代表职，“停止开议”，而且公开质问南方：“选举总统是何用意？设国会议决君主立宪，该政府及总统是否亦即取消？”①

这时，帝国主义也向南京临时政府施加压力，为袁世凯助威。孙中山当选总统的第二天，《字林西报》即发表社论，攻击南京临时政府是“独裁”，是“寡头政治”，“远非一个民有、民治、民享的政府”。美国国务院也表示：“对于革命党人急急忙忙企图建立一个共和国的行动感到某种忧虑。”《纽约太阳报》则干脆说：“孙中山和他的朋友们非常缺乏管理国家的经验，他们没有维持中国领土完整和恢复和平的能力。”《纽约时报》甚至提出：“中国人最好还是保存帝国，并慢慢地实行政治改良。”日俄两国为反对承认南京临时政府，多次进行密谈，并促使其他国家采取统一的行动。它们认为：“只要日、俄两国政府能显示出强硬态度，对中国共和政府不予承认，其他列强恐亦不会急于承认。至少法国政府将同俄国政府采取同一立场。”②

这时，南京临时政府中的立宪派也纷纷为袁世凯出谋划策，进行活动。1月上旬，张謇密电袁世凯说：“非有可使宫廷逊位出居之声势，无以为公之助，去公之障。”袁接电后，一面按张的计谋积极逼迫清帝退位；一面向南方探询清帝退位后举袁为总统，“有何把握”③？

汪精卫南下时，本与袁克定有密约，在南北议和会议期间，他参与机要，积极为袁氏父子卖命。他在致袁克定电中，奴颜婢膝地保证：“项城雄视天下，物望所归，元首匪异人任。”④

孙中山回国之初，本想要坚持革命到底的，曾表示：“革命之目的不

---

① 《袁世凯1月4日致伍廷芳电》，伍廷芳：《共和关键录》，第60页。

② 1912年2月27日，本野驻俄大使致内田外务大臣电，《日本外交文书选译》，第403页。

③ 伍廷芳：《共和关键录》第71页。

④ 甘簃：《辛亥和议之秘史》，中国史学会主编：《辛亥革命》（八），第117—118页。

达到,无和议之可言也。"①但是,在内外夹攻下,面对革命派的涣散状态和既成的议和事实,他无能为力了。汪精卫竟然对孙中山施加压力说:"你不赞成和议,难道是舍不得总统吗?"②在这种情况下,孙中山开始妥协了。因此,当袁世凯探询如清帝退位选自己为总统"有何把握"时,孙中山立即表示:"如清帝实行退位,宣布共和,则临时政府决不食言,文即可正式宣布解职;以功以能,首推袁氏。"③

袁在得到孙的保证后,立即加紧了逼宫的步伐。在清皇族内部,争议是非常激烈的。一些王公亲贵结成的宗社党,坚决反对清帝退位。1月26日,京津同盟会员彭家珍在北京投弹炸杀宗社党首领、军咨使良弼,彭当场牺牲,良弼重伤,于二日后死去。这一事件,使清皇族胆战心惊。反对退位的宗社党人纷纷逃出北京,前往天津、大连、青岛等地的租界,托庇于帝国主义。与此同时,袁世凯也暗中指使北洋文武官吏,"请愿共和",迫使清帝退位。26日,段祺瑞率领湖北前线北洋军将领四十六人联名电奏清廷,要求"立定共和政体",否则将带兵入京。所有这些,都加速了清帝退位的步骤。经过南北多次磋商,议定了清帝退位的优待条件,主要是:"清帝逊位之后,其尊号仍存不废";"岁用四百万元,由中华民国付给";"暂居宫禁,日后移居颐和园,侍卫照常留用";"其宗庙陵寝,永远奉祀";"其原有私产,由中华民国特别保护"等。此外,还有关于清皇族待遇的条件,如"清王公世爵,概仍其旧","清皇族免兵役之义务"等。

清廷被迫接受了优待条件,并于1912年2月12日颁发了皇帝退位诏书。诏曰:"今全国人民心理多倾向共和,南中各省既倡议于前,北方诸将亦主张于后,人心所向,天命可知。予亦何忍因一姓之尊荣,拂兆民之好恶。是用外观大势,内审舆情,特率皇帝将统治权公诸全国,

① 《建国方略》,《孙中山选集》上卷,第185页。

② 吴玉章:《辛亥革命》,人民出版社1969年版,第157页。

③ 黄季陆编:《总理全集》下册,《文电》,第8页,

定为共和立宪国体，近慰海内厌乱望治之心，远协古圣天下为公之义。袁世凯前经资政院选举为总理大臣。当兹新旧代谢之际，宜有南北统一之方，即由袁世凯以全权组织临时共和政府，与民军协商统一办法。”①

清帝退位，宣告了统治中国二百六十多年的清王朝的结束。

三　袁世凯取得临时大总统职位和临时政府北迁

清帝退位诏书系张謇所拟，经南京临时政府参议院讨论后，由唐绍仪电达袁世凯转交清廷公布。其中“由袁世凯以全权组织临时共和政府”一语，系袁世凯蓄意加入者，以表示他的权力乃得自清廷，而不必受革命政府的约束。就在这个诏书宣布的同一天，袁即以“全权组织临时共和政府”名义，将清帝退位条件及退位诏旨副本，照会各国驻北京公使，并请转各国政府。2 月 13 日，他致电南京临时政府，宣布“共和为最良国体”，“从此努力进行，务令达到圆满地位，永不使君主政体再行于中国”②。

孙中山得悉清帝诏书及袁世凯赞成共和的电报后，为了实践让总统职位给袁的诺言，除对诏书中“即由袁世凯以全权组织临时共和政府”一语表示异议，指出“共和政府不能由清帝委任组织”外，遂即于 2 月 13 日，向南京参议院提出辞职咨文和推荐袁世凯的咨文。在后一咨文中说：“此次清帝逊位，南北统一，袁君之力实多；发表政见，更为绝对赞同；举为公仆，必能尽忠民国。”③15 日，参议院举行临时大总统选举会，十七省议员，每省一票，全体一致选举袁为临时大总统，并于是日发

① 中国史学会主编：《辛亥革命》(八)，第 183 页。

② 《临时政府公报》第 15 号，1912 年 2 月 14 日。

③ 《临时政府公报》，第 17 号，1912 年 2 月 20 日。

电给袁，称誉他为："中华民国之第一华盛顿。"16 日，袁欣然接受，并表示"勉尽公仆义务"。就这样，袁世凯攫取了民国政府的最高领导职位，达到了他日夜企盼的和局。

孙中山虽然让位给袁世凯，但对他并非没有保持戒心。在向临时参议院提出辞职咨文时，孙中山附有三个条件："（一）临时政府地点设于南京，为各省代表所议定，不能更改；（二）辞职后，俟参议院举定新总统亲到南京受任之时，大总统及国务各员乃行辞职；（三）临时政府约法为参议院所制定，新总统必须遵守颁布之一切法制章程。"①

孙中山想以这三个条件达到两重目的：第一，建都南京，把袁世凯调离帝国主义和封建主义统治的老巢，以削弱其势力；第二，用《临时约法》约束袁世凯，防止他实行封建军事独裁。

关于建都问题，孙中山是非常重视的，他一再强调说："惟临时政府地点，仍须设立南京。南京是民国开基，长此建都，好作永久纪念，不似北京地方，受历代君主的压力，害得毫无生气，此后革故鼎新，当有一番佳境。"原来，南京方面许多立宪派分子乃至一部分同盟会员并不同意建都南京，而主张迁就袁世凯，建都北京。因此，临时参议院第一次讨论建都问题时，竟议决临时政府改设北京。只是由于孙中山坚持复议，才纠正过来。

狡猾的袁世凯深知北京是自己势力的中心，他绝不愿意离开这个中心，而到南京去受约束。有军即有权。他依靠自己培植的北洋军，一箭双雕，使清朝和民国都把政权交给他。他要继续依靠这个军队，来巩固窃取到的政权，以便为所欲为。因此，在南北谈判期间，他就电告唐绍仪："惟政府地点，决不可移易。"②

自袁世凯被举为临时大总统后，孙中山一再催促他南下就职，并派蔡元培为专使北上欢迎。他表面上不拒绝南下，只是借口"北方秩序不

---

① 《临时政府公报》第 17 号，1912 年 2 月 20 日。

② 伍廷芳：《共和关键录》。

易维持，军旅如林，须加布署”，不能立即启程①。暗中却请求帝国主义列强出面干涉。

帝国主义立即向临时政府施加压力。英国驻南京总领事威勤逊向南京临时政府外交总长王宠惠蛮横地表示：迁都南京在外国公使看来是一种“过分的要求”，因为一则临时政府首都只是临时的，二则在南京“没有适合公使馆用的房屋设备”②。

2 月 27 日，蔡元培等抵京。29 日晚七时许，曹锟第三镇陆军两营即在北京发动兵变。变兵在东城及前门一带大肆放火抢劫，至次晨始渐平息。“北京城内枪声四起，所在纵火，招待所亦有兵士纵抢毁门而入，掳拐一空”③。蔡元培等仅以身免。3 月 1 日晚，变兵复大肆劫掠西城。同日晚，保定受北京影响，亦发生兵变。乱事延续两昼夜，京保铁路沿线市镇亦受其害。3 月 2 日，天津亦发生兵变。变兵四出烧杀掳掠，京奉、津浦铁路局，大清、交通、直隶各银行及造币厂等处均遭抢劫，许多民房、店铺被焚毁。袁世凯一方面制造兵变，一方面放出空气，说“袁总统尚未离京，已经闹到这个样子，若真离去，恐酿大变”。

兵变后，北京外交团立即采取措施。当日下午，召集会议，决定“以强有力的外国部队每天在通衢大道担任巡逻”。次日，各国军队七百余名在市区列队示威。与此同时，日、英、美、法、俄、德等国纷纷从旅顺、香港、哈尔滨、青岛等地调军队入京“护卫”，总数达三千多人。

在上述情况下，蔡元培等不再坚持迎袁南下了。他立即致电南京临时政府，提议取消袁世凯南下之要求，准许其在北京宣誓就职。并说：“培等会议数次，全体一致，谓不能不牺牲我等此来之目的，以全垂危之大局。”

---

① 《临时政府公报》第 15 号，1912 年 2 月 14 日。

② 《英国蓝皮书》中国第 2 号，第 205 页。

③ 《蔡元培向南京孙大总统等报告北方兵变之东电》，《民立报》，1912 年 3 月 2—5 日。

3月6日，南京临时参议院议决统一政府组织办法六点：(一)由参议院电知袁世凯允其在北京受职；(二)袁接电后即电参议院宣誓；(三)参议院接宣誓电后即电复承认受职，并通告全国；(四)袁受职后即将拟派之国务总理及各国务员姓名电达参议院征请同意；(五)国务总理及各国务员任定后，即在南京接收临时政府；(六)临时总统孙中山于交卸后始行解职。10日，袁世凯在北京宣誓就任临时大总统。次日，孙中山在南京颁布《中华民国临时约法》。按照临时约法，政府采用责任内阁制，总统不掌握实权。袁世凯提出唐绍仪为国务总理，孙中山等人则主张由同盟会员担任这个重要职务，双方一度争持不下。最后经立宪派调解，唐绍仪出任总理，同时加入同盟会。25日，唐抵南京组织新内阁，接收临时政府。新内阁内政、陆军、海军、外交四个重要的部都由袁世凯的爪牙掌握。财政部也在拥袁的立宪派手中，同盟会员蔡元培、宋教仁、陈其美等分别担任教育、农林、工商等部总长。同盟会原来企图掌握陆军、财政两部，由于袁世凯坚决反对，未能实现。新内阁的成立表明，革命党人再次遭到重大失败。

4月1日，孙中山正式解临时总统职。5日，临时参议院议决政府迁往北京，新生的中华民国表面上完成了国家的统一，实际上政府大权转到了大地主、大买办阶级的代表袁世凯的手里，中华民国开始了北洋军阀政府统治的时代。

参考文献*

中文档案文献

《蔡元培个人档案》,中国第二历史档案馆藏,南京

《呈造集贤馆创办职事各员履历清册》,湖北革命实录馆档案,湖北博物馆藏,武汉

《川督岑春煊奏折》,光绪二十九年,故宫档案馆藏,北京

《川汉铁路改进会报告》,不详

《川路收回国有往来要电》,不详

《川路特别股东总会代表张知竞上查办大臣冤状》,不详

《法国驻东京公使致印度支那总督》,1900 年 6 月 7 日,法国国家档案馆藏

《福公司矿案述略》(稿本),王敬芳,河南省档案馆藏,郑州

《福州邮政司李蔚良致北京邮政总局帛黎函》,1908 年 9 月 15 日,清政府邮政总局档案,北京

《复张继函》,孙中山佚稿,中国历史博物馆藏,北京

《革命以来湖北财政司要录》,湖北革命实录馆档案,湖北博物馆藏,武汉

《庚子革命先烈公墓碑》拓片,藏地不详

《光复宜昌大概情形说帖》,湖北革命实录馆档案,湖北博物馆藏,武汉

《国史馆档案》(三十四),中国第二历史档案馆馆藏,南京

《汉口各团联合会协助民军纪实》,湖北革命实录馆档案,湖北省博物馆藏,武汉

《汉口光复始末纪》,湖北革命实录馆档案,湖北省博物馆藏,武汉

---

* 本书目所收为本卷所引的主要参考文献。中文和日文书目以书名汉字的音序排列,西文书目以作者姓氏字母顺序排列。

《何亚新小传》,湖北革命实录馆档案,湖北博物馆藏,武汉
《湖北起义战守实录》,湖北革命实录馆档案,湖北博物馆藏,武汉
《黄克强先生上孙总理述革命计划书真迹》,藏地不详
《记与钝初赴满洲联络马军革命事》,王以贞,全国政协文史资料未刊稿,北京
《寄两广总督张人骏、广西巡抚张鸣岐电旨》,军机处电寄档,北京
《静观斋日记》,藏地不详
《柯劭忞等沥陈莱阳官激民变后复纵兵焚掠戕毙无辜实在情形恳请代奏呈文》,宣统二年五月十三日,藏地不详
《科学补习所之历史》,湖北革命实录馆档案,湖北省博物馆藏,武汉
《孔府档案》,曲阜
《矿务档》,中国第一历史档案馆,北京
《黎经诰复两江总督张人骏禀》,宣统二年三月,清政府农工商部档,北京
《两江总督张人骏等奏报面粉公司专利病民迭滋事端折》,宣统二年四月二十六日,清政府农工商部档,北京
《蒙自法国代领事致法国驻香港领事》,1908 年 5 月 21 日,法国外交部档案
《内务司实录》,湖北革命实录馆档案,湖北博物馆藏,武汉
《南京临时政府档案》(二十六),中国第二历史档案馆藏,南京
《女国民拒款会公启》,中国革命博物馆藏,北京
《祁国钧呈》,湖北革命实录馆档案,湖北博物馆藏,武汉
《清第二十九混成协统领马福增防堵皖北涡、蒙、怀、凤一带饥民抢米致陆军部申文》,宣统二年九月十日,清政府陆军部档案,北京
《清国留学生会馆第五次报告书》,1904 年,东京
《清季军机处》,叶恭绰,文史资料未刊稿,北京
《屈子厚行略》,湖北革命实录馆档案,湖北博物馆藏,武汉
《日本驻广东总领事濑川致外务大臣小村报告》,1911 年 6 月 10 日,经济研究所藏日文档案,北京
《神奈川知事报告》,外务省机密受第 1532 号;《福冈县知事报告》,外务省机密受第 5932、9942 号,《各国内政关系杂纂(支那)(革命党)》,日本外务省档案
《施南光复始末记》,湖北革命实录馆档案,湖北博物馆藏,武汉
《四川咨议局第一次议事录》,不详

《孙鸿斌事略》,湖北革命实录馆档案,湖北博物馆藏,武汉
《孙逸仙谈话》,1900 年 7 月 25 日兵库县知事报告,发兵秘字第 410 号,《各国内政关系杂纂(支那)(革命党)》,日本外务省档案
《汤觉顿致梁启超信》,国家图书馆藏,北京
《外务部档案》,光绪三十三年十二月,中国第一历史档案馆藏,北京
《我的家庭庆亲王府》,溥铨,文史资料未刊稿,北京
《伍正林事迹》,湖北革命实录馆档案,湖北博物馆藏,武汉
《武汉阳秋》,查光佛,1916 年,藏地不详
《辛壬闻见录》,逸民(黄中恺),抄本,藏地不详
《宣统三年九月十九日资政院总裁李家驹等奏折》,《四川铁路案档案》,故宫档案馆藏,北京
《亚洲和亲会约章》,藏地不详
《印支总督致殖民部》,1900 年 10 月 7、27 日,法国国家档案馆藏
《印支总督致殖民部》,1908 年 2 月 12 日,法国国家档案馆藏
《英国自治领中之中国革命党》,英国外务部档案
《郢中战史》,湖北革命实录馆档案,湖北博物馆藏,武汉
《云南总督丁振铎奏大兵收复临安府城折》,光绪二十九年闰五月十八日,中国第二历史档案馆藏,南京
《郧阳光复始末事实》,湖北革命实录馆档案,湖北博物馆藏,武汉
《张之洞未刊电稿》,国家图书馆藏,北京
《章太炎、陶成章合传补充》,樊光,上海政协文史资料未刊稿,上海
《郑孝胥日记》,中国革命博物馆藏,北京
《知之录征料来鸿集》,张难先,抄件
《治国日记》(稿本),向讦谟,中国社会科学院近代史研究所藏,北京
《致大埠致公总堂函》,孙中山,藏地不详
《致孙中山代表容星桥筹划起义书》,林圭,藏地不详
《中国同盟会的组织成立及四川分会之发轫》,林启一(冰骨),四川文史馆藏,成都
《中华民国革命秘史》,谢缵泰,中译本未刊稿,藏地不详
《朱希祖日记》,稿本,藏地不详
《驻法公使刘式训致外交部电》,光绪三十四年四月初七日,军机处电报档,北京

《资政院会议速记录》,藏地不详
《宗人府汉主事王宝田等为山东盗贼益炽关系大局安危恳请代奏呈》,光绪三十二年十一月十八日,故宫军机处档,北京
《总理年谱长编初稿各方签注汇编》,油印本,藏地不详

中文著作

《巴县志》,出版地不详,1931
《北京来信》(英文版),出版地、时间不详
《北洋公牍类纂续编》,出版地、时间不详
《程家柽革命大事记跋》,白逾桓著,出版地、时间不详
《程家柽革命大事略》,出版地、时间不详
《川汉路过去及将来》,詹文琮编,出版地、时间不详
《从戎纪略》,郭希仁著,北京共和有限公司印本,1913
《帝国主义是资本主义的最高阶段》,列宁著,北京,人民出版社,1964
《帝国主义与中国海关》,北京,中华书局,1964
《帝国主义在旧中国的投资》,吴承明著,北京,人民出版社,1955
《鄂乱汇录初编》,出版地不详,1911
《梵天庐丛录》,柴萼著,上海,中华书局,1936
《改良川汉铁路公司议》,四川留日学生,出版地、时间不详
《革命人物志》,秦孝仪主编,台北,中央文物供应社,1977
《革命文献》,秦孝仪主编,台北,中国国民党中央委员会党史委员会,1978
《革命逸史》,冯自由著,北京,中华书局,1981
《革命之倡导与发展》,出版地、时间不详
《宫崎滔天全集》,魏育邻译,日本平凡社,出版时间不详
《龚自珍全集》,北京,中华书局,1959
《共和关键录》,伍廷芳著,出版地、时间不详
《关于江宁织造曹家档案史料》,故宫博物院明清档案部编,北京,中华书局,1975
《光绪朝东华录》,朱寿朋编,北京,中华书局,1958
《光绪政要》,沈桐生辑,上海,南洋书局,1909

《广州三月二十九日革命史》,邹鲁著,重庆,中国国民党中央执行委员会宣传部,1944
《国父全集》,秦孝仪主编,台北,近代中国出版社,1989
《国父全书》,台北,中华学术院,1975
《国民军行政用军文牍》,出版地、时间不详
《河南辛亥革命十一烈士殉难传略》,出版地不详,1929
《红档杂志有关中国交涉史料选译》,张蓉初译,北京,三联书店,1957
《侯太夫人行述》,出版地、时间不详
《湖北革命实见记》,胡石庵著,出版地不详,1912
《湖北革命知之录》,张难先著,上海,商务印书馆,1946
《湖南反正记》,粟戡时著,出版地、时间不详
《湖南光复运动始末记》,彭楚珩著,出版地、时间不详
《湖南文献汇编》第一辑,出版地、时间不详
《华侨革命开国史》,冯自由著,上海,商务印书馆,1947
《华侨与中国革命》,黄珍吾著,台北"国防研究院",1963
《皇朝续文献通考》,刘锦藻编,铅印本,出版地不详,1921
《黄帝魂》,上海,东大陆图书局,1904
《黄克强先生全集》,台北,中国国民党中央委员会党史委员会,1968
《回忆录》,余家菊著,出版地、时间不详
《纪东京留学生欢迎孙君逸仙事》,陈天华著,出版地、时间不详
《寄螺行馆》,出版地、时间不详
《江湖会资料选辑》,华中师范学院历史系编,出版地、时间不详
《江浙铁路风潮》,墨悲编,出版地、时间不详
《交通史路政编》,交通铁道部交通史编纂委员会编,出版地不详,1931
《近代日中关系史料》,南里知树编,东京,龙溪书舍,1976
《井勿幕先生公葬纪念册》,出版地、时间不详
《警世钟》,陈天华著,出版地、时间不详
《旧中国公债史资料》,千家驹编,北京,中华书局,1984
《拒俄运动》,杨天石、王学庄编,北京,中国社会科学出版社,1979
《乐农自订行年纪事》,荣德生著,出版地、时间不详

《李烈钧自传》,出版地不详,1944
《李文忠公全集》,吴汝伦编,台北,文海出版社, 出版时间不详
《梁任公先生年谱长编初稿》,丁文江编,台北,世界书局, 1958
《列宁全集》,中共中央马克思恩格斯列宁斯大林著作编译局编译,北京,人民出版社, 1984
《列宁选集》,中共中央马克思恩格斯列宁斯大林著作编译局编译,北京,人民出版社, 1960
《浏阳烈士传》,萧作霖,出版地、时间不详
《六十年来中国与日本》,王芸生编著,北京,三联书店, 1980
《陇右光复记》,黄钺著,出版地不详,1913
《滦州革命记》,吴守正著,出版地、时间不详
《马克思恩格斯全集》,中共中央马克思恩格斯列宁斯大林著作编译局编译,北京,人民出版社, 1972
《马克思恩格斯选集》,中共中央马克思恩格斯列宁斯大林著作编译局编译,北京,人民出版社, 1972
《满清野史·铁路国有案》,出版地、时间不详
《毛泽东选集》,北京,人民出版社, 1977
《梅川日记》,居正著,出版地不详,1944
《美国外交文件》(1909),出版地、时间不详
《美国外交政策史》,莱丹著,王造时译,上海,商务印书馆, 1937
《缅甸中国同盟会开国革命史》,徐市隐著,出版地、时间不详
《莫里逊通信集》,出版地、时间不详
《南海诗集》,康有为著,上海,广智书局, 1911
《南通张季直传记附年谱年表》,张孝若编,上海,中华书局, 1930
《南洋华侨革命史略》,陈宗山著,出版地、时间不详
《南洋华侨史》,李长傅著,上海,国立暨南大学, 1929
《南洋英属海峡殖民地志略》,出版地不详,1920
《南洋与创立民国》,张永福著,上海,中华书局, 1933
《清德宗实录》,中华书局,影印本,1987
《清国视察复命书》,森藤吉郎著,出版地不详,1902

《清季的立宪团体》,张玉法著,台北中研院近代史研究所专刊, 1971
《清季外交史料》,王彦威辑,外交史料编纂处,出版地不详,1935
《清末筹备立宪档案史料》,故宫博物院明清档案部汇编,北京,中华书局, 1979
《清史稿》,赵尔巽等撰,北京,中华书局, 1976
《訄书》,章炳麟著,北京,古典文学出版社, 1958
《日本外交文书选译》,邹念之编译,北京,中国社会科学出版社, 1980
《容庵弟子记》,沈祖宪、吴闿生著,台北,台湾文星书店, 1963
《三十三年之梦》,宫崎寅藏著,林启彦译,香港,三联书店, 1981
《啬翁自订年谱》,张謇著,铅印本,出版地不详,1925
《山东近代史资料选集》,济南,山东人民出版社, 1959
《山西矿务档案》,李庆芳等编,出版地不详,1907
《山钟集》,苏绍柄编,上海,鸿文书局, 1906
《上海研究资料续集》,上海,中华书局, 1936
《少年时代》,郭沫若著,北京,人民文学出版社, 1979
《盛世危言》,郑观应著,出版地、时间不详
《盛宣怀未刊信稿》,北京,中华书局, 1960
《师复文存》,刘思复著,广州,革新书局, 1927
《司戴德》,[美]克罗莱著,纽约,麦克米伦公司, 1925
《四川保路运动史料》,戴执礼编,科学出版社,北京,1959
《四川商办铁路驻宜公司第二期报告册》,出版地、时间不详
《宋教仁日记》,长沙,湖南人民出版社, 1980
《苏报案纪事》,上海,东大陆图书局, 1904
《崇德老人自订年谱》,曾纪芬著,出版地、时间不详
《孙中山选集》,北京,人民出版社, 1956
《汤寿潜》,[日]支南玉一郎,出版地、时间不详
《陶成章信札》,长沙,湖南人民出版社, 1980
《通州兴办实业之历史》,南通,翰墨林印书局, 1910
《外人在华投资》,雷麦著,北京,商务印书馆, 1953
《晚晴园与革命史略》,陈楚楠著,新加坡,南洋报社有限公司, 1940
《汪精卫文存》,出版地不详,1927

《望岩堂奏稿》,陈璧著,台北,文海出版社, 1967
《为新中国奋斗》,宋庆龄著,北京,人民出版社,1952
《文学社武昌首义纪实》,章裕昆著,北京,三联书店,1952
《无尽庵遗集》,周实著,上海,国光印刷所,1912
《吴烈士旸谷革命事略》,出版地、时间不详
《吴稚晖全集》,上海,群众图书公司, 1927
《武昌革命真史》,曹亚伯著,上海,中华书局,1930
《武昌开国实录》,胡祖舜著,武昌,文华印书馆,1948
《熙朝纪政》,王庆云编,出版地、时间不详
《湘汉百事》,载《满清稗史》,北京,中国书店, 1987
《湘路纪闻》,出版地、时间不详
《湘事记》,子虚子著,出版地、时间不详
《辛亥革命》,吴玉章著,北京,人民出版社,1969
《辛亥革命》,中国史学会主编,上海人民出版社,1957
《辛亥革命北方实录》,胡鄂公著,出版地、时间不详
《辛亥革命回忆录》,北京,中华书局, 1963
《辛亥革命前后》《盛宣怀档案资料选辑》之一,上海人民出版社, 1979
《辛亥革命前十年间时论选集》,张枬、王忍之编,北京,三联书店, 1960
《辛亥革命史料》,张国淦编,上海,龙门联合书局,1958
《辛亥革命始末记》,渤海寿臣著,台北,文海出版社,1969
《辛亥革命先著记》,杨玉如著,北京,科学出版社,1958
《辛亥革命在广西》,南宁,广西人民出版社,1961
《辛亥革命在上海史料选辑》,上海人民出版社,1966
《辛亥滦州起义记》,凌钺著,出版地、时间不详
《辛亥武昌首义纪》,李廉方著,出版地、时间不详
《辛亥逊清政变发源记》,彭芬著,出版地、时间不详
《徐愚斋自叙年谱》,徐润著,出版地不详,1927
《宣统南海县志》,桂坫等编,出版地不详,1910
《宣统政纪》,金毓黻编,奉天,辽海书社, 1934
《雪生年录》,李根源著,曲石精庐,出版地不详,1934

《养寿园奏议辑要》,袁世凯著,出版地不详,1937
《乙巳政艺丛书》,邓实编,出版地、时间不详
《义和团》,中国史学会主编,上海人民出版社,1957
《义和团档案史料》,故宫博物院明清档案部编,北京,中华书局,1979
《瀛壖杂志》,王韬著,台北,广文书局,1967
《庸庵全集》,薛福成著,上海,醉六堂,1897
《愚斋存稿》,盛宣怀著,出版地不详,1939
《越南华侨志》,华侨志编纂委员会,台北,1958
《云南贵州辛亥革命资料》,北京,科学出版社,1959
《云南杂志选辑》,北京,科学出版社,1958
《张季子九录》,张謇著,上海,中华书局,1931
《张謇日记》,南京,江苏人民出版社,1962
《张文襄公电稿》,张之洞著,出版地不详,1918
《张文襄公年谱》,许同莘编,上海,商务印书馆,1947
《张文襄公全集》,张之洞著,北平,文华斋,1928
《张振武之革命战史》,汉康书局,汉口,时间不详
《章太炎年谱长编》,汤志钧编,北京,中华书局,1979
《赵公季和电稿》,赵尔丰著,出版地、时间不详
《浙江革命记》,顾乃斌著,出版地不详,1912
《镇军北伐记》,林述庆著,出版地、时间不详
《中国报学史》,戈公振著,北京,三联书店,1955
《中国革命记》,上海,自由社编印,1911
《中国革命纪事本末》,郭孝威著,出版地、时间不详
《中国革命运动二十六年组织史》,冯自由著,上海,商务印书馆,1948
《中国国民党二十年史迹》,邓泽如著,上海,正中书局,1948
《中国国民党史稿》,邹鲁著,上海,商务印书馆,1938
《中国近代工业史资料》,陈真等编,北京,三联书店,1961
《中国近代工业史资料》,孙毓棠编,北京,科学出版社,1957
《中国近代工业史资料》,汪敬虞编,北京,中华书局,1962
《中国近代教育史资料》,舒新城编,北京,人民教育出版社,1961

《中国近代经济史统计资料选辑》，严中平等编，北京，科学出版社，1955
《中国近代农业史资料》第一辑，李文治编，北京，三联书店，1957
《中国近代铁路史资料》，宓汝成编，北京，中华书局，1963
《中国近代外债史统计资料》，徐义生编，北京，中华书局，1962
《中国秘密社会史》，平山周著，上海，商务印书馆，1912
《中国棉纺织史稿》，严中平著，北京，科学出版社，1955
《中国移民》，古丽芝著，出版地、时间不详
《中华帝国对外关系史》，[美]马士著，北京，三联书店，1958
《中华民国开国前革命史》，冯自由著，上海，革命史编辑社，1928
《中华民国开国五十年文献》，"中华民国"开国五十年文献编纂委员会编纂，台北，正中书局，1961—1969
《中华民国史档案资料汇编》第一辑，中国第二历史档案馆编，南京，江苏人民出版社，1979
《中外旧约章汇编》，王铁崖编，北京，三联书店，1957
《中外条约汇编》，马慕瑞编，出版地、时间不详
《周悫慎公全集》，周馥著，出版地不详，1922
《资本论》，马克思著，北京，人民出版社，1966
《总理全集》，黄季陆编，重庆，众志书局，1943
《总理全书》，中国国民党党史会主编，台北，1950—1952
《最新中国革命史》，美洲中国同盟会员撰述，出版地不详，1912
《罪案》，景梅九著，京津印书局，出版地不详，1924

中文报纸

《北华捷报》，上海
《砭群丛报》，广州
《大公报》，天津
《大共和日报》，上海
《大同日报》，旧金山
《帝京新闻》，北京

《复报》,上海

《光华日报》,槟榔屿

《国风报》,上海

《国风日报》,北京

《国民报》,东京

《国民公报》,成都

《国民日日报》,上海

《京报》,北京

《警钟日报》,上海

《鹭江报》,厦门

《民报》,东京

《民国报》,天津、北京

《民立报》,上海

《民主报》,上海

《南洋总汇新报》,新加坡

《强国报》,武汉

《清议报》,横滨

《人民日报》,北京

《申报》,上海

《神州日报》,上海

《盛京时报》,沈阳

《时报》,上海

《蜀报》,成都

《四川官报》,成都

《苏报》,上海

《太平洋报》,上海

《天铎报》,上海

《天义报》,东京

《星洲晨报》,新加坡

《选报》,上海

《亚东时报》,上海
《亚细亚报》,北京、上海
《有所谓报》,香港
《预备立宪公会报》,上海
《越铎日报》,绍兴
《正宗爱国报》,北京
《中国白话报》,上海
《中国女报》,上海
《中国日报》,香港
《中国新报》,东京
《中外日报》,上海
《中兴日报》,新加坡

中文期刊

《川路月报》,成都
《党史资料丛刊》,上海
《东方杂志》,上海
《俄事警闻》,上海
《二十世纪大舞台》,上海
《二十世纪之支那》,东京
《革命评论》,东京
《国史馆馆刊》,南京
《濠头月刊》,澳门
《衡报》,东京
《湖北学生界》,东京
《湖南历史资料》,长沙
《汇报》,上海
《甲寅》,北京
《江苏》,东京

《教育界之风潮》,上海
《教育今语杂志》,东京
《近代史资料》,北京
《经济导报周刊》,香港
《觉民》,金山
《临时政府公报》,南京
《满地红》,桂林
《南社湘集》,长沙
《南洋问题资料译丛》,厦门
《四川文史资料选辑》,成都
《檀山华侨》,檀香山
《天讨》,东京
《童子世界》,上海
《文献丛编》,北平
《宪政》,重庆
《宪政新志》,东京
《宪志日刊》,北京
《新民丛报》,横滨
《新世纪》,巴黎
《游学译编》,东京
《宇宙风》,上海、广州、香港、桂林、重庆
《云南》,东京
《浙江潮》,东京
《政论》,上海
《政艺通报》,上海
《直说》,东京
《中国研究》,东京
《中华民国公报》,武汉
《传记文学》,台北

日文著作

《支那革命党及秘密结社》,平山周著,出版地不详,明治四十四年

《支那革命外史》,北一辉著,出版地不详,大正十年

《中国关税制度论》,高柳松一著,京都,内外出版株式会社,1920

《宗方小太郎文书》,出版地不详,昭和五十年

《最近支那革命运动》,出版地不详,日本印,1903

日文报刊

《朝日新闻》,大阪

人名索引*

* 本索引收入本卷中出现的人名，中国、日本、朝鲜、越南人名以其汉字的音序排列，其他国家的人名以其译音汉字的音序排列，并附其原文，少数不知原文者暂付阙如。

D

E

F

H

J

K

L

M

N

O

P

Q

R

T

X

Z